스틱!

Made to Stick

일러두기

- 이 책은 국립국어원 표준국어대사전의 표기법을 따랐다.
- 용어의 원어는 첨자로 병기하였으며, 독자의 이해를 돕기 위한 옮긴이 주는 괄호에 '─옮긴이'로 표기하였다.
- 국내 번역 출간된 책은 한국어판 제목으로 표기하였으며, 미출간 도서는 원어를 병기하였다.

스틱!

1초 만에 착 달라붙는 메시지, 그 안에 숨은 6가지 법칙

칩 히스 · 댄 히스 지음 | 안진환 · 박슬라 옮김

웅진 지식하우스

머릿속에 생생히 그려지게
만드는 힘

시계가 자정을 가리키고, 빈 교실에 소녀 세 명이 책상을 둘러싸고 모여 앉았다. 책상 위에서 서로 맞잡은 손에는 붉은 볼펜 한 자루가 들려 있다. 소녀들은 눈을 감고 나지막한 목소리로 주문을 외기 시작한다. 분신사바 분신사바 분신사바…… 갑자기 볼펜이 저절로 움직이기 시작한다. 소녀들은 이것이 무슨 의미인지 알고 있다. 귀신을 부른 것이다.

이 전설을 알고 있는가? 과거 한국에서 크게 유행한 귀신 이야기다. 그렇다. 이것은 사람들의 뇌리에 찰싹 달라붙는 스티커 아이디어의 한 예다.

어떻게 이 이야기는 그렇게 많은 사람들의 머릿속에 찰싹 달라붙었을까? 말도 안 되는 헛소리에 거짓말임이 분명한데 별다른 노력 없이도 사회 전체에 퍼져나갔다. 도대체 왜? 이것이 바로 지난 수년간 우리 두 사람이 매달린 수수께끼다. 우리는 '귀신 부르기 전설'과 같은 수많은 스티커 아이디어들을 분석하고 조사해왔다. 도대체 어떤 것들이 이런 아이디어에 그토록 강력한 힘을 실어주는지 밝혀내기 위해 우리는 스티커 아이디어들을 뜯고 분해해 다시 재설계했다.

지금 당신이 읽고 있는 이 책은 지금껏 우리들이 알아낸 것을 많은 사람들과 함께 나누려고 최선을 다해 써내려간 결과물이다. 우리는 수만 건의 스티커 아이디어가 공통으로 지니고 있는 여섯 가지 기본 원칙을 밝혀냈다. 가령 한국의 분신사바 전설은 의외성을 지니고 있다. 볼펜이 죽은 동급생의 이름을 적는 순간 우리는 예상치 못한 결과에 깜짝 놀란다. 광고에서 우화에 이르기까지 수많은 스티커 아이디어들은 이러한 의외성의 요소를 지닌다. (댄은 박찬욱 감독의 열렬한 팬인데, 박찬욱 감독은 의외성의 대가이다.)

자, 이것이 핵심이다. 우리는 의외성을 비롯한 스티커 아이디어의 여섯 가지 기본 원칙을 이용해 의사소통 방식을 더욱 찰싹 달라붙게 만들 수 있다. 장애인들이 박물관을 보다 쉽게 이용할 수 있도록 도울 방법을 고민한 박물관 전시 기획자가 있었다. 그녀는 이 책을 읽은 뒤 자신의 아이디어를 보다 놀랍고 독특하게 만들 방법을 고안해냈다고 내게 전해왔다. 박물관 관장들을 모아 놓고 프레젠테이션을 하는 도중 갑자기 회의실의 조명을 모두 꺼버렸던 것이다. 칠흑처럼 깜깜한 방 안에서 그녀는 이렇게 말했다. "이것이 바로 시각장애인들이 박물관에 갔을 때 느끼는 기분입니다. 이들을 돕기 위해 우리는 어떻게 할 수 있을까요?"

우리가 이 책을 쓰게 된 것도 도시 괴담처럼 말도 안 되는 아이디어로부터 교훈을 얻고, 그 교훈을 활용해 보다 유용하고 고귀한 스티커 아이디어를 만들 수 있게 하고 싶었기 때문이다. 여러분이 스티커 아이디어를 만드는 데 이 책이 도움이 되길 바란다. 그리고 한국 독자들의 뜨거운 지지에 마음 깊이 감사한다. 이 책이 개정증보판으로 출간될 수 있었던 것은 모두 여러분 덕택이다.

　즐겁게 읽어주시길, 그리고 언제나 스티커 아이디어가 함께하길!

칩 히스, 댄 히스

차례

한국어판 서문 ••• 4

프롤로그 노스트라다무스의 예언이 지금까지 살아남은 비밀

신장을 훔쳐가는 장기 밀매 괴담 ••• 15

바이러스처럼 번져가는 메시지의 비밀 ••• 18

메시지를 끈끈하게 만들어야 하는 이유 ••• 24

핼러윈을 망친 소문 ••• 31

메시지를 달라붙게 하는 여섯 가지 핵심 요소 ••• 33

고착력을 떨어뜨리는 악당 '지식의 저주' ••• 40

기발한 아이디어만으로 탁월한 메시지가 나올까? ••• 43

원칙 1 단순성 Simplicity 강한 것은 단순하다

수백만 병사를 움직이게 하는 군대의 메시지 ••• 51

사우스웨스트 항공사의 성공, 단순한 메시지의 위력 ••• 55

왜 기자들은 첫 문장을 쓰는 데 어려움을 느낄까? ••• 59

"경제라니까, 이 멍청아!" ··· 63

우선순위를 상기시키는 핵심 메시지의 힘 ··· 64

메시지 클리닉 ··· 68

메시지 클리닉 일광노출은 위험하다 ··· 70

구독률 112퍼센트, 지역 신문의 비결 ··· 75

단순함 = 핵심 + 간결함 ··· 77

세상에서 가장 오래 살아남은 메시지, 속담 ··· 82

리모컨을 디자인할 때도 '스틱!'되도록 ··· 84

이미 존재하는 지식을 일깨워라 ··· 87

포멜로가 뭐지? ··· 90

무엇을 알게 되면 알기 전 상태로 돌아갈 수 없나니 ··· 94

할리우드 영화의 성공을 결정하는 카피 한 줄 ··· 96

샌드위치 속 양파 한 줌에도 예술을 담아서 ··· 100

원칙 2 **의외성** Unexpectedness 듣는 이의 추측 기제를 망가뜨려라

비행기에서 탈출하는 여섯 가지 방법 ··· 107

충격적인 신형 자동차 광고 ··· 111

놀라게 하라. 스스로 해답을 찾도록 ··· 114

사람들의 추측을 넘어서는 방법 ··· 117

백화점 신입사원이 경악한 이유 ··· 121

다음 기사의 리드를 뽑아보시오 ··· 124

메시지 클리닉 미국의 해외원조는 과연 과도한가 ··· 127

미스터리를 해결할 것 ··· 131

아이들은 어떻게 포켓몬 이름을 다 외울까? ··· 135

9시 뉴스 예고편이 자극적인 이유, 공백 이론 ··· 138

메시지 클리닉 후원금 모금 현황을 보고하는 프레젠테이션 ··· 141

지식의 공백을 채우고 싶은 욕망을 공략하라 ··· 144

사람들의 관심을 어떻게 이끌어낼 것인가? ··· 146

소니의 스티커 메시지, 휴대용 라디오 ··· 151

케네디가 메시지로 이룩한 업적 ··· 155

원칙 3 **구체성** Concretness 지식의 저주를 깨뜨리는 법

2,500년 동안 살아남은 『이솝 우화』의 비밀 ··· 161

메시지만큼은 구체적이어야 한다 ··· 164

왜 우리는 논문을 읽다가 절망하는가 ··· 169

머리에 쏙쏙 들어오는 회계학 강의의 비결 ··· 173

헤이 주드, 수박, 그리고 모나리자 ··· 177

의사소통을 방해하는 적, 지식의 저주 ··· 183

HP를 만족시킨 프레젠테이션 ··· 187

상상을 자유롭게 하는 멍석, 구체성 ··· 191

메시지 클리닉 탈수증으로 목숨을 잃고 있는 아이들을 구하자! ··· 196

왜 어머니들은 신제품에 등을 돌릴까? ··· 200

원칙 4 **신뢰성** Credibility 내 말을 믿게 만들어라

헬리코박터균을 믿게 하라 ··· 209

당신이 노벨상 수상자가 아니더라도 ··· 212

때로는 반권위가 훨씬 강력하다 ••• 216

남자친구의 죽음 ••• 219

판결을 뒤집은 스타워즈 칫솔 ••• 221

핵무기 5,000개의 파괴성을 효과적으로 전달하는 법 ••• 226

통계 수치를 효과적으로 활용하는 법 ••• 229

메시지 클리닉 상어가 인간을 습격하는 일은 드물다고? ••• 236

메시지의 신뢰성을 증폭시켜라 ••• 240

무독성 섬유? 먹을 수 있는 섬유! ••• 243

이 햄버거에 고기는 어딨어? ••• 247

"여러분은 4년 전보다 잘살고 있습니까?" ••• 250

메시지 클리닉 인간이 직관이라는 거짓말쟁이를 믿는 이유 ••• 253

NBA 선수들을 위한 에이즈 교육 ••• 257

원칙 5 **감성** Emotion   감성이 담긴 메시지는 행동하게 만든다

마음을 움직이는 자선단체의 설득 ••• 263

"생각해보세요." "너나 해!" ••• 268

최상급 표현이 먹히지 않는 이유 ••• 272

왜 사람들은 스포츠 정신에 열광할까? ••• 276

전설적인 마케터, 존 케이플스의 광고 법칙 ••• 280

케이블 TV 시청자를 늘리는 두 가지 방법 ••• 285

사람의 동기를 유발하는 매슬로 피라미드 이론 ••• 288

군인도 먹어야 싸운다 ••• 293

왜 빈민층은 보수 진영을 지지하는가? ••• 295

메시지 클리닉 도대체 왜 수학공부를 해야 하는 거야? ••• 302

그건 설득이 아니라 설교다 ••• 307

이익과 정체성, 이상향에 호소하라 ••• 312

원칙 6 **스토리** Story 머릿속에 생생히 그려지도록 말하라

스토리가 행동을 유발한다 ••• 321

제록스 구내식당에서 들은 이야기 ••• 324

청중이 당신의 이야기를 듣지 않을 때 ••• 327

스토리는 뇌를 위한 시뮬레이션이다 ••• 332

메시지 클리닉 문제 학생 다루기 ••• 336

서브웨이 샌드위치에 엄청난 스토리가 굴러들어오다 ••• 340

늘 메시지를 '창조'할 필요는 없다 ••• 346

착 붙는 스토리에는 세 가지 플롯이 있다 ••• 350

도전 플롯: 다윗과 골리앗 ••• 353

연결 플롯: 선한 사마리아인은 왜 선한가? ••• 355

창의성 플롯: 사과와 만유인력의 법칙 ••• 357

머릿속에서 들리는 작은 목소리에 집중하라 ••• 360

삶이 만들어내는 스토리를 포착하라 ••• 365

실전편 당신에게 꼭 필요한 '스틱!'의 기술

청중에게 착 달라붙는 프레젠테이션의 다섯 가지 법칙 ••• 371

최고경영자부터 신입직원까지 관통하는 전략 소통법 ••• 381

나쁜 소문은 어떻게 떼어낼 수 있을까? ••• 399

학생들에게 착 달라붙는 스티커 교수법 · · · 406

에필로그 훌륭한 메시지는 천재가 만드는 것이 아니다

답은 청중에게 있다 · · · 431

메시지 감각을 뼛속 깊이 유지하라 · · · 434

스탠퍼드 학생들의 스티커 메시지 만드는 능력 · · · 437

다른 악당들 · · · 439

스티커 메시지 만들기: 의사소통의 구조 · · · 442

증상과 치료법 · · · 445

당신은 존 F. 케네디가 아니다 · · · 448

주 · · · 452

이책을 추천해주신 분들 · · · 472

프롤로그

노스트라다무스의 예언이 지금까지 살아남은 비밀

우리는 수만 건의 메시지를 분석한 결과
역사적으로 살아남은 '한 문장'에는
독특한 유전정보가 있다는 공통점을 발견했다.

신장을 훔쳐가는
장기 밀매 괴담

내 친구의 친구 데이브는 출장을 자주 다닌다. 얼마 전 데이브는 고객과 중요한 미팅이 있어서 애틀랜틱시티에 들렀다. 약속을 마치고 비행기 시간까지 여유가 좀 생기자 그는 시간을 때우려고 근처 술집에 들어갔다.

첫 번째 잔을 막 비운 찰나, 갑자기 어떤 눈부신 여성이 다가오더니 그에게 두 번째 잔을 사주고 싶다며 말을 걸어왔다. 데이브는 그 여성의 제안에 깜짝 놀랐지만 조금 우쭐한 기분이 들었다. 좋다고 대답하자 그녀는 바에 가서 술 두 잔을 들고 돌아왔다. 한 잔은 데이브를 위해 그리고 다른 한 잔은 자기 자신을 위해. 데이브는 여자에게 고맙다고 말한 다음 술을 들이켰다. 그리고 그것이, 그가 기억하는 마지막 장면이었다.

다음날 아침 어리둥절한 상태로 눈을 떴을 때 그는 호텔 욕조 안에 누워 있었고 욕조에는 차가운 얼음이 가득 차 있었다. 데이브는 여기가 어디인지 그리고 어쩌다 이렇게 된 건지 의아해하며 정신없이 사방을 두리번거렸다. 그러다 쪽지 하나를 발견했다.

"움직이지 말 것! 911에 전화하시오."

욕조 옆 작은 탁자 위에 휴대전화가 놓여 있었다. 데이브는 전화기를 집어 들고 911을 눌렀다. 얼음 때문인지 손가락이 뻣뻣하게 굳어잘 움직이지 않았다. 교환원이 전화를 받았다. 이상하게도, 그녀는 지금 데이브가 처한 상황에 꽤 익숙한 것 같았다. 교환원이 말했다.

"선생님, 등 뒤로 손을 뻗어보세요. 천천히 조심스럽게요. 혹시 허리에서 튜브가 튀어나와 있나요?"

데이브는 불안감에 떨며 등 뒤를 더듬거렸다. 그랬다. 튜브가 만져졌다.

교환원이 말했다.

"놀라지 말고 제 말 잘 들으세요. 선생님은 어젯밤 신장을 도둑맞으신 겁니다. 요즘 이 도시에서 장기臟器 절도 조직이 활동 중인데 유감스럽게도 선생님이 그 피해를 입으신 것 같습니다. 지금 즉시 응급요원을 보내드릴 테니 그 사람들이 도착할 때까지 절대로 움직이지마십시오."

방금 당신이 읽은 이야기는 지난 15년 동안 미국에서 가장 유행한도시 전설 중 하나다. 평범한 미국인들은 다들 한 번쯤 이 '신장 도둑' 전설을 들어봤을 것이다. 이 이야기에는 수백 가지 버전이 있는데, 모두 세 가지 공통점을 지닌다. 첫째 약을 탄 술, 둘째 얼음으로 가득 찬욕조, 그리고 셋째 신장을 도둑맞았음을 알려주는 충격적인 결말. 한유부남이 라스베이거스에 갔다가 호텔방으로 부른 매춘부에게서 술을 받아 마셨는데 술에 약이 들어 있었다는 버전도 있다. 말하자면, 이 모든 이야기는 신장을 둘러싼 도덕극인 셈이다(또한 놓칠 수 없는 재미 있는 사실 하나가 바로 '내 친구의 친구'라는 점이다. 어째서 '내 친구의 친구'는 늘 '내 친구'보다 흥미진진한 삶을 살고 있는 걸까?).

자, 그럼 이제 책을 덮고 한 시간 정도 휴식을 취하기 바란다. 그런 다음 책을 펼치지 말고 곧장 친구에게 전화를 걸어 방금 읽은 이야기를 말해보라. 아마 당신은 이 이야기를 거의 완벽하게 이야기하고 있을 것이다. 주인공이 '고객과 중요한 미팅이 있어서' 애틀랜틱시티에 갔다는 건 잊어버릴지 모른다. 하지만 그래 봐야 뭐 어떻단 말인가? 대신 중요한 다른 점들은 하나도 빠짐없이 기억하고 있는데.

'신장 도둑' 전설은 우리 기억에 '스틱!'되어 스티커처럼 찰싹 달라 붙는 스티커 메시지다. 우리는 이것을 듣는 순간 기억하고 언제든 다른 사람들에게 다시 전달할 수 있다. 만약 이 이야기를 진짜로 믿는다면 평생 동안 아무리 미남미녀가 접근해온다 해도 낯선 사람에게는 절대로 술을 받아 마시지 않을 것이다.

이제 신장 도둑 말고 다른 이야기를 해보겠다. 다음 문장은 한 비영리단체가 배포한 문서에서 발췌한 것이다.

"포괄적인 공동체 구축[1]은 그 본질적인 특성으로 인해 현존하는 실행 방식과 일치하는 모범적인 투자수익 원리 모델에 적합하다. CCI의 자원 흐름을 제한하는 요소는 자금주들이 책임 여하를 확실히 하기 위해 지원 자금 조성에 있어 시장 선정 및 절대적인 필요조건에 자주 의존해야 한다는 점이다."

이제 책을 덮고 한 시간만 쉬어라. 아니, 지금 당장 친구에게 전화를 걸어 이 비영리단체가 뭐라고 하는지 설명해보라. 그럼 행운을 빈다.

입에서 입으로 돌고 도는 도시 전설과 책자를 뒤져 일부러 골라낸 어렵고 골치 아픈 글을 비교하다니, 너무 불공평하다고? 물론 그럴지도 모른다. 하지만 진짜로 흥미로운 건 여기서부터다. 위에서 언급한 두 개의 예시가 우리 기억력의 양 극단에 존재한다고 치자. 그렇다면 우리가 식상에서 흔히 접하는 의사소통 방식은 둘 중 어느 쪽에 더 가까울까? 만일 당신이 대다수의 사람들처럼 평범한 직장인이라면, 당신의 일터는 마치 북극성을 기준 삼아 항해하는 선박처럼 비영리단체를 모범 삼아 달려가고 있을 것이다.

어쩌면 이건 그저 자연스러운 현상일지도 모른다. 어떤 메시지는 본질적으로 흥미롭게 마련이고 또 어떤 메시지는 본질적으로 따분하게 마련이니까. 신장을 훔쳐가는 장기 도둑이라니, 제목만 들어도 궁금해지지 않는가? 한편 비영리재단의 재정전략 따위를 알고 싶어 할 사람이 어디 있겠는가? 즉 이것은 메시지 버전의 '본성 대 양육' 논쟁인 셈이다.

바이러스처럼 번져가는
메시지의 비밀

흥미로운 메시지는 원래부터 그렇게 태어나는 것일까, 아니면 후천적으로 만들어지는 것일까?

지금 이 순간에도 세상에는 수많은 사람들이 메시지를 효과적으로 전달하고 자신의 메시지를 다른 것과 차별화하기 위해 발버둥치고 있다. 생물학 교사는 유사분열에 대해 한 시간 내내 열심히 설명하지만 일주일 뒤에 그 내용을 기억하는 학생은 달랑 세 명에 불과하다. 관리자는 새로운 사업전략을 발표하고 직원들은 열성적으로 고개를 끄덕이지만, 다음 날이 되면 현장 직원들은 아무 일도 없었다는 표정으로 기존 방식을 고수한다.

아무리 탁월한 메시지도 수많은 시련과 오랜 시간을 거친 후에야 비로소 성공의 반열에 오르는 것이 대부분이다. 하지만 터무니없는 신장 도둑 이야기는 자원이나 다른 도움의 손길 없이도 끊임없이 사람들의 입에 오르내리며 널리 퍼져 나간다.

도대체 그 이유가 뭘까? 도둑맞은 신장이 단순히 다른 소재보다 더 잘 팔리는 이야기라서? 만약 그게 아니라면, 진정 가치 있는 진실한 메시지도 이런 거짓 메시지처럼 효과적으로 퍼뜨릴 수 있을까?

몇 년 전 우리 칩과 댄 형제는 지난 10년 동안 두 사람이 모두 스티커 메시지를 만드는 방법에 관해 연구하고 있었다는 사실을 알게 되었다. 우리는 전혀 다른 분야에서 일하고 있었지만 결국 모든 것은 단 하나의 질문으로 귀결되었다. 어째서 어떤 메시지들은 성공하는 반면, 다른 것들은 실패하는가?

댄은 교육 분야에 매진하고 있었다. 그는 싱크웰Thinkwell이라는 출판사의 공동설립자였는데, 그 와중에 일종의 이단적인 질문을 던지게 되었다. "문자 대신 비디오와 첨단 기술만을 사용해 완전히 새로운 형태의 교과서를 창조하려면 어떻게 해야 할까?"

싱크웰의 수석 편집자로서 댄은 경제학, 생물, 수학, 물리학 등과 같은 교과목들을 가르칠 가장 좋은 교수법을 고안해내기 위해 팀원들과 머리를 싸매고 고심했다. 효과적인 교수법으로 미국에서 가장 사랑받는 일련의 교사들과 함께 일할 기회도 있었다. 스탠드업 코미디언을 겸하고 있는 수학 교사, 미국에서 '올해의 교사'로 선정된 생물학 교사, 목사이자 극작가이기도 한 경제학 교수 등. 댄은 그 훌륭한 교사들을 훌륭하게 만들어주는 요소들을 집중적으로 파헤쳤다. 그리고 마침내 한 가지 사실을 발견했다. 이들은 모두 자기만의 독특한 교수 스타일을 지니고 있으면서도 그 방법론에 있어서는 놀랍도록 유사했다.

스탠퍼드 대학의 교수인 칩은 어떻게 그토록 형편없는 메시지들이 때때로 시장에서 대히트를 치는가 하는 질문에 10년 동안 매달렸다. 어떻게 거짓 메시지가 진실한 메시지를 밀어낼 수 있단 말인가? 메시지를 바이러스처럼 번져나가게 하는 요소는 도대체 무엇일까?

이러한 궁금증을 규명하기 위한 첫 번째 단계로 그는 도시 전설이나 음모 이론과 같은 '선천성 스티커 메시지'의 영역에 발을 들여놓았다. 그 후 그는 온갖 메시지들의 연보를 파헤치면서 그중에서도 가장 불쾌하고 터무니없는 속설들에 정통하게 되었다. 세상에는 정말 별별 이야기들이 떠돌고 있었다. 그가 들은 이야기들 가운데 몇 가지를 들여다보자.

• 켄터키 프라이드 생쥐: 패스트푸드점에서 쥐고기를 판다는 소문은 어딜 가나 들을 수 있다.

- 콜라는 사람의 뼈와 이를 부식시킨다: 이 무시무시한 속설은 특히 일본에서 두드러지는데, 아직 일본에서조차 콜라 때문에 10대들의 뼈가 물렁물렁해졌다는 사례는 보고된 적이 없다.
- 헤드라이트를 켜지 않은 자동차에 헤드라이트를 비추지 말라. 갱들의 총에 맞아 죽는 수가 있다.
- 중국의 만리장성은 우주에서 육안으로 볼 수 있는 유일한 인공 건축물이다: 만리장성은 확실히 길긴 하지만 넓지는 않다. 만일 만리장성을 우주에서 육안으로 볼 수 있다면 미국의 주간 고속도로 역시 볼 수 있어야 할 것이며, 어쩌면 초대형 월마트 매장 몇 개도 보여야 할 것이다.
- 인간은 평생 뇌의 10퍼센트밖에 사용하지 않는다: 이 말이 사실이라면 뇌 손상은 그리 심각한 문제가 아닐지도 모른다.

칩은 수백 시간을 들여 자신이 가르치는 학생들과 함께 선천적인 스티커 메시지들을 수집하고 정돈하고 분석했다. 도시 전설, 전시戰時 루머, 속담, 음모 이론 그리고 온갖 농담들. 도시 전설은 헛소문에 불과했지만 다른 수많은 선천적 스티커 메시지는 사실이었다.

가장 오래된 선천성 스티커 메시지의 대명사는 바로 속담일 것이다. 오랜 세월 동안 다양한 문화권을 넘나들며 현재까지 살아남은 지혜의 보고寶庫 말이다. 이를테면 "아니 땐 굴뚝에 연기 나랴"라는 속담은 55개 이상의 언어권에서 거의 비슷한 형태로 나타난다.

칩은 크고 작은 선천성 스티커 메시지를 연구하는 과정에서 다음과 같은 주제와 관련해 참가자 1,700명 이상을 대상으로 40회 이상의 연구 실험을 실시했다.

- 노스트라다무스의 예언은 어째서 400년이 지난 지금까지도 널리 읽히는가.
- 『영혼을 위한 닭고기 수프』는 어째서 전 세계인을 감동시키나.
- 아무런 효과도 없는 민간요법이 어째서 아직까지 전해오는가.

오래전 그는 스탠퍼드 대학에서 '스티커 메시지 만드는 법'이라는 강의를 시작했다. 이 강의의 전제는 무엇이 선천성 스티커 메시지를 만드는지 이해한다면 우리의 메시지를 더욱 잘 달라붙게 만들 수 있으리라는 것이었다. 칩은 지난 몇 년 동안 비즈니스 관리자, 공공정책 분석가, 언론인, 디자이너 그리고 영화감독을 꿈꾸는 수백 명의 학생들에게 이러한 논제를 가르쳤다.

하늘도 우리 히스 형제 이야기의 완성본을 보고 싶었던 모양인지, 2004년 우리 두 사람은 이제껏 같은 문제를 서로 다른 각도에서 접근하고 있었음을 알게 되었다. 칩은 스티커 메시지의 본질에 대해 연구하고 가르치고 있었다. 댄은 스티커 메시지를 만드는 실용적인 방법을 찾고 있었다. 칩은 성공적인 도시 전설과 스토리들을 분석하고 비교했다. 댄은 탁월한 수학과 정치 수업을 비교하고 분석했다. 칩은 연구자이자 교사였고 댄은 실행가이자 작가였다.

우리는 스티커 메시지를 완전 분해하고 해부하여 그 고착성의 기원을 알아내고 싶었다. 도시 괴담은 왜 그렇게 기억 속에 뚜렷이 각인되는 것일까? 어째서 어떤 선생님의 화학 수업은 다른 수업보다 훨씬 오래 기억되는 것일까? 거의 모든 문화권에서 비슷한 속담이 발견되는 건 무슨 이유일까? 어째서 어떤 정치적 메시지는 널리 퍼져나가는 반면 다른 메시지는 그렇지 못하는 걸까?

간단히 말해, 우리는 어떤 것이 '스틱!'되는지, 즉 어떤 것이 스티커 메시지가 되는지 알고 싶었다. '스티커 메시지'라는 용어는 우리가 좋아하는 작가인 말콤 글래드웰에게서 빌려온 것이다. 글래드웰은 2000년 출간한 『티핑 포인트』라는 출중한 저서에서, 사회적 현상이 정점에 닿도록 이끌거나 작은 집단이 큰 집단으로 도약하도록 만드는 힘, 일단 특정수의 사람들이 전염되면 바이러스가 그때부터 폭발적으로 뻗어나가는 현상에 대해 고찰한 바 있다. 허시퍼피는 어떻게 부활한 걸까? 뉴욕시의 범죄율이 급작스럽게 하락한 이유는? 어째서 『야야 시스터즈의 신성한 비밀』 같은 책이 대히트를 기록하는 거지?

『티핑 포인트』는 세 부분으로 구성되어 있는데, 그중 가운데 섹션인 '고착성 요소'에서 혁신은 고착성이 뛰어날 때 티핑 포인트에 이른다고 말한다. 『티핑 포인트』가 출간되었을 때 칩은 '고착성 stickness', 즉 달라붙는다는 단어야말로 그가 메시지 시장을 조사하며 추구하던 것을 나타내는 데 가장 완벽한 표현임을 깨달았다.

글래드웰은 사회적인 전염 현상이 발생하는 이유를 밝히는 데 관심이 있었다. 우리의 관심사는 효과적인 메시지는 어떻게 구성되는지, 어떤 메시지는 오랫동안 살아남는 반면 어째서 다른 메시지들은 흔적도 없이 사라지는지를 밝히는 데 있다. 그러므로 우리의 초점은 『티핑 포인트』와 다소 다른 방향을 가리키고 있지만 그래도 '스티커 메시지'라는 용어에 관해서는 글래드웰에게 큰 빚을 지고 있는 셈이다. 그 표현은 정말 제대로 달라붙었다.

우리의 연구는 당신에게 메시지를 더욱 창의적이고 효과적인 형태로 다듬을 수 있는 방법을 알려줄 것이다. 다른 사람들에게 메시지를 퍼뜨리고 싶다면 당신은 메시지가 성공할 수 있는 일정한 법칙 속에서 움직여야 한다. 물론 이 책이 백발백중 맞아떨어지는 만능 해답을 제시하지는 않는다. 처음부터 확실히 말해두겠다. 우리는 열두 살 소년이 캠프파이어 앞에서 유사분열에 관해 즐겁게 수다를 떨게 할 방법을 알지는 못한다. 당신의 절차 개선 메모가 10년 후 다른 문화권에까지 퍼져나갈 가능성도 거의 없다.

그렇지만 이것만은 약속할 수 있다. 스티커 메시지의 특성을 이해하고 그 특성대로 당신이 만드는 메시지에 유전적인 변형을 가한다면, 당신은 타고난 창의성과는 아무런 상관도 없이 어떤 메시지든 사람들의 뇌리에 착 달라붙게 만들 수 있다!

메시지를 *끈끈하게* 만들어야 하는 이유

아트 실버맨이 커다란 팝콘 상자를 뚫어져라 바라보고 있다. 영화관에서 흔히 보는 평범한 팝콘 상자지만 그의 책상 위에 놓여 있으니 어색하다. 사무실은 향긋한 버터 향에 점령당한 지 이미 오래다. 실버맨은 자신이 일하고 있는 단체의 연구 결과를 통해, 그의 책상 위에 놓여 있는 이 먹음직스러운 팝콘이 건강에 해롭다는 사실을 알고 있다. 정직하게 표현하자면 엄청나게, 지독하게 해롭다. 이제 그가 할 일은 영화를 보러 가는 모든 미국 국민들에게 그러한 사실을 알리는 것이다.

실버맨은 식품안전 증진을 위해 활동하는 비영리 소비자권익단체인 공공이익 과학센터Center for Science in the Public Interest, CSPI에서 일한다. CSPI는 미국의 주요 세 도시에 위치한 극장 열두 곳에서 판매하는 팝콘을 수집하여 과학연구소에 분석을 의뢰했는데, 결과는 가히 충격적이었다.[2]

미국농무부The United States Department of Agriculture, USDA에서는 하루 20그램 이하의 포화지방을 섭취하도록 권장하고 있다. 그런데 연구소에서 보내온 분석 결과에 따르면, 팝콘 한 상자는 평균 37그램의 포화지방을 함유하고 있었다.

범인은 바로 대부분의 극장에서 팝콘을 튀기는 데 사용하는 코코넛 오일이었다. 코코넛 오일은 다른 종류의 기름에 비해 커다란 장점이 있다. 팝콘을 보기 좋고 먹음직스러운 모양으로 튀겨낼 뿐 아니라 감미롭고 군침이 절로 돌게 하는 향긋한 냄새를 풍기게 한다. 그러나 불행히도 연구 결과가 보여주듯, 사실 코코넛 오일은 포화지방으로 똘똘 뭉친 무서운 식재료였다.

실버맨의 책상 위에 놓여 있는 작은 팝콘 상자에, 누구나 입이 심심할 때면 아무 생각 없이 손을 뻗치는 그 흔한 간식거리에, 거의 이틀 분의 포화지방이 함유되어 있었다. 더구나 포화지방 37그램은 가장 작은

'미디엄 사이즈' 팝콘에서 추출한 수치였다. 그보다 더 큰 사이즈의 팝콘이라면 세 자리 숫자에 달하는 지방을 함유하고 있을 게 뻔했다.

실버맨의 고민거리는 '37그램의 포화지방'이 진정 어떠한 의미인지 아는 사람이 거의 없다는 점이었다. 솔직히 말해, 평소에 농무부의 1일 영양 권장섭취량을 외우고 다니는 사람이 어디 있는가? 포화지방 37그램이면 몸에 좋은 건가 아니면 나쁜 건가? 설사 몸에 나쁘다는 사실을 안다고 해도 그것이 담배처럼 '정말로 해로운 건지' 아니면 쿠키나 밀크셰이크처럼 '그저 그렇게 해로운 건지' 알 도리가 없지 않은가.

'포화지방 함유량 37그램'이라는 문구 자체는 사람들의 시선을 사로잡기에 한참 부족하다. "포화지방이라는 단어는 아무런 효과도 없다." 실버맨은 말한다. "딱딱하고 지나치게 학구적이다. 누가 그런 것에 상관이나 하겠는가?"

시각적인 방법으로 비교를 하는 건 어떨까? USDA의 1일 권장섭취량과 팝콘에 함유된 포화지방의 양을 비교하는 광고를 내보내는 것이다. 막대그래프를 이용하면 한쪽이 다른 한쪽의 거의 두 배나 된다는 걸 간단히 보여줄 수 있을 것이다.

하지만 그 방법도 너무 딱딱하다. 지나치게 논리적이고 이성적이다. 팝콘에 함유된 지방의 양은 전혀 논리적인 수치가 아니다. 그야말로 말도 안 되는 터무니없는 양이다. CSPI는 이렇게 기가 막힌 사실을 대중에게 완벽하게 전달할 방법이 필요하다.

그리고 마침내 실버맨은 해결책을 찾아냈다.

1992년 9월 27일, CSPI가 기자회견을 열었다. 그들이 제시한 메시지는 다음과 같았다.

"영화관에서 판매하는 미디엄 사이즈 '버터' 팝콘에는 베이컨과 달걀을 곁들인 아침 식사, 빅맥과 감자튀김으로 이루어진 점심 식사 그리고 다양한 사이드 메뉴를 곁들인 스테이크 저녁 식사보다 동맥경화증을 유발하는 지방이 더 많이 함유되어 있습니다. 따로따로가 아니라 이 세 끼니를 모두 합친 것보다 더 많이 말입니다!"

물론 CSPI는 시각적 장치도 빠뜨리지 않았다. 그들은 텔레비전 카메라 앞에 온갖 기름진 음식들을 한 상 가득 차려놓았다. 아침·점심·저녁 식사로 먹을 수 있는, 몸에 가장 해로운 콜레스테롤 범벅인 음식들. 그런데 이보다도 더 많은 포화지방이 작은 팝콘 상자 안에 농축되어 들어 있다니!

이 메시지는 엄청난 센세이션을 불러일으켰다. CBS, NBC, ABC, CNN이 앞다투어 이 소식을 뉴스에 내보냈다. 《USA 투데이》, 《로스앤젤레스 타임스》, 《워싱턴 포스트》 모두 주요 섹션의 1면을 내주었다. 제이 르노와 데이비드 레터맨은 기름에 푹 절어 있는 팝콘에 대해 너스레를 떨었고 각 신문 헤드라인 역시 기름진 문구를 쏟아냈다. "R등급을 받은 팝콘" "조명, 액션, 콜레스테롤!" "팝콘, 두 배의 포화지방 동시상영!" 등등.

이 메시지는 사람들의 머리에 금세 착 달라붙었다. 사람들은 이제 그 어떤 달콤한 영화를 볼 때도 팝콘을 집지 않았다. 팝콘 판매량은 순식간에 곤두박질쳤다.

그 후 얼마 지나지 않아 유나이티드 아티스트United Artiest, AMC, 로스Loews 등을 포함한 대부분의 대형 영화관 체인들이 코코넛 오일을 사용하지 않겠다는 성명을 발표했다.

이것은 한 메시지의 성공 스토리다. 아니, 그것만으로는 이 메시지의 위대함을 충분히 설명할 수 없다. 이것은 '진실한' 메시지의 성공 스토리이기 때문이다. CSPI 사람들은 다른 이들과 함께 나누고 싶은 무언가를 알고 있었다. 그래서 그들은 다른 사람들이 그들의 이야기에 귀를 기울이고 관심을 갖도록 메시지를 소통할 방법을 찾아냈다. 그러자 그 메시지는 사람들의 머릿속에 스티커처럼 달라붙었다. 마치 신장 도둑 이야기처럼 말이다.

좋다, 좀 솔직해지자. 사실 CSPI가 성공할 확률은 현저하게 낮았다. '영화관에서 파는 팝콘은 지방덩어리다'라는 메시지는 사람의 장기를 강탈하는 범죄 조직에 비하면 그리 처절하지도 충격적이지도 않다. 정신을 차려보니 지방이 둥둥 떠다니는 욕조에 누워 있는 것도 아니고 말이다. 이 스토리는 자극적이지도 않고 특별히 재미있거나 흥미롭지도 않다. 더구나 오래가는 뉴스도 아니다. 팝콘에 관한 최신 뉴스를 보기 위해 밤늦게까지 자지 않고 기다릴 사람이 있을까? 유명 인사나 영화배우, 모델이 나오는 것도 아니고 사랑스러운 반려동물과도 아무런 상관이 없는데 말이다.

간단히 말해, 이 팝콘 메시지는 대부분의 사람들이 일상생활에서 날마다 주고받는 다른 수많은 사소한 메시지와 비슷하다. 재미있기는 하지만 충격적이지는 않고 진실되긴 하지만 마음에 확 와닿지는 않으며, 중요하긴 하지만 생사를 구분 지을 정도는 아닌, 세상에 널리고 널린 평범한 메시지들 말이다. 광고나 PR 계통에서 일하지 않는 이상 당신에게는 이런 메시지를 뒷받침할 자원이 별로 없다. 광고에 투자할 수백만 달러도 없고, 당신을 도와줄 전문가 집단도 없다. 당신의 메시지는 스스로의 장점을 최대한 발휘해 홀로 서는 수밖에 없다.

　그렇다면 이 시점에서, 도대체 왜 메시지를 스티커처럼 끈끈하게 만들어야 하는지 간단히 살펴보자. 우리가 평소에 주고받는 대화는 대부분 스티커처럼 만들 필요가 없다. "저기, 소금 좀 줘"라는 말은 굳이 오래 기억할 필요가 없기 때문이다. 친구에게 애인과 어쩌다 싸우게 되었는지 털어놓을 때에도 지속적으로 영향을 미칠 생각 따위는 하지 않는다.

　따라서 모든 메시지가 스티커 메시지가 될 만한 가치가 있는 것은 아니다. 사람들에게 얼마나 자주 스티커 메시지를 만들어내야 하냐고 물어보면, 대개 일주일에 한 번이나 한 달에 한 번, 대충 1년에 열두 번 내지 쉰두 번 정도라고 대답할 것이다. 관리자들에게 있어 그것은 새로운 전략 방향과 행동 지침을 세우는 커다란 메시지다. 교사들은 학생들에게 다양한 주제와 분쟁과 동향 그리고 개별적인 유사 사실들이 모두 사라진 이후에도 이 사회에 오랫동안 살아남을 거대한 흐름과 사상들을 알려주고 싶어 한다. 신문의 논설위원들은 정책 문제에 관한 독자들의 의견을 바꾸고 싶어 하고, 종교지도자들은 신도들과 영적 지혜를 공유하고자 한다. 비영리단체들은 자원봉사자들이 무상으로 시간을 투자하고 지지자들이 대의를 위해 기꺼이 돈을 기부하길 바란다.

　스티커 메시지가 이토록 중요한데, 스티커 메시지에 관심을 기울이는 사람이 거의 없다는 사실은 참으로 놀라운 일이다. 의사소통에 대해 조언을 구할 때마다, 사람들은 전달 방식에 관한 충고를 늘어놓는다. "허리를 세우고 어깨를 펴라. 상대방과 시선을 마주치며 적절한 손동작을 활용하라. 연습, 연습 또 연습만이 살길이다(하지만 그렇다고 달달 외운 것처럼 무미건조하게 말해서도 안 된다)." 때로는 대화의 구조에 관해 조언해주기도 한다. "중요한 것을 먼저 말하라. 핵심을 말하라. 그런 다음 방금 말한 내용을 다시 말해주어라" 또는 "먼저 청중의 주목을 끌어야 한다. 농담을 하거나 재미있는 일화를 들려주어라."

사람들이 충고하길 좋아하는 또 다른 말은 "청중을 제대로 파악하라"다. "청중이 중요하게 생각하는 것을 파악하라. 그러면 당신의 메시지를 적절한 형태로 전달할 수 있다." 그리고 마지막으로 의사소통 분야에서 가장 자주 반복되는 충고도 있다. "반복하라, 반복하라, 다시 한번 반복하라."

물론 이 조언들은 나름대로 장점을 지니고 있다. 아, '반복'을 강조하는 마지막 충고는 빼고(똑같은 말을 한 열 번쯤 반복해야 한다면 그건 결코 잘 만들어진 메시지가 아니다. 열 번씩 되풀이해서 말해줘야 하는 도시 괴담을 들어본 적 있는가?). 하지만 동시에 엄청난 결점도 지니고 있다. 이런 조언들은 아트 실버맨이 영화관에서 판매하는 팝콘이 '진실로' 건강에 해롭다는 사실을 설명할 최적의 방법을 생각해내는 데 아무런 도움도 주지 못했던 것이다.

실버맨은 대화를 할 때 사람들과 시선을 마주치는 것이 필수적이며 연습이 커다란 도움이 된다는 것도 잘 알고 있었다. 하지만 도대체 뭘 연습하라는 말인가? 그는 자신이 말을 걸어야 할 청중이 누구인지 잘 알고 있었다. 팝콘을 좋아하고 그것이 얼마나 몸에 해로운지 모르는 사람들이다. 그렇다면 그는 그들과 어떤 메시지를 나눌 것인가? 복잡한 내용이다. 또 실버맨은 자신이 '반복'이라는 사치를 누리지 못할 것임을 알고 있었다. 대중매체의 관심을 끌 기회는 단 한 번뿐이었다.

아니면 어느 초등학교 교사의 경우를 생각해보라. 그녀는 자신의 역할을 알고 있다. 교육위원회가 규정한 교육 커리큘럼을 가르치는 것이다. 그녀는 자신의 청중을 잘 알고 있다. 한정된 지식과 기술을 지닌 초등학교 3학년생들이다. 그녀는 효과적으로 말하는 법도 안다. 교사로서 그녀는 적절한 언어와 몸짓의 활용, 시선 마주치기의 달인이다. 다시 말해, 목표도 명확하고 청중의 정체성도 명확하며 이용할 수 있는 의사소통 체계 역시 명확하다. 하지만 그녀가 전달해야 하는 메시지의 형태는 명확함과는 거리가 매우 멀다. 생물학을 배우는 학생들에게 유사분열이 무엇인지 정확하게 이해시켜야 하는 것이다.

좋다, 그렇다면 이제 뭘 어떻게 해야 할까? 유사분열을 가르치는 방법에는 수백만 가지가 있다. 그중 어떤 방법이 가장 잘 달라붙을까? 어떻게 그것을 미리 알 수 있을까?

핼러윈을 망친 소문

1960년대와 1970년대, 핼러윈이 되면 집집마다 돌아다니며 과자를 얻는 전통이 커다란 곤경에 처하게 되었다. 핼러윈에 몇몇 미치광이 새디스트들이 아이들에게 면도날을 박은 사과와 독이 든 과자를 나눠준다는 루머가 떠돌기 시작한 것이다. 엄청난 동요가 전국을 휩쓸었다. 부모들은 자녀들이 받아온 과자를 일일이 검사했고, 학교는 저녁에도 문을 열어 아이들이 안전한 환경에서 과자를 얻어먹을 수 있도록 도와주었다. 병원들은 아이들이 받아온 사탕봉지를 엑스레이로 검사해주겠다고 자청하고 나서기도 했다.

1985년 ABC 뉴스 여론조사에 의하면 부모들의 60퍼센트가 핼러윈에 자신의 자녀들이 끔찍한 일을 겪을까 봐 염려했다. 심지어 오늘날까지도 많은 부모들이 아이들에게 포장되어 있지 않은 과자는 절대로 먹지 말라고 가르친다. 참으로 서글픈 이야기가 아닐 수 없다. 즐거운 축젯날이 아무런 이유도 없이 어린아이들을 해치고 싶어 하는 정신 나간 나쁜 놈들 때문에 엉망이 되어버렸으니 말이다.

그러나 1985년, 이 스토리는 더 기묘한 방향으로 뒤틀리기 시작한다. 연구진이 독이 든 핼러윈 과자 전염병에 대해 충격적인 사실을 발견한 것이다. 그 소문은 근거 없는 낭설에 불과했다.

사회학을 연구하는 조엘 베스트와 제럴드 호리우치는 1958년 이래 핼러윈데이에 발생한 모든 사건사고 기록을 연구했다. 그 결과, 놀라지 마시라. 핼러윈에 전혀 모르는 타인이 과자에 독을 넣어 아이들을 해치려고 했던 사건은 단 한 건도 없었다![3]

두 명의 아이가 핼러윈에 목숨을 잃었지만, 범인은 낯선 사람이 아니었다. 다섯 살짜리 어린 소년은 삼촌이 감춰둔 헤로인 봉지를 발견하여 먹다가 헤로인 과다 복용으로 숨졌다. 경찰 수사 결과, 친척들이 증거를 숨기기 위해 마약을 아이가 얻어온 과자에 뿌린 것으로 드러났다. 다른 한 사건은 아버지가 보험금을 타기 위해 자기 아들의 과자에 청산가리를 주입한 것이었다.

달리 말해, 과학적인 증거에 의하면 처음 보는 사람에게 사탕을 받아먹어도 아무런 문제가 없다는 의미다. 당신이 두려워해야 할 사람은 오히려 당신 가족과 친척들이다. 독이 든 핼러윈 과자 스토리는 지난 수십 년 동안 수백만 명에 달하는 부모들의 행동을 변화시켰다. 참으로 애석하게도, 이웃이 이웃을 의심하고 두려워하게 만든 것이다. 이 소문은 심지어 미국의 법률에도 영향을 미쳤다. 캘리포니아주와 뉴저지주는 과자에 해로운 물질을 주입한 사람들에게 특수죄를 부과한다. 이 메시지는 도대체 어떻게 이렇게 성공할 수 있었을까?

메시지를 달라붙게 하는 여섯 가지 핵심 요소

어떤 면에서 핼러윈 과자 스토리는 앞선 CSPI 스토리의 사악한 쌍둥이라 할 수 있다.

먼저 두 스토리 모두 평범한 일상생활 속에 숨어 있는 예기치 못한 위험에 대해 경고한다. 핼러윈에 받는 과자와 영화관에서 판매하는 팝콘 말이다. 그리고 두 스토리 모두 단순한 행동을 요구한다. 전자는 '아이들이 받아온 과자를 샅샅이 검사하라', 후자는 '영화관에서 파는 팝콘을 먹지 마라.' 두 경우 모두 뚜렷이 각인되는 생생하고 구체적인 이미지, 예를 들면 면도날이 박혀 있는 사과와 베이컨·햄버거·스테이크 같은 기름진 음식들이 차려진 테이블을 이용하며, 마지막으로 두 스토리 모두 감정을 유발한다. 핼러윈 과자에 대한 공포와 영화관 팝콘에 대한 혐오감을 생각해보라.

앞서 살펴본 신장 도둑 이야기도 이러한 특성을 다수 공유한다. 꿈도 꾸지 못한 충격적인 결말(가볍게 한잔 하러 술집에 들렀던 사내가 한쪽 신장을 잃다), 구체적이고 생생한 묘사(얼음이 가득한 욕조, 허리에서 빠져나온 이상한 튜브), 격렬한 감정(공포, 의심, 혐오감).

성공적인 메시지에는 유사한 주제와 유사한 특성들이 뚜렷하게 나타난다. 칩의 연구조사와 수많은 민속학자와 심리학자, 교육학자, 정치과학자, 속담학자 들의 연구를 통해 우리는 스티커 메시지들이 어떤 특성을 공유하고 있음을 깨달았다.

물론 스티커 메시지를 만드는 '공식' 따윈 없다. 하지만 스티커 메시지들은 모두 공통적인 특성을 지니고 있으며 이러한 특성들은 메시지의 성공 가능성을 한층 높여준다.

비유하자면, 위대한 농구선수의 자질과 비슷하다고 할까? 훌륭한 선수는 누구나 큰 신장과 스피드, 민첩함, 파워 그리고 게임의 흐름을 읽는 능력 등과 같은 뛰어난 자질을 지니고 있다. 그러나 이 모든 능력을 갖춰야만 훌륭한 농구선수가 될 수 있는 것은 아니다. 역사상 가장 훌륭한 가드들 가운데에는 신장이 180센티미터도 채 되지 않는 이들도 있었다. 또한 이 같은 장점을 갖췄다고 해서 모두 다 위대한 선수가 될 수 있는 것도 아니다. 키는 커도 굼뜨고 형편없는 선수들도 있으니 말이다. 하지만 만일 동네 공원에서 만난 사람들과 팀을 짜서 농구 시합을 벌일 기회가 생긴다면 당신도 틀림없이 키가 큰 사람을 우선적으로 고를 것이다.

메시지 역시 이와 비슷한 방식으로 작용한다. 이 책에서 우리가 배울 수 있는 기술 중 하나는 낯선 무리들 중에서 신장 180센티미터의 건장한 남성을 자신의 팀으로 선택하는 것처럼 '선천적 잠재성'을 지닌 메시지를 알아보는 것이다. 이 책의 뒷부분에는 매일같이 서브웨이 샌드위치를 먹고 100킬로그램 이상 살을 뺀 재러드라는 비만 학생을 내세운 서브웨이의 광고 캠페인이 등장한다. 엄청난 성공을 거둔 이 광고 캠페인은 매디슨 애비뉴에서 뽐내는 거대 광고 회사의 솜씨가 아니다. 이 광고를 처음으로 시작한 사람은 탁월한 메시지를 알아보는 감각을 지닌 한 작은 서브웨이 지점의 주인이었다.

그러나 농구 선수와 메시지 사이에는 커다란 차이점이 있다. 바로 메시지의 세계에서는 선수들을 유전학적으로 조작할 수 있다는 점이다. 우리는 고착성을 최대화하는 방식으로 메시지를 계획하고 창조할 수 있다. 수백 수천 개의 스티커 메시지를 골똘히 들여다보던 우리는 그 안에 공통적으로 담겨 있는 공통된 특성 여섯 개를 발견했다.

원칙 1 단순성 Simplicity

메시지의 핵심을 찾으려면 어떻게 해야 하는가? 한 유명한 변호사가 이런 말을 한 적이 있다. "만일 당신이 법정에서 열 가지 주장을 펼친다면, 설사 그 열 가지 주장 모두가 더할 나위 없이 훌륭하다 할지라도 평결을 내리는 배심원들은 그중 단 하나도 기억하지 못할 것이다." 메시지의 핵심을 발굴하려면 우리는 결론을 내리는 명수가 되어야 한다. 무자비할 정도로 곁가지를 쳐내고 중요한 것만을 남겨야 한다.

우리가 원하는 것은 요약문이 아니다. 가장 이상적인 형태는 속담이다. 메시지는 반드시 단순하고, 동시에 심오해야 한다. '남에게 대접받고 싶은 대로 남을 대접하라'는 황금률은 단순함의 궁극적 이상향이다. 이 단순한 한 문장이 얼마나 심오한 의미를 담고 있는지 보라.

이를 실천하려면 한평생이 걸려도 부족할 테니 말이다.

원칙 2 **의외성 Unexpectedness**

사람들이 우리의 메시지에 관심을 갖게 만들려면 어떻게 해야 하는가? 그리고 어떻게 그 관심을 유지시킬 것인가? 해결책은 사람들의 예상을 깨뜨리는 것이다. 직관에 반하는 결론을 내세워라. 영화관에서 파는 팝콘은 해롭다. 심지어 '하루 세끼 꼬박 콜레스테롤이 푸짐한 식사를 하는 것보다' 팝콘 한 봉지를 먹는 편이 더 건강에 해롭다!

사람들의 관심을 끌려면 그들의 허를 찔러 긴장감을 높이고 이목을 집중시켜야 한다. 그러나 놀라움이라는 감정은 오랫동안 지속되지 않는다. 반드시 사람들의 흥미와 호기심을 자극해야 한다. 1년에 48시간짜리 역사 수업에 아이들이 집중하게 만들려면 어떻게 해야 할까? 오랜 시간에 걸쳐 사람들의 지식에 구조적인 '공백을 열어주면' 호기심을 유발할 수 있다. 그런 다음 그 빈틈을 채워줘라.

원칙 3 **구체성 Concreteness**

메시지를 명확하게 만들려면 어떻게 해야 하는가? 실질적 행위와 감각적 정보의 언어로 설명한다. 바로 이 지점에서 수많은 비즈니스 커뮤니케이션이 잘못된 방향으로 빗나가곤 한다. 사명선언문, 시너지, 전략, 비전 등의 말은 대개 애매모호하고 허황되며 아무런 의미도 담겨 있지 않다.

선천성 스티커 메시지는 구체적이고 상세한 이미지(얼음으로 가득 찬 욕조, 면도날이 박혀 있는 사과 등)들로 가득하다. 왜냐하면 우리의 두뇌는 구체적인 정보를 기억하도록 만들어져 있기 때문이다.

속담은 대개 추상적인 진리를 구체적인 언어로 표현한다. "손 안에 든 한 마리 새가 덤불 속 두 마리보다 낫다." 구체적인 설명이야말로 우리의 메시지가 청중 한 사람 한 사람에게 동일한 의미를 전달할 수 있는 유일한 길이다.

원칙 4 **신뢰성 Credibility**

우리의 메시지를 믿게 하려면 어떻게 해야 하는가? 전 공중위생국장 C. 에버릿 쿠프가 공공위생 문제에 관해 말한다면, 대부분의 사람들은 아무런 의심 없이 그의 생각을 받아들일 것이다. 하지만 일상생활에서 우리는 그러한 권위를 그다지 좋아하지 않는다. 스티커 메시지는 나름의 신뢰성을 갖추어야 한다. 우리는 사람들이 우리의 메시지를 스스로 시험해볼 수 있도록, 즉 '구매 전에 직접 체험해볼 수 있도록' 도와줄 방법을 찾아야만 한다.

사람들은 무엇에 관해 예를 들 때 본능적으로 큰 숫자를 내미는 경향이 있는데 많은 경우 그것은 가장 잘못된 접근법이다. 1980년 미국 대선 후보 토론회에서 지미 카터와 맞선 레이건은 경제 침체를 입증하는 증거로 복잡하고 끝없는 통계수치를 제시할 수도 있었다. 하지만 대신 그는 유권자들이 스스로에게 물을 수 있는 간단한 질문을 던졌다. "여러분, 투표를 하기 전에 마음속으로 한 번만 물어보십시오. 과연 나는 4년 전보다 더 잘살고 있는가?"

원칙 5 감성 Emotion

우리가 말하는 메시지를 상대방이 중요하게 받아들이게 하려면 어떻게 해야 하는가? 무언가를 '느끼게' 만들어야 한다. 영화관 팝콘 스토리는 사람들이 팝콘의 유해성을 깨닫고 혐오감을 느끼도록 부추겼다. '포화지방 37그램'이라는 숫자는 아무런 감정도 불러일으키지 않는다. 연구조사에 따르면, 사람들은 빈민층 집단보다 한 개인에게 자선을 베푸는 경향이 더 크다.

우리는 같은 사람에게 감정을 느끼지, 추상적인 개념에는 아무런 느낌도 받지 못한다. 때로 이 부분에서 가장 어려운 점은 자극을 해야 할 적절한 감정을 찾아내는 것이다. 이를테면 10대 흡연 청소년들에게 담배의 유해성을 상기시키는 것은 그리 효과적인 방법이 아니다. 하지만 거대 담배회사의 표리부동한 행동을 알려줌으로써 반발심을 자극한다면 금연열풍을 훨씬 강하게 일으킬 수 있다.

원칙 6 스토리 Story

우리가 말한 메시지대로 상대방이 행동하게 하려면 어떻게 해야 할까? 스토리를 들려주어라. 소방관들은 한번 출동할 때마다 동료들과 서로의 경험을 이야기하며 스토리를 교환한다. 그럼으로써 그들은 화재 현장에서 마주할 수 있는 다양한 상황과 적절한 대응책에 관해 더 완벽하고 풍부한 정신적 대응책을 마련할 수 있는 것이다.

여러 연구에 따르면 특정 상황에 대해 머릿속으로 미리 예행 연습을 해두면 실제로 그런 상황이 닥쳤을 때 훨씬 유용하고 효과적인 행동을 취할 수 있다고 한다. 이와 마찬가지로 스토리는 일종의 정신 자극제 역할을 함으로써 뜻하지 않은 상황에 더욱 신속하고 효율적으로 대처하도록 도와준다.

이것이 바로 우리의 뇌리에 착 달라붙는 메시지의 6대 원칙이다. 요약하자면, 성공적인 메시지를 창출하려면 '간단하고 기발하며 구체적이고 진실되며 감정을 불러일으키는 스토리'가 필요하다는 뜻이다. 이쯤에서 관찰력이 뛰어난 사람이라면 이 단어들의 첫 글자를 따면 성공이라는 의미의 'SUCCESs'가 된다는 사실을 알았으리라.

위의 원칙들을 활용하는 데 특별한 전문지식이나 능력은 필요하지 않다. 스티커 메시지계에 공인 전문가 따위는 존재하지 않으니까. 더구나 이 원칙들은 지극히 평범하고 상식적인 말투성이다. 단순한 메시지를 스토리화하여 퍼뜨려야 한다는 것을 모르는 사람도 있는가? 길고 어렵고 관념적인 문구가 더 효과적이라고 우겨대는 사람이 진짜로 있단 말인가?

하지만 잠깐만! 앞에서 우리는 이 원칙들을 활용하는 일이 무엇보다 간단하다고 주장했다. 게다가 이 여섯 가지 원칙은 대부분 비교적 명백하고 상식적인 내용을 담고 있다. 그렇다면 어째서 우리들은 탁월한 스티커 메시지들을 손쉽게 만들어내지 못하는 것일까? 어째서 우리의 인생은 머리에 착착 달라붙는 속담이 아니라 길고 지루한 메모들로 채워져 있는 걸까?

그것은 불행히도 우리의 머릿속에 악당이 존재하기 때문이다. 이 악당은 인간이라면 누구나 지니고 있을 자연스러운 심리적 경향으로, 6대 원칙을 활용해 탁월한 메시지를 만들어내는 능력을 혼란에 빠뜨린다. 그 악당의 이름은 바로 '지식의 저주'[4]다(우리는 이 책 전체에서 '지식의 저주'라는 단어를 작은따옴표로 강조할 것이다. 이 악당은 그만 한 대접을 받을 충분한 자격이 있으니까!).

고착력을 떨어뜨리는 악당 '지식의 저주'

1990년 엘리자베스 뉴턴은 스탠퍼드대학에서 간단한 놀이에 관한 연구논문으로 심리학 박사학위를 땄다.[5] 그녀가 연구한 놀이는 단순했다. 그녀는 실험에 참가한 두 무리의 사람들에게 각각 '두드리는 사람'과 '듣는 사람'의 역할을 주었다. 두드리는 사람은 생일 축하노래나 미국국가 같은 누구나 알고 있는 25곡의 노래가 적힌 목록을 받았는데, 그들의 임무는 목록에 적힌 노래 가운데 하나를 골라 노래의 리듬에 맞춰 테이블을 두드리는 것이었다. 듣는 사람은 두드리는 사람이 두드리는 소리를 듣고 노래의 제목을 맞혀야 했다(혹시 주변에 '듣는 능력이 뛰어난' 사람이 있다면 친구들끼리 해봐도 재미있는 놀이가 될 것이다).

듣는 사람들의 임무는 상당히 어려웠다. 뉴턴의 실험 과정에서 선택된 노래는 모두 120곡이었는데 듣는 사람들은 그중 겨우 2.5퍼센트, 즉 단 3곡밖에 맞히지 못했다.

그러나 이 실험 결과가 심리학적으로 흥미로운 이유는 따로 있었다. 듣는 사람이 노래의 제목을 예측하기 전에 뉴턴은 두드리는 사람에게 상대방이 정답을 맞힐 확률을 짐작해보라고 했다. 두드리는 사람들의 대답은 50퍼센트였다.

실제로 메시지를 제대로 전달할 확률은 마흔 번 가운데 한 번에 불과했음에도, 두드리는 사람들은 가능성을 반반으로 생각했다. 그 이유는 도대체 무엇일까?

두드리는 사람들은 테이블을 두드릴 때 머릿속에서 노랫소리를 듣는다. 어디 한번 직접 해보라. 국가의 리듬에 맞춰 책상을 두드려보라. 어디선가 음악 소리가 들려오지 않는가? 머릿속에 익숙한 선율이 흐르지 않은가? 하지만 듣는 사람에게는 그 음악이 들리지 않는다. 그들의 귀에 들리는 것은 조금 이상한 모스부호처럼 아무런 의미도 없는 '딱딱' 소리뿐이다.

두드리는 사람은 듣는 사람이 멜로디를 알아맞히지 못하는 것을 보고 당황했다. 어떻게 그럴 수가 있지? 이 정도면 누워서 떡 먹기잖아! 듣는 사람이 생일축하 노래를 미국국가라고 대답했을 때 두드리는 사람의 표정을 당신도 봤어야 한다! '뭐 이런 바보가 다 있담?'

일단 정보(노래의 제목)를 알게 되면 두드리는 사람은 더는 '알지 못한다'는 느낌을 이해할 수 없게 된다. 테이블을 두드릴 때, 그들은 맞은편에 앉은 사람이 음악이 아닌 단순하고 단절된 몇 개의 타격음밖에 듣지 못한다는 사실을 이해하지 못한다. 이것이 바로 '지식의 저주'다. 일단 무언가를 알고 나면 알지 못한다는 것이 어떤 느낌인지 상상할 수 없게 되는 것이다. 우리가 아는 정보가 '저주'를 내린 셈이다. 또 이러한 저주는 우리의 지식을 타인에게 전달하기 어렵게 만든다. 우리는 이제 듣는 사람의 심정을 두 번 다시 느낄 수 없기 때문이다.

두드리는 사람과 듣는 사람의 이런 게임은 날마다 세계 곳곳에서 재연되고 있다. 그들은 회사의 CEO와 일선 직원들이고, 교사와 학생이며, 정치가와 유권자, 마케터와 고객, 작가와 독자다. 이들은 모두 의사소통에 깊이 기대고 있지만 두드리는 사람과 듣는 사람처럼 엄청난 정보의 불균형에 시달리고 있다. 기업의 CEO가 '주주가치의 극대화'라고 말할 때 그의 머릿속에는 아래 직원들에게는 들리지 않는 멜로디가 연주되고 있는 것이다.

이것은 그 누구도 피해갈 수 없는 난해한 문제다. CEO는 30년 동안 날마다 비즈니스적인 논리와 관습을 되새김질했을 테고, 그러한 과거를 거꾸로 돌리는 것은 엎질러진 물을 주워 담지 못하는 것처럼 불가능한 일이다. 이미 알고 있는 것을 배우지 않은 상태로 되돌리는 일은 불가능하다. '지식의 저주'로부터 확실히 벗어나는 방법은 오직 두 가지뿐이다. 첫째는 아예 일찌감치 아무것도 배우지 않는 것이고, 둘째는 메시지를 받아들여 변형하는 것이다.

이 책은 당신에게 메시지를 변형시켜 '지식의 저주'로부터 벗어나는 방법을 가르쳐줄 것이다. 앞서 말한 여섯 가지 원칙은 당신이 사용할 수 있는 최고의 무기니, 체크리스트로 활용하기 바란다.

자, 그렇다면 부하 직원들에게 '주주가치를 극대화'해야 한다고 주장하는 CEO에게로 돌아가 보자.

그의 메시지는 단순한가? 그렇다. 동시에 짧고 간결하다. 하지만 속담과 같이 유용한 단순성이 부족하다. 의외성을 지니고 있는가? 천만의 말씀! 구체적인가? 전혀! 믿을 만한가? CEO의 입에서 직접 나왔다는 것 말고는 전혀! 감정을 유발하는가? 흐음, 아닌 것 같다. 스토리를 내포하고 있는가? 눈 씻고 찾아봐도 없다.

그럼 이번에는 1962년 존 F. 케네디 대통령이 주창한 "앞으로 10년 안에 인간을 달에 착륙시키고 무사히 지구로 귀환시킨다"는 사명 선언은 어떨까? 단순한가? 물론이다. 의외성을 지니고 있는가? 그렇고 말고! 구체적인가? 감탄사가 나올 정도로! 믿음직한가? 어찌 보면 공상과학 소설처럼 들리기도 하지만 그 출처는 확실히 믿을 만하다. 감정을 유발하는가? 그렇다. 스토리는? 최소한의 형태로 존재한다.

존 F. 케네디가 평범한 CEO였더라면 이렇게 말했을지도 모른다. "우리의 사명은 팀 중심적 혁신과 전략적인 주도권 확립을 통해 항공우주 산업 분야에서 국제적인 리더가 되는 것이다." 그러나 다행히도 케네디는 오늘날의 CEO보다 훨씬 뛰어난 직관력을 지니고 있었다. 그는 불명료하고 관념적인 사명은 사람들의 마음을 사로잡거나 고취시키지 못하리라는 사실을 잘 알고 있었다. 케네디의 달 착륙 사명은 '지식의 저주'를 뛰어넘은 모범적 사례라 할 수 있다. 그것은 이후 10년 동안 수백만 명의 행동에 지대한 영향을 미친, 진정 탁월하고 아름다운 메시지였다.

기발한 아이디어만으로 탁월한 메시지가 나올까?

엄청난 메시지들을 내놓는 사람들의 모습을 상상해보라. 뚜렷한 이미지가 눈앞에 떠오르는가? 이 경우 아마 많은 이들이 전형적인 '창의성 천재'의 모습을 생각했을 것이다. 잘나가는 광고 회사에 다니면서 눈이 번쩍 뜨이는 기발한 광고 문구들을 한달음에 뚝딱 만들어내는 사람들 말이다. 어쩌면, 머리카락은 젤을 발라 세우고 최신 유행하는 세련된 양복을 걸친 채 냉소적이고 통찰력이 풍부한 문장들을 휘갈겨 쓴 낡은 공책을 팔에 끼고 언제든지 참신한 메시지를 내놓거나 카페인과 화이트보드로 둘러싸인 조그만 사무실에서 네 시간짜리 브레인스토밍을 아무렇지도 않게 해내는 그런 천재를 떠올리는 사람도 있을지 모르겠다. 아니면 당신의 고정관념은 이렇게 구체적이지 않을 수도 있다.

보통 사람들에 비해 독창성과 창조력이 뛰어난 소수의 우수한 사람이 따로 있다는 사실에는 의심의 여지가 없다. 어쩌면 그들은 그런 능력을 타고났는지도 모른다. 그러므로 당신은 무슨 짓을 해도 스티커 메시지계의 마이클 조던이 되지는 못할 것이다. 그렇지만 명심하라. 이 책의 기본 전제는 누구라도 스티커 메시지를 만드는 방법을 배울 수 있다는 것이다.

1999년, 이스라엘의 한 연구팀이 국제 광고 페스티벌에서 수상하거나 최종 후보에 오르는 등 탁월한 효과를 거둔 200개의 뛰어난 광고를 분석했다.[6] 그들은 수상작들 가운데 89퍼센트의 광고가 여섯 개의 기본 범주 또는 원형으로 분류될 수 있음을 발견했다. 놀라운 사실이었다. 사람들은 보통 갑자기 번뜩이는 영감 속에서 홀쩍 튀어나온 메시지야말로 가장 뛰어나다고 생각한다. 그러나 실상은 여섯 개의 원형에 속하는 메시지야말로 가장 오랫동안 지속되는 법이다.

이러한 원형들은 대부분 의외성의 원칙과 관련이 있다. 예를 들어,

'극단적인 결과' 원형은 제품의 특성이 야기하는 의외의 결과를 강조한다. 한 자동차 광고가 오디오 시스템의 강력한 파워에 중점을 맞추었다. 오디오에서 음악이 흘러나오자 거대한 다리가 진동하기 시작하고 스피커의 파워가 최대에 이르면 거의 무너져 내려버린다. 이런 원형에 속하는 광고의 다른 예로는 제2차 세계대전 당시 미국 공익광고협회 Ad Council가 내건 유명한 슬로건이 있다. "사소한 말 한마디가 배를 침몰시킨다."

그리고 극단적인 결과라는 말이 나온 김에 덧붙이는데, 프라이팬 위에서 달걀 프라이가 지글거리던 "마약은 당신의 뇌를 이렇게 만듭니다" 광고도 잊지 말자. 이 광고 또한 공익광고협회가 만든 것으로, 1980년대에 엄청난 반향을 불러일으켰다. 이 같은 원형은 선천성 스티커 메시지 속에서도 흔히 발견된다. 이를테면 뉴턴이 머리에 사과를 맞고 만유인력의 원리를 발견했다는 전설이 여기에 속한다.

또한 연구자들은 그들이 발견한 여섯 개의 원형을 토대로 상을 받지 못한 다른 200개의 광고들을 분석해보았다. 놀랍게도 이런 '덜 성공적인' 광고들 가운데 특정 원형에 속하는 것은 겨우 2퍼센트에 불과했다.

이 이야기에서 얻을 수 있는 교훈은 무엇일까? 창의적인 광고는 그렇지 않은 광고보다 예측이 쉽다는 것이다(이 얼마나 놀라운 일인가!). 이는 톨스토이의 말과도 비슷하다. "행복한 가족들은 모두 비슷하다. 그러나 불행한 가족들은 각기 다른 방식으로 불행하다." 창의적인 광고들은 모두 서로 비슷하지만 실패한 광고들은 각기 다른 방식으로 비창의적이다.

아니, 잠깐! 만일 창의적인 광고가 기본적으로 똑같은 원형 세트를 활용한다면, 어쩌면 '창의성'이란 배울 수 있는 게 아닐까? 아무것도 만들어본 경험이 없는 풋내기라고 해도 그런 원형을 이해하고 나면 더 나은 메시지를 내놓을 수 있지 않을까? 이스라엘 연구팀은 과연 창의성도 학습이 가능한지, 원형이 사람들에게 얼마나 영향을 미칠 수 있는지 알아보기로 했다.

그들은 광고에 대해 아무것도 모르는 초보자들을 세 개의 집단으로 구분하고 각각의 집단에게 샴푸와 다이어트 식품 그리고 운동화 등 세 개의 상품에 관해 동일한 배경지식을 제공했다. 첫 번째 집단은 상품에 관한 배경지식을 얻은 후 아무런 훈련 과정도 거치지 않고 곧장 광고 제작에 돌입했다. 훈련 여부에 관해서는 전혀 알지 못하는 한 경험 많은 크리에이티브 디렉터가 그중 가장 뛰어난 열다섯 개의 광고를 선택했고 이어 소비자들이 그 광고들을 검토했다. 첫 번째 집단이 만든 광고는 확실히 두드러지게 눈에 띄었다. 소비자들은 이 광고들이 "짜증난다"고 평가했다(그래서 동네에 있는 자그만 중고자동차 대리점 광고가 그렇게 촌스럽고 짜증스러운가 보다).

두 번째 집단은 경험 많은 광고 전문가에게 자유연상 브레인스토밍을 활용하는 방법에 관해 두 시간 동안 교육을 받았다. 이 기술은 창의력을 가르치는 가장 기본적인 도구로, 사고 범위를 확장하고 기발한 연결점들을 발견해 다양한 메시지를 쏟아냄으로써 그중 가장 독창적이고 뛰어난 메시지를 고르도록 도와준다. 브레인스토밍 수업을 받아본 적이 있다면 아마 당신도 이 자유연상 기법을 배웠을 것이다.

이번에도 피실험자들의 훈련 여부를 알지 못하는 같은 크리에이티브 디렉터가 가장 잘 만들어진 광고 열다섯 개를 선정했고, 광고들은 다시 소비자들의 테스트를 거쳤다. 두 번째 집단의 광고는 아무런 훈련을 받지 못한 집단의 광고보다는 덜 거슬렸지만 그렇다고 더욱 창의적이라는 평가는 받지 못했다.

마지막 집단은 두 시간 동안 여섯 개의 창의적 원형을 이용하는 방법에 관해 교육을 받았다. 다시 한번 같은 크리에이티브 디렉터가 열다섯 개의 광고를 골라냈고 소비자들이 광고를 검토했다. 그런데 갑자기 이들이 창의력에서 엄청난 평가를 받는 게 아닌가! 이 집단의 광고는 기존 집단의 광고들에 비해 50퍼센트 이상 창의적이라는 평가를 받았고, 상품에 관해서도 55퍼센트 이상 높은 긍정적 평가를 이끌어냈다. 겨우 두 시간 동안 교육을 받았을 뿐인데 말이다. 이러한 결과를 볼 때 창의적인 메시지를 만드는 체계적인 방법은 실제로 통하는 것이 틀림없다.

스틱!

원칙 1

단순성

Simplicity

강한 것은 단순하다

성공하고 싶은가?
그렇다면 당신이 해야 할 첫 번째 일을 알려주겠다.
단순해져라!
그런데 어떻게 하면 단순해질 수 있을까?

수백만 병사를 움직이게 하는
군대의 메시지

미국 병사들의 움직임 하나하나는 모두 일정한 계획을 따르는 것으로, 이를 거슬러 올라가다 보면 궁극적으로 대통령의 명령에 이르게 된다. 대통령이 합참본부장에게 어떠한 목표를 수행할 것을 명령하면 합참본부장이 작전요인과 변수를 계산하고, 이어 수립된 계획과 명령이 차근차근 아래로 흘러 내려가는 것이다. 장군에게서 대령에게로, 대령에게서 대위에게로 그리고 대위에게서 하사관에게로.

군대의 작전계획은 세세한 부분까지 상당히 치밀하다. 그들은 '행동 요강'을 규정하고 '발사 개념'을 지정하며 각각의 부대가 어떤 일을 하고 어떤 장비를 수행할 것이며 어떻게 군수품을 보충할 것인지 결정한다. 이러한 명령은 계속해서 눈덩이처럼 불어나 마침내 보병들 각자가 특정한 순간에 어떠한 행동을 취할 것인지 지정하는 수준까지 이른다.

군은 이러한 작전계획에 엄청난 에너지를 쏟아붓는데 그 과정은 오랜 세월에 걸쳐 정제되고 다듬어진 것이다. 군대의 의사소통 체제는 놀랍도록 탁월하다. 결점은 하나뿐이다. 이 세세한 계획이라는 것이 결국에는 아무런 쓸모도 없다는 것 말이다.

"어떤 작전계획도 적과 만나면 쓸모가 없어진다"라는 말이 있다. 웨스트포인트의 행동과학 부서장인 톰 콜디츠 대령의 말이다. "처음에는 계획대로 밀고 나가려 하지만 곧 적들이 주도권을 잡는다. 뜻밖의 일들이 발생한다. 날씨가 바뀐다거나 핵심 자산이 파괴되고 적들이 예상치 못한 반응을 보인다. 많은 군대가 전투가 시작되면 10분 만에 무용지물로 변하는 계획을 세우는 데 모든 것을 투자한다."

군대의 이런 골치 아픈 문제는 친구에게 대신 체스를 두라고 지시를 내리는 것과 비슷하다. 당신은 체스의 규칙에 대해 잘 알고 있으며 친구와 그 적수에 대해서도 많은 것을 알 것이다. 하지만 아무리 많이 알고 있다고 해도 한 수 한 수에 대해 정확한 계획을 세우려고 한다면 결코 성공할 수 없을 것이다. 앞을 내다볼 수 있다고 해도 겨우 몇 수 정도에 불과하다. 상대방이 의외의 방향으로 말을 움직이는 순간, 친구는 당신이 신중하게 준비해둔 모든 계획을 집어던지고 자신의 직관에만 의지해야 할 것이다.

콜디츠 대령은 이렇게 말했다. "시간이 지나면서 우리는 복잡한 작전상황에서 임무를 성공적으로 수행할 수 있는 방법들을 깨닫게 되었다." 그는 작전계획이 유용하다고 믿는다. '계획을 수립했음'을 입증하는 증거로서 말이다. 계획을 수립하는 과정은 올바른 쟁점들을 고려하도록 해준다. 하지만 계획 그 자체에 대해서는 콜디츠는 "솔직히 실제 전투 현장에서 아무런 쓸모도 없다"고 말한다. 이에 따라 1980년대에 미군은 군사계획 절차를 수정하고 '지휘관의 의도Commander's Intent,

CI'라는 신개념을 도입했다.

CI는 모든 명령서의 가장 윗부분에 첨가되는 짧은 서술로, 계획의 목적과 작전활동의 바람직한 최종 상태를 명시한다. 군 상위 체계에서 CI는 "남동 지역에서 적의 의도를 분쇄하라"와 같이 비교적 관념적인 색채를 띨 수 있는 한편, 전술적 위치에 놓인 대령이나 대위들은 보다 구체적인 지시를 받는다. "나의 의도는 4305고지에 주둔하고 있는 제3대대가 적들을 완전히 궤멸하여 무력화시킴으로써 전선戰線을 통과하는 제3여단의 측면을 방어하는 것이다."

CI는 돌출상황이 발생하면 아무런 쓸모도 없어질, 이 이상의 자세한 설명은 한 마디도 하지 않는다. "원래의 계획을 수행할 능력은 잃을지 모르나 그 의도를 수행할 책임만은 결코 사라지지 않는다"라고 콜디츠 대령은 말한다. 달리 말해, 만일 4305고지의 제3대대가 한 명만 남기고 모두 전멸한다고 해도 남은 한 명은 제3여단의 측면을 방어하기 위해 가능한 한 모든 일을 할 것이다.

지휘관의 의도는 직속 상사로부터 상세한 지시가 없다 하더라도 모든 계급의 병사들이 행동을 취할 수 있도록 해준다. 최종 목적지를 알고 있다면 어떤 수단을 취하든 거기 닿기만 하면 될 일이다. 콜디츠 대령은 이런 예를 들어주었다.

"만일 내가 포병대대를 이끌고 있으며 '우리의 목적은 우리 군 보병이 전선을 돌파해 전진하도록 하는 것이다'라고 말한다면 이는 각각의 부대에게 다른 의미로 이해될 것이다. 정비병은 이 말을 앞으로 정비지원 임무가 늘어난다는 의미로 받아들일 것이다. 만약 탱크가 다리 위에서 멈춰버리기라도 한다면 작전 전체에 엄청난 차질이 생기기 때문이다. 포병부대는 보병이 이동 시 적군의 공격을 받지 않도록 연막을 피울 것이며, 공병들은 보병부대의 작전 지역에 연막을 피울 것이다. 지휘관인 나는 각 부대에 상세한 지시를 내려보내 많은 시간을 소비할 수도 있지만, 부하들은 내 '의도'를 아는 순간 스스로 나름대로의 해결책을 제시할 수 있게 된다."

전투 시뮬레이션을 책임지는 전투기동훈련센터The Combat Maneuver Training Center는 지휘관의 의도를 수행하는 장교들에게 다음과 같은 두 가지 질문을 자문하라고 권고한다.

- 내일의 임무에 우리에게 특별히 주어진 일이 없다면, 우리는 반드시 ⋯⋯⋯⋯⋯
- 우리가 내일 수행해야 할 가장 중요한 일은 ⋯⋯⋯⋯⋯

⋯⋯⋯⋯⋯

적군과 교전 시 어떻게 해야 할지에 관한 계획은 따로 존재하지 않는다. 이러한 원칙은 군대 근처에 가본 적도 없는 이들에게도 공감을 이끌어낼 수 있을 것이다. 어떠한 판매 계획도 고객과 만나면 쓸모가 없어진다. 어떠한 교육 계획도 10대들과 만나면 쓸모가 없어진다.

사우스웨스트 항공사의 성공, 단순한 메시지의 위력

시끄럽고 예측이 어려우며 혼란스러운 환경에서 스티커 메시지를 만드는 것은 매우 힘든 일이다. 성공하고 싶은가? 그렇다면 당신이 해야할 첫 번째 일을 알려주겠다.

단순해져라!

단순해지라는 건 '정보의 수준을 낮추라'거나 '간단한 요약문을 만들라'는 의미가 아니다. 단순하다는 것은 쉬운 말만 골라 쓰는 게 아니기 때문이다. 여기서 '단순'의 정확한 개념은 메시지의 '핵심'을 찾으라는 의미다.

그리고 '핵심을 찾으라'는 곧 메시지를 한 꺼풀 한 꺼풀 벗겨내어 그 한가운데 숨어 있는 본질을 발견하라는 뜻이다. 핵심에 이르기 위해서는 남아돌거나 불필요한 요소들을 모두 제거해야 한다. 하지만 이는 그나마 쉬운 과정에 속한다. 정말로 어려운 부분은, 중요하지만 '가장 중요하지는 않은' 메시지를 제거하는 일이다. 군대의 CI는 장교들에게 작전행동에서 가장 중요한 목표를 주지시킨다. CI의 가치는 그 '유일함'에서 비롯된다. 북극성이 다섯 개나 될 수는 없다. '가장 중요한 목표'가 다섯 개나 있을 리는 만무하며 지휘관의 의도 역시 다섯 개나 될 수 없다. 핵심을 찾는 일은 지휘관의 의도를 결정하는 것과도 같다. 가장 중요한 통찰력을 밝게 빛내기 위해 나머지 훌륭한 통찰력은 모두 가져다 버리는 것이다.

프랑스 비행사이자 작가인 생 텍쥐페리가 간결함에 대해 참으로 멋들어진 정의를 내린 적이 있다. "완벽함이란 더 이상 보탤 것이 남아 있지 않을 때가 아니라 더 이상 뺄 것이 없을 때 완성된다." 단순한 메시지를 추구하는 이들도 마찬가지다. 메시지가 핵심을 잃기 전에 쓸모없는 것들은 모두 벗기고 짜내야 한다.

그럼 우리도 우리 자신의 충고에 따라 이 책의 핵심만 전달해보겠다. 스티커 메시지를 만드는 데 필요한 과정은 단 두 가지다. 첫째는 핵심을 찾는 것 그리고 두 번째는 그 핵심을 SUCCESs 체크리스트를 이용해 다른 언어로 옮기는 것이다. 그 첫걸음은 사우스웨스트 항공사Southwest Airlines가 어째서 고객들의 다양한 음식 취향을 무시했는지 살펴보는 데서 시작된다.

사우스웨스트 항공사가 성공적인 기업이라는 데에는 이견이 없을 것이다. 그러나 사우스웨스트가 다른 경쟁사들에 비해 얼마나 앞서 있는지 안다면 당신도 깜짝 놀라리라. 전체 항공 산업이 최근 들어서야 겨우 흑자로 돌아선 반면, 사우스웨스트는 무려 25년 동안 줄곧 흑자를 기록해왔다.

사우스웨스트 사가 성공을 거둔 이유에 대해 늘어놓자면 이 책 한 권을 꼬박 채울 수도 있지만 아마도 이 회사의 성공에 가장 중대한 영향을 준 단일 요소는 비용절감에 대한 끈질긴 집착일 것이다. 물론 비용절감은 모든 항공사의 꿈이다. 하지만 사우스웨스트는 그 꿈을 몇십 년 동안 실제로 실현해왔다. 그리고 회사는 이를 위해 마케터에서 수하물 담당자에 이르기까지 수천 명에 달하는 직원들의 행동과 사고 방식을 조정해야 했다.

사우스웨스트 항공사에서 이러한 조정 작업이 가능했던 이유는 지휘관의 의도, 즉 핵심이 있었기 때문이다. 제임스 카빌과 폴 베갈라의 말처럼 말이다.

허브 켈러허 Herb kelleher(사우스웨스트 항공사의 창업자)가 누군가에게 이런 말을 한 적이 있다. "우리 항공사를 운영하는 비결을 딱 30초 만에 설명해주리다.¹ 우리는 가장 저렴한 항공사요. 이 점만 명심하면 당신도 나 못지않게 우리 회사를 위해 어떤 결정이든 내릴 수 있을 거요."

"예를 하나 들어주지." 그는 이어 말했다. "마케팅 부서의 트레이시가 당신을 찾아왔소. 그녀가 말하길 고객들에게 설문조사를 했더니 휴스턴발 라스베이거스행 여객기 승객들이 비행 중 간단한 식사를 하고 싶다는 결과가 나왔다는 거요. 그때까지 우리 회사가 제공하는 간식거리는 땅콩뿐이었는데 트레이시는 맛있는 치킨시저샐러드를 메뉴에 포함시키면 승객들이 좋아할 거라고 했소. 자, 그럼 당신은 뭐라고 대답하겠소?"

질문을 받은 사람이 잠시 머뭇거리자 켈러허가 말했다. "그럴 때는 이렇게 말하는 거요. '트레이시, 치킨시저샐러드를 추가해도 우리 회사가 가장 저렴한 항공사로 남을 수 있을까? 가장 저렴한 항공사라는 우리 목표에 도움이 되지 않는다면 그 빌어먹을 치킨샐러드는 서비스할 필요가 없네.'"

지휘관으로서 켈러허의 의도는 명백하다. "우리는 가장 저렴한 항공사다." 이는 아주 단순한 메시지지만 30여 년간 놀랍도록 효과적이고 유용한 방식으로 사우스웨스트 직원들을 이끌어왔다.

이 핵심 메시지인 '가장 저렴한 항공사'는 물론 스토리의 일부일 뿐이다. 이를테면 1996년에 사우스웨스트 항공사가 직원채용 광고를 냈을 때 5,444개의 일자리에 자그마치 12만 4,000명의 지원자가 몰려 들었다. 사우스웨스트 항공사는 젊은 사람들이 선호하는 직장으로 유명한데, 이는 정말 뜻밖의 일이 아닐 수 없다. 소위 짠돌이 회사에서 일하는 게 재미있을 리가 없으니까. 월마트 직원들이 함박웃음을 띠며 출근하는 모습을 본 적이 있는가?

하지만 사우스웨스트 항공사는 해냈다. 예를 들어, 여러 메시지들이 동심원을 그리며 사우스웨스트 사를 둘러싸고 있다고 상상해보라. 회사에 제일 가까운 중심에 위치한 핵심 메시지는 '가장 저렴한 항공사'다. 그리고 바로 그다음에 위치한 원은 무엇이라도, 가령 '즐거운 일터'가 될 수도 있다. 덕분에 사우스웨스트 직원들은 '저렴한 항공사'라는 회사의 기본 원칙을 위협하지 않는 한 최대한 즐겁게 회사를 다녀도 된다는 것을 알 수 있다. 새로운 직원들은 이러한 메시지들을 종합하여 누가 따로 알려주지 않아도 어떤 상황에서 어떻게 행동해야 좋을지 깨닫는다. 가령 승무원의 생일날 인터컴으로 농담을 하거나 축하 메시지를 전달해도 될까? 그렇다, 전혀 문제없다. 하지만 축하 선물로 색종이를 뿌려주는 것은? 아마 안 될 것이다. 색종이 조각을 뿌리면 청소직원들에게 별도의 일을 안겨주는 셈이고 거기 소모되는 시간은 곧 비용이 발생한다는 뜻이기 때문이다.

이런 원리는 지휘관의 의도에 따라 즉흥적으로 행동하는 보병과 비슷하다. 훌륭하게 설계된 단순한 메시지는 사람들의 행동을 결정짓는 데 엄청난 위력을 발휘할 수 있다.

여기서 경고 하나. 이 책을 내려놓고 어느 정도 시간이 흐른 후, 언젠가 당신은 SUCCESs 체크리스트의 구성 요소 중 하나인 '단순함'을 상기하게 될 것이다. 그러면 당신의 머릿속에 들어 있는 동의어 사전이 '단순'의 의미를 뒤지기 시작한다.

단순하게 만든다 → 간단히 줄인다 → 짧은 문장 + 쉬운 단어 → 최소한의 공통분모 등 다양한 연상작용이 딸려나온다. 하지만 그 시점에 이르면 방금 동의어사전에 등록한 사례를 잊지 말고 떠올리기 바란다.

'가장 저렴한 항공사.'

이 책에 언급된 메시지들이 단순한 이유는 짧고 쉬운 단어를 사용하기 때문이 아니다. 그것들이 '지휘관의 의도'를 반영하고 있기 때문이다. 단순한 메시지란 단순한 요약이 아니라 핵심과 간결함의 결합이다.

왜 기자들은 첫 문장을 쓰는 데
어려움을 느낄까?

뉴스 기자들은 기사를 쓸 때 제일 먼저 가장 중요한 정보를 제시하라고 배운다. 즉, 첫 번째 문장에 기사의 모든 핵심이 포함되어야 하는 것이다. 그러한 첫 문장을 '리드lead'라고 부른다. 잘 만들어진 리드는 많은 양의 정보를 전달할 수 있다. 이를테면 미국 신문편집자협회 American Society of Newspaper Editors로부터 상을 받은 아래 기사들의 리드처럼 말이다.

- 17세 소년의 건강한 심장이 네 시간 동안의 이식수술을 거쳐 34세의 브로스 머레이 프라이데이에게 새로운 생명을 불어넣어주었다.[2]
- 예루살렘, 11월 4일—오늘 밤 이스라엘의 이츠하크 라빈Yitzhak Rabin 수상이 10만 명 이상의 군중이 군집한 텔아비브 평화집회를 떠나던 도중 유대 극우주의자의 저격을 받고 암살됨으로써, 이스라엘 정부와 중동 세력의 평화협상이 한 치 앞도 예상할 수 없는 혼란에 빠져들었다.[3]

리드 뒤에는 보다 덜 중요한 정보가 나열된다. 기자들은 이를 '역피라미드 구조'라고 부르는데, 가장 중요한 정보(피라미드에서 가장 넓은 부분)가 제일 위(처음)에 제시되기 때문이다.

역피라미드는 독자들에게 최상의 구조다. 표제만 읽든, 기사 전체를 읽든 역피라미드 구조는 독자가 얻을 수 있는 정보의 양을 극대화한다. 만약 그 반대였더라면 어떨까? 신문 기사가 마지막 장에 가서야 모든 비밀이 드러나는 추리소설과 같은 구조를 지니고 있다면, 중간에서 읽다 만 독자들은 가장 중요한 정보를 놓치게 될 것이다. 이번 선거에서 누가 대통령으로 당선되었는지, 어느 팀이 슈퍼볼 게임에서 이겼는지 알기 위해 기사를 마지막 문장까지 읽어야 한다면 얼마나 귀찮겠는가!

또한 역피라미드 구조는 신문이 시간에 맞춰 인쇄되는 데에도 커다란 도움을 준다. 방금 속보로 들어온 소식 때문에 다른 기사의 공간을 줄여야 한다고 치자. 역피라미드 구조가 아니라면 기사의 내용을 잘라내는 데 훨씬 오랜 시간이 걸릴 것이다. 고도의 편집 기술을 활용하여 여기서 이 단어, 저기서 저 문장, 신중하게 문장을 고르고 쳐내야 할 테니 말이다. 하지만 역피라미드 구조라면 단순히 기사의 가장 마지막 문단을 통째로 들어내기만 하면 된다. 어차피 그 부분이 가장 덜 중요한 부분일 테니까.

확실하지는 않지만, 전해오는 말에 따르면 이러한 역피라미드형 기사는 남북전쟁 때 탄생했다고 한다.[4] 당시 기자들은 군용 전신기를 이용해 신문사에 기사를 보내곤 했는데, 군사 활동이나 전투 중에 흔히 발생하는 통신 두절 같은 문제로 인해 언제 전문이 끊어질지 몰라 늘 불안에 떨어야 했다. 기자들은 기사를 전송할 시간이 얼마나 이어질지 알 수 없었고, 따라서 가장 중요한 정보부터 보내는 게 상책이었다.

언론인은 리드에 집착한다. 사설 부문 수상자인 돈 위클리프는 이렇게 말하기도 했다. "만일 두 시간 동안 기사를 하나 써야 한다면, 나는 첫 한 시간 45분을 리드를 쓰는 데 바칠 것이다. 리드만 완성하면 나머지는 술술 풀리게 마련이니까."

훌륭한 리드만 완성하면 나머지는 술술 풀린다? 그렇다면 어째서 기자들은 훌륭한 리드를 쓰는 데 그토록 어려움을 느끼는 것일까? 그들이 가장 흔히 저지르는 실수는 세부 사항에 집착한 나머지 메시지의 핵심, 즉 독자들이 가장 중요하게 여기거나 흥미를 느끼는 대목을 파악하지 못하는 데 있다.

저명한 신문 기자이자 서던캘리포니아 대학University of Southern California의 커뮤니케이션 교수로서 거의 30년 동안 저널리즘을 가르쳐온 에드 크레이는 이렇게 말했다. "스토리에 신경을 쓰면 쓸수록 방향을 잃고 헤매게 될 것이다. 모든 세부 사항이 중요해 보이고 종국에는 원래 자신이 말하고자 했던 스토리가 어떤 것이었는지도 알 수 없게 된다."

이렇게 방향성을 상실하고 핵심 스토리를 잃어버리는 문제가 얼마나 심각한지, 언론계에서는 아예 이름까지 붙여주었다. 바로 '리드의 실종'이다. 이런 '리드의 실종' 현상은 기자가 스토리의 가장 중요한 정보를 기사의 뒷부분에 제시할 때 발생한다.

리드를 쓰는 과정, 그리고 리드의 실종을 막아내는 과정은 메시지의 핵심을 찾는 과정과 정확하게 맞아떨어지는 유용한 메타포다. 핵심을 발견하고 리드를 쓰는 행위는 모두 '우선순위 강제 지정forced prioritization'에 속한다. 당신이 종군기자라고 치자. 통신망이 끊기기 전에 보낼 수 있는 기사가 단 한 문장뿐이라면 어떤 문장을 쓰겠는가? 리드는 단 하나뿐이다. 핵심도 단 하나뿐이다.

우선순위를 강제로 지정하는 것은 참으로 고통스러운 일이다. 똑똑한 사람들은 문장 하나하나의 가치를 알고 있으며 뉘앙스의 차이를 이해하고 다양한 관점을 고루 살펴본다. 그들은 상황의 복잡성을 완전히 이해하고 있기 때문에 그것을 고수하고 싶다는 유혹에 시달린다. 지금 이 순간에도 이렇게 복잡성을 유지하고자 하는 경향은 우선순위를 지정해야 하는 필요성과 영원한 전쟁을 벌이고 있다. 1992년 미국 대통령 선거에서 클린턴 후보 진영에 속해 있던 제임스 카빌도 이런 복잡성 대 우선순위의 전투에 뛰어들었다.

"경제라니까, 이 멍청아!"

자고로 선거운동이란 결정이라는 고뇌를 낳는 산통의 장場이다. 1992년 빌 클린턴의 선거 캠페인은 어려운 환경을 극복하고 태어난 전형적인 스티커 메시지다. 그렇지 않아도 머리가 빠개질 정도로 복잡다단한 판에, 클린턴은 고민거리를 몇 개 더 들고 왔다. 첫째로 '숨겨진 여자의 등장'이라는 문제가 있었고(여기서는 꺼낼 필요가 없긴 하지만), 두 번째로 클린턴이 타고난 정책벌레라는 심각한 문제가 있었다. 그는 몇 개의 핵심 분야에만 주력하는 것이 아니라 정책에 관한 질문을 받을 때마다 거의 모든 사항에 대해 자신의 생각을 늘어놓곤 했다.

클린턴의 핵심 정치고문이었던 제임스 카빌은 이런 복잡한 상황을 극복해야만 했다. 핵심에 집중하려고 고군분투를 계속하던 어느 날, 그는 모든 선거운동원들이 볼 수 있는 화이트보드에 세 문장을 적었다. 즉석에서 지어낸 이 슬로건 중 하나가 바로 "경제라니까, 이 멍청아It's the economy, stupid!"였다. 그리고 이 문장은 선거기간 내내 클린턴의 가장 성공적인 핵심 캠페인이 되었다.

"이 멍청아!"라는 문구는 선거운동원들이 항상 집중해야 할 중요 사안을 상기시키기 위해 덧붙인 것이었다. "그것은 단순하면서도 겸손했다." 카빌은 이렇게 설명한다. "나는 이렇게 말하고 있었다. '너무 똑똑한 척 굴지 맙시다. 우리가 영리하다는 생각은 하지 맙시다. 그저 기본에 충실합시다.'"[5]

집중에 대한 필요성은 빌 클린턴 본인에게까지 확대되었다. 아니, 아마도 클린턴이야말로 그것을 가장 필요로 한 인물이었을 것이다. 그

때 클린턴은 제3당 후보 로스 페롯이 균형예산 정책으로 아무리 긍정적인 반응을 얻고 있다고 해도 제발 균형예산에 대한 언급은 삼가달라는 충고에 시달리고 있었다. 클린턴이 말했다. "나는 이제까지 2년 동안 여기에 대해 줄곧 이야기해왔다. 그런데 페롯이 중간에 끼어들었다는 이유로 나더러 입을 다물란 말인가?" 클린턴의 고문들은 이렇게 대답했다. "메시지를 선별해야 합니다. 세 가지를 말한다면 아무것도 말하지 않는 셈입니다."

"경제라니까, 이 멍청아!"는 클린턴 스토리의 리드다. 그것도 아주 잘 선별된 훌륭한 리드였다. 1992년 미국 경제는 침체로 치닫고 있었기 때문이다. 하지만 만일 "경제라니까, 이 멍청아!"가 리드라면 '균형예산'은 결코 리드가 될 수 없다. 카빌은 클린턴이 리드를 실종시키지 못하도록 막은 것이다.

우선순위를 상기시키는
핵심 메시지의 힘

우선순위를 결정하는 일은 왜 그렇게 어려운 걸까? 얼핏 보기에는 전혀 어려운 일이 아닌데 말이다. 그저 다른 것에 비해 좀 더 중요한 목표를 앞에 가져다 놓으면 되지 않은가? '이로운' 목표보다 '결정적인' 목표를 우선으로 선택하면 간단한 일이다.

하지만 무엇이 '결정적'이고 무엇이 '이로운'지 간단히 구분할 수 없다면? 때로 이 둘의 경계선은 무척 모호하다. 우리는 '알지 못하는 것들' 중에서 결정을 내려야 할 때가 많은데 그런 류의 복잡성은 사람들을 얼어붙게 만든다. 사실 복잡성과 불확실성이 극대화될 때 비이성적인 결정을 내릴 확률이 크다는 심리연구 결과도 있다.

1954년 경제학자인 L. J. 새비지가 의사결정에 관한 몇 가지 기본 원칙을 발표했다. 그는 이를 '확실 원칙'이라고 부르며 다음과 같이 설명했다. 한 사업가가 부동산을 구입하려고 한다. 마침 선거철이 다가오고 있는데 그는 선거 결과가 부동산의 구입 여부에 영향을 미칠 것이라고 생각한다. 따라서 그는 두 가지 시나리오를 생각해냈다. 만일 공화당이 선거에서 승리한다면 그는 부동산을 구입할 것이다. 만일 민주당이 승리한다면 역시 부동산을 살 것이다. 두 개의 시나리오에서 모두 부동산을 구입한다는 결론을 내렸기에 그는 선거 결과를 모르는 상태에서도 부동산을 구입할 것이다. 어느 모로 보나 이성적이고 타당한 결정이다. 논리적으로 볼 때 새비지의 주장에 반론을 제기할 사람은 없을 것이다.

하지만 두 명의 심리학자가 반기를 들었다. 후에 아모스 트버스키와 엘다 샤피르는 '확실 원칙'이 늘 확실하지는 않다는 사실을 증명하는 논문을 발표했다.[6] 그들은 단순히 '불확실성'이 존재한다는 이유만으로 사람들의 결정이 변한다는 것을 발견했던 것이다. 심지어 위에서 말한 사업가의 예처럼 그 불확실성이 결과에 아무런 영향을 미치지 못할 경우에도 마찬가지였다.

이를테면 당신이 대학생이고, 크리스마스 방학이 시작되기 몇 주 전인 바로 어제 중요한 기말고사를 봤다고 하자. 이 시험은 성적과 취직에 상당한 영향을 주기 때문에 당신은 지난 몇 주일 동안 시험공부에 전념했다.

시험 결과가 나오려면 이틀을 기다려야 한다. 그동안 할인 가격으로 하와이에서 방학을 보낼 수 있는 여행상품을 발견했다. 이제 당신에게는 세 가지 옵션이 있다. 이 여행상품을 오늘 사거나, 내일까지 미루거나, 아니면 이틀 동안 가격을 고정시키는 대가로 수수료 5달러를 지불하는 것이다. 그렇게 하면 시험 성적이 나온 뒤에 결정을 내릴 수 있다. 자, 그럼 어떻게 하겠는가?

어쩌면 당신은 결정을 내리기 전에 시험 결과를 알고 싶을지도 모른다. 실제로 이 실험에 참가한 수많은 학생들처럼 말이다. 트버스키와 샤피르는 세 실험 집단 중 두 집단에 시험 점수를 미리 알려줌으로써 이런 불확실성을 제거했다. 어떤 학생들은 시험에 통과했다는 통보를 받았고 그중 57퍼센트가 여행을 가기로 결정했다(결국 하와이 여행은 시험을 통과한 축하 선물이 되었다). 시험에 불합격했다는 소식을 들은 학생들 가운데서는 54퍼센트가 여행을 가기로 결심했다(위로 선물로 괜찮은 셈이다). 시험에 통과한 학생도 통과하지 못한 학생도 될 수 있으면 빨리 하와이로 떠나고 싶어 했다.

그런데 아차, 이변이 발생한다. 당신처럼 기말고사 결과를 초조하게 기다리는 학생들은 전혀 다른 반응을 보인 것이다. 그들 중 대부분이(61퍼센트) 5달러의 추가 비용을 내고 표를 보류하는 편을 택했다. 생각해보라! 만일 시험에 통과한다면 당신은 하와이에 갈 것이다. 만일 시험에 통과하지 못한대도 하와이에 갈 것이다. 그런데 시험에 통과했는지 통과하지 못했는지 알지 못한다면, 기다렸다가 다시 생각해본다고? 이건 '확실 원칙'과 일치하지 않는다. 우리의 사업가가 부동산을 사기 위해 선거 결과를 기다리는 것이나 마찬가지다. 어차피 부동산 구입과 선거 결과는 아무런 상관도 없는데 말이다.

트버스키와 샤피르의 연구는 심지어 아무 연관성도 없다 할지라도 불확실성의 존재 그 자체가 판단력을 마비시킬 수 있음을 증명한다. 샤피르와 또 다른 동료 도널드 리델마이어의 다른 연구는 이러한 마비 현상이 선택에 의해 발생할 수 있음을 입증했다. 가령 대학생인 당신이 어느 날 저녁 다음과 같은 선택을 해야 하는 상황에 처했다고 하자. 어떻게 하겠는가?

1 당신이 진심으로 존경하는 작가가 단 1회 여는 강의를 듣는다.
2 도서관에 가서 공부한다.

평생에 단 한 번 있을까 말까 한 기회라 할 수 있는 1번에 비해 2번은 그다지 매력적으로 보이지 않는다. 이 같은 상황에서 도서관을 선택한 대학생은 21퍼센트에 불과했다.

그렇다면 이번에는 세 개의 선택권이 주어진다고 하자.

1 강의를 들으러 간다.
2 도서관에서 공부한다.
3 줄곧 보고 싶었던 외국 영화를 보러 간다.

학생들의 선택은 달라졌을까? 그렇다. 이렇게 세 개의 선택권을 받은 다른 학생 집단에서는 40퍼센트의 학생들이 도서관으로 공부를 하러 갔다. 첫 번째 집단에 비해 두 배나 많은 수치다. 도서관을 대체할 수 있는 두 개의 바람직한 제안이 제시되자 모순적이게도 다른 한쪽을 선택할 확률이 줄어든 것이다. 이런 행동양식은 전혀 '이성적'이라 할 수 없다. 그러나 매우 '인간적'이다.

우선순위 설정은 사람들을 결정의 고뇌로부터 구해준다. 핵심 찾기가 중요한 것은 바로 그런 이유에서다. 여러분은 앞으로 계속 불확실한 상황에서 결정을 내려야 한다. 듣고 싶었던 강의와 보고 싶었던 영화처럼 두 개의 선택권 사이에서 갈등을 하면서도 양자택일을 하지 않으면 안 될 것이다.

핵심 메시지는 무엇이 가장 중요한지 상기시킴으로써 사람들로 하여금 잘못된 선택을 피할 수 있도록 도와준다. 누군가가 치킨샐러드를 놓고 고민하고 있을 때, 허브 켈러허의 '저렴한 항공사'라는 메시지는 샐러드 따위는 잊어버리라고 말해주는 것이다.

메시지 클리닉

이 책의 목적은 당신이 스티커 메시지를 만들 수 있도록 돕는 것이다. 그래서 우리는 메시지 클리닉이라는 코너를 만들어 실천적인 측면에서 어떻게 메시지를 보다 잘 달라붙게 만들 수 있는지 예를 들어 설명하기로 했다. 이 클리닉 코너는 흔히 다이어트 센터에서 볼 수 있는 '다이어트 전 그리고 다이어트 후 사진'에서 힌트를 얻은 것이다. 새로운 다이어트 방식을 시도하는 환자들처럼 이 클리닉에 제시된 메시지들도 다양한 수준의 변화를 필요로 한다. 어떤 것은 위절제 수술이나 지방흡입술처럼 적극적인 도움이 필요한 반면, 어떤 것은 그저 허리 둘레만 몇 센티미터 줄여도 된다.

이 클리닉의 목적은 자기 자신의 뛰어난 창의성을 발견하고 환호하는 것이 아니다. 우리의 클리닉이 그와 다르다는 사실은 우리 필자들에게나 독자들에게나 참으로 다행스러운 일이다. 왜냐하면 우리 모두는 결코 창의력이 넘치는 천재가 아니기 때문이다. 메시지를 스티커처럼 착 달라붙게 만드는 기본 과정을 즐기면서 다듬는 것. 그것이 바로 메시지 클리닉의 핵심이자 목표다.

다른 전통적인 진료소와는 달리, 이 클리닉은 집에서 혼자 해볼 수 있는 치료법을 제시한다. 각각의 메시지를 읽어보고, 그 메시지를 어떻게 이 책에 제시된 원칙들을 사용해 개선할 수 있을지 곰곰이 생각해보자.

일광노출은 위험하다!

오하이오 주립대학의 건강교육학자들이 독자들에게 일광노출의
위험성에 대해 경고하고 싶다면?

| Before |
일광노출 : 예방 및 방지[7]

❶   구릿빛으로 선탠한 피부는 흔히 지위의 상징으로 통한다.
멋들어지게 선탠한 피부를 지닌 사람은 오랜 시간 느긋하게 태양빛
아래 드러누워 피부를 황금빛으로 태우는 여유를 만끽할 수 있거
나, 따뜻한 열대지방에서 겨울 휴가를 나거나, 또는 '보통 사람들'보
다 부유하고 여가 시간이 넉넉한 사람일지도 모른다. 하지만 대부
분의 사람들은 주로 봄 방학이나 여름휴가 때 건강하게 빛나는 짙
은 갈색 피부를 만들어 돌아오게 마련이다. 선탠이 지위의 상징이
든 아니든, 무분별하게 태양에 몸을 내맡기는 일은 건강에 해로울
수 있다. 태양이 내뿜는 자외선은 피부를 손상시킬 뿐 아니라, 안구
질환과 알레르기를 일으키고 때로는 면역체계 이상을 유발하기도
한다.

❷　　선탠과 일광화상의 원인은 바로 태양 자외선이다. 자외선은 인간의 눈으로 보거나 피부로 느낄 수는 없지만 피부층을 통과하여 멜라닌색소를 함유한 세포들을 활성화시키는데, 멜라닌은 자외선을 흡수하고 분산시킴으로써 피부를 보호한다. 피부색이 어두운 사람들은 멜라닌 색소 보유량이 많고 선천적으로 자외선에 대한 저항력이 높으며 피부가 햇빛에 그을리기 쉽다. 한편 금발과 붉은 머리, 흰 피부를 지닌 이들은 신체에 멜라닌 색소가 적어 일광화상을 입기가 쉽다.

❸　　자외선에 의해 활성화된 멜라닌 색소는 피부의 표면으로 떠올라 선탠의 효과를 내며 후에 있을 일광노출에 대비하게 된다. 하지만 올리브색, 갈색, 검은색의 피부를 지녔다고 해서 무분별한 일광노출로 인한 피부손상에 대해 안심할 수는 없다.

❹　　태양 자외선uv에는 두 종류가 있다. UVA와 UVB로, UVB는 피부에 일광화상을 입히거나 피부를 붉게 달아오르게 하며, 피부암이나 피부 노화의 원인이 되기도 한다. UVA는 피부를 갈색으로 선탠하지만 시력손상이나 두드러기, 알레르기 또는 다른 약물에 대한 알레르기 등의 문제를 유발할 수 있다.

❺　　지나친 일광노출로 인한 피부손상은 시간이 지날수록 누적되며 회복이 불가능하다. 한번 손상이 되면 이를 되돌릴 수 없다는 의미다. 대부분의 가장 심각한 피부손상은 18세 이전에 발생한다. 따라서 어릴 때부터 지나친 일광노출을 피해야 하며, 특히 강한 햇살이 비추는 야외에서 뛰놀기 좋아하는 아이들의 경우 각별한 주의를 요한다.

아래에 제시된 설명을 읽기 전에 다시 처음으로 돌아가 글을 찬찬히 읽어보기 바란다. 이 글을 개선하려면 어떻게 해야 할까? 이 글의 리드는 무엇인가? 핵심은 무엇인가? 첫 번째 단락은 선탠한 피부가 지위의 상징으로 인식된다는 내용을 담고 있는데, 이는 단순히 독자들의 주목을 끌기 위한 미끼에 불과하다(사실 정보 전달자로서의 글은 '선탠이 지위의 상징이든 아니든'에서 시작된다).

우리가 볼 때 이 글의 핵심은 바로 5번 단락에 있다. "지나친 일광노출로 인한 피부손상은 시간이 지날수록 누적되며 회복이 불가능하다." 와우! 이 문장이야말로 태양 숭배자들에게 지금 당장 달려가 말해줘야 할 제일 중요한 대목이 아닌가? 여기에 비해 2~4번 단락은 불필요한 정보를 주저리주저리 늘어놓고 있을 뿐이다. 비유해 설명하자면, 흡연자들에게 흡연의 위험성을 알리기 위해 폐가 어떻게 변하는지 일일이 설명할 필요는 없지 않은가? 그리하여 우리는 리드를 살리기 위해 이 스토리의 핵심과 단락들을 적절히 재배치했다.

| After |

일광노출: 노화의 지름길

❺   지나친 일광노출로 인한 피부손상은 나이를 먹는 것과도 같다. 시간이 흐르면서 계속해서 누적되며, 되돌릴 수도 없기 때문이다. 한번 손상이 되면 회복은 불가능하다. 대부분의 심각한 피부손상은 18세 이전에 발생한다. 따라서 어릴 때부터 지나친 일광노

출을 피해야 하며, 특히 강한 햇살이 비추는 야외에서 뛰놀기 좋아하는 아이들의 경우 각별한 주의를 요한다.

❷❸❹ 선탠과 일광화상의 원인은 바로 태양 자외선이다. 자외선은 일광화상을 유발하는데, 일광화상은 진피真皮가 일시적으로 손상되었음을 나타내는 징조다. 일광화상은 시간이 지나면 사라지지만 보이지 않는 손상은 그대로 남아 결과적으로 피부노화나 피부암을 일으킨다.

❶ 아이러니하게도, 구릿빛으로 보기 좋게 그을린 피부는 건강함의 상징으로 여겨진다. 그러나 자외선은 피부를 손상시킬 뿐 아니라 안구질환이나 알레르기 혹은 면역체계 이상을 유발할 수도 있다. 그러니 '건강한 선탠'이 아니라 '해로운 선탠'이라고 불러야 마땅할 것이다.

Clinic 2

이 메시지의 핵심은 일광노출로 인한 피부손상은 점차 누적되어 회복이 불가능하다는 것이다. 따라서 우리는 두 번째 메시지에서 핵심을 강조하고 불필요한 정보를 제거하는 데 초점을 맞췄다. 이는 모두 '우선순위 강제 지정'의 과정을 보여주기 위해서다. 우리는 핵심 내용을 돋보이게 만들기 위해 몇몇 흥미로운 부분(멜라닌 색소에 관한 정보 등)을 쳐내야 했다.

우리는 다양한 방법으로 핵심을 강조했다. 첫째, 숨어 있던 리드를 글의 첫머리에 배치함으로써 다시 생명을 불어넣었다. 둘째, 한번 손상된 피부는 회복이 불가능하다는 메시지를 나이를 먹는 현상에 비유했다. 그리고 세 번째로 일광화상은 심각한 피부손상의 징조이며, 눈에 보이는 상처는 사라질지 모르나 보이지 않는 내적 손상은 결코 사라지지 않는다는 점을 지적하여 구체적이고 의외성이 있는 이미지를 결합시켰다.

| 결론 |

리드를 숨기지 마라. 독자들의 관심을 끌기 위해 글의 첫머리에 흥미로운 소재를 끌어들이는 것은 좋지만 주제와 연관성이 부족하다면 곤란하다. 핵심 메시지 그 자체가 더욱 흥미를 끌 수 있도록 해야 한다.

구독률 112퍼센트,
지역 신문의 비결

노스캐롤라이나주에 있는 던은 롤리에서 65킬로미터쯤 떨어진 작은 마을이다. 인구는 약 1만 4,000명가량이며 주로 노동자 계층으로 구성되어 있다. 아침이면 마을 식당은 푸짐한 아침식사와 커피를 먹으러 온 손님들로 북적거리고 웨이트리스들은 손님들을 '자기'라고 부른다. 최근 이 마을에는 월마트도 생겼다.

던은 아주 평범한 마을이다. 단 한 가지, 거의 모든 마을 주민들이 지역 신문인《데일리 레코드Daily Record》를 읽는다는 점만 빼면 말이다. 정확히 말하자면 '던의 전체 주민'보다 더 많은 사람들이《데일리 레코드》를 구독한다.

던 마을의《데일리 레코드》시장점유율은 112퍼센트다. 미국의 그 어떤 신문보다도 높은 수치다. 시장점유율이 100퍼센트 이상이 되려면 반드시 다음 두 가지 중 하나에 해당되어야 한다.

① 던 외부에 사는 사람들, 예를 들어 던으로 통근하는 이들이 신문을 구독한다. 또는 ② 일부 가구가 신문을 한 부 이상 구독한다. 어쩌면 던에 사는 어떤 사람들은 가족들과 신문을 같이 보는 걸 싫어할지도 모른다.

《데일리 레코드》는 어떻게 이런 놀라운 성공을 거둔 것일까? 던 주민들이 뉴스를 접하는 다른 방도를 모르는 것도 아니다.《USA 투데이》,《롤리 뉴스 앤드 옵저버Raleigh News & Observer》, CNN, 인터넷 그리고 수백 개의 다양한 신문이나 방송이 존재하니까. 그렇다면《데일리 레코드》가 이런 인기를 누리는 이유는 도대체 무엇일까?

《데일리 레코드》는 1950년, 후버 애덤스에 의해 창간되었다. 애덤스는 혈관에 잉크가 흐르는 사람이다. 그는 소년시절 보이스카우트 캠프에서 소식을 전하며 기자 경력의 테이프를 끊었고, 고등학교에 입학했을 무렵에는 롤리 신문에서 프리랜서 통신원으로 일하고 있었다. 제2차 세계대전이 끝났을 때 그는 던《디스패치Dispatch》의 편집자가 되었으며 그곳에서 끊임없는 성장을 거듭한 후 마침내 자신만의 신문인《데일리 레코드》를 창간했다. 1978년, 앞서거니 뒤서거니 28년간에 걸친 치열한 경쟁 끝에《디스패치》는 결국 두 손을 들고 애덤스에게 회사를 매각했다.

애덤스는 출판편집인으로 보낸 55년의 세월 동안 단 하나의 철칙을 초지일관 간직했다. 바로 '지역 신문은 지독할 정도로 지역 뉴스에 집중해야 한다'는 것이다. 솔직히 말해서 그는 지역 뉴스 광신도에 가까웠다.

자사 신문이 그 지역의 소식을 충분히 보도하지 않는다는 데 실망한 그는 1978년, 회사 전체에 자신의 철학을 설명하는 메모를 내려보냈다.

"우리는 모두 주민들이 자기가 아는 이름과 사진을 보기 위해 지역 신문을 구독한다는 사실을 잘 알고 있다. 그것은 우리가 다른 누구보다 잘할 수 있는 특별한 일이며 우리 독자들이 다른 어디서도 얻지 못할 정보다. 명심하라. 우리들에게 앤지어Angier 시장과 릴링턴Lillington 시장은 뉴욕 시민들에게 있어 뉴욕 시장만큼이나 중요한 존재다."

여기서 한 가지 확실히 해둘 것은 지역 뉴스에 대한 애덤스의 강조와 집중이 결코 혁신적인 감정이 아니라는 점이다. 사실 '지역 뉴스에 집중하라'는 철칙은 소규모 신문 편집자들에게는 논쟁거리도 아니다. 단지 대부분의 신문사에서는 이런 메시지가 현실로 나타나는 경우가 드물 뿐이다. 평범한 지역 신문은 결국 전국 뉴스와 프로 스포츠팀에 관한 뉴스로 채워지고, 내가 아는 사람의 사진은 아무 데서도 찾아볼 수 없다.

달리 말해, 핵심을 찾는 것과 핵심을 소통하는 것은 동의어가 아니라는 이야기다. 최고경영자들은 가장 우선적으로 해결해야 할 과제가 무엇인지 알지만 그런 우선 과제를 공유하고 성취하는 데 있어서는 황당할 정도로 비효율적이다. 한편 애덤스는 핵심을 찾아내고 직원들과 그것을 공유할 수 있었다. 그는 어떻게 이런 일을 해낸 걸까?

단순함 = 핵심 + 간결함

애덤스는 자신이 운영하는 신문사의 핵심을 찾아냈다. '지역 중심.' 그 다음, 그는 핵심을 소통하는 문제로 관심을 돌렸다. 즉, 핵심 메시지를 직원들에게 달라붙게 하는 데 집중한 것이다. 이 장에서, 아니 이 책 전체에서 우리는 핵심 메시지를 스티커처럼 만드는 방법에 대해 논의할 것이다. 그리고 그 첫걸음은 애덤스가 '지역 중심' 메시지를 어떻게 스티커 메시지로 만들었는지 연구하는 데서 시작된다.

수많은 신문사가 지역 중심의 가치를 역설하며 립 서비스에만 매달린 반면, 애덤스는 실제로 지역 중심을 찬양하는 극단주의자가 되었다. 그는 '지역 중심'을 위해서라면 신문의 목적마저 포기할 준비가 되어 있었다.

"문제는 지역 신문에 지역 사람들의 이름이 충분히 실리지 않는다는 것이다. 지면을 채울 이름들만 충분하다면, 나는 기꺼이 발행 지면을 두 페이지 늘리고 식자공을 두 명 더 고용할 것이다. 지역 중심을 이루기 위해서라면 신문이 지루해져도 상관없다. 만일《데일리 레코드》가 오늘 석간에 던 마을 전체의 전화번호부를 인쇄한다면, 나는 주민들의 절반 이상이 의자에 앉아 자기 집 전화번호가 있는지 훑어볼 것이라고 확신한다. 누군가가 '어이, 이 이름들이 다 필요한 건 아니잖아'라고 말한다면, 그 이름들이야말로 우리에게 가장 필요한 것임을 주지시켜라!"

애덤스는 벤슨에서 지역 신문을 운영하는 친구 랠프 딜라노의 말을 인용해 지역 중심의 가치를 재치 있게 표현했다.

"설사 랄리에 원자폭탄이 떨어진다 해도, 그 파편이나 재가 던까지 날아오지 않는 한 그 소식은 던의 신문에 실리지 않을 것이다."

실제로《데일리 레코드》의 성공 비결에 대해 질문을 받았을 때 애덤스는 이렇게 대답했다.

"세 가지 덕분이다. 이름, 이름 그리고 또 이름."

무슨 일이 일어난 걸까? 먼저 애덤스는 소통하고 싶은 핵심 메시지를 찾아냈다. 신문의 성공 비결은 '지역 중심'이다. 그것이 첫 번째 단계다. 그리고 두 번째 단계는 그 핵심을 다른 이들과 함께 나누고 공유하는 것이었다. 그는 두 번째 단계에서도 성공을 거두었다.

애덤스가 지역 중심에 대한 진지한 열정을 다른 이들과 나누기 위해 어떤 방법을 이용했는지 보자. 첫째, 그는 비유법을 사용했다. 앤지어의 시장과 뉴욕 시장을 비교하지 않았는가(이러한 비유법에 대해서는 이 장 뒷부분에서 더 이야기하겠다). 또 기자들이 더 많은 이름을 가져올 수 있다면 식자공을 더 고용하겠다고도 말했다. 이것은 우선순위 강제 설정이다. 지역 중심은 비용절감보다도 더 중요하다!

애덤스는 또한 명확하고 구체적인 단어를 이용했다. 그는 무엇을 원하는가? 이름이다. 애덤스는 날마다 신문에 보도할 수 있는 셀 수 없이 많은 개개인의 이름을 원했다. 그 메시지는 조직의 모든 사람들이 이해하고 활용할 수 있을 만큼 확실하고 상세했다. 오해의 여지가 조금이라도 있는가? 애덤스가 '이름'이라고 말했을 때 그 말을 이해하지 못할 사람이 하나라도 있는가?

'이름, 이름 그리고 또 이름'은 단순한 문장이지만 완벽하게 핵심을 상징하고 있다. 그저 이름이 유용하다는 게 아니다. 애덤스에게 이름은 비용보다도 더 중요했다. 이름은 훌륭한 문장이나 뛰어난 기사보다도 중요했다. 이름은 옆 도시에서 핵폭탄이 터지는 사건보다도 더 중요했다.

애덤스가 신문을 창간한 이래 55년 동안, 그가 주장한 '지역 중심'이라는 핵심 가치는 신문사에서 일하는 수백 명의 사람들에게 수천 개의 다양한 상황에서 최상의 선택을 할 수 있도록 해주었다. 신문사를 책임지고 있는 애덤스는 통틀어 약 2만 개의 문제들을 주관했고 각각의 문제는 셀 수 없이 많은 결정과 관련되어 있었다. 어떤 기사를 내보낼 것인가? 이 기사에서 중요한 것은 무엇인가? 어떤 사진을 실을 것인가? 어떤 기사를 줄여 지면을 절약할 것인가?

애덤스는 이런 자잘한 결정들에 일일이 신경을 쓸 수 없었다. 그러나 그의 부하 직원들은 결정을 내릴 때 주저할 필요가 없었다. '이름, 이름 그리고 또 이름.' 지휘관으로서 애덤스의 의도는 언제나 명확했기 때문이다. 애덤스는 사방팔방을 누비며 지시를 내릴 수 없었다. 하지만 핵심을 찾고 그것을 정확하게 전달하는 방법을 발견함으로써 그는 어디에나 존재하게 되었다. 이것이 바로 사람들의 뇌에 '스틱!'되는 스티커 메시지의 위력이다!

애덤스는 언어를 자유롭게 다룰 줄 아는 사람이었다. 하지만 그가 만들어낸 최고의 걸작품은 아마 그중에서도 가장 단순하고 평범한 문장일 것이다. '이름, 이름 그리고 또 이름' 말이다. 이 문구는 유용하고 기억하기도 쉽다. 구체적일 뿐 아니라 매우 간결하기 때문이다. 단순성의 두 번째 면모마저 직설적으로 드러내고 있는 완벽한 본보기가 아닐 수 없다. 단순한 메시지는 핵심을 표현할 뿐 아니라 간결하다.

간결함의 중요성에 대해서는 아무도 이의를 제기하지 못하리라. 신용카드 회사의 금리 확인서가 아닌 한, 의견을 되도록 길고 복잡하게 쓰라는 충고는 헛소리다. 문장은 언제나 단락보다 낫다. 핵심 요지는 다섯 개보다 두 개가 낫고, 쉬운 단어가 어려운 단어보다 낫다. 세상 무엇보다 단순한 규칙이다. 담겨 있는 정보의 양이 줄수록 메시지는 잘 달라붙는다.

하지만 간결함만으로는 충분하지 않다. 핵심이 없는 간결한 메시지에 집착할 수도 있기 때문이다. 다시 말해, 간결한 슬로건이라고 모두가 지휘관의 의도를 반영하고 있지는 않다는 의미다. 간결한 메시지는 스티커처럼 끈끈할지는 몰라도 아무런 가치도 없다. 거짓일 수도 있고('지구는 평평하다'), 아무런 연관도 없거나('염소는 새싹 같다'), 잘못된 내용을 담고 있을 수도 있다('하루라도 신발을 사지 않으면 입안에 가시가 돋는다').

다른 경우라면 간결함 그 자체는 그다지 큰 가치를 지니지 못한다. 대부분의 사람들은 무엇이든 특정 분야를 전문으로 하게 마련이고 전문가가 된다는 것은 '복잡성과 뉘앙스에 더욱 큰 매력을 느낀다'는 의미다. 그리하여 '지식의 저주'에 사로잡히면 모른다는 것이 어떤 심정인지 기억할 수 없게 되는 것이다. 그런 점에서 무언가를 단순하게 만드는 일은 '짧게 줄이는' 것과 같은 것으로 보일 수 있다. 그러나 전문가인 우리는 말을 쉽게 풀어쓴다거나 최소 공통분모만을 제시한다는 비난에 휘말리고 싶지는 않다. 단순화가 잘못되면 지나친 단순화로 엇나갈 수 있음을 항상 기억하라.

'단순함 = 핵심 + 간결함'으로 정의한다면 먼저 간결함이 그만한 가치가 있는지 알아봐야 할 것이다. 이미 핵심이 존재하는데 어째서 간결성이 필요한가? 갈고 닦은 메시지가 짜내고 응축한 메시지보다 더 유용하지 않은가? 우리가 간결성을 극단적인 수준으로 허용한다고 치자. 그토록 짧고 단순한 언어 속에 진정 의미심장한 내용을 담는 것이 가능할까?

세상에서 가장 오래 살아남은 메시지, 속담

인류는 수천 년 동안 '속담'이라 불리는 간결한 문장을 교환하며 살아왔다. 속담은 단순하지만 심오하다. 미겔 데 세르반테스는 속담을 '긴 경험에서 우러나온 짧은 문장'이라고 정의한 바 있다.[8] 영문 속담을 예로 들어보자. "손 안에 든 한 마리 새가 덤불 속 두 마리보다 낫다." 이 속담의 핵심은 무엇인가? 확실하지 않은 것 때문에 이미 가진 것을 포기해서는 안 된다는 것이다. 짧고 단순하지만 다양한 상황에서 유용하게 적용할 수 있는 심오한 지혜를 담고 있다.

이런 지혜는 비단 영어권에만 있는 것이 아니다. 스웨덴에는 "손 안에 든 새 한 마리가 숲 속의 열 마리보다 낫다"라는 말이 있다. 스페인에는 "손 안에 든 새 한 마리가 하늘의 백 마리보다 낫다"라는 속담이 있으며, 폴란드에서는 "손 안에 든 참새 한 마리가 지붕 위 비둘기보다 낫다"라고 한다. 러시아 사람들은 "손 안에 든 박새가 하늘의 황새보다 낫다"라고 말한다.

루마니아, 이탈리아, 포르투갈, 독일, 아이슬란드에도 유사한 형태의 속담이 존재한다. 심지어 중세 라틴어에도 비슷한 속담이 있다. 이 속담이 나타난 최초의 영어 기록은 1678년 발간된 존 버니언John Bunyan 의 『천로역정』인데 속담 자체는 그보다 훨씬 오래되었을 가능성이 높다. 『이솝 우화』에는 매와 나이팅게일의 이야기가 있다. 매에게 사로잡힌 나이팅게일이 매의 배를 채우기에는 자기가 너무 작지 않으냐며 제발 살려달라고 빌자 매는 이렇게 대답한다. "아직 보이지도 않는 다른 새 때문에 지금 내 손 안에 있는 새를 포기하는 것은 어리석은 짓이지." 이 이야기는 기원전 570년에 기록된 것이다.

'손 안의 새 한 마리' 속담은 우리 뇌에 '스틱!'되는 정도가 엄청난 스티커 메시지다. 자그마치 2500년 동안 살아남았으니 말이다. 이 메시지는 대륙과 문화를 넘어, 언어의 경계를 넘어 전 세계로 퍼져나갔다. 누가 발 벗고 나서 광고 캠페인을 벌인 것도 아니다. 누구의 도움도 받지 않고 오직 스스로의 힘만으로 퍼져나간 것이다. 다른 많은 속담들 역시 유구한 역사를 자랑한다. 사실 속담들은 거의 모든 문화권에서 유사한 모습을 띤다. 도대체 왜? 그 이유가 뭘까?

속담은 개인이 공통된 사회 기준에 맞춰 결정을 내리도록 도와주는 유용한 도구다. 이런 공통적인 기준은 대개 도덕적이거나 윤리적인 규범이다. 속담은 개인의 행동에 '경험에 의한 법칙'을 제공한다.

'남에게 대접받고 싶은 대로 남을 대접하라'는 황금률은 어찌나 심오한지 인간의 행동에 평생 동안 영향을 미칠 수 있다. 황금률이야말로 우리가 이 장에서 말하고자 하는 바를 완벽하게 표현하는 상징이다. 사람들의 기억에 달라붙을 정도로 간결하고 다른 그 무엇과 차별화될 수 있을 만큼 의미심장하다.

탁월하게 단순한 메시지는 간결하고 유용하여 많은 부분 속담처럼 작용한다. 속담에 대한 세르반테스의 정의는 우리의 단순함에 대한 정의와 일치한다. '긴 경험(핵심)에서 우러나온 짧은 문장(간결함).'

내용을 압축한 요약문은 회의를 불러일으킬 수 있다. 수많은 요약문이 공허하거나 잘못된 방향을 바라보고 있기 때문이다. 그것들은 그저 간결하기만 할 뿐 핵심이 결여되어 있다. 그러나 우리가 추구하는 단순함은 그런 요약문이 아니다. 우리가 원하는 것은 속담이다. 간결함과 핵심이 결합된 메시지이다.

애덤스는 그의 핵심 메시지, 즉 철저할 정도로 지역 문제에만 집중한다는 철칙을 언론계의 속담으로 변환시키는 데 성공했다. '이름, 이름 그리고 또 이름'은 공통 기준을 지닌 집단에 속한 개인들이 보다 쉽게 결정을 내리도록 돕는 지침이었다. 가령 사진 기자에게 있어 이 속담은, 이름표 사진을 찍지 않는 한 문자 그대로는 아무런 가치도 없다. 하지만 일단 자신이 속한 조직이 이름에 높은 가치를 두고 있다는 사실을 숙지하면 어떤 종류의 사진을 추구해야 할지 알 수 있다. 지루하고 따분한 지역위원회의 사진을 찍어야 할까, 아니면 아름다운 일출 장면을 찍어야 할까? 정답은 당연히 지역위원회다.

리모컨을 디자인할 때도 '스틱!'되도록

단순한 메시지는 핵심 내용을 쉽게 익히고 기억하게 해준다. 그러나 그보다 더욱 진가를 발휘하는 순간은 사람들이 올바른 행동을 하도록 도울 때다. 특히 수많은 선택을 해야 할 상황에 처했을 때 말이다.

어째서 TV 리모컨에 한 번도 사용하지 않는 버튼들이 붙어 있는지 생각해본 적이 있는가? 바로 기술자의 숭고한 의도 때문이다. 테크놀로지나 상품 디자인은 대개 '기능 추가feature creep'라는 교묘한 적과 전투를 벌여야 한다. 조금만 한눈을 팔면 온갖 기능들이 구렁이 담 넘듯 슬금슬금 늘어나 결국에는 원래 기능의 취지가 실종될 지경에 이른다. DVD 플레이어를 예로 들면 금방 이해가 갈 것이다.

기능 추가는 사실 매우 순수한 의도에서 시작된다. 기술자가 리모컨을 바라보며 생각에 잠긴다. '흠, 여기 앞쪽 공간이 비는군. 그러고 보니 마이크로칩 용량도 좀 여유가 있었지. 남는 용량을 그냥 놀리느니 율리어스력과 그레고리력을 변환하는 기능을 넣는 게 어떨까?'

기술자는 그저 사람들을 돕고 싶었을 뿐이다. 사람들을 깜짝 놀라게 할 만한 새로운 기능을 추가해 리모컨을 더욱 개선하고 싶었을 뿐이다. 한편 팀의 다른 기술자들은 달력변환 기능에 별반 관심이 없다. 쓸데없는 기능이라고 생각하면서도 군이 "달력변환 기능을 추가하느니 차라리 내 모가지를 잘라!"라고 반대하지는 않는 것이다. 이런 식으로 천천히 그리고 조용히 리모컨과 다른 첨단 기술 기기들은 점점 더 파멸을 향해 기어간다.

이러한 위험성을 경계한 팜파일럿Palm Pilot 개발팀은 기능 추가의 습격을 방지하기 위해 처음부터 확고한 선을 긋기로 했다. 1990년대 초반, 개발팀이 막 팜 프로젝트에 착수했을 당시 개인용 휴대정보단말기, 즉 PDA는 쥐구멍을 찾지도 못할 정도로 형편없는 실적을 기록하고 있었다. 애플이 출시한 뉴턴 PDA의 참패는 다른 경쟁사들마저 겁에 질리게 만들었다.

1994년 PDA 시장에 등장한 경쟁 제품 중 하나는 무슨 영양실조에 걸린 컴퓨터 같은 모양새를 하고 있었다. 키보드가 달린 큼지막한 몸체, 보조장치를 연결할 여러 개의 포트들. 팜파일럿 개발팀을 이끌던 제프 호킨스Jeffery Hawkins는 자신들의 제품이 이런 끔찍한 모습으로 태어나는 것만은 결단코 거부할 작정이었다. 그는 팜파일럿이 단순하길 바랐다. 그가 만드는 제품은 오직 네 가지 요소에만 집중한 것이었다. 달력, 주소록, 메모 그리고 할 일 목록. 팜파일럿은 오직 이 네 기능에 그칠 테지만 네 가지 모두 완벽한 능력을 발휘하게 되리라.

기능 추가에 맞서 호킨스가 사용한 무기는 손바닥 크기의 작은 나무조각이었다. 디자인팀의 일원이었던 트레이 바살로는 이렇게 말했다. "그 나무조각은 우리가 목표로 삼은 팜파일럿의 기능처럼 단순했고 매우 작았다. 그렇게 우리의 제품은 간결하고 독특해졌다." 호킨스는 회의 도중 '중요 사항을 메모하거나' 복도에서 '스케줄을 확인할' 일이 생기면 호주머니에서 나무조각을 꺼내 들곤 했다.

누군가가 새로운 기능을 추가하는 게 어떠냐고 제안할 때마다 호킨스는 나무조각을 보여주며 그 기능을 어디에다 집어넣을 것인지 되물었다.

바살로는 팜파일럿이 성공한 주된 이유가 "그것이 무엇인가로 정의된 것이 아니라 무엇이 아닌가로 정의되었기 때문"이라고 말한다. 실리콘밸리에서 가장 잘나가는 디자인 회사인 IDEO의 톰 켈리 역시 비슷한 점을 지적했다. "최초의 PDA가 부딪친 진정한 장벽은 …… 거의 모든 기능을 탑재해야 한다는 발상이었다."[9]

호킨스는 자신이 맡은 프로젝트의 핵심 메시지가 간결성과 단순성에 있다는 사실을(그리고 기능 추가의 추적을 물리쳐야 함을) 알고 있었다. 이런 핵심 메시지를 공유하는 과정에서 호킨스와 그의 팀은 '시각적 속담'을 이용했다. 호킨스가 가지고 다니던 나무조각은 모두에게 '가짓수는 적지만 뛰어난 기능'이라는 개념을 시각적으로 보여주었던 것이다.

　호킨스의 팜파일럿 개발팀과 제임스 카빌이 이끈 선거운동팀은 놀랍도록 유사한 공통점을 지니고 있다. 두 팀 모두 풍부한 전문 지식을 지니고 있으며 자신의 일에 열정적인 사람들로 구성되어 있었다. 그리고 양쪽 모두 서로 다른 수많은 일들을 하고자 하는, 모든 사항에 대해 토론하고 모든 기능을 추가하고 싶어 하는 능력과 욕구를 지닌 다수의 사람들과 일하고 있었다. 그러나 그들에게는 너무 많은 것을 하려는 유혹에 맞서 싸울 단순한 상징이 필요했다. 세 가지를 말하는 것은 아무것도 말하지 않는 것과 같다. 버튼이 50개나 달려 있는 리모컨은 정작 채널 변경이 힘들다.

이미 존재하는 지식을 일깨워라

메시지는 반드시 간결해야 한다. 인간이 한 번에 배우고 기억할 수 있는 정보의 양에는 한계가 있기 때문이다. 그런데 핵심 메시지가 속담이 되기에는 너무나 많은 정보를 담고 있다면? 그렇다면 어떻게 필요한 만큼 많은 정보를 전달할 수 있을까? 부족한 간결성을 강화하고 더 많은 정보를 간결한 메시지로 축약할 수 있는 방법에 관해 알고 싶다면 아래와 같은 연습을 해보라.

　먼저 규칙을 설명하겠다. 10~15초 동안 아래 문자열을 살펴본 후, 책을 덮고 종이 한 장을 꺼내 최대한 기억을 되살려 방금 본 알파벳을 적는다.

J FKFB INAT OUP SNA SAI RS

평범한 사람이라면 일곱 개에서 열 개의 문자밖에 기억하지 못했을 것이다. 정보가 담겨 있지 않기 때문이다. 간결함이 필수적인 이유는 인간이 한 번에 다룰 수 있는 정보의 양에 한계가 있기 때문이다.

자, 이번에도 똑같은 연습이다. 단, 이번에는 약간의 변화가 있다. 알파벳 그 자체나 순서를 바꾸지는 않았다. 그저 띄어쓰기의 위치를 바꿨을 뿐이다. 하는 방법은 아까와 똑같다. 글자들을 10~15초간 들여다본 다음 책을 덮고 종이에 써보라.

JFK FBI NATO UPS NASA IRS[10]

첫 번째보다 훨씬 좋은 결과가 나왔으리라 믿는다. 무작위처럼 보였던 글자들은 이제 의미를 지니게 되었다. 덕분에 기억하기가 훨씬 쉬워졌다. 첫 번째 연습에서 당신은 아무런 의미도 없는 데이터를 기억해내려고 고전했지만 두 번째 활동에서는 익숙한 개념들을 떠올리기만 하면 되었다. 존 F. 케네디, 연방수사국, 북태평양조약기구, 배송업체인 UPS, 미국 항공우주국 그리고 미국 국세청. 하지만 이상하지 않은가? 어째서 '존 F. 케네디'가 무작위적인 알파벳 F, J, K보다 더 기억하기가 쉬운 걸까? 알파벳 세 개보다 훨씬 길고 더 많은 정보를 포함하고 있는데 말이다. JFK와 연관된 그 모든 정보들을 떠올려보라.

정치, 여성편력, 암살 사건, 그 유명한 케네디 집안. 만일 인간의 기억이 무거운 것을 들어 올리는 역도와 비슷하다면 JFK가 F, J, K라는 세 개의 알파벳보다 기억하기 더 쉽다는 건 이상하지 않은가?

여기에 숨겨진 비밀은 우리가 존 F. 케네디에 관한 정보를 들어 올리는 것이 아니라는 데 있다. JFK와 관련된 모든 정보는 이미 우리 머릿속에 존재하고 있다. 우리는 이미 JFK가 의미하는 개념과 그와 관련된 다른 정보를 보유하고 있는 것이다. JFK는 이런 정보를 가리키는 화살표에 지나지 않는다. JFK를 기억하는 것은 기억력의 영토에 작은 깃발을 꽂는 것이나 마찬가지다. 한편 무작위적인 알파벳 F, J, K를 기억하는 것은 세 개의 서로 다른 깃발을 꽂는 셈이다. 결국 이는 1 대 3의 정보(또는 깃발) 대결이 되는 셈이고 하나가 셋보다 기억하기 쉽다는 건 두말할 필요도 없다.

그래서 어떻단 말인가? 이건 그저 인간의 뇌에 대한 작은 상식일 뿐이지 않은가? 좋다, 우리가 진실로 말하고 싶은 건 이런 거다. 간결한 메시지는 더 잘 달라붙는다. 하지만 간결함 그 자체만으로는 아무런 쓸모도 없다. 진정으로 가치 있는 것은 심오한 내용을 지닌 간결한 메시지다. 그러므로 심오한 메시지를 간결하게 만들기 위해서는 짧은 메시지 안에 다양한 의미를 압축하여 채워 넣어야 한다. 어떻게? 깃발을 사용하라. 청중이 이미 가지고 있는 기억을 두드려 깨워라. 이미 존재하는 것을 활용하는 것이다.

포멜로가 뭐지?

이제까지 우리는 하나의 단순한 메시지 또는 여러 개의 단순한 메시지가 사람들의 행동을 이끌어내는 데 유용하게 사용된 경우를 몇 가지 보여주었다. 하지만 현실을 직시하자. 이 세상 대부분의 사람들은 복잡한 일에 종사한다. 우리는 그런 복잡한 일들, 즉 법률, 의학, 건축, 프로그램 등의 분야를 한두 줄의 간결한 메시지로 요약할 수 있다고 주장하는 게 아니다. 복잡하고 복잡한 건물 건축을 단 하나의 간단한 메시지('건물을 무너지지 않게 만든다')로 대체하는 것은 당연히 불가능하다.

이러한 사실은 우리가 아직 언급하지 않은 중요한 문제를 야기한다. 아무것도 모르는 신참내기를 어떻게 훌륭한 건축가로 키울 것인가? 어떻게 단순함 속에서 복잡성이 대두되는가? 앞으로 우리는 단순함을 교묘하게 활용함으로써 복잡성을 창조하는 방법에 대해 논의할 것이다. 올바른 방식으로 쌓아올릴 수만 있다면, 단순한 메시지는 금세 복잡한 메시지로 탈바꿈할 수 있다.

우선 당신에게 포멜로pomelo가 뭔지 가르쳐주겠다(포멜로가 뭔지 이미 알고 있다면 모르는 척해주길!). 포멜로에 대한 첫 번째 정의는 이렇다.

설명 1 포멜로란 감귤류 가운데 가장 커다란 과일로, 매우 두꺼운 껍질을 지니고 있으나 부드러워 손으로 까기 쉽다. 속살이 연노랑에서 붉은 산호색에 이르기까지, 과즙이 풍부한 것에서 약간 메마른 것까지 그리고 맛이 달콤한 것에서 새콤하고 톡 쏘는 맛에 이르기까지 매우 다양하다.

여기서 질문 하나. 위에서 제시한 정보에 기초하여 포멜로 주스와 오렌지 주스를 섞으면 어떤 맛이 날지 상상할 수 있을까? 대충은 짐작할 수 있겠지만 대답은 아마도 모호할 것이다. 이번에는 다른 방식으로 설명해보자.

설명 2 포멜로는 기본적으로 매우 두껍고 부드러운 껍질을 지닌 거대한 그레이프프루트다.

두 번째 설명은 당신이 이미 알고 있는 개념에 깃발을 꽂는다. 그레이프프루트. 포멜로가 그레이프프루트와 비슷하다는 말을 들으면 당신은 그레이프프루트의 이미지를 떠올린다. 이제 우리는 두 과일이 어떻게 다른지 설명한다. 포멜로는 '거대하다.' 당신은 이제 엄청나게 커다란 그레이프프루트를 상상하게 된다.

우리는 방금 당신이 이미 알고 있는 개념을 끌어들여 새로운 개념을 손쉽게 배우도록 도운 것이다. 여기서 이미 알고 있는 개념은 '그레이프프루트'다. 그레이프프루트는 당신이 이미 갖고 있는 선험적 도식이다.

심리학자들은 도식schema이란 어떠한 개념이나 범주가 지닌 고유한 속성들의 모임이라고 정의한다.[11] 도식은 우리의 기억 속에 선先 저장되어 있는 많은 양의 정보로 구성되어 있다. 만일 누군가가 당신에게 정말 멋진 신형 스포츠카를 봤다고 말한다면 그 즉시 당신의 머릿속에는 선험적인 고유 정보들이 튀어나오기 시작할 것이다. 당신은 스포츠카가 어떤 것인지 이미 알고 있다. 당신은 머릿속으로 가볍고

늘씬한 투도어 컨버터블을 떠올린다. 그림 속 자동차는 도로 위를 쏜살같이 달려 나가고 색깔은 틀림없이 붉은 색일 것이다.

이와 마찬가지로 그레이프프루트에 관한 당신의 도식 역시 고유한 특성들의 묶음으로 이루어져 있다. 다홍색의 속살, 새콤한 냄새, 소프트볼 크기만 한 둥근 모양 등.

그레이프프루트의 도식을 불러옴으로써 우리는 당신에게 포멜로의 특성에 대해 나열할 때보다 빠르고 쉽게 포멜로의 개념을 설명할수 있다. 물론 포멜로 주스와 오렌지 주스를 섞은 새로운 주스에 관한 질문에도 간단히 대답할 수 있게 된다. 당신은 이미 오렌지 주스와 그레이프프루트 주스를 섞으면 어떤 맛이 나는지 알고 있기 때문이다. 포멜로 도식은 그레이프프루트 도식의 속성을 그대로 물려받게 된다. (그건 그렇고 완벽함을 기하기 위해 언급하자면, 사실은 설명 1 역시 도식으로 도배되어 있다. '감귤류 과일'도 도식, '껍질'도 도식, '새콤한 맛'도 도식이다. 설명 2가 이해하기 더 쉬운 이유는 단지 그레이프프루트가 다른 도식들의 혼합으로 구성된 상위 도식에 속하기 때문이다.)

도식을 사용한 설명 2는 이해력과 기억력을 향상시킨다. 그렇다면 이번에는 포멜로에 관한 두 가지 정의를 역피라미드 구조라는 측면에서 살펴보자.

먼저 리드를 찾아보라. 설명 1의 리드는 감귤류 과일이다. 리드 다음에는 그렇다 할 위계적 구조가 나타나지 않는다. 각자 무엇에 관심을 가지느냐에 따라, 독자들은 껍질에 관한 정보(매우 두꺼운 껍질을 지니고 있으나 부드러워 손으로 까기 용이하다)나 색상에 관한 정보(연노랑에서 붉은 산호색에 이르기까지) 또는 과즙의 양이나 맛에 관한 정보를 기억할 것이다.

설명 2의 리드는 그레이프프루트다. 두 번째 구절은 '거대한'이며, 세 번째 구절은 '매우 두껍고 부드러운 껍질'이다.

지금부터 6개월쯤 지나고 나면 사람들은 기껏해야 두 글의 리드밖에 기억하지 못할 것이다. 즉, 첫 번째 스토리에서는 과일이나 감귤류 과일을, 그리고 두 번째 스토리에서는 그레이프프루트밖에 떠올리지 못한다는 뜻이다. 그러니 그레이프프루트 쪽이 훨씬 낫다는 건, 두말하면 잔소리이지 않은가?

감귤류 과일에 대해 이렇게 정성 들여 설명을 해봐야 써먹을 곳은 한 군데도 없겠지만 그 아래 놓인 개념, 즉 도식을 이용하면 심오한 단순함을 구축할 수 있다는 사실만큼은 지극히 중대하다. 뛰어난 교사들은 본능적으로 수많은 도식을 활용한다. 예를 들어, 경제학 교사들은 경제학적 도식이 전무한 학생들도 이해할 수 있도록 간결하고 기본적인 예시를 들어준다.

"너는 사과를 재배하고 나는 오렌지를 재배한다고 치자. 그 근방에 사는 사람들은 우리 둘뿐이야. 그리고 우리는 한 종류의 과일만 먹는 것보다는 사과와 오렌지를 모두 먹는 걸 좋아하지. 그럼 우리는 서로의 과일을 교환해야겠지? 도대체 어떤 방식으로 과일을 교환해야 할까?"

학생들은 처음에 이렇게 단순한 맥락에서 교환과 거래의 개념을 배운다. 그리고 이 지식은 그들에게 가장 기초적인 매매 도식을 구성하게 해준다. 이렇게 한번 성립된 도식은 언제든지 다시 불러올 수 있으며 때로는 보다 크고 넓은 차원으로 확대될 수도 있다. 가령 갑자기 당신이 새로운 재배 방식을 도입해 사과 재배 능력이 개선된다면? 그래도 전과 마찬가지의 방식으로 거래를 해야 할까? 이런 문제를 해결하려면 우리는 기존의 도식을 불러와 적용해야 한다. 마치 포멜로를 이해하기 위해서 기존에 있던 그레이프프루트 도식을 불러와야 하는 것처럼 말이다.

무엇을 알게 되면
알기 전 상태로 돌아갈 수 없나니

도식은 단순한 기본 요소에서 복잡한 메시지를 창조할 수 있도록 도와준다. 학교에서 가르치는 과학 수업 역시 수많은 도식을 교묘하게 활용하고 있다. 물리학은 단순하고 이상적인 상황을 제시한다. 도르래, 경사로, 마찰 없는 표면을 따라 일정한 속도로 움직이는 물체. 시간이 지나 학생들이 도르래 도식에 익숙해지면 이 도식은 보다 복잡한 문제에 응용되거나 다른 새로운 도식과 결합한다.

도식 응용에 대한 또 하나의 훌륭한 예는 초등학교 때 배우는 분자의 '태양계 모델'일 것이다. 이 모델은 행성이 태양의 주위를 돌듯 전자도 핵을 중심으로 회전하고 있다고 가르친다. 학생들은 이런 비유를 통해 원자가 어떤 식으로 움직이는지 빠르고 간편하게 이해할 수 있다.

행성을 이용한 비유는 어째서 많은 사람들이 간결한 도식(거대한 그레이프프루트)을 거부하고 세밀하고 복잡한 설명(두껍고 부드러운 껍질을 가진 감귤류의 어쩌고저쩌고)을 선호하는지에 대해 간단한 통찰력을 제공한다. 도식은 때로 진실을 멀리 돌아가는 오솔길이기 때문이다.

이를테면 물리학자들은 행성의 공전 원리와 전자가 전자핵 주위를 도는 원리가 서로 다르다는 사실을 알고 있다. 실제로 전자는 확률 구름 속에서 움직이기 때문에 그 위치가 불확실하다. 그렇다면 이를 6학년 아이에게 어떻게 설명해야 할까? 이해하기 쉽도록 행성의 움직임에 비유하여 진실에 한 발짝 가까이 다가갈 수 있도록 도와줄 것인가, 아니면 이해하기 힘든 확률 구름에 대해 정확하게 설명해줄 것인가?

참으로 어려운 선택이 아닐 수 없다. 방법은 두 가지다. 접근성을 다소 희생하더라도 정확성을 더 기하든가, 아니면 정확성을 다소 희생하여 접근성을 더 기하든가. 하지만 대부분의 상황에서 양자택일은 잘못된 선택이다. 메시지는 예측이나 결정을 내리는 데 사용되지 않는다면 아무리 정확하거나 이해하기 쉽다고 해도 아무런 가치가 없기 때문이다.

사우스웨스트의 켈러허는 승무원들에게 '주주가치를 최대화하는 것'이야말로 모두의 목표라고 말할 수도 있었다. 어떤 면에서 그것은 '가장 저렴한 항공사'보다 훨씬 정확하고 완벽한 표현이다. '저렴한 항공사'라는 말은 불분명하고 허점투성이이기 때문이다. 사실 가격을 낮출 방법은 엄청나게 다양하다. 항공기 수를 줄일 수도 있고 승객들에게 제공하는 냅킨의 양을 줄일 수도 있다. 따라서 사우스웨스트사는 비용절감에 대한 핵심 가치를 보완하는 다른 가치들(승객들이 느끼는 편안함, 안전도 등)을 보유하고 있음이 틀림없다. '주주가치의 극대화'가 지닌 문제점은 메시지의 정확성에도 불구하고 치킨샐러드를 메뉴에 포함시킬 것인가 말 것인가 하는 선택의 갈림길에서 승무원에게 아무런 도움도 주지 못하기 때문이다. 정확하지만 쓸모없는 메시지는 어차피 쓸모없는 것에 불과하다.

서두에서 말한 '지식의 저주'가 기억나는가? 어떤 것에 관해 알게 된 후에는 알기 전의 상태로 돌아갈 수 없다. 무익한 정확성은 '지식의 저주'의 한 증상이다. '주주가치의 최대화'는 CEO에게는 가치 있고 유용한 행동 방침일지 모르나 일개 승무원에게는 아무런 의미도 없다. 물리학자에게 확률 구름은 환상적인 현상이지만 어린 학생들에게는 전혀 이해할 수 없는 개념이다.

대부분의 사람들은 처음부터 필요한 모든 정보를 직접적으로 정확하게 제시하고 싶어 하지만 가장 적절한 방법은 유용한 정보에서 시작해 조금씩 조금씩 그 양과 정확성을 차근차근 늘려가는 것이다.

할리우드 영화의 성공을
결정하는 카피 한 줄

무익한 정확성과 그 외의 다양한 '지식의 저주'를 피해갈 수 있는 최선의 예방책 중 하나가 바로 비유법이다. 포멜로는 그레이프프루트와 유사하다. 좋은 뉴스 기사는 거꾸로 선 피라미드와 같은 구조를 갖추고 있다. 피부손상은 노화와 비슷하다. 비유법은 당신이 이미 알고 있는 개념을 연상시킴으로써 간결한 메시지를 더욱 이해하기 쉽게 만든다.

훌륭한 비유는 엄청난 위력을 발휘한다. 1억 달러짜리 할리우드 영화의 성공 여부도 사실은 단 한 문장에 달려 있다.

할리우드의 스튜디오들은 보통 영화를 제작할 때마다 수백 개의 피치와 시나리오를 검토한다. 스튜디오 간부들의 삶에 공감하기란 쉽지 않은 일이지만, 어쨌든 한번 시도는 해보자. 그들이 평소에 내려야 하는 무시무시한 결정들을 상상해보라. 영화 한 편에 수백만 달러는 기본이다. 앞으로 어떤 모습이 될지도 모르는 메시지에 그들의 명성과 돈을 모조리 투자해야 한다.

영화 제작 피치를 건물의 청사진과 비교해보자. 어떤 건축가가 매력적인 청사진을 제시하고 누군가가 필요한 자본을 댄다면 9개월 뒤에 당신은 건축가의 의도가 그대로 반영된 집에서 살고 있을 것이다.

한편 영화는 무슨 일이 생겨도 변화할 운명을 지니고 태어났다. 일단 각본가가 개입하면 스토리가 바뀐다. 감독이 끼어들면 영화의 예술적 감각이 변할 것이며, 유명 배우가 섭외되면 캐릭터의 성격이 바뀔 것이다. 제작자가 등장하면 스토리텔링이 재정적 난관이라는 장애에 부딪히고, 몇 달 또는 몇 년 뒤 영화가 완성되면 마케팅팀은 영화의 플롯을 대충 설명하되 그렇다고 너무 많은 힌트를 주면 곤란한 30초짜리 티저 광고를 고안해낼 것이다.

감독, 배우, 제작자, 마케터 등 확고한 자존심으로 뭉친 수십 명의 정신 필터를 거쳐 끊임없이 변화하는 메시지에 수백만 달러를 투자하는 사업이라, 웬만큼 훌륭한 메시지가 아니라면 그것은 끝장이다.

그래서 할리우드 사람들은 '하이 콘셉트'라고 부르는 핵심 메시지를 이용한다. 하이 콘셉트라는 개념에 대해서는 들어본 적이 있을 것이다. 영화 〈스피드〉는 '버스 버전 〈다이 하드〉'고 〈완벽한 그녀에게 딱 한 가지 없는 것〉은 '여자아이 버전 〈빅〉'이며 〈에일리언〉은 '우주선 버전 〈조스〉'다.

꼭 다른 영화를 예로 들어야 하는 건 아니다. 예를 들어 〈E.T.〉의 경우에는 '길 잃은 외계 생명체가 절친한 친구가 된 지구 소년과 함께 고향별을 찾아 나서는 이야기'가 될 것이다. 하지만 실제로 대부분의 피치는 과거에 나온 영화들을 빌려온다. 이유가 뭘까? 창피한 줄도 모르고 이미 존재하는 메시지를 재활용하는 데에만 익숙해진 게으른 제작사 간부들 때문에?

흠, 사실 그것도 한 가지 원인이긴 하다. 하이 콘셉트 피치를 보기 전 경영자들의 마음속에는 영화 〈스피드〉의 개념이 제대로 형성되어 있지 않았다. 포멜로가 뭔지도 모르는 상태에서 그 단어를 접한 기분이라고나 할까. 하지만 단 네 마디에 불과한 '버스 버전 〈다이 하드〉'라는 간결한 문구가 〈스피드〉의 개념에 막대한 의미를 부여한다. 이짧은 문장 하나에 기초해 당신이 얼마나 중요한 결정들을 내리게 될지 생각해보라. 액션 전문 감독을 기용할 것인가, 아니면 독립영화 계열의 감독을 기용할 것인가? 당연히 액션이다. 예산안은 1억 달러로 할까 1,000만 달러로 할까? 1억 달러는 기본이다. 거물급 스타를 캐스팅할까 아니면 조연급 스타 배우를 쓸까? 거물급이 아니면 곤란하다. 여름 휴가철을 노리겠는가, 아니면 크리스마스 철을 노리겠는가? 액션은 여름이다.

다른 예를 들어볼까? 당신은 지금 제작 중인 영화 〈에일리언〉의 미술감독이다. 당신의 일은 영화 속에서 대부분의 사건이 일어나는 우주선을 디자인하는 것이다. 그렇다면 어떤 모습의 우주선을 디자인할 것인가? 만일 이 영화에 대해 아무것도 모른다면 예전에 다른 영화에서 활용한 우주선을 검토하는 데서 시작하는 것도 좋은 방법이다. 흠, 흠집 하나 없이 깨끗하고 반짝반짝한 〈스타트랙〉의 엔터프라이즈 호는 어떨까.

그런데 당신의 상사가 다가오더니 이 영화가 '우주선 버전 〈조스〉'라고 설명한다. 그 말을 들으니 모든 것이 360도 변한다. 조스는 흠집 하나 없이 반짝거리는 영화가 아니다. 리처드 드레이퓨스는 금방이라도 부서질 것 같은 낡아빠진 보트를 타고 돌아다닌다. 거칠고 엉성하며 숨 막히는 폐소공포증과 긴장감이 감도는 분위기. 땀과 습기가 느껴지는 축축한 배경. 영화 〈조스〉가 어떤 영화인지 떠올리자 당신의 메시지가 서서히 모습을 갖추기 시작한다. 우주선은 투박하고 침침하며 답답하고 불쾌하다. 선원들은 밝은 라이크라 유니폼을 입지 않을 테고 환한 조명이 비추지도 않을 것이다.

하이 콘셉트는 할리우드 버전의 핵심 속담이다. 다른 속담들과 마찬가지로 하이 콘셉트는 비유의 힘을 이용한다. 이미 존재하는 도식을 활용함으로써(영화 〈조스〉는 어땠더라?) 할리우드의 속담은 새 영화의 개념을 이해하고 배우는 과정을 놀랍도록 가속화시킨다.

당연하지만 훌륭한 피치는 훌륭한 영화와 동의어가 아니다. 수백 명의 재능 넘치는 사람들이 몇 년 동안 땀 흘려 노력하지 않았더라면 '우주선 버전 〈조스〉'는 형편없는 영화가 될 수도 있었다. 한편 형편없는 피치—형편없는 속담—는 훌륭한 영화를 망칠 수 있다. 그 어떤 감독도 '우주선 버전 〈애정의 조건Terms of Endearment〉'을 제대로 만들 수는 없을 테니까.

다른 평범한 환경보다 자존심의 밀도가 40배나 되는 영화계에서 하이 콘셉트가 이런 위력을 발휘할 수 있다면 우리가 처한 환경에서도 똑같은 힘을 발휘할 수 있지 않을까?

샌드위치 속
양파 한 줌에도 예술을 담아서

일부 유용한 비유는 단순히 어떤 개념에 대해 빛을 비추는 데 그치지 않고 실제로 참신한 사고의 발판이 되기도 한다. 예를 들어, 지난 50년 동안 인지심리학자들이 발전시킨 주요한 통찰력은 뇌를 컴퓨터에 비유하는 가정에서 비롯되었다. 뇌의 원리를 정의하는 것보다는 컴퓨터의 작용 원리를 정의하기가 훨씬 쉽다. 심리학자들은 메모리와 버퍼, 프로세스 등 상대적으로 이해하기 쉬운 컴퓨터를 연구함으로써 그와 비슷한 뇌의 기능들을 연구했던 것이다.

훌륭한 비유는 '발생적'이다.[12] 심리학자 도널드 숀은 '새로운 개념과 해석, 발명' 등을 유발하는 은유법을 설명하는 데 이 같은 단어를 이용했다. 예컨대 디즈니랜드에서는 직원들을 '배우'라고 부른다.[13] 직원들을 극장에서 연기하는 배우로 지칭하는 사고방식이 조직 전체에 퍼져 있다.

• 배우들은 취직 면접을 보는 게 아니라 배역을 얻기 위해 오디션

을 본다.

- 디즈니랜드 안을 돌아다닐 때 그들은 무대에서 연기를 하는 중이다.
- 디즈니랜드를 방문하는 이들은 소비자가 아니라 관객이다.
- 배우들의 직업은 연기이며 그들의 제복은 무대의상이다.

'배우'와 '무대'를 이용한 이런 비유는 디즈니 직원들에게 놀랍도록 유용하게 작용했다. 저 몇 줄의 설명을 읽기만 해도 당신은 디즈니 배우들이 어떤 상황에서 어떻게 행동할지 금세 파악할 수 있을 것이다. 가령 직원들이 무대의상을 걸친 채 공공장소에서 휴식을 취해도 괜찮을까? 허용될 리가 없다. 어떤 배우가 연기를 하다 말고 무대 위에서 담배를 꼬나물고 옆 사람과 잡담을 나누겠는가. 또 디즈니랜드의 청소부들은 거리 청소 이외의 기준에 따라 실적을 평가받을 것이다.

사실 디즈니랜드의 청소부들은 배우들 가운데서도 가장 잘 훈련된 사람들이다. 언제 어디서나 눈에 잘 띌 뿐 아니라 누가 봐도 디즈니랜드의 직원이라는 점에서 손님들에게 놀이기구와 퍼레이드, 화장실의 위치에 관해 가장 자주 질문을 받는 이들이기 때문이다. 디즈니랜드가 성공을 거둘 수 있었던 비결 중 하나는 그들이 자신의 업무를 단순히 청소가 아닌 연기로 인식했다는 점이다. '직원은 배우'라는 사고방식은 디즈니랜드가 지난 50년 동안 지켜온 발생적 비유다.

이번에는 서브웨이를 디즈니랜드와 비교해보자. 서브웨이 역시 디즈니처럼 일선 직원들에게 '샌드위치 예술가'라는 명칭을 부여했다. 서브웨이의 비유법은 디즈니랜드 배우들의 사악한 쌍둥이라 할 수 있다. 서브웨이의 샌드위치 예술가는 직원들이 특정한 상황에서 어떻게 행동해야 하는지 어떠한 기준도, 지침도 마련해주지 못했다. 디즈니는 그들의 배우들이 진짜 배우처럼 행동해주길 바랐다. 하지만 서브웨이는 카운터 직원들이 예술가처럼 행동하길 기대하지 않는다. 예술가를 정의하는 고유 특성은 개개인의 독특한 개성에서 비롯되기 때문이다.

만일 서브웨이의 직원이 복장이나 손님들을 맞이할 때의 태도, 샌드위치를 만드는 방식 등에 있어 자신만의 독특한 개성을 자유롭게 드러낸다면 과연 그 사람은 일자리를 유지할 수 있을까? 서브웨이의 샌드위치 예술가들은 누구 하나 다름없이 12인치짜리 빵에 한 줌의 양파를 집어넣도록 정해져 있다. 물론 어느 정도의 자유가 존재하는 것은 사실이지만 카운터 직원이 예술적인 영감에 힘입어 손님이 주문한 샌드위치에 햄 한 조각을 추가해주리라고는 아무도 기대하지 않을 것이다.

발생적 은유와 속담은 현존하는 개념을 지혜롭게 대체할 때 그 위력을 발산한다. 이들은 어려운 것을 알기 쉬운 것으로 대체한다. '손 안에 든 한 마리 새가 덤불 속 두 마리보다 낫다'는 속담은 복잡하고 감정적으로 혼란스러운 상황에서도 쉽게 이해할 수 있는 실질적 교훈을 가르친다. 발생적 은유 역시 이와 비슷한 역할을 한다. 디즈니랜드의 배우들은 낯선 상황에 처했을 때 개인적인 입장보다 고용된 배우의 입장에서 행동하는 편이 훨씬 쉽고 간편함을 깨닫는다.

단순성을 추구하는 이들에게, 속담은 곧 성배聖杯다. 짧고 간결한 문구를 만들어내는 것은 간단하다. 약간의 체계성만 갖추고 있으면 누구라도 할 수 있다. 한편 심오하고 간결한 문구를 만들어내는 것은 엄청나게 어려운 일이다. 그럼에도 이 장에서 우리가 말하고자 하는 바는, 그러한 노력은 그만한 가치가 있다는 것이다. 핵심을 찾고 간결하게 표현하라. 그 엄청난 위력을 확인하게 될 것이다.

원칙 2

의외성

Unexpectedness

듣는 이의 추측 기제를

망가뜨려라

사람들의 관심을 끌고 싶은가?
그렇다면 크게 놀라게 하라.
놀라움의 강도가 크면 클수록
듣는 사람은 더 큰 해답을 요구할 것이다.

비행기에서 탈출하는
여섯 가지 방법

미국 연방항공국FAA의 명령에 따라 이륙 전 모든 여객기의 승무원은 승객들에게 안전수칙을 설명할 의무가 있다. 비행기를 한 번이라도 타본 사람은 대충 어떤 내용인지 짐작이 갈 것이다. 비상구는 어디 있고 '기압의 급격한 변화'가 발생할 경우에는 어떻게 해야 하는지, 좌석을 구명보트처럼 이용하는 방법은 무엇이고 화장실 안에서 담배를 피우면 안 되는 이유는 무엇인지 등.

이렇게 비행기 안전수칙을 설명하는 것은 메시지를 전달하기에 썩 괜찮은 환경이라고 할 수 없다. 눈 씻고 찾아봐도 의사소통은 없다. 승무원은 사실 승객들에게 관심이 없고 승무원의 말에 귀를 기울이는 승객들도 거의 없다. 따분한 설명을 듣느니 차라리 앞에 꽂혀 있는 잡지를 뒤적이는 편이 낫다.

만일 당신이 안전수칙을 설명해야 하는 승무원이라면 어떻게 하겠는가? 승객들이 당신의 말에 귀 기울이게 하려면 어떻게 해야 할까?

캐런 우드라는 승무원은 아무도 생각해내지 못한 유쾌한 방식으로 이 같은 문제를 해결했다.[1] 댈러스 발 샌디에이고행 여객기에서 승객들을 사로잡은 그녀의 설명을 들어보자.

친애하는 승객 여러분, 잠시만 제게 주목해주세요. 우리 항공사는 오늘 이렇게 훌륭한 안전설비를 여러분께 소개해드릴 수 있어 참으로 기쁩니다. 먼저 1965년 이후로 자동차를 타본 적이 없는 분들께 알려드립니다. 안전띠를 채우려면 한쪽 끝에 달린 평평한 금속을 다른 한쪽의 버클 안쪽에 집어넣으면 됩니다. 안전띠를 풀고 싶으실 때에는 버클을 위로 들어 올리고 반대쪽 띠를 잡아당기십시오.

애인과 헤어지는 방법에는 수십 가지가 있지만, 이 비행기에서 나가는 방법은 단 여섯 가지뿐입니다. 앞쪽에 있는 두 개의 출입구와 양쪽 날개에 달린 두 개의 비상창문 그리고 선체 뒤쪽에 있는 두 개의 출입구입니다. 각 비상탈출구의 정확한 위치는 승객 여러분의 머리 위에 표시되어 있으며 복도 양쪽에 설치된 하얗고 붉은 디스코 조명을 따라가시면 금세 발견하실 수 있습니다. 앗, 방금 올려다보신 거 맞죠?

승객들이 우드의 우스꽝스러운 안내에 반응을 보이기까지는 그리 오래 걸리지 않았다. 그녀가 설명을 끝마치자 박수와 환호성이 터져나왔다. (비행 안전수칙 설명이 사람들의 박수를 받을 수 있으니 우리 모두에게도 희망이 있는 셈이다!)

의사소통에 있어 첫 번째 난제는 사람들의 관심을 사로잡는 것이다. 어떤 이들은 사람들의 관심을 이끌어내기 위해 권위를 사용하기도 한다. 부모들이 자녀들을 대할 때가 좋은 예다. "보비, 여길 봐! 보비, 엄마 보라니까!" 그러나 대개의 경우 관심을 요구하거나 명령할 수 없다. 자연스럽게 이끌어내지 않으면 안 되는 것이다. 아아, 너무 어렵다. 흔히 사람들은 "다른 사람들의 관심을 끄는 건 너무 어려운 일이야"라고 말하는데, 굳이 말할 필요도 없는 상식 중의 상식이다. 아니, 잠깐. 캐런 우드는 해내지 않았던가? 그녀는 사람들이 관심을 보이도록 만들었다. 심지어 목소리 한번 높이지 않고 말이다.

사람들의 관심을 끄는 가장 기본적인 방법은 바로 '패턴을 파괴하는 것'이다. 인간이란 일관된 패턴에 기가 막힐 정도로 재빨리 적응하는 생물이다. 지속적이고 단조로운 자극은 아무런 관심도 끌어내지 못한다. 에어컨의 윙윙거리는 소리나 도로에서 들려오는 자동차 소음, 촛불 냄새나 책들이 나란히 꽂힌 책장을 생각해보라. 에어컨이 꺼지거나 배우자가 책장을 정돈하는 등 뭔가가 바뀌지 않는 한, 평상시에는 그런 것들이 있는지도 알아차리지 못한다.

캐런은 승객들이 이제껏 수십 번이나 들었을 안전수칙이라는 패턴을 파괴함으로써 메시지에 적대적인 환경 속에서도 사람들의 관심을 이끌어낼 수 있었다. 그녀는 우스갯소리를 던져 사람들의 관심을 끌고 오랫동안 유지했다. 하지만 관심을 끄는 것만이 유일한 목적이었다면 캐런은 굳이 승객들을 즐겁게 할 필요가 없었을 것이다. 그저 평소처럼 이야기를 하다가 중간에 갑자기 꾹 입을 다물거나 러시아어로 말하기만 해도 사람들이 관심을 보였을 테니 말이다.

우리의 두뇌는 변화에 민감하도록 만들어졌다. 이 같은 성향을 누구보다도 잘 알고 있는 똑똑한 제품 디자이너들은 사용자의 관심을 끌기 위해 언제나 변화를 추구한다. 자동차의 경고등은 계속해서 깜박인다. 켜져 있기만 한다면 우리는 얼마 안 가 그것의 존재 여부조차 잊어버릴 테니까. 과거의 구급차 사이렌은 두 개의 패턴으로 울렸지만 현대의 사이렌은 그보다 관심을 더 자극하기 위해 더욱 복잡한 패턴으로 바뀌었다. 자동차의 알람은 변화에 민감한 인간의 감각을 극도로 자극하는 교묘한 물건이다.

이번 장은 두 개의 중요한 질문에 초점을 맞출 것이다. 첫째, 사람들의 관심을 어떻게 끌 것인가? 둘째, 그리고 그것을 어떻게 유지할 것인가? 메시지가 장벽을 뚫고 사람들의 관심을 끌지 못한다면 우리는 성공할 수 없다. 게다가 우리의 메시지는 사람들의 관심을 끌지 못하면 결코 성공할 수 없을 만큼 복잡한 경우가 대부분이다.

이 두 개의 질문에 대한 해답을 알아내려면 두 개의 중요한 감정을 이해해야 한다. 바로 선천성 스티커 메시지가 야기하는 '놀라움'과 '재미'다.

- 놀라움은 우리의 관심을 불러일으킨다. 일부 선천성 스티커 메시지들은 놀라운 사실을 제시한다. 중국의 만리장성은 우주에서 육안으로 볼 수 있는 유일한 인공 건축물이다! 인간은 뇌의 10퍼센트밖에 사용할 수 없다! 하루에 물을 여덟 잔 이상 마셔야 한다! 도시 괴담도 충격적인 반전이 있는 경우가 대부분이다.
- 흥미는 우리의 관심을 지속시킨다. 전형적인 스티커 메시지는 오랜 시간 동안 흥미를 자극한다. 음모 이론은 사람들이 계속해

서 새로운 정보를 수집하도록 부추기고, 가십은 친구들에게 끊임없이 최근 소식을 캐묻게 만든다.

선천성 스티커 메시지는 흔히 예상이 힘들다는 특성을 지닌다. 허를 찌르는 메시지를 만든다면 더욱 잘 달라붙는 스티커 메시지를 생각해내는 셈이다. 하지만 어떻게 허를 찌르는 메시지를 만들 수 있을까? 의도된 의외성은 모순이 아닌가?

충격적인
신형 자동차 광고

신형 미니밴 인클레이브의 텔레비전 광고를 보자. 광고는 공원 앞에 서 있는 인클레이브가 등장하면서 시작된다. 미식축구용 헬멧을 옆구리에 낀 한 소년이 자동차에 올라타고 뒤따라 소년의 여동생이 들어온다. "신형 인클레이브를 소개합니다." 여성의 감미로운 목소리가 울려 퍼진다. 운전석에는 아버지가, 조수석에는 어머니가 앉아 있다. 카메라가 좌석마다 붙어 있는 컵홀더를 훑고 지나간다. 아버지가 차를 출발시킨다. "미니밴의 정상."

초록색 교외를 둘러싼 넓은 도로를 따라, 미니밴이 천천히 미끄러진다. "원격 조종으로 움직이는 슬라이딩 도어, 150개 케이블 채널, 푸른 하늘을 올려다볼 수 있는 선루프, 자동 온도 조절이 가능한 컵홀더, 완벽한 내비게이션 시스템까지……. 행복한 가족을 위한 미니밴."

인클레이브가 교차로에서 잠시 멈춰 선다. 카메라가 창밖을 내다보는 소년을 비춘다. 하늘을 찌르듯 우뚝 솟아 있는 울창한 나무들이 창문에 반사된다. 파란불이 켜지자 아버지가 교차로로 진입한다.

그리고 바로 그 순간, 차 한 대가 번개 같은 속도로 미니밴의 옆구리를 향해 돌진한다. 쾅! 무시무시한 충돌사고가 일어난다. 폭발음과 함께 유리 조각이 와르르르 쏟아지고 금속 차체가 마치 종잇장처럼 우그러진다.

화면이 갑자기 검은색으로 깜깜해지더니 문장 하나가 서서히 떠오른다.

"이렇게 될 줄 모르셨죠?"

문장이 사라지고 다른 문장이 나타난다.

"사람들은 늘 잊어버립니다."

자동차 경적 소리가 시끄럽게 울려 퍼지는 가운데, 검은 화면 위에서 몇 마디 단어가 반짝인다.

"안전띠를 꼭 매세요. 언제 어디서나!"

인클레이브라는 미니밴은 존재하지 않는다. 이 광고는 다른 비영리단체나 정부 기관의 요청을 받아 공익광고를 제작하는 시민단체인 미국 공익광고협회가 만든 광고다(인클레이브 광고는 미국 교통부U.S. Department of Transportation 의 후원을 받아 제작되었다). 1942년에 설립된 공익광고협회는 제2차 세계대전 때 유행한 '사소한 말 한마디가 배를 침몰시킨다'에서 가장 최근의 '음주운전을 못하게 하는 친구가 진짜 친구다'에 이르기까지 수많은 광고를 성공시켰다. 인클레이브 광고는 이들이 만든 다른 많은 광고들과 마찬가지로 스티커 메시지의 두 번째 특성을 강조한다. 바로 '의외성'이다.

인클레이브 광고는 충격적이다. 자동차 광고에 대한 우리의 도식을 산산조각 내기 때문이다. 우리는 평범한 자동차 광고가 어떤 식인지 알고 있다. 픽업트럭은 울퉁불퉁한 암석들이 박힌 산등성이를 과감하게 달려 올라간다. 스포츠카는 구불구불 텅 빈 도로를 쏜살같이 질주한다. SUV는 여피족 부부를 태우고 나무가 울창한 초록색 숲을 지나 새하얀 폭포를 향해 굴러가며, 미니밴은 아이들을 태우고 축구장으로 향한다. 아무도 죽지 않는다, 절대로.

이 광고가 충격적으로 다가오는 두 번째 이유는 실제 삶 속에서 외출에 관한 우리의 도식을 배신하기 때문이다. 우리는 하루에도 몇 번씩 차를 몰고 동네를 활보하며 대부분 무사히 집으로 돌아온다. 이 광고는 자동차 사고가 언제 어디서고 갑작스럽게 일어날 수 있음을 상기시킨다. 그러므로 만일의 경우에 대비하여 안전띠를 매라!

도식이란 일종의 추측 기제다. 도식은 앞으로 어떤 일이 일어날지 예측하게 해줌으로써 결과적으로 어떤 결정을 내려야 할지 말해준다. 인클레이브 광고는 묻는다. "이렇게 될지 모르셨죠?" 그렇다. 우리는 전혀 몰랐다. 우리의 추측 기제는 실패했다. 이는 우리에게 놀라움을 안겨준다.

감정은 중요한 상황에 대처할 수 있도록 도와준다. 우리가 다른 방식으로 사고하고 행동할 수 있도록 만반의 준비를 시킨다. 분노는 싸움을 부르고 두려움은 도주를 돕는다. 그러나 감정과 행동의 관계란 참으로 미묘하다. 예를 들어, 얼마 전 한 연구진은 분노가 판단을 더욱 확신하게 하는 부차적 영향을 미친다는 사실을 발견했다. 화가 나면 우리는 자신이 옳다고 확신하게 된다. 애인과 말다툼을 벌여본 적이 있는 사람이라면 무슨 뜻인지 이해할 것이다.

만일 감정이 생물학적 목적을 지니고 있다면 '놀라움'의 생물학적 목적은 무엇일까? 놀라움은 주의를 상기시킨다. 놀라움은 우리의 도식이 파괴되었을 때 발생하고, 어째서 그렇게 되었는지 이해하게 돕는다. 놀라움은 우리의 추측 기제가 실패했을 때 미래에 대비해 그것을 다시 수리할 수 있도록 우리의 관심을 자극한다.

놀라게 하라.
스스로 해답을 찾도록

놀라움이라는 감정은 전 세계 거의 대부분의 문화권에서 유사한 표정을 만들어낸다. 『얼굴의 비밀Unmasking the Face』에서 저자 폴 에크만과 월리스 프라이슨은 깜짝 놀란 표정을 묘사하는 '깜짝 눈썹'이라는 신조어를 만들었다.[2] "눈썹이 곡선을 그리며 추켜올라간다. 눈썹이 위로 들리면서 눈과 눈썹 사이의 피부가 늘어나고 평소보다 사물이 더 잘 보인다."

눈썹이 추켜올라가면 눈이 커지고 시야가 넓어진다. 즉, 깜짝 눈썹은 더 많은 것을 보기 위한 신체적 반응이다. 또는 자신이 본 것을 다시 확인하는 절차일 수도 있다. 그와 반대로 우리는 화가 나면 눈을 찡그리고 이미 알고 있는 문제에만 집중하는 경향이 있다.

눈썹을 추켜올리는 것 외에도 우리는 놀라움을 경험하면 여러 가지 반응을 보인다. 입을 벌리고 턱을 떨어뜨린다. 순간적으로 말문이 막히고 온몸에 힘이 빠진다. 새로운 정보를 받아들여야 하는 순간이 닥치면 우리 신체는 말이나 움직임을 완전히 멈추길 원하는 것이다.

따라서 놀라움은 예기치 못한 상황을 만나 우리의 추측 기제가 실패했을 때 이를 극복하기 위한 비상 자동제어장치다. 모든 것이 중단된다. 모든 행동이 멈추고, 우리의 관심은 자동적으로 놀라움을 안겨 준 범인으로 향한다. 평화로운 미니밴 광고가 피투성이 사고로 변모한 순간 우리는 하던 일을 모두 멈추고 궁금해한다. 도대체 무슨 일이 벌어진 거야?

허를 찌르는 메시지는 고착성이 가장 강한 스티커 메시지다. 예상치 못한 충격을 받으면 우리는 주의를 집중하고 그 자리에 멈춰 서서 골똘히 생각하기 때문이다. 그러한 관심과 생각은 우리의 기억 속에 사건을 각인시킨다. 놀라움은 관심을 자극하고 때로는 무심히 사라져버리기도 하지만 대부분의 경우에는 관심을 붙잡아둘 수 있다.[3] 놀라움은 우리에게 다른 가능성을 생각할 수 있도록, 미래에는 어떻게 그런 충격을 피할지 대책을 마련할 수 있도록 숨어 있는 원인을 밝혀내라고 부추긴다.

음모 이론을 연구하는 학자들은 음모 이론들 가운데 다수가 아무도 예상치 못한 사건이 갑작스레 일어났을 때 발생한다는 사실을 발견했다. 일례로 젊고 매력적인 사람이 갑자기 죽어버리는 경우를 들 수 있다. 존 F. 케네디, 마릴린 먼로, 엘비스 프레슬리, 커트 코베인의 충격적인 죽음을 둘러싼 그 수많은 음모 이론들을 생각해보라. 90세

노인이 아침에 시체로 발견된다고 해도 그런 소문이 떠돌까?

놀라움은 우리가 어째서 놀라게 되었는지 그 해답을 추구하도록 만든다. 놀라움의 강도가 크면 클수록 우리는 커다란 해답을 요구한다. 사람들의 관심을 끌고 싶은가? 그렇다면 크게 놀라게 하라. 그러나 놀라움만을 추구하다가는 자칫 커다란 문제를 야기할 수 있다. 속임수의 영역으로 넘어갈 수 있기 때문이다.

닷컴버블이 절정에 이른 1990년대 후반, 많은 벤처 회사들이 자사의 브랜드를 각인시키기 위해 수백만 달러의 광고비를 퍼부었다. 하지만 아무리 많은 돈을 투자해도 고객들이 쏟을 수 있는 관심에는 한도가 있는 법. 그러자 광고 회사들은 점점 더 충격적이고 자극적인 광고를 만드는 데 혈안이 되기 시작했다.

2000년 슈퍼볼 경기 도중 한 광고가 방영되었다. 한 대학 관악대가 경기장을 가로질러 행진을 하고 있다. 열심히 악기를 연주하고 있는 학생들의 얼굴이 한 명 한 명 찬찬히 클로즈업되더니, 갑자기 카메라가 선수들이 입장하는 경기장의 어두운 터널을 쏜살같은 속도로 훑으며 달리기 시작한다. 마침내 눈부신 빛과 함께 경기장이 나타난다. 그리고 다음 순간, 수십 마리의 굶주린 늑대들이 경기장으로 달려 들어온다. 학생들은 비명을 지르며 뿔뿔이 흩어지고 굶주린 늑대들은 번개처럼 내달아 사냥감을 덮친다.

대체 이게 뭐야? 사람들은 어리둥절했다. 이 광고가 충격적이고 기억에 남을 만한 것이라는 데에는 의심의 여지가 없다. 지금까지도 포악한 늑대들이 겁에 질린 관악대 멤버의 뒤를 쫓는 우스꽝스러운 이미지가 생생히 떠오를 정도니 말이다. 그렇지만 그 충격은 광고가 전달하고자 하는 메시지와는 아무런 상관도 없었고, 따라서 무의미했다. 만의 하나 그 광고가 '개 이빨 방어용 관악대 제복'을 선전하는 광고였더라면 광고대상을 차지했을지도 모르지만 말이다.

이런 점에서 늑대 광고는 인클레이브 광고와는 천지 차이다. 두 광고 모두 엄청난 충격을 내포하고 있지만, 그러한 놀라움을 핵심 메시지를 강화하는 데 활용한 것은 인클레이브 광고뿐이다. 앞 장에서 우리는 메시지의 핵심을 발견하는 것이 얼마나 중요한지 이야기했다. 놀라움은 핵심 메시지를 전달하는 데 있어 엄청난 위력을 발휘한다.

사람들의 추측을 넘어서는 방법

여기 네 개의 단어로 구성된 목록이 있다. 각각의 단어들을 읽어보고 실제 존재하는 단어인지 맞혀보라.

HENSION

BARDLE

PHRAUG

TAYBL

이 실험을 고안해낸 브루스 위틀시와 리사 윌리엄스에 의하면 PHRAUG와 TAYBL을 읽은 사람들은 눈썹을 추켜올리며 "오!" 하는 반응을 보이는 한편 HENSION과 BARDLE을 고려할 때에는 얼굴을 찡그린다고 한다. PHRAUG와 TAYBL은 놀라움을 유발하는데, 철자의 구성은 낯선 반면 친숙한 발음을 지니고 있기 때문이다. "오!"라는 반응은 PHRAUG가 FROG(개구리)의 철자를 뒤틀어 쓴 것에 불과하다는 사실을 깨달은 순간 발생한다.

HENSION과 BARDLE은 그보다 더 혼란스럽다. 이 단어들이 이상하게 익숙하게 느껴지는 이유는 다른 평범한 단어들로부터 철자의 조합을 빌려왔기 때문이다. 얼핏 봐도 이것들은 SAT(미국 대학수학능력시험)에나 나올 법한 단어로 보인다. 말하자면 반드시 알아야 할 평범한 단어들이 분명한데 알 수 없는 그런 녀석들 말이다. 하지만 사실 HENSION과 BARDLE은 실제로 존재하지 않는 가짜 단어들이다. 존재하지도 않는 해결책을 찾기 위해 안간힘을 쓰고 있었다는 사실을 깨닫는 순간 우리는 실망한다. HENSION과 BARDLE은 통찰력이 결여된 놀라움이란 어떤 것인지를 적나라하게 보여주는 일례라고 할 수 있다.

이제까지 우리는 놀라움의 위력에 대해 살펴보고, 그러한 놀라움이 어떻게 우리의 메시지를 스티커처럼 잘 달라붙도록 만들어줄 수 있는지 이야기했다. 그러나 HENSION과 BARDLE은 충격을 주기는 하나 결코 끈끈한 스티커 메시지는 아니다. 그저 실망감을 안겨줄 뿐이다. 여기서 우리가 얻을 수 있는 교훈은 놀라움만으로는 충분치 않다는 것이다. 우리에게는 통찰력이 필요하다.

놀라움을 느끼려면 예측할 수 없어야 한다. 놀라움이란 예측 가능의 반대말이기 때문이다. 그러나 사람을 놀라게 할 뿐 아니라 만족까지 하게 하려면, 놀라움은 반드시 예측이 가능해야 한다. 잠깐, 이 무슨 말도 안 되는 소리냐고? 조금만 생각해보면 금세 이해가 갈 것이다. PHRAUG는 후後 예측이 가능하지만 HENSION은 그렇지 못하다. TV 프로그램이나 영화를 떠올려보라. 영화 〈식스센스〉처럼 앞부분에서 주어진 모든 단서들이 마침내 마지막 부분에서 하나로 결합되는 충격적인 영화와 끝까지 아무것도 모른 채 '결국 모든 건 꿈이었다'는 식의 허무한 결말을 보고 허탈했던 공상과학 영화를 비교해보라.

앞서 놀라움이란 추측 기제가 실패했을 때 발생한다고 지적했다. 놀라움이라는 감정은 우리의 관심을 실패에 집중시키기 위한 것이며 그로써 우리는 미래에 대비해 추측 기제를 개선하고 수정할 수 있다. 그런 다음 우리는 닷컴광고와 같은 가짜 놀라움과 후 예측이 가능한 의미심장한 놀라움의 차이점에 관해 설명했다.

요점은 이렇다. 자신의 메시지를 스티커처럼 만들고 싶다면 다른 이들의 추측 기제를 망가뜨린 다음 그것을 다시 수리해야 한다. 문제는 추측 기제를 파괴하는 과정에서 늑대 광고와 같은 가짜 놀라움을 피해야 한다는 것이다. 가짜 놀라움을 예방하고 자신의 놀라운 메시지에 통찰력을 주입하는 가장 손쉬운 방법은 자신의 핵심 메시지와 관련된 사람들의 추측 기제에 초점을 맞추는 것이다. 당신도 이런 전략을 이미 접한 경험이 있다.

앞 장에서 우리는 '이름, 이름 그리고 또 이름'이라는 주문으로 성공을 거둔 후버 애덤스의 이야기를 들었다. 대부분의 지역 신문 기자들에게 있어 그의 주문은 지극히 당연하고 상식적이다. 훌륭한 지역 뉴스에 관한 그들의 도식은 그 지역에서 일어나는 사건을 중점적으로 보도하는 것이기 때문이다.

하지만 애덤스가 말하고자 하는 바는 그것이 아니었다. 그의 사고는 더 급진적이고 혁신적이다. 그는 "이름을 얻기 위해서라면 나는 신문에 전화번호부를 인쇄할 것이다. 이름만 충분히 수집할 수 있다면 신문 지면을 늘리고 식자공을 더 고용할 것이다"라고 구체적으로 선언함으로써 사람들의 도식을 산산조각 냈다. 그 순간 기자들은 '이름, 이름 그리고 또 이름'의 도식이 자신들의 도식과 일치하지 않는다는 사실을 깨달았다. 그들의 기존 도식이 가능한 한 이 지역에 초점을 맞추는 것이었다면 애덤스는 무엇보다도 이름이 우선, 심지어 수익보다도 우선이라는 도식을 내밀었던 것이다. 그것은 바로 의외성의 위력을 빌린 강력한 메시지였다.

앞 장에서 언급한 또 다른 예는 사우스웨스트 항공사의 '저렴한 항공사'다. 사우스웨스트 직원들과 고객들은 사우스웨스트가 저렴한 항공사라는 사실을 잘 알고 있었다. 그러니 저렴한 항공사라는 캐치프레이즈는 새삼 말할 필요도 없는 당연한 것이었다. 하지만 켈러허가 비록 고객이 원한다고 해도 저렴한 항공사에 위배되는 치킨샐러드는 서비스하지 않겠다고 분명히 못을 박는 순간, 비로소 슬로건은 생명을 얻게 되었다.

켈러허가 승무원의 제의를 거절하기 전, 직원들의 추측 기제는 "우리는 저렴한 비용으로 고객들을 만족시켜야 해"라는 것이었다. 하지만 켈러허의 선언이 있은 후에는 "우리는 저렴한 항공사야. 심지어 일부 고객들의 요구를 의도적으로 무시한다고 해도 무엇보다 우선 저렴해야 해"로 변화했다.

따라서 스티커 메시지를 만드는 과정은 다음과 같다. ① 당신이 소통해야 할 중심 메시지를 파악한다. 즉, 핵심을 찾아라. ② 메시지의 반직관적 요소를 찾아낸다. 예를 들어, 당신의 핵심 메시지는 어떠한 의외성을 함축하고 있는가? 어째서 그런 점이 지금껏 드러나지 않았는가? ③ 청중의 추측 기제를 충격적이고 반직관적인 방식으로 깨뜨림으로써 메시지를 전달한다. 그런 다음 그들이 새로운 추측 기제를 구축할 수 있도록 도와라.

상식은 스티커 메시지와 앙숙이다. 평범하고 상식적인 메시지를 들으면 사람들은 한 귀로 듣고 한 귀로 흘리게 마련이다. 그게 뭐 어쨌단 말인가? 군이 강조하지 않아도 어차피 다 아는 내용인데, 어째서 당신의 말을 기억해야 한단 말인가? 물론 여기서 위험한 것은 상식적으로 들리는 것들이 대개의 경우 실제로는 그렇지 않다는 데 있다. 후버 애덤스와 사우스웨스트 사의 경우처럼 말이다. 커뮤니케이터로서 당신이 할 일은, 당신의 메시지가 지닌 의외성을 보여주는 것이다.

백화점 신입사원이
경악한 이유

노드스트롬Nortdstrom 백화점은 타의 추종을 불허하는 고객서비스로 유명하다. 어찌나 서비스가 훌륭한지 상품의 가격마저 깜박 잊어버리게 할 정도다. 사실 노드스트롬은 쇼핑을 하기에는 상당히 비싼 곳이지만, 많은 이들이 다른 백화점에서보다 더 많은 돈을 주고서라도 노드스트롬에서 쇼핑하고 싶어 한다. 그 편이 훨씬 즐겁고 편안하기 때문이다.

이러한 전략을 성공시키기 위해 노드스트롬은 일선 매장 직원들을 고객서비스 전문가로 탈바꿈시켜야 했다. 하지만 고객서비스 전문가는 저절로 생겨나는 게 아니다. 서비스 경험이 풍부한 대부분의 직원들은 주로 관리자들이 노동비용을 줄이는 데 열정을 쏟아붓는 환경에서 지내왔다. 고객서비스에 관한 기존의 도식은, 말하자면 이런 식이었다. "최대한 빨리 고객들을 순환시켜라. 그리고 웃어라."

노드스트롬 백화점에 지원한 신입사원들 역시 수년 동안 이런 도식하에서 지내왔을 가능성이 크다. 그러나 노드스트롬은 전혀 다른 철학을 지니고 있었다. "효율성을 희생하는 한이 있어도 고객들을 행복하게 하라." 그렇다면 노드스트롬은 어떻게 기존의 도식을 깨뜨리고 새로운 도식으로 대체했을까?

노드스트롬은 예상 밖의 스토리를 통해 이 문제를 해결했다. 『성공하는 기업들의 8가지 습관』에서 저자 짐 콜린스와 제리 포라스는 노디Nordie라고 불리는 노드스트롬 직원들의 놀라운 서비스에 관해 이야기한다.

그날 오후 중요한 회의가 있는 고객을 위해 새로 산 셔츠를 다림질해준 노디.[4]

메이시스Macy's 백화점에서 산 선물을 기꺼이 포장해준 노디.

한겨울에 고객이 쇼핑을 하는 동안 자동차 히터를 틀어놓고 기다린 노디.

파티 준비를 하느라 정신없는 여주인에게 파티가 시작되기 직전 드레스를 배달해준 노디.

타이어체인을 가져온 고객에게 두말없이 환불해준 노디. (여기서 감탄스러운 점은 노드스트롬에서는 타이어체인을 판매하지 않는다는 것이다!)

경악까지는 아니겠지만, 노드스트롬의 신입사원들이 이런 일화들을 듣고 얼마나 놀랐을지 상상해보라. '메이시스 백화점에서 산 선물을 포장해준다고? 도저히 이해가 안 되는군. 그게 우리한테 무슨 득이 된다고?' 이 스토리들은 그들이 기존에 지니고 있던 고객서비스에 관한 다음과 같은 사고의 틀을 무너뜨린다. '문을 나서는 순간 서비스는 끝이다.' '사지도 않을 사람에게 시간낭비하지 마라.' '일단 팔고 나면 신경 끊어라.'

신입사원에게 경쟁 백화점에서 산 선물을 포장해준다는 메시지는 그들의 '서비스' 상식을 위반하다 못해 당황스러울 지경이다. 추측 기제가 덜컹덜컹 검은 연기를 내뿜으며 무너져 내리기 시작한다. 이제까지 그들의 훌륭한 서비스 추측 기제는 이타적인 선물포장이라는 메시지를 한 번도 생각해본 적이 없었다. 이 이야기들은 '훌륭한 서비스'에 관한 신입사원들의 헌 도식을 노드스트롬의 새로운 서비스 도식으로 대체하기 위한 첫 번째 단계다.

이렇게 노드스트롬은 자기만족적 상식의 틀을 파괴한다. 사실 노드스트롬은 노디에 관한 스토리 대신, 직원들의 임무는 '업계 최고의 고객서비스를 제공하는 것'이라고 말해줄 수도 있었다. 물론 이는 더할 나위 없는 사실이다. 하지만 그런 말은 JC 페니^{JC Penney}나 시어스

Sears 같은 백화점도 할 수 있다. 스티커 메시지를 만들기 위해서는 상식의 범위를 벗어나 비범함과 탁월함의 수준으로 올라서야 한다. 탁월한 고객서비스는 평범한 상식이다. 겨울철에 고객들의 차에 히터를 틀어놓는 것은 비범한 서비스다.

만약 이 스토리가 세븐일레븐 직원들과 결합된다면 더더욱 뜻밖이고 비상식적으로 다가올 것이다. "그래! 그냥 담배를 사러 갔는데 편의점 점원이 내 셔츠를 다림질해주더라니까!" 하지만 스토리의 가치는 의외성 그 자체에서 비롯되는 것이 아니다. 진정한 가치는 목표와 스토리의 완벽한 상호연관성에서 나온다. 이 스토리들은 다른 맥락하에서라면 쉽게 허물어지고 말 것이다. 세븐일레븐의 관리자들은 제품을 포장해주는 점원들을 좋아하지 않을 테고 말이다.

노드스트롬 스토리는 의외성의 힘을 보여주는 전형적인 메시지다. 속이 텅 빈 가짜처럼 보일 위험도 없다. 놀라움 뒤에 훌륭한 노드스트롬 직원이란 어떤 것인지 보여주는 통찰력이 뒤따르기 때문이다. 이것이야말로 핵심 메시지를 전달하는 상식적인 방식이다.

다음 기사의 리드를 뽑아보시오

노라 에프론은 〈실크우드Silkwood〉, 〈해리가 샐리를 만났을 때〉, 〈시애틀의 잠 못 이루는 밤〉 등의 작품으로 아카데미 작품상 후보에 오른 경력을 지닌 저명한 시나리오 작가다. 에프론은 《뉴욕 포스트》와 《에

스콰이어》의 기자로서 경력에 첫발을 디뎠는데, 그녀가 기자가 되기로 결심한 것은 고등학교 때 만난 어느 언론학 교사 덕분이었다.

에프론은 아직도 첫 언론학 수업을 기억하고 있다. 수업에 들어온 학생들은 실제 경험은 전무했지만 적어도 기본적인 상식은 갖추고 있었다. 예를 들어, 기자들이 사실을 보도하는 기사를 쓸 때에는 '언제, 어디서, 누가, 무엇을, 어떻게, 왜' 같은 육하 원칙에 따른다는 등 말이다.[5]

학생들이 타자기 앞에 자리를 잡자, 교사는 첫 번째 과제를 내주었다. 신문 기사의 첫 번째 문장, 즉 리드를 쓸 것. 교사가 기사의 토대가 될 사실들을 나열하기 시작했다.

"오늘 비벌리힐스 고등학교의 케네스 L. 피터스 교장은 다음 주 목요일 비벌리힐스 고등학교의 전 교직원이 새크라멘토에서 열리는 새로운 교수법 세미나에 참가할 것이라고 말했다. 이 세미나에는 인류학자 마거릿 미드, 시카고 대학 학장 로버트 메이너드 허친슨 박사, 캘리포니아주지사 에드먼스 팻 브라운 등이 강연자로 참석할 예정이다."

미래의 기자들은 열심히 타자기를 치며 생애 최초의 리드를 작성했다. 대부분의 학생들이 주어진 사실들을 모아 한 문장으로 압축했다. "다음 주 목요일 새크라멘토에서 주지사 팻 브라운, 마거릿 미드, 로버트 메이너드 허친슨 박사 등이 비벌리힐스 고등학교의 교직원들에게 강연을 할 것이다. 어쩌고저쩌고."

교사는 학생들이 작성한 리드를 재빨리 훑어보았다. 그런 다음 그는 종이를 옆으로 밀쳐놓고 잠시 동안 말없이 앉아 있었다.

마침내 그가 입을 열었다.

"이 이야기의 리드는 '다음 주 목요일 휴교'란다!"

"정말 놀라운 순간이었다." 에프론은 이렇게 회상한다. "바로 그 순간, 나는 언론학이란 단순히 사실들을 재구성하는 것이 아니라 요점을 파악하는 것임을 깨달았다. 누가 언제 무엇을 어떻게 했느냐 따위를 아는 것만으로는 부족했다. 그것이 무슨 의미인지, 그리고 어째서 중요한지를 알아야 했다." 그 학기 내내 교사는 이런 식으로 비밀이 숨어 있는 과제를 내주었고 학생들은 훌륭한 기사를 쓰기 위해 그 숨겨진 요점들을 찾아내야 했다. 이 언론학 교사의 메시지는 스티커 메시지 명예의 전당에 입성할 만한 자격이 충분하다! 그가 학생들에게 그토록 커다란 영향을 미칠 수 있었던 것은 그가 열정적인 연설가라든가 훌륭한 교사였기 때문이 아니라 끝내주는 메시지를 제시했기 때문이다. 그 메시지는 채 1초도 안 되는 시간 동안 학생들의 머릿속에 언론학에 대한 도식을 새로 썼고 한 학생의 미래를 바꾸었으며 그후 30년 동안 그 학생의 마음속에 줄곧 달라붙어 있었다.

이 메시지가 성공한 이유는 무엇인가? 우선 에프론의 언론학 교사는 학생들이 언론학에 관해 허점투성이 도식을 가지고 있음을 알고 있었고 어떤 지점을 바로잡아야 할지도 인지하고 있었다. 그는 리드 쓰기라는 과제를 통해 학생들이 잘못된 도식을 공개하게 만들었다. 그리고 훌륭하게 구성된 놀라움으로 그들에게 충격을 던져주었다. 교사는 '다음 주 목요일 휴교'라는 올바른 리드를 보여줌으로써 학생들의 심적 모형을 제거하고 더욱 훌륭하게 작용하는 새로운 모형을 제공해준 것이다.

메시지 클리닉

미국의 해외원조는 과연 과도한가?

몇 년간의 여론조사에 의하면, 미국 국민의 대다수가 연방 정부가 해외원조에 지나친 예산을 쏟아붓고 있다고 느끼고 있다. 9·11 테러 이후 이 비율은 약 50 대 50으로 떨어졌으나, 아직도 미국 국민의 절반 이상이 정부가 예산을 낭비하고 있다고 생각한다는 데에는 변함이 없다. 이번 클리닉에서는 미국이 해외원조에 적정한 비용을 쓰고 있고, 오히려 액수를 늘려야 한다고 주장하는 글을 살펴본다. 해외원조 정책을 옹호하는 가톨릭 공동체인 평화와 정의 센터 Intercommunity Peace and Justice Center 의 주장을 들어보자.[6]

| Before |

주 정부와 다른 정보기관의 진솔한 노력에도 불구하고 미국 국민은 우리가 해외원조에 지나치게 많은 비용을 지출하고 있다고 생각한다. 그러나 얼마 전 부시 정부가 발표한 증강 정책의 도움을 받는다 할지라도 미국의 해외원조가 바람직한 수준에 미치려면 아직 갈길이 멀다.

2005년에 부시 정부는 해외원조에 약 150억 달러를 지출했지만 그중 절반인 70억 달러 이상이 군사적 목적으로 사용되었다. 연방 의회

예산국의 최근 추산에 따르면, 경제원조에 사용된 80억 달러는 이라크와의 전쟁에 한 달간 소요되는 예산에도 못 미치는 액수다. 해외원조에 힘쓰는 전 세계 선진국들 가운데 미국은 가장 적은 비율을 차지하고 있으며, 나아가 이러한 순위는 벌써 몇 년째 변함이 없다. 미국이 사하라 이남에 위치한 모든 아프리카 국가들에게 지원하는 금액은 도합 10억 달러로, 이는 B-2 폭격기 한 대 가격이다. 우리의 해외원조 프로그램은 미국이 전 세계 사람들에게 선행을 베풀고 있다는 미국 국민들의 믿음을 뒷받침하지 못하고 있다.[7]

Clinic 1

먼저, 리드가 보이지 않는다. 사실상 이 메시지의 가장 중요한 핵심은 마지막 문장이다. 미국이 관대하고 자비로운 국가라는 미국 국민들의 도식("미국이 전 세계 사람들에게 선행을 베풀고 있다")을 "선진국들 가운데 미국의 해외원조가 가장 적은 비율을 차지하고 있으며 이러한 순위는 벌써 몇 년째 변함이 없다"는 확고한 사실을 제시함으로써 무너뜨리는 것이다.

수십억이라는 숫자는 잘 달라붙지 않는다. 지나치게 큰 숫자는 실감하기도 어렵고 기억하기도 어렵다. '큰 숫자'와 대조적으로 이 글에서 가장 효과적인 대목은 사하라 이남에 위치한 아프리카 국가들의 원조금과 B-2 폭격기를 비교한 문장인데, 우리가 가장 좋아하는 부분이기도 하다. 독자들에게 결정을 내려야 한다는 분위기를 조성해주기 때문이다. 사하라 이남에 위치한 아프리카 빈곤국에 대한 원조금을 두 배로 늘리겠는가. 아니면 B-2 폭격기를 한 대 더 구입하겠는가?"

이 메시지를 스티커처럼 만들기 위해서는 두 가지 노력이 필요하다. 먼저 이미 글 안에 들어 있는 훌륭한 재료들을 잘 정리해 재배치하는 한편 지나치게 큰 숫자들을 줄인다. 두 번째는 더욱 감정적인 공감대를 불러일으킬 수 있는 비유를 제시하는 것이다. 실제로 어떤 사람들은 B-2 폭격기에 투자하는 편이 더 가치 있는 일이라고 생각할지도 모른다. 이번에는 너무 하찮아 보여서 오히려 허를 찌르는 비교법을 활용해보자.

| After |

우리의 해외원조 프로그램은 미국이 전 세계 사람들에게 선행을 베풀고 있다는 미국민들의 믿음을 뒷받침하지 못하고 있다. 대중은 우리가 다른 국가들을 돕기 위해 엄청난 액수의 돈을 쓰고 있다고 믿지만, 사실은 다르다. 여론조사에 따르면, 대부분의 미국 국민들이 연방 정부가 해외원조에 예산의 10~15퍼센트를 소비하고 있다고 생각한다. 그러나 실상 우리가 해외원조에 쓰는 비용은 1퍼센트도 채 되지 않으며, 이는 선진국들 가운데 가장 낮은 비율이다.

사하라 이남에 위치한 모든 아프리카 국가들은 통틀어 10억 달러의 경제원조를 받고 있다. 만일 전 국민이 날마다 마시는 탄산음료를 한 달에 한 잔씩만 줄인다면 아프리카에 보내는 구호기금을 현재의 두 배로 늘릴 수 있다. 전 국민이 1년에 영화를 한 편씩만 덜 본다면 아프리카와 아시아로 가는 원조금을 두 배로 늘릴 수 있다.

이 메시지를 더욱 잘 달라붙게 만들기 위해 어떤 방법을 동원했는지 보라. 먼저 우리는 더 빠르고 단도직입적으로 '자비로운 미국'이라는 도식을 깨뜨렸다. 또한 수십억에 달하는 숫자보다 훨씬 이해하기 쉬운 퍼센트를 강조했다. 둘째로 B-2 폭격기 비유를 탄산음료와 영화로 대체함으로써 더욱 구체적이고 실감나게 만들었다. 솔직히 B-2 폭격기의 가격이 얼마나 되는지, 가치는 얼마나 되는지 제대로 알고 있는 사람이 몇이나 되겠는가? 하지만 탄산음료와 영화는 다르다. 우리가 일상적으로 소비하는 사소한 비용이기 때문이다. 이런 작은 비용은 도움을 절실히 바라고 있는 아프리카 국민들의 처지와 대조를 이룸으로써 감정을 불러일으킨다.

| 결론 |

사람들의 관심을 끄는 가장 간단한 방법은 현재 그들이 지닌 도식을 정면으로 무너뜨리는 것이다.

미스터리를
해결할 것

이 장의 첫머리에서 우리는 두 개의 질문을 던졌다. 첫째, 어떻게 사람들의 관심을 사로잡을 것인가. 둘째, 그리고 어떻게 그것을 유지할 것인가? 이제까지 우리가 제시한 기발한 메시지들은 대개 비교적 단순하고 원형에 가까운 것들이었다. 심오한 의미를 내포하고 있으면서도—노라 에프론의 언론학 교사가 보여준 것처럼—짧고 신속했으며, 따라서 사람들의 관심을 아주 잠깐 동안 붙들어놓기만 해도 성공할 수 있었다. 그러나 때때로 우리의 메시지는 그보다 훨씬 길고 복잡하다. 그렇다면 어떻게 보다 복잡한 메시지를 더욱 오랫동안 달라붙어 있게 할 수 있을까? 사람들의 관심을 어떻게 붙들어놓을 것인가?

몇 년 전, 애리조나 주립대학의 사회심리학자인 로버트 치알디니 Robert Cialdini는 학생들을 가르치거나 글을 쓸 때 과학에 관해 설명할 수 있는 더 효과적인 방법이 없나 고심하게 되었다. 그는 도움을 얻기 위해 도서관으로 향했다. 책장을 뒤져 평범한 독자들을 위한 대중적인 과학서들을 모조리 끄집어낸 다음 마음에 드는 부분들을 복사했다. 사무실로 돌아온 그는 복사한 종이들을 정리하며 공통된 내용을 찾아보았다.[8]

재미없는 부분은 예상했던 그대로였다. 목적이 불분명했고 문장은 너무 딱딱했으며 이해할 수 없는 전문용어들로 가득했다. 재미있는 글들도 기대했던 그대로의 장점을 지니고 있었다. 명확한 구조, 생생한 예시, 매끄러운 문장. "그러다 나는 뜻밖의 점을 발견했다." 치알디니는 말했다. "잘된 글들이 모두 추리소설처럼 시작하고 있었던 것이다. 저자들은 상식과 어긋나는 놀라운 일을 묘사한 다음, 그 수수께끼를 풀어나가며 독자들을 유도하고 있었다."

그가 특히 깊은 감명을 받은 것은 한 천문학자의 글이었다.

우리 태양계에서 가장 아름다운 천체라 일컬어지는 토성의 고리는 어떻게 생겨난 것일까? 태양계에 토성의 고리에 비할 만한 것은 아무것도 없다. 이 고리는 도대체 무엇으로 이루어진 걸까?

그런 다음 저자는 "서로 다른 국적을 지닌 세 개의 과학자 집단이 어떻게 각각 완전히 다른 결론에 이르게 되었을까?"라는 질문으로 궁금증을 더욱 유발했다.

케임브리지 대학 연구진은 토성의 고리가 가스라고 주장했고, MIT 연구진은 먼지 입자라고 주장했으며, 캘리포니아 공과대학에서는 고리가 얼음 입자로 구성되어 있다고 주장했다. 하나의 대상을 놓고 어떻게 이렇게 다양한 결론이 가능할까? 정답은 과연 무엇일까?

이 수수께끼를 풀어나가는 과정은 마치 추리소설처럼 천천히 전개된다. 리드에서 희망차게 출발한 과학자들은 막다른 궁지에 몰렸다가, 다시 운 좋게 작은 단서를 발견하여 조금씩 전진해나간다. 마침내 몇 달 동안 각고의 노력을 퍼부은 후에 돌파구를 발견한다. 치알디니는 이렇게 말한다. "장장 20페이지나 지난 뒤에야 결론이 등장했다. 결론이 뭔지 아는가? 바로 먼지였다, 먼지! 정확하게 말하자면 얼음으로 뒤덮인 먼지였다. 자, 솔직히 나는 먼지 따위에는 아무런 관심도 없으며 토성의 고리가 무엇으로 구성되어 있든 나하고는 아무 상관도 없다. 하지만 이 저자는 내가 숨도 못 쉬고 정신없이 책장을 넘기게 만들었다."

미스터리의 힘은 엄청나다고 치알디니는 말한다. 왜냐하면 미스터리는 언제나 결론을 요구하기 때문이다. "'아하!'라는 깨달음의 순간에 만족감이 든다는 건 당신도 들어봤을 것이다. 하지만 만일 '엉?' 다음에 '아하'가 온다면 훨씬 만족스러울 것이다."

미스터리를 창조함으로써 이 천문학자는 먼지를 흥미로운 대상으로 만들었다. 그는 단순히 결론뿐 아니라 온갖 과학 이론과 실험에 관한 정보로 빽빽하게 들어찬 20페이지 동안 사람들의 관심을 잡아두는 데 성공했다.

치알디니는 이런 추리소설 방식을 자신의 수업에도 활용하기 시작했다. 효과는 신속하고 명백했다. 그는 수업을 시작할 때 수수께끼를 제시하고 강의 내내 이따금 그 의문을 상기시켰으며 마지막이 되어서야 해답을 알려주었다. 한번은 해답을 미처 알려주기 전에 수업 종이 울리고 말았다. "보통 학생들은 수업이 끝나기 5~10분 전부터 가방을 챙기기 시작한다. 펜을 내려놓고 공책을 덮고 가방을 잠그고……" 하지만 학생들은 아무 말 없이 조용히 앉아 있었다. "종이 울렸는데도 아무도 자리에서 일어나지 않았다. 내가 결론을 밝히지 않고 수업을 접으려고 하자 항의를 할 정도였다." 그때 그는 다이너마이트를 발명한 노벨처럼 환희의 순간을 느꼈다고 한다.

치알디니는 추리소설 기법을 활용하는 교수법의 최대 장점은 "수수께끼를 풀어나가는 과정이 과학을 공부하는 과정과 놀랍도록 유사하다는 점"이라고 말한다. 즉, 추리소설 기법을 이용함으로써 교사들은 그날그날의 주제에 대해 학생들의 관심을 높일 수 있을 뿐 아니라 학생들에게 과학자와 같은 논리적 사고방식을 고무시킬 수 있다는 것이다.

미스터리 구조는 과학만의 특권이 아니다. 미스터리는 명백한 답이 없는 질문이 있는 곳이라면 어디든 존재한다. 어째서 팬더는 동물원에서 오래 살지 못할까? 어째서 고객들은 우리 신상품을 좋아하지 않는 것일까? 어린 학생들에게 분수의 원리를 가르치려면 어떻게 해야 할까?

여기서 무슨 일이 벌어지고 있는지 슬슬 감이 잡히는가? 이제 우리는 의외성의 상위 단계에 도달했다. 노드스트롬 백화점의 노디 스토리는 거의 즉각적인 깨달음을 불러일으킨다. 노디는 고객들의 자동차에 히터를 틀어준다. 이 스토리를 들은 순간, 고객서비스에 대한 당신의 기존 도식은 순식간에 사라지고 새로운 모습으로 재정의된다. 하지만 미스터리의 작용 방식은 다르다. 미스터리는 예측하지 못한 순간이 아니라 예측하지 못한 여정에서 창조된다. 우리는 목적지를 알고 있다. 미스터리를 해결할 것. 그러나 거기에 어떻게 도달할 수 있을지는 알지 못한다.

도식의 파괴는 순간적으로 일어난다. 쾅! 다음 순간에는 모든 게 바뀌어 있다. 만약 토성의 고리가 솜보풀로 구성되어 있다는 이야기를 듣는다면 그 순간 우리의 도식은 무너져내릴 것이다. 우리는 그것을 '레벨 1'의 의외성이라고 부른다. 하지만 실제로 토성의 고리 미스터리는 훨씬 광범위하고 미묘한 스토리다. 우리는 똑똑한 과학자들마저 토성의 고리가 무엇으로 구성되어 있는지 모른다는 이야기를 듣고 어떤 결말이 기다릴지 모를 미지의 길로 초대받는다. 이것은 '레벨 2'의 의외성이다. 이런 식으로 우리는 놀라움의 단계에서 흥미 유지의 단계로 옮겨간다.

아이들은 어떻게
포켓몬 이름을 다 외울까?

〈대역전Trading Placed〉이라는 영화의 초반, 에디 머피가 연기하는 다리 없는 거지 빌리 레이 밸런타인이 스케이트보드처럼 생긴 장치 위에 앉아 손으로 바퀴를 밀며 공원을 돌아다니고 있다. 그는 행인들에게 구걸을 하고 매력적인 여자가 지나가면 데이트를 하자고 추근대기도 한다. 그것을 본 경찰 두 명이 다가온다. 경찰들이 밸런타인을 양쪽에서 잡아 일으켜 세우자 짜잔! 그의 다리가, 완벽한 한 쌍의 다리가 불쑥 튀어나온다. 밸런타인은 전문 사기꾼이었던 것이다.

이제 나이 든 사업가인 듀크 형제가 등장한다. 그들은 경찰에게 밸런타인을 석방해 자기들에게 넘겨달라고 설득한다. 몇 장면이 지나면 다시 밸런타인이 등장하는데 이번에는 스리피스 정장을 빼입고 호화롭고 고풍스러운 사무실에 거들먹거리며 앉아 있다. 듀크 형제가 그를 사업가로 변신시킨 것이다.

　시나리오계의 대가 로버트 매키Rovert Mcke는 '전환점(터닝 포인트)'이라는 개념을 묘사하는 데 이 예를 사용한다. 매키는 관객들의 관심을 붙잡아두는 솜씨에 대해서라면 제대로 아는 사람이다. 그의 영화 시나리오 쓰기 세미나에는 1인당 500달러를 내고라도 강연을 들으려는 야심만만한 각본가들이 앞 다투어 몰려든다. 《빌리지 보이스Village Voice》는 그의 세미나를 '작가들뿐 아니라 배우와 감독, 평론가 그리고 평범한 영화 애호가라 할지라도 결코 놓쳐서는 안 될' 강연이라고 평했다. 그의 제자들은 〈E.R〉, 〈힐 스트리트 블루스Hill Street Blues〉, 〈엑스파일〉 같은 TV 드라마부터 〈컬러 퍼플Color Purple〉과 〈포레스트 검프〉, 〈13일의 금요일〉 등의 영화에 이르기까지 수많은 작품들의 각본을 쓰고 감독을 하고 제작에 참여했다.

　매키는 말한다. "호기심은 질문에 대답하고 열려 있는 패턴을 닫는 데 필요한 지적 능력이다. 스토리는 그와 정반대의 것, 즉 질문을 제기하고 상황을 던져줌으로써 이 보편적 욕구를 충족시켜준다."[9] 〈대역전〉에서 빌리 레이와 듀크 형제의 전환점은 관객들을 궁금하게 만든다. 산전수전 다 겪은 약삭빠른 사기꾼 밸런타인은 과연 사업가인 척 잘해낼 수 있을까?

　매키가 볼 때 위대한 각본이란 모든 장면이 '전환점'인 스토리다. "각각의 전환점은 호기심을 유발한다. 관객들은 궁금해한다. 다음에는 어떤 일이 벌어질까? 그래서 끝은 어떻게 될까? 이 질문에 대한 대답은 마지막 장의 클라이맥스에 이르러서야 비로소 등장하게 된다. 따라서 호기심이 동한 관객들은 끝까지 숨을 죽이고 영화를 지켜본다." 매키는 "그래서 끝은 어떻게 될까?"라는 질문이야말로 자리에서 일어나고 싶더라도 영화를 계속 보게 만드는 원동력이라고 말한다. "오직 질문의 해답을 알고 싶은 마음에 두 시간 동안 꾹 참고 앉아 끝까지 봤던 형편없는 영화들을 한번 생각해보라."

다음에는 어떤 일이 벌어질까? 그래서 끝은 어떻게 될까? 우리는 그 해답을 알고 싶다. 그리고 그러한 욕망이 우리의 흥미를 지속시킨다. 그래서 우리는 형편없는 영화를 끝까지 관람하고 길고 복잡한 과학 기사를 끝까지 읽는 것이다. 매키와 치알디니는 완전히 다른 문제를 둘러싸고 비슷한 결론에 도달한 셈이다.

그러나 때로 사람들은 미스터리적인 요소가 부족한 분야에서도 쉽게 흥미를 느낀다. 아이들은 〈포켓몬〉에 나오는 캐릭터들의 이름과 특징을 외우는 데 집착하지만 이는 "다음에는 어떤 일이 벌어질까?" 때문이 아니다. 매달 《카 앤드 드라이버 Car & Driver》가 나올 때마다 서점으로 달려가는 자동차광들은 수수께끼를 풀고 싶은 것이 아니다. 곧 밝혀지겠지만 포켓몬 팬들과 자동차광들은 영화 관객이나 치알디니의 수업에 열중하는 학생들과 공통점을 지니고 있다.

심리학자들은 이제껏 수십 년 동안 "어떨 때 인간은 흥미를 보이는가?"라는 질문에 매달려왔다. '흥미'에 관한 연구의 성배를 구하는 자, 상황적 흥미의 원인을 찾아라. 달리 말해, 특정 상황의 어떤 특성이 사람들의 흥미를 돋우는지 파악하라는 이야기다. 어떤 상황이 흥미로운 이유는 무엇인가? 치알디니와 매키는 이 질문의 해답에 상당히 가까이 다가갔다.

9시 뉴스 예고편이
자극적인 이유, 공백 이론

1994년, 카네기멜론 대학의 행동경제학자 조지 로웬스타인George Loe-wenstein이 상황적 흥미에 대해 가장 이해하기 쉬운 방식으로 설명한 바 있다.[10] 놀랍도록 단순한 논리였다. 그는 이렇게 말했다. "호기심은 지식의 공백을 느낄 때 발생한다."

로웬스타인은 그러한 공백이 고통을 야기한다고 주장한다. 무언가에 대해 알고 싶지만 알지 못할 때의 느낌은 손이 닿지 않는 등 한가운데가 근질거릴 때와 비슷하다. 그러한 고통을 제거하기 위해서는 지식의 공백을 메워야만 한다. 우리는 고통스러울 정도로 끔찍한 영화를 두 시간 동안이나 참고 견딘다. 결말을 알지 못하는 것은 그보다도 더 고통스러운 일이기 때문이다.

흥미의 공백 이론은 어째서 특정 영역이 광적인 흥미를 불러일으키는지 그 까닭을 설명할 수 있다. 그런 것들은 자연스레 지식의 공백을 조장한다. 예를 들어, 영화를 보라. 매키의 설명도 로웬스타인과 별반 다르지 않다. 매키는 "스토리는 질문을 제기하고 상황을 던져줌으로써 작용한다"라고 말했다. 영화는 우리에게 질문을 던지게 한다. 다음에는 어떤 일이 벌어질까? 추리소설도 우리에게 질문을 던진다. "범인은 누구지?" 스포츠는 "누가 이길까?"라고 묻고, 십자낱말풀이는 "정신과 의사를 뜻하는 여섯 글자짜리 단어는?"이라고 묻는다. 포켓몬 카드는 아이들이 "나한테 없는 캐릭터 카드는 뭐지?"라고 궁금해하게 한다.

이러한 공백 이론에는 전제가 존재한다. 공백을 메우기 전에 먼저 그 공백을 만들어야 한다는 것이다. 우리의 의도는 사람들에게 사실을 말해주는 것이다. 하지만 그전에 그들은 스스로 그런 사실이 필요하다는 것을 인지해야 한다. 로웬스타인에 따르면 사람들에게 우리의 메시지가 필요하다고 설득하는 숨은 비결은 그들이 알지 못하는 특정 지식을 강조하는 것이다. 그들의 지식에 공백이 존재함을 알려주는 질문이나 수수께끼를 던져라. 누군가가 그들이 모르는 것을 알고 있다는 암시를 던져라. 선거나 스포츠 게임 또는 추리소설처럼 결말을 알 수 없는 상황을 보여주거나 그 결과를 예측해보라는("다음에 무슨 일이 일어날 것인가?"와 "내가 맞았나?"라는 두 지식의 간극을 낳는) 도전장을 던져라.

대부분의 지역 뉴스 프로그램은 본 방송에 들어가기 전에 짧은 광고를 방영한다. 이런 뉴스 예고편은 그날 9시 뉴스에서 방송될 주요 뉴스를 다루는데, 주로 과장법을 사용한다. "10대들 사이에 새로운 마약이 성행하고 있습니다. 여러분의 약장에도 숨어 있을지 모릅니다!" "'지저분한 아이스크림 기계' 부문에 선정된 유명 레스토랑을 만나보십시오." "우리가 사는 집에 숨어 있는 유해물질, 지금 당신을 죽이고 있을지도 모릅니다."

이들은 가장 자극적인 형태의 공백 이론이다. 이런 과장이 듬뿍 담긴 문구들이 효과를 발휘하는 이유는 당신이 모르는 무언가를 넌지시 암시하고 있기 때문이다. 내가 모르고 있었다는 사실을 알기 전에는 모두 눈썹 하나 까딱하지 않던 것들이다. "내 딸이 설마 오래된 약통에서 몰래 약을 훔쳐 먹고 있는 건 아니겠지?" "저런 역겨운 아이스크림을 파는 식당 중에 내 단골집도 있을까?"

이런 보잘것없는 뉴스 카피 몇 개로 우리가 사는 동네가 훨씬 흥미로워지다니, 대단하지 않는가?

뉴스 예고편식 접근법은 모든 맥락에서 모든 종류의 메시지에 활용할 수 있다. 더욱 효율적인 의사소통을 원한다면 '어떤 정보를 전달해야 하는가?'에서 '내가 바라는 청중들의 질문은 무엇인가?'로 옮겨가야 한다.

후원금 모금 현황을 보고하는 프레젠테이션

당신은 한 지방 극장의 기금 조성을 책임지고 있는 매니저다. 당신의 일은 극장 유지에 필요한 후원금을 마련하는 것이다. 연말인 지금, 당신은 운영위원회 앞에서 지난 한 해 동안의 활동을 요약해 보고하는 프레젠테이션을 해야 한다.

| Before |

올해 우리는 35세 이하의 관람객을 타깃으로 설정했습니다. 우리의 목적은 젊은 관객들로부터 더 많은 지원을 이끌어내는 것으로, 이들은 극장 고객층에서 가장 높은 비율을 차지하고 있는 반면 후원 비율은 그다지 높지 않습니다. 타깃 층과 접촉하기 위해 우리는 전화를 이용한 후원금 모집 프로그램을 실시했습니다. 프로그램을 실행한 6개월 동안 반응률은 거의 20퍼센트에 달했는데, 우리는 이에 대해 매우 성공적이라는 평가를 내렸습니다.

Clinic 1

이 메시지는 매우 고전적인 요약 방식을 사용하고 있다. '나는 어떤 사실을 안다. 나는 그 사실들을 체계적인 순서에 맞춰 차근차근 설명할 것이다.' 프레젠테이션이라는 형식을 고려할 때, 이는 무척 평범하고 안전한 방식이며 동시에 스티커 메시지와는 전혀 거리가 먼 방법이기도 하다. 이 메시지를 개선하려면 사실을 전달하는 방식이 아니라 사람들의 흥미를 돋울 방식을 생각해내야 한다. 따라서 우리는 뉴스 광고를 활용해보기로 했다.

| After |

올해 우리는 한 가지 질문에 봉착했습니다. "어째서 우리 고객의 40퍼센트를 차지하는 35세 이하의 관객층이 후원 기금의 10퍼센트밖에 지원하지 않는 것일까?" 우리의 결론은 그들이 우리가 얼마나 후원금에 의존하고 있는지 깨닫지 못하고 있다는 것이었습니다. 그리하여 우리는 젊은 관객들에게 전화를 걸어 현재 우리의 사업과 앞으로 상영할 작품들에 관해 짧은 대화를 나누었습니다. 6개월간 시험 통화를 거쳐 10퍼센트의 반응률을 이끌어낼 수 있다면 성공이라고 우리는 예측했습니다. 어떤 결과가 나왔는지 궁금하시겠지만, 그전에 먼저 우리가 활용한 프로그램에 관해 설명하고자 합니다.

Clinic 2

이러한 접근법은 공백 이론을 이용한 것이다. 프레젠테이션의 목적은 '요약'이 아니다. 상대방에게 궁금증을 일게 하고, 그들이 알고 싶어 하는 것을 알려주는 과정이다. 토성 고리 미스터리처럼, 이 글도 수수께끼로 시작된다. 어째서 젊은 사람들은 후원금을 내지 않는가? 자, 일단 우리의 추리를 말해줄 테니 천천히 확인해보자.

미스터리는 관객들의 관심을 사로잡고, 앞으로 어떤 일이 일어나고 과연 그들의 추리가 옳은지 궁금하게 만든다. 두 번째 메시지의 개선은 내용이 아니라 구조적 변화에서 기인한다. 솔직히 말해, 기금 조성 이야기는 그다지 재미있는 미스터리는 아니다. 〈로 앤드 오더 Law and Order〉(미국의 TV 수사드라마 ―옮긴이)의 소재로 써먹기엔 턱도 없는 스토리다. 하지만 일단 미스터리가 제시되면 우리는 놀라울 정도로 관대해진다. 미스터리적인 구조는 본질적으로 사람의 마음을 사로잡는 구석이 있기 때문이다.

| 결론 |

사람들의 관심을 잡아매고 싶다면 호기심의 공백 이론을 최대한 이용하라. 미스터리라는 양념을 조금만 친다면 흥미를 더 오랫동안 유지할 수 있을 것이다.

지식의 공백을 채우고 싶은
욕망을 공략하라

공백 이론은 다른 이들의 부족한 지식을 지적하는 능력에 기대고 있다. 문제는 대부분의 사람들이 자신은 많이 안다고 생각하는 경향이 있다는 것이다. 여러 연구에 의하면 우리는 자기 자신의 지식에 대해 과신하고 있다.

한 연구진이 학생들에게 대학 내에서 흔히 겪는 심각한 주차공간 부족 문제에 관해 묻는 연구를 실시했다. 실험에 참가한 학생들은 정해진 시간 내에 가능한 한 많은 해결 방안을 제시해야 했다. 피실험자들은 모두 300개의 해결책을 제시했고, 그것들은 각각 일곱 개의 범주로 분류되었다. 예를 들어, 주차공간에 대한 수요를 감소시키자는 방안(예 : 주차요금을 상승시키자)이 한 범주, 주차공간을 보다 효율적으로 사용하자는 주장(예 : 소형차 구역을 제정하자)이 다른 범주에 속했다.

일반 참가자들은 전문가 패널 집단이 최선의 해결 방안으로 제시한 목록의 70퍼센트도 채우지 못했다. 충분히 이해가 되는 결과다. 사실 우리는 그들이 데이터베이스로 사용할 만한 가치 있는 방안을 내놓을 수 있으리라고 기대하지 않았기 때문이다. 그러나 자신의 의견을 평가해보라는 요구를 받은 참가자들은 자신의 해결책이 평균 75퍼센트 이상에 속하리라 예상했다. 그들은 자신이 과반수 이상의 성과를 거두었으리라 예측했지만 실은 그보다 훨씬 낮았다.

뭐든지 다 알고 있다고 생각하는 사람들에게 공백 이론을 활용하기란 무척 어려운 일이다. 하지만 다행스럽게도 이런 자만심에 대항할 전략이 몇 가지 있다. 가령 노라 에프론의 언론학 교사는 언론학에 대한 학생들의 기존 도식이 틀렸음을 입증함으로써 그런 과신을 예방했다. 그는 학생들이 선입견을 공개하게 만들고 그런 다음 정면으로 무너뜨렸다.

예측을 유도하는 것은 과도한 자신감을 예방할 수 있는 한 가지 방법이다. 하버드 대학의 물리학 교수인 에릭 마주르Eric Mazur는 '개념 시험'이라 부르는 혁신적인 교수법을 창안했다. 수업 도중 마주르는 개념과 관련된 질문을 던진 다음 학생들에게 거수로 답을 알아보자고 말하곤 했다. 손을 들어 의견을 표하는 단순한 과정만으로도 학생들은 전보다 더 깊은 관심과 호기심을 보였다.

과신에 사로잡힌 이들은 다른 사람들이 자신의 의견에 동의하지 않는다는 사실을 깨닫는 순간 지식의 공백을 인지한다.

낸시 로리와 데이비드 존슨은 초등학교 5학년과 6학년 학생들을 대상으로 토론을 통한 학습 과정을 연구한 바 있다. 한 집단은 만장일치를 이끌어내는 방식으로 토론을 진행했고 반면 두 번째 집단은 올바른 대답에 대해 반론을 이끌어내는 형식의 토론에 임했다.

합의에 이른 학생들은 반론을 제기하는 학생들에 비해 토론 주제에 관한 관심도가 적었고 연구조사에도 소홀했으며 기타 추가 정보를 얻기 위해 도서관을 방문하는 확률도 적었다. 그러나 가장 뚜렷한 차이가 드러난 것은 교사가 쉬는 시간에 토론 주제와 관련된 영화를 보여주었을 때였다. 첫 번째 집단에서 쉬는 시간을 포기하고 영화를 본 학생들은 겨우 10퍼센트였던 반면, 두 번째 집단에서는 자그마치 45퍼센트의 학생들이 자리에 남아 영화를 관람했다.

지식의 공백을 채우고자 하는 간절한 열망, 누가 옳은지 알고 싶다는 궁금증이 미끄럼틀과 정글짐의 유혹보다도 훨씬 강력했던 것이다.

사람들의 관심을 어떻게 이끌어낼 것인가?

지식의 공백으로 인해 호기심이 발동한다면, 지식의 양이 늘어날수록 호기심이 줄어드는 것이 타당한 이치일 것이다. 그러나 로웬스타인의 주장에 의하면, 실은 그 반대다. 그는 우리가 아는 정보의 양이 많아질수록 모르는 사실에 집착하게 된다고 주장한다. 미국의 50개 주 가운데 17주의 주도州都를 아는 사람은 자신의 지식을 자랑스럽게 여기겠지만, 47개 주의 주도를 아는 사람은 자신이 모르는 세 개 주도에 집착할 것이다.

어떤 주제들은 자연적으로 지식의 공백을 강조하게 마련이다. 휴머니즘 스토리들이 감동적인 이유가 무엇이겠는가? '휴머니즘', 즉 인간적이라는 게 무엇인지 모르는 사람은 없다. 우리가 모르는 게 있다면 그 안에 담긴 극적인 경험들이다. 올림픽에서 메달을 따는 기분은 어떨까? 로또에 당첨되면 기분이 어떨까? 샴쌍둥이인 챙과 엥 벙커처럼 몸이 붙어 있다면 어떤 기분일까(참고로 이들은 각각 따로 결혼을 했을 뿐 아니라 열 명이나 되는 자녀들을 두고 있다. 이 점을 생각하면 또 다른 의문들이 꼬리에 꼬리를 물고 떠오르지 않는가)?

사람들이 가십에 그토록 열광하는 이유는 비록 그들에 대해 많은 사실을 알고 있을지라도 어느 부분에 있어 정보가 부족하기 때문이다.

사실 잘 모르는 사람들의 소문을 쑥덕거리는 경우는 드물다. 특히 매력적인 것은 유명 인사들에 관한 소문이다. 우리는 타이거 우즈와 줄리아 로버츠가 누구인지는 알지만 비어 있는 조각들을 채우고 싶어 안달한다. 그들의 기벽과 연애담과 비밀스러운 악행들에 관한 정보 말이다.

호기심은 지식의 공백에서 비롯된다. 하지만 아예 처음에 시작할 지식이 부족하다면 어떨까? 1960년대 방송계의 신성 ABC 방송국이 NCAA 대학미식축구 리그를 방영하기로 결정했다. 대학 스포츠는 이른바 한정된 울타리 안에서만 통하는 소재다. 웬만한 스포츠광이 아니고서야 팬들의 관심은 자기 대학 팀에만 쏠려 있다. 하지만 ABC는 시청자들이 홈팀뿐만 아니라 다른 팀에게도 관심을 갖게 만들어야 했다.

대체 어떻게 하면 텍사스주 칼리지 스테이션의 시청자들이 미시간 대학 대 오하이오 대학의 경기를 보게 할 수 있을까?

이전까지 ABC 방송에서 야구, 축구, 미식축구 등의 경기를 취재하던 신참 기자인 29세의 루니 알리지가 대학 미식축구 경기 중계를 위한 개선안을 내놓았다. 손볼 곳이 많았다. 평소에 스포츠 기자들은 그저 경기장 한구석에 카메라를 세우고 렌즈의 초점을 맞춘 다음 사건이 생기길 기다릴 뿐이었다. 경기장을 가득 메운 팬들, 형형색색의 깃발들, 온갖 구경거리 등 그 외의 다른 것들은 모조리 무시해버렸다. "그것은 마치 작은 문구멍으로 그랜드 캐니언을 내다보는 것이나 마찬가지다." 알리지는 이렇게 표현했다.

어느 토요일 오후, 오전 내내 머리를 싸매고 끙끙거리던 알리지는 마침내 책상 앞에 앉아 상사들에게 보내는 메모를 쓰기 시작했다.

지금까지 텔레비전은 시청자들에게 스포츠 경기를 제공했다. 이제 우리는 시청자들을 스포츠 경기 속으로 데려갈 것이다! 오프닝 광고가 끝난 후, 경기장을 풀 샷으로 내려다보는 대신 미리 찍어 놓은 캠퍼스와 경기장의 전경을 내보냄으로써 시청자들에게 관중석에 앉아 있는 듯한 느낌을 준다. 지금 이 순간 시청자는 미식축구에 열광하는 오하이오주 콜럼버스에 와 있거나, 작지만 열정만은 누구에게도 지지 않는 오리건주 코발리스의 관중석에 앉아 있음을 실감해야 한다. 그는 이 도시와 이 도시의 캠퍼스가 어떻게 생겼는지 눈으로 직접 확인해야 하며, 그 지역 사람들이 어떤 차림으로 미식축구 경기를 보러 오는지 그리고 이 경기가 양쪽 대학에 어떤 의미를 지니는지 반드시 알아야 한다.[11]

이 메모는 자그마치 세 페이지나 계속되었다. 그는 카메라의 앵글과 과감한 화면과 오프닝 그래픽에 관해 논했다. 그러나 이 메모의 진정한 핵심은 코발리스에서 열리는 대학 미식축구 경기에 관심이 없는 시청자들을 끌어들이는 획기적인 방식에 있었다. 알리지는 사람들이 특별한 관심을 가지도록 이 경기의 배경과 의미에 대해 알려주는 것이야말로 비결이라고 말했다.

알리지의 메모를 읽은 ABC는 한껏 고무되었다. 이틀 후 나이도 경력도 일천한 29세의 알리지는 ABC로부터 그의 메모를 기반으로 대학 미식축구 중계 프로그램을 맡아달라는 부탁을 받았다.

알리지는 직관적으로 로웬스타인의 공백 이론을 활용했다. 어떻게 사람들의 흥미를 끌 것인가? 그들의 지식에 공백이 있음을 지적하자. 그렇지만 아예 발판이 될 지식 자체가 부족하다면? 예를 들어, 조지아 불독 팀에 관한 정보에 단순한 '공백'이 아니라 칠흑 같은 심연이 존재한다면? 그런 경우에는 심연을 적절한 지식으로 채워 공백을 마련하자. 알리지는 지역 대학의 팬들을 보여주고, 캠퍼스를 카메라로 훑어 배경 지식을 마련해주었다. 그는 팬들의 열정과 서로의 경쟁 팀과 지금까지의 역사에 대해 알려주었다. 경기가 시작할 즈음에 이르자 시청자들은 누가 이길지 흥미를 보이기 시작했다. 그리고 어떤 이들은 채널을 고정시켰다.

알리지의 두 번째 도전은 '스포츠의 광활한 세계Wide World of Sports'라는 제목의 프로그램이었다. 이 프로그램은 미국인들이 그때까지 보지도 듣지도 못한 스포츠 이벤트를 소개하는 것이었다. 투르 드 프랑스Tour de France, 르망Le Mans 자동차 레이스, 로데오 챔피언십, 스키 경주, 축구 등의 다양한 시합과 경기를 보도하면서 알리지는 NCAA 중계 프로그램을 개발할 때 발굴한 철학을 응용했다. 사람들에게 정황을 설명하고 지식의 공백에 관심을 가질 만한 배경 지식을 제공할 것. 그 끔찍한 르망 24시간 레이스에서 누가 탈락할 것인가? 로데오 선수로 변신한 전직 교사가 과연 우승 트로피를 거머쥘 수 있을까? 대체 저 옐로카드라는 건 뭐야?

2002년에 사망한 알리지는 ABC 스포츠 채널을 책임졌고 ABC 뉴스의 국장 자리에 올랐다. 그는 〈스포츠의 광활한 세계〉와 〈먼데이 나이트 풋볼Monday Night Football〉, 〈20/20〉과 나이트라인 프로그램을 창설했으며 에미상을 총 36회 수상했다. 그가 NCAA 중계를 위해 고안한 도구는 오랫동안 그 진가를 증명했다. 사람들의 관심을 끌고 싶은가? 그렇다면 배경 지식을 제공하라! 지금에 와서는 이런 도구가 워낙 여러 곳에서 활용되고 있기 때문에 너무나도 당연해 보이지만, 사실 이 놀라운 돌파구는 겨우 29세의 청년이 대학 미식축구 중계를 한층 흥미롭게 만들기 위해 작성한 메모에서 비롯된 것이다.

많은 교사들이 학생들의 흥미를 자극하는 데 알리지가 개발한 도구 세트와 유사한 방식을 활용한다. 어떤 이들은 이 전략을 '선행 조작자'라고 부르는데 기본 메시지는 새로운 지식을 가르칠 때에는 학생들이 이미 알고 있는 지식을 강조하는 것으로 시작한다는 것이다. 판 구조론에 대해 설명하려는 지구과학 교사는 학생들에게 지진으로 인한 피해를 보여주는 사진을 찾아오라는 숙제를 낸다. 결국 그는 알리지의 방법을 응용해 학생들이 판 구조론에 흥미를 가질 수 있는 배경을 설정하는 셈이다. 화학 교사는 원자율을 규명하기 위한 멘델레예프의 길고 격정적인 지적 탐구를 설명함으로써 주기율표를 가르칠 수도 있다. 그러면 주기율표는 일종의 추리소설과 같은 맥락 속에 존재하게 된다.

지식의 공백은 흥미를 유발한다. 하지만 지식의 공백이 존재한다는 사실을 입증하기 위해서는 먼저 이미 존재하는 지식을 강조하는 것이 필수적이다. "당신은 이러이러한 것을 안다. 자, 그리고 여기 당신이 모르는 사실이 있다." 우리는 배경을 설정했고, 사람들은 앞으로 무슨 일이 생길지 궁금해지게 된다. 추리소설 작가들과 십자낱말풀이 작가들이 괜히 우리에게 실마리를 던져주는 게 아니다. 퍼즐을 거의 완성했다는 느낌이 든 순간 호기심은 우리의 정신을 장악하고 결승점을 향해 달려가도록 떠민다.

영화에서 자주 보는 것처럼 보물지도는 대개 모호하다. 커다란 지형적 표지 몇 개와 보물이 묻혀 있는 곳에 커다란 X자가 쓱쓱 갈겨져 있을 뿐이다. 모험가는 기껏해야 첫 번째 표지가 어디 있는지 정도밖에 알지 못한다. 보물을 찾는 기나긴 여정이 시작되는 첫 번째 발걸음이다. 만약에 보물지도가 상세한 설명서까지 덧붙여져 MapQuest.com에 실린다면, 할리우드의 모험영화 장르는 그 길로 추락이다. 순차적으로 주어지는 정보에는 그럴 만한 가치가 있다. 한꺼번에 엄청난 양의 정보를 무더기로 던져주는 것이 아니라 차근차근 하나씩 감질나게 실마리를 흘려준다. 이러한 의사소통 방식은 '강의'보다는 '이성에게 치근덕대는 방법'과 닮아 있다.

의외성을 내포한 메시지들은 지식의 공백을 열어줌으로써 우리를 희롱하고 치근덕거린다. 그들은 우리에게 커다란 붉은색 X자를 찾아보라고 종용하지만 어떻게 하면 거기 닿을 수 있는지는 말해주지 않는다. 그리고 앞으로 보게 되겠지만, 이 커다란 붉은 X자는 오랜 세월에 걸쳐 수천 수백 명의 행동을 좌지우지할 수도 있다.

소니의 스티커 메시지, 휴대용 라디오

제2차 세계대전이 끝나고 폐허가 된 도쿄, 후에 소니라고 불리게 될 신생 회사가 살아남기 위해 발버둥을 치고 있었다. 수십 명의 똑똑한 과학자와 기술자들의 절실한 노력에도 불구하고 회사의 첫 번째 혁신 제품인 전기밥솥은 실패로 돌아갔다.

원래 소니는 단파 라디오를 수리하는 사업으로 시작했었다.[12] 당시 소니의 수석기술자 이부카 마사루井深大는 벨 연구소Bell Laboratory가 발명한 트랜지스터에 매료되어 있었다. 이부카는 50명의 과학자와 기술자로 구성된 그의 팀에 동기를 부여해줄 '참다운' 프로젝트가 필요했고 트랜지스터에서 무한한 가능성을 발견했다. 그러나 그가 벨 연구소로부터 라이선스를 따려고 했을 때, 일본 통상산업성通商産業省은 이를 거부했다. 이런 작은 회사가 최첨단 기술을 충분히 소화할 만한 능력이 있는지 의심스러웠던 것이다.

1953년 이부카는 드디어 트랜지스터에 관한 라이선스 권리를 허가받을 수 있었다. 그는 트랜지스터를 기반으로 하는 라디오를 만들고 싶었다. 기술자들의 눈에 트랜지스터 라디오의 이점은 확연해 보였다. 트랜지스터를 이용하면 라디오는 커다란 진공관의 굴레를 벗고 더 작고 간편한 모습으로 변신할 수 있을 것이다. 벨 연구소는 이부카에게 트랜지스터 라디오는 불가능할 것이라고 충고했다. 그러나 비전을 실현하기 위해 이부카와 그의 팀은 작업에 착수했다.

그럼 여기서 잠시 멈춰 이부카의 입장에서 한번 생각해보자. 당신의 회사가 휘청거리고 있다. 당신이 이끄는 팀은 훌륭하긴 하지만 영감과 격려가 필요하다. 당신은 지금까지와는 180도 다른 방향으로 그들을 이끌 수 있는 잠재적 능력을 지니고 있다. 전기밥솥이든, 라디오든, 전화든 R&D가 꿈꿀 수 있는 것이라면 무엇이든 가능하다. 하지만 당신은 그중에서도 트랜지스터 라디오야말로 가장 유망한 길이라고 생각한다.

이제 당신의 핵심 메시지는 트랜지스터 라디오의 완성이다. 이 메시지를 어떻게 의외의 방식으로 전달할 수 있을까? 어떻게 하면 당신 팀의 호기심과 흥미를 자극할 수 있을까? 트랜지스터 라디오의 개념만으로는 사람들의 의욕을 불러일으킬 수 없다. 가치보다 기술에 더욱 중점을 두고 있기 때문이다. 트랜지스터 라디오… 그래서 어쩌라고?

동서고금을 막론하고 전형적인 관리법을 활용하는 건 어떨까? 경쟁! "트랜지스터 라디오로 벨 연구소의 콧대를 납작하게 만들자." 품질! "세계 최고의 라디오 제조사, 소니." 혁신! "소니는 세계 최초의 최첨단 라디오를 만들어낼 것이다."

그렇다면 이부카는 자신의 팀에게 어떤 메시지를 제시했을까? 바로 '휴대용 라디오'였다. 지금 생각하면, 이 메시지가 당시에 얼마나 오만불손하게 들렸을지, 처음 이 말을 들은 소니의 기술자들이 얼마나 터무니없고 비상식적이고 충격적으로 느꼈을지 상상하기가 힘들 것이다. 그때까지 라디오는 주머니에 넣고 다니는 것이 아니었다. 라디오는 가구의 일부였다. 당시만 해도 라디오 회사들은 라디오의 몸체를 짜기 위해 가구 장인들을 고용하고 있었다.

게다가 이제 막 걸음마를 시작한 일본의 작은 회사가 그런 혁신을 이룩할 수 있다고 믿다니! 벨 연구소의 뛰어난 석학들마저 불가능하다고 경고한 일이 아니던가, 어쨌든 1950년대는 '일본산'이란 곧 싸구려 복제품과 동일어로 취급되던 시절이었으니 말이다.

그러나 재능 넘치는 소니의 기술자들은 비전에 굶주려 있었다. 휴대용 라디오라는 이부카의 메시지는 즉시 회사 전체의 마음을 사로잡았고 그전까지는 꿈도 꾸지 못했던 극적 성장의 길잡이가 되어주었다. 1957년이 되자 소니는 1,200명의 직원을 거느린 기업으로 성장해 있었다. 1957년 3월, 트랜지스터 사용 권리를 획득한 지 겨우 4년도 안 되어 소니는 TR-55, 세계 최초의 휴대용 트랜지스터 라디오를 세상에 내놓았다. TR-55는 약 150만 대가 팔려 나갔고 소니를 세계적인 회사의 반열에 올려놓았다.

휴대용 라디오는 단순히 대단한 상품 메시지가 아니었다. 그럼 대단한 스티커 메시지였냐고? 아니, 그것은 대단한 상품 메시지이자 대단한 스티커 메시지였다. 그리고 이 두 요소는 결코 분리될 수 없는 것이다. 설령 이부카가 세계에서 가장 좋은 전기밥솥을 제조하기로 결심했더라도, 언젠가 이 세상 누군가가 트랜지스터 라디오를 발명했을 것이다. 트랜지스터 라디오는 기술의 진보에 따른 필연적인 결과였다. 하지만 그것은 사람들이 주머니에 넣고 다닐 만한 크기가 아니었을 테고, 이부카의 놀라운 메시지가 아니었더라면 그의 기술자들은 웬만큼 작은 라디오를 만들어내기 훨씬 전에 그 기술을 포기하고 두 손을 놓아버렸을 것이다. 수백 명의 기술자들에게 최고의 능력이 필요한 뜻밖의 도전과제를 안겨주었기에 이부카는 수년 동안이나 그들을 자극하고 독려할 수 있었던 것이다.

케네디가
메시지로 이룩한 업적

1961년 존 F. 케네디가 의회의 특별회기를 맞아 연단에 올랐다. 냉전이 국제사회를 지배하던 시기였다. 냉전은 국가 간의 득실을 따져 성공을 측정하는 몇 가지 특이한 척도를 만들어냈는데, 당시 미국은 그 중에서도 특히 눈에 띄는 분야에서 소련에 뒤처져 있었다. 바로 우주 개척이었다.

4년 전, 전 세계에서 가장 앞선 기술력을 지닌 국가라는 자부심에 한껏 콧대가 높아져 있던 미국은 소비에트 연방이 세계 최초의 위성 스푸트니크 호를 발사하자 엄청난 충격에 휩싸였다. 미국은 뒤늦게 위성을 발사하여 이에 대응했지만, 소련은 여전히 우주 개척 분야에서 선두를 달리며 그 뒤로도 줄곧 최초의 기록들을 하나씩 점령해갔다. 1961년 4월 소련의 우주비행사 유리 가가린이 세계 최초의 우주인이 되었다. 미국의 우주비행사 앨런 셰퍼드는 한 달 뒤에 그 뒤를 따랐다.

의회 연설에서 케네디는 냉전 기간 동안 미국의 리더십을 유지하는 데 필요한 요소들을 몇 가지 꼽았다. 그는 국제개발 원조 프로그램을 개발하고, 나토NATO 동맹을 확대하고, 라틴아메리카와 동남아시아에 텔레비전과 라디오 방송국을 설립하고, 민방위를 강화하는 등 몇몇 전략적 목표를 성취하기 위한 예산 증강을 요청했다.

그리고 그는 이윽고 호기심을 자극하는 발언으로 연설의 대미를 장식했다. 그의 마지막 제안은 국제원조나 민간 차원의 국가 방어와는 아무런 관련도 없었다. "미국은 앞으로 하나의 목표에 전념해야 합니다. 앞으로 10년 안에 사람을 달 표면에 착륙시키고 무사히 지구로 귀환할 수 있도록 말입니다. 만일 우리가 이를 해낸다면 달에 가는 것은 한 사람이 아니라 이 나라 전 국민이 될 것입니다. 우리 모두는 이 목표를 성취하기 위해 열과 성을 다해야 합니다."

여기 아무도 예상치 못한 두 개의 메시지를 보라. 이 메시지들은 모두 사람들에게 놀라움을 안겨주었다. 라디오는 가구이지 주머니에 넣고 다니는 게 아니다. 인간은 달에 갈 수 없다. 거리는 멀고 대기는 희박하다.

또한 이 메시지들은 통찰력을 심어주었다. 한 발짝씩 꾸준히 길을 따라 걸어가는 대신 이 메시지들은 갑자기 우리가 살고 있는 세상을 극적인 시선으로 바라볼 수 있게 해주었다. 단순히 '방법'만을 바꾼 것이 아니라 '왜'라는 의문을 덧붙여준 것이다.

두 메시지는 모두 지식의 공백을 열어주었다. 공백 이론의 창시자인 로웬스타인은 지식의 공백이 고통스럽다는 사실이 특히 중요하다고 말했다. "호기심이 즐거운 것이라면, 왜 그것을 해결하려 들겠는가? 어째서 사람들은 추리소설의 마지막 장을 남겨두고 책을 덮거나 야구 경기의 9회 말을 남겨놓고 텔레비전을 꺼버리지 않는 걸까?[13]

이 두 개의 뜻밖의 메시지들은 커다란 지식의 공백을 열어주었다. 하지만 그렇다고 사람들이 압도당하거나 포기할 정도로 거대하지는 않았다. 케네디는 "수성에 사람을 착륙시키자"고 말하지 않았고, 이부카는 "몸에 이식할 수 있는 라디오를 만들자"고 주장하지 않았다. '인간의 달 착륙'이라는 말을 들은 기술자들은 곧장 브레인스토밍을 시작했을 것이다. "흠, 그렇다면 먼저 이 문제부터 해결해야겠군. 그런 다음 그 기술을 개발하고 또……."

'휴대용 라디오'라는 비전은 한 회사가 고난을 헤치고 성장을 거듭해 그 분야에서 국제적인 명성을 떨치도록 해주었다. '인간의 달 착륙'이라는 비전은 거의 10년 동안 수만 명의 개개인과 수십 개 기관들을 대대적으로 동원시켰다. 이것들은 거대하고 강력한, 무엇보다 잘 달라붙는 스티커 메시지다.

타인의 관심을 얻고 그것을 오랫동안 붙드는 능력에 의구심이 들 때면 케네디와 이부카를 떠올리고 그들의 경우를 본받기 바란다. 메시지의 스케일에 압도당한다면 노라 에프론의 언론학 교수와 노드스트롬의 노디와 같은 더 친근하고 조그마한 메시지들도 있다. 핵심 메시지에 내포된 의외성은 당신이 상상하지도 못할 정도로 긴 수명을 보장한다.

원칙 3

구체성

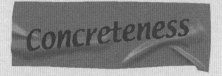
Concreteness

지식의 저주를 깨뜨리는 법

전문가들은 스스로 전문가처럼 말하고 있다는
사실을 쉽게 잊어버린다.
마치 영어를 더 천천히 말하기만 하면 상대방이
알아들으리라고 생각하는 미국인 관광객처럼 말이다.

2,500년 동안 살아남은
『이솝 우화』의 비밀

어느 무더운 여름날, 여우 한 마리가 과수원을 지나가다가 높은
덩굴 끝에 탐스러운 포도송이가 주렁주렁 매달려 있는 걸 보았다.
"목이 마른 차에 잘됐군." 여우가 말했다. 녀석은 뒤로 몇 발짝 물
러났다가 껑충 뛰어올라서는 포도에 손을 뻗쳤다. 하지만 너무 높
아 손이 닿지 않았다. 한 번 더, 이번에는 더 멀리 도움닫기를 해보
았다. 그래도 포도는 손에 닿지 않았다. 여우는 몇 번이고 시도해
봤지만 아무리 해도 포도를 딸 수가 없었다. 한참을 뛰던 여우는
마침내 지쳐 포기하고 말았다. 여우는 뒤돌아서 고개를 쳐들고 어
깨를 으쓱거리며 말했다. "어차피 시어서 못 먹을 거야." 얻을 수
없는 것은 경멸하기 쉽다.

『이솝 우화』에서 발췌한 '여우와 신포도' 이야기다. 헤로도토스에
의하면 이솝은 원래 노예였다고 한다(후에 해방되긴 했지만). 이솝은 세
계 역사상 가장 끈끈한 스티커 스토리들의 창시자다. 그의 히트작을

모르는 사람은 아마 없을 것이다. '토끼와 거북이', '늑대와 양치기 소년', '황금알을 낳는 거위', '양의 탈을 쓴 늑대' 등 늘어놓자면 끝도 없을 지경이다. 이 책에서 언급된 이야기들 가운데 수천 년이 지나도록 사람들의 기억에 남을 이야기가 있다면 그건 이 '여우와 신포도'일 확률이 높다.

심지어 '여우와 신포도' 이야기를 한 번도 들어본 적 없는 사람이라도 이 우화의 교훈을 단 한마디로 축약한 '신포도'라는 표현은 알고 있을 것이다. 『이솝 우화』의 교훈은 전 세계 곳곳에 퍼져 있다. 헝가리 사람들은 '사바뉴 아 솔로(헝가리어로 '신포도')'라고 말하고, 중국인들은 "손에 넣을 수 없는 포도는 시다"라고 말하며, 스웨덴인들은 '수르트 사 레벤 옴 뢴베렌' 즉 "여우는 마가목 열매가 시다고 말했다"라는 표현을 사용한다.

여기서 분명하게 알 수 있는 것은 이솝이 인간 본연의 보편적 결점을 정확하게 지적하고 있다는 사실이다. 만일 이 우화가 인간 본성에 대한 심오한 진실을 반영하고 있지 않았더라면 2,500년 동안 살아남았을 리가 없다. 하지만 누구라도 고개를 끄덕일 만한 심오한 진실이라 해도, 수십 개의 다양한 문화와 일상적인 언어 속에 스며들지 못하고 사라져버린 것들도 수없이 많다. 어째서일까? 어째서 어떤 스토리는 살아남고 어떤 것들은 살아남지 못하는 걸까?

『이솝 우화』가 그토록 찰싹 달라붙은 이유는 그 구성 방식 덕분이다. 우화가 묘사하는 수많은 구체적인 이미지들을 좀 보라. 포도, 여우, 신포도에 관한 부정적인 언사. 이 모든 것들이 메시지의 수명에 지대한 영향을 미친다. 만일『이솝 우화』가 '현명한 이솝의 유용한 충고'

와 같은 형식이었더라면 예를 들어 "실패했을 때에도 멍텅구리처럼 굴지는 마라"와 같은 모양을 하고 있었더라면 당신이 읽어볼 기회도 없이 벌써 옛날 옛적에 사라져버렸을 것이다.

이 세상에는 더 많은 우화가 필요하다. 한 인터넷 풍자 사이트에서는 '비즈니스 전문용어 생성기[1]'라는 재미있는 프로그램을 제공하는데, 이 프로그램을 이용하면 세 개의 칼럼에서 각각 한 단어씩을 뽑아 자신만의 재미있는 비즈니스 전문용어를 만들 수 있다. 예를 들면 '상호 비용기반 엔지니어링'이라든가 '고객 중심주의 비전 패러다임'이라든가 '전술 지원 비전' 같은 것들 말이다(정말 신기할 정도로 다들 그럴듯하게 들리지 않는가?). 교사들도 자기들만의 전문용어를 사용한다. 상위 인지 기술, 내재적 동기, 포트폴리오 평가, 발달 단계별 학습 효과, 주제 학습 등. 병원에서 의사들의 대화를 들어본 적이 있는가? 특히 '특발성 심근증'이라는 단어가 재미있다. 심근증Idiopathic 이란 당신의 심장에 이상이 생겼다는 뜻이고, 특발성Cardiomyopathy 은 대체 당신 심장이 왜 이 모양인지 전혀 모르겠다는 의미다.

언어란 종종 추상적이다. 그러나 삶은 추상적일 수 없다. 교사는 학생들에게 전쟁과 동물과 문학작품에 관해 가르친다. 의사는 우리의 위와 등과 심장에 생긴 문제들을 해결한다. 기업은 소프트웨어를 만들고 비행기를 건조하고 신문을 발행한다. 자동차 회사는 작년보다 더 빠르고 싸고 예쁜 차들을 제조한다. 심지어 가장 추상적인 비즈니스 전략마저 종국에는 인간의 행동으로 발현되어야 한다. 추상적인 전략보다는 실제 행동이, 인간 정신에 대한 복잡하고 추상적인 언어 유희보다는 포도가 시다고 투정을 부리는 여우를 이해하는 편이 훨씬 쉬운 법이다.

추상적인 개념은 메시지를 이해하고 기억하기 힘들게 만들며, 또한 다른 이들과 조화롭게 행동하기 어렵게 만든다. 추상적인 개념은 사람에 따라 완전히 다른 방식으로 해석될 수 있기 때문이다. 한편 구체성은 이러한 문제를 해결할 수 있다.[2] 이는 『이솝 우화』가 우리에게 가르칠 수 있는 가장 중요한 교훈일 것이다.

메시지만큼은
구체적이어야 한다

지난 50년 동안 미국 자연보호협회The Nature Conservancy, TNC는 아주 단순하고 간단한 방법으로 세계의 주요 자연환경을 보호하는 데 앞장서왔다. 이들은 개발이나 벌목과 같은 자연 파괴적 행위로부터 자연을 보호하기 위해 시장 가격으로 토지를 사들였다.

이런 전략은 TNC 내부에서 '돈과 땅'이라고 불렸는데, TNC의 지지자나 후원자들에게 아주 강한 인상을 심어주었다. 그들의 후원금이 어떻게 사용되는지 확실한 결과를 보여주기 때문이다. 많은 기부금은 곧 많은 땅을 의미한다. 후원금이 적으면 구할 수 있는 땅도 적다. 한 후원자의 표현대로 TNC는 '직접 둘러볼 수 있는' 결과를 창출했다.

2002년 TNC 캘리포니아의 COO(최고운영책임자) 마이크 스위니는 심각한 문제에 직면했다. 캘리포니아주는 TNC에게 매우 중요한 지역인데, 환경적으로 중요한 지대가 광범위하게 포함되어 있기 때문이다.

캘리포니아는 전 세계에서 지중해성 기후가 나타나는 다섯 지역 중 한 곳이다(나머지 네 지역은 남아프리카 핀보스, 칠레 마토랄, 오스트레일리아 퀑간 그리고 당연하게도 지중해 연안이다). 지중해성 기후 일대는 전 지구 대륙의 겨우 2퍼센트에 불과하지만, 전 세계 식물종의 20퍼센트 이상이 분포되어 있다. 만일 당신도 지구환경 보존에 도움을 주고 싶다면 지중해성 기후 지역의 땅을 사라. 그 돈은 결코 헛되이 쓰이지 않을 것이다.

2002년에 스위니와 그의 동료들은 캘리포니아주의 지도를 구해 환경적으로 가장 민감하며 보존할 가치가 있는 지역들을 색깔로 표시해보았다. 놀랍게도 지도의 40퍼센트가 그런 지역에 해당했다. 하지만 희망은 보이지 않았다. 아무리 노력한다 해도 그만큼 넓은 땅을 살 만한 돈을 충당할 수는 없었다.

그러나 캘리포니아주의 9퍼센트에 달하는 지역이 이미 '치명적으로 위험한' 상태에 달해 있었다. 캘리포니아주 토지의 9퍼센트는 구매를 고려하기엔 너무 벅찬 목표였지만 환경적인 측면에서 결코 포기할 수 없는 지역이기도 했다. 이렇게 맥없이 물러날 수는 없었다.

TNC는 새로운 접근법을 시도해보기로 결심했다. 이런 엄청난 넓이의 토지가 관련된 한 '돈과 땅'은 그다지 성공할 가능성이 없었다. 따라서 TNC는 토지의 직접적인 소유보다는 '환경적 피해를 입지 않도록 보호'하는 데 초점을 맞추기로 했다. 그들은 토지 소유자들에게 그 지역을 개발하지 않는 대가로 돈을 지불하고 '보존지역권保存地役權'을 보장받기로 결론을 내렸다. 이로써 지역정부와 주정부의 정책에 영향을 미치고 사유지와 공유지의 보호를 장려할 수 있을 것이다. 또한 직접 구입할 수 없는 해양 지대를 보호하는 데에도 주력할 것이다.

확실히 그럴싸한 전략이었다. TNC는 '돈과 땅'을 활용했을 때보다 훨씬 넓은 지역에 보호막을 펼칠 수 있었다. 그러나 여기에는 약점이 있었다. 무엇보다도 후원자들에게 확실한 이미지를 심어줄 수 없다는 점이 문제였다. 후원자들은 더 이상 호의적인 정부 규제를 '직접 둘러볼 수' 없었다. 둘째로 직원들의 사기가 침체될 가능성이 있었다. 캠페인이 성공하고 있다는 증거를 직접적으로 실감할 방법이 없었기 때문이다. 스위니는 말한다. "토지를 거래할 때에는 일이 한결 쉬웠다. 사무실에서 '존과 메리가 이 땅을 보유하게 되었습니다!'라고 말하며 등을 몇 번 두드려주면 끝이었으니까." 이러한 '깨달음의 순간'은 직원들의 사기에 커다란 영향을 주었고 따라서 이를 대체할 만한 새로운 모델을 찾는 것은 결코 쉬운 일이 아니었다.

이 새로운 전략을 구체적으로 만들려면 어떻게 해야 할까?

당신이라면 이런 상황에서 어떻게 하겠는가? 어떻게 하면 불확실한 상황에서 '돈과 땅' 전략에 맞먹는 투명성을 되살릴 수 있을까? 캘리포니아주의 40퍼센트(또는 적어도 9퍼센트)를 보호해야 하건만 돈을 주고 토지를 살 수도 없다. 이러한 사실을 어떻게 후원자와 동업자들에게 설명할 것인가?

칩은 이 문제에 관해 스탠퍼드 대학 학생들과 토의를 벌였다. 구체성의 맥락에서 일부 학생들은 이 거대한 도전(캘리포니아주의 토지 가운데 40퍼센트를 보호해야 한다고? 그리고 9퍼센트는 벌써 심각한 위험에 처해 있다고? 맙소사)을 보다 실질적이고 구체적인 '하위 목표'로 분산시킨다는 해결 방안을 내놓았다. 이를테면 "우리는 20년에 걸쳐 매년 캘리포니아주의 2퍼센트를 보호할 것이다"처럼 말이다. 또 어떤 학생들은 '에

이커'처럼 우리가 익히 알고 있는 측정 기준을 이용해 사람들의 현실 감각을 자극하자고 했다. 대부분의 사람들은 1에이커(약 1,224평―옮긴이)의 크기를 알고 있다. 하지만 이 문제는 에이커로 해결하기에는 규모가 너무 컸다. 캘리포니아주의 2퍼센트만 해도 약 200만 에이커나 되니 말이다. 보통 사람들은 200만 에이커가 어느 정도나 되는지 쉽게 가늠하지 못한다.

학생들은 거대하고 추상적인 목표를 보다 작고 구체적인 하위목표로 분산한다는 방안을 제시했다. 이는 올바른 판단이었다. 하지만 이번 경우에는 숫자가 너무 컸다. 서쪽에 있는 9만 에이커의 땅보다 동쪽에 있는 1,500에이커의 땅이 생태환경적으로 훨씬 중요한 의미를 지닐 수도 있기 때문이다. "연간 일정 에이커를 보호한다"라는 사고방식은 미술관 큐레이터가 화가나 화풍, 작품이 그려진 시기는 전혀 고려치 않은 채 "연간 일정한 수의 작품을 전시한다"고 발표하는 것이나 마찬가지다.

그렇다면 TNC는 어떻게 했을까? 에이커와 같은 토지 단위를 내세우는 대신 그들은 '풍경'에 대해 이야기하기 시작했다. 풍경은 독특하고 환경적으로 중요한 특성을 지닌 자연환경이다. TNC는 10년 동안 50개 풍경을 보호한다는 목표를 세우고 그중 25개에 우선적으로 집중하기로 했다. 1년에 다섯 개의 풍경을 보호하자는 그들의 목표는 1년에 200만 에이커보다 훨씬 현실적이고 구체적으로 느껴진다.

실리콘밸리의 동쪽에는 요세미티 국립공원에 필적할 정도로 광활한 황무지의 입구라 할 수 있는 황갈색 언덕과 고개들이 펼쳐져 있다. 이 황갈색 언덕들은 샌프란시스코 만의 중요한 분수령이지만 실리콘밸리가 점점 더 멀리 뻗어 나가면서 빠른 속도로 침식당하고 있었다. 비록 생태환경적인 측면에서 중요한 지역이긴 했지만, 이곳은 아름다운 경치와 사람들의 감수성을 자극하는 삼나무 숲이나 해변과는 달랐다. 잔디로 덮인 언덕에는 드문드문 한두 그루의 참나무가 외롭게 서 있고 잔디는 연중 대부분 갈색이었다. 아무리 봐도 그리 감탄할 만한 풍경은 아니었다. 심지어 자연환경 보호에 지대한 관심을 가진 실리콘밸리 사람들마저 황폐한 갈색 언덕에는 눈길 하나 주지 않았다. 그러나 스위니는 말했다. "우리는 아름다운 풍경만 보호하는 것이 아니다. 우리는 그곳이 생태학적으로 중요한 의미를 지니기 때문에 보호하는 것이다."

TNC는 그 참나무 사바나에 (그 지역 전망대가 서 있는 가장 높은 봉우리의 이름을 따) '해밀턴 황야Mount Hamilton Wildeness'라는 이름을 붙였다. 일단 이름이 붙고 풍경이라는 인식이 새겨지자, 해밀턴 황야는 지역단체와 정책 입안자들의 머릿속에 확실히 자리 잡게 되었다. 스위니는 실리콘밸리 단체들이 그들의 집과 인접한 중요 자연환경을 보호하고 싶어 했지만 어디서 시작해야 할지 몰랐다고 말한다. "실리콘밸리 동쪽에 환경적으로 중요한 지역이 있어요"라고 말한다면 그건 그다지 흥미로운 일이 아니다. 그저 막연하게 느껴지기 때문이다. 하지만 "'해밀턴 황야를 보호합시다'라고 말하면 사람들의 관심을 한 몸에 받을 수 있다."

휴렛패커드HP의 창설자 중 한 명이 설립하여 실리콘밸리에 기반을 두고 있는 패커드 재단이 해밀턴 황야를 보호하기 위해 엄청난 자금을 댔다. 베이 에어리어Bay Area의 다른 환경단체들도 곧 해밀턴 황야 보호 캠페인에 착수했다. 스위니는 말한다. "이제 우리는 얼굴에서 웃음이 떠날 날이 없다. 수많은 사람들이 날마다 서류를 들고 오거나 해밀턴 황야에 관해 이야기하고 있기 때문이다. 간혹 우리는 '그거 우리가 지은 이름이라는 거 알아요?'라고 묻곤 한다."

도시에 거주하는 사람들은 자기가 사는 동네에 이름을 붙이거나 특별히 구분하는 것을 좋아한다. '카스트로', '소호', '링컨 공원'과 같은 이름들은 특정 지역과 그 지역의 특색을 정의하고 구분한다. 각각의 동네는 고유한 특성을 지닌다. TNC는 풍경에 바로 그러한 효과를 부여했다. 해밀턴 황야는 단순히 한 줌의 토지가 아니라 유명한 환경 인사가 되었다.

이것은 땅에 관한 이야기가 아니다. 이것은 추상적 개념에 관한 스토리다. TNC는 지도 위의 한 점에 불과하던 개념을 보다 구체적이고 실질적인 '풍경'으로 변환시킴으로써 "매년 200만 에이커의 토지를 보호하자"는 추상적 개념의 함정에서 벗어났다. 그들은 현명하게도 상황과 해결책은 모호해질망정 그들의 메시지만은 절대 그렇게 만들어서는 안 된다는 중요한 사실을 깨닫고 있었다. 구체성은 스티커 메시지에서 빠질 수 없는 필수적인 요소다.

왜 우리는 논문을 읽다가
절망하는가

'구체적'이란 어떤 것인가? 당신이 감각을 이용해 검토할 수 있다면 그것은 구체적이다. V8 엔진은 구체적이고, 고성과高成果는 추상적이다. 대부분의 경우 구체성은 특정한 일을 하는 특정한 사람들로 요약된다. 의외성을 다룬 앞 장에서 우리는 노드스트롬 백화점의 세계 최고의 고객서비스에 대해 논의했다. 세계 최고의 고객서비스는 누가 보더라도 추상적이다. 노디가 고객의 셔츠를 다림질해주었다는 일화는 구체적이다.

구체적인 언어는 늘 큰 도움이 되지만 특히 신참들이 새로운 개념을 이해할 때 유용하다. 추상적 개념은 전문가들만이 누릴 수 있는 사치다. 만약 강의실을 빽빽이 메운 이들에게 메시지를 가르쳐야 한다면, 그리고 그들이 무엇을 알고 있는지 확신할 수 없다면 유일하게 안심할 수 있는 길은 구체적인 언어를 구사하는 것뿐이다.

확인을 원한다면 이번에는 아시아 학교의 수학 수업으로 날아가 보자. 지난 몇 년 동안 줄기차게 들어온 뉴스를 통해 모두들 알겠지만 동아시아의 어린 학생들은 미국 학생들을 거의 모든 면에서(콜레스테롤이 듬뿍 든 음식의 소비량을 제외하고는) 앞서고 있다. 이는 특히 수학 과목에서 두드러진다. 이런 수학 능력의 격차는 꽤 이른 시기에 나타나는데, 초등학교 1학년에 시작되어 시간이 지날수록 점차 벌어지는 경향이 있다.

대체 무엇 때문일까? 우리의 고정관념은 아시아 학교들이 거의 로봇과 같은 효율성으로 움직인다고 말한다. 길고 지루한 수업 시간과 한 치의 흐트러짐도 없는 엄격한 규율. 우리는 왠지 모르게 동아시아의 학생들은 창의력이 부족하다고 생각한다. 그 아이들이 우리 미국 학생들보다 더 좋은 점수를 얻는 이유는 오직 기계적인 암기력과 기억력 때문이라고 여긴다. 그러나 놀라지 마시라. 진실은 오히려 그 반대다!

1993년 일군의 연구진이 각각 일본과 타이완에 위치한 열 개 초등학교와 스무 곳의 미국 초등학교를 대상으로 연구를 실시했다. 그들은 각 학교에서 두 명의 수학 교사를 선별하여 한 교사당 네 시간씩 수학 수업을 관찰했다. 관찰 결과 '모든' 교사들이 기계적 암기법을 상당히 자주 사용하고 있었다. 어떤 나라에서든 암기법은 수업의 절반을 차지하는 기본 과정이었지만, 다른 교수 방식에 있어서는 세 나라 사이에 커다란 차이가 있었다.

예를 들어, 일본 교사는 학생들에게 이렇게 물었다. "여러분은 200엔을 가지고 있습니다. 그런데 방금 문구점에서 70엔짜리 공책을 샀습니다. 그럼 여러분한테는 지금 몇 엔이 남아 있을까요?" 타이완 교사들은 뭐라고 했을까? "세 명의 아이들이 공놀이를 하고 있습니다. 두 명이 더 왔습니다. 잠시 후에 한 명이 더 같이 놀게 되었습니다. 이제 공놀이를 하는 아이들은 몇 명일까요?" 이렇게 이야기하는 동안 교사는 칠판에 그림을 그리고 '3 + 2 + 1'이라는 수식을 적는다.

교사들이 학용품을 사고, 공놀이를 하는 등 구체적이고 익숙한 사물을 이용하여 추상적인 개념을 설명하고 있다는 데 주목하라. 그들은 우리가 앞 장 '단순성 편'에서 살펴본 것처럼 기존의 도식을 활용한다. 교사는 학생들이 이미 가지고 있는 도식(공놀이를 하는 여섯 명의 아이들) 위에 새로운 형태의 추상적 개념(3+2+1)을 덮어씌운다.

연구진은 이런 질문 기법을 '맥락을 이용한 계산'이라고 불렀다. 이는 '기계적 암기'와 상당히 대조적인 개념이다. 또한 우리의 고정관념과는 반대로 이러한 기법을 활용하는 빈도는 아시아 교사들이 미국 교사들에 비해 두 배가량 높았다(61퍼센트 대 31퍼센트).

다른 경우도 한번 살펴보자. 일본인 교사가 책상 위에 한 줄에 각각 열 개씩 다섯 줄의 타일을 늘어놓는다. 그중 석 줄을 옆으로 치워버린 다음, 학생들에게 책상 위에 타일이 몇 개나 남았는지 묻는다. 학생들은 20개라고 대답한다. 그러자 교사는 이것이 뺄셈 문제인지 어떻게 알았느냐고 묻는다. 교사는 학생들에게 뺄셈을 의미하는 시각적 이미지를 보여주고 학생들은 구체적인 사물(50개의 타일 가운데 책상 위에 남아 있는 20개의 타일)을 이용해 '뺄셈'이라는 추상적 개념을 배운다. 연구진은 이러한 형식의 질문을 '개념적 지식 질문'이라 칭했다. 일본에서는 수업의 37퍼센트가 그리고 대만에서는 20퍼센트가 이러한 질문으로 진행된 반면, 미국의 수학 수업은 겨우 2퍼센트만 이런 식으로 진행되었다.

추상적 개념을 토대로 하여 구체성을 이용하는 것은 단순히 수학 수업에만 유용한 것이 아니다. 이는 이해의 기본 원리이다. 초보자들은 구체성을 열망한다. 혹시 논문이나 과학 기사 또는 메모를 읽다가 온갖 화려한 추상적 개념과 언어들 때문에 절망하여 제발 예를 들어달라고 울부짖어본 적이 없는가?

요리책을 읽다가 너무나도 추상적인 요리법 때문에 프라이팬을 뒤엎어버리고 싶은 충동을 느낀 적은? "반죽의 농도가 적당해질 때까지 젓는다"라니. 대체 무슨 소리야? 몇 분 동안 저어야 하는지 좀 구체적으로 말해달라고! 어느 정도가 적당한지 사진으로 보여주든가! 우리는 요리를 몇 번 해본 뒤에야 비로소 '적당한 농도'가 어떤 것인지 이해할 수 있다. 경험을 통해 점차 그에 대한 감각적 이미지를 형성하기 때문이다. 하지만 세 살짜리 어린애가 3 + 2 + 1을 이해할 수 없듯 처음에는 거기서 아무런 의미도 발견하지 못한다.

이렇게 구체성은 우리의 이해를 돕는다. 우리의 지식과 지각력을 구성하는 기본 토대 위에 더욱 심오하고 더욱 추상적인 통찰력을 쌓아올릴 수 있도록 도와주는 것이다. 추상적 개념을 지탱하는 것은 구체적 토대다. 구체적인 기본 지식 없이 추상적 원리를 가르치려 드는 것은 집을 지붕부터 지으려고 하는 것이나 마찬가지다.

머리에 쏙쏙 들어오는 회계학 강의의 비결

구체적인 메시지는 기억하기 쉽다. 단어만 해도 그렇다. 기억력에 관한 일련의 실험들은 인간이 정의나 규범과 같은 추상명사보다 자전거나 휴대폰같이 쉽게 형상화할 수 있는 명사를 더욱 잘 기억한다는 사실을 밝혀냈다.

선천성 스티커 메시지는 구체적인 단어와 이미지들로 가득하다. 켄터키 프라이드 생쥐나 신장 도둑 이야기에 나오는 얼음으로 가득 찬 욕조를 생각해보라. 만약 이야기가 "남자가 아침에 눈을 떠보니 자아존중감이 절반으로 줄어들어 있었다"라는 식이었다면 그 도시 전설은 훨씬 덜 달라붙는 스토리가 되었을 것이다.

예일 대학의 에릭 해블록Eric Havelock은 『일리아드』나 『오디세이아』

와 같은 구전문학을 연구한다. 그는 오랜 연구 결과 그렇게 입에서 입으로 전해 내려오는 이야기들이 추상적 개념은 거의 포함하지 않은 반면 구체적인 행동으로만 구성되어 있음을 알아냈다.[3] 그 이유는 무엇일까? 고대 그리스인이라면 추상적 개념을 어렵게 받아들였을 리가 없다. 플라톤과 아리스토텔레스를 배출한 사람들이니 말이다. 해블록은 시간이 흐르면서 추상적 이미지가 사라졌다고 믿는다. 여러 세대를 거쳐 내려오면서 기억하기 쉬운 구체적 묘사들은 살아남은 반면 추상적인 이미지들은 증발해버린 것이다.

그럼 이번에는 현대 사회를 포함해 과거 어느 때든 아름다운 표현으로 칭송받아온 또 다른 영역으로 넘어가보자. 바로 계산과 회계 분야다. 자, 당신은 대학생들에게 회계의 기본 원리를 가르쳐야 하는 회계학 교수다. 신입생들에게 회계학이란 머리가 얼얼해질 정도로 추상적인 개념이다. 교과서를 아무리 넘겨봐도 손익계산서, 대차대조표, T-계정, 미수금, 자기주식 등 알 수 없는 말들뿐 실질적인 데이터나 사람은 전혀 등장하지 않는다.

이런 회계학적 개념들을 생생하게 전달하려면 어떻게 해야 할까? 조지아 주립대학의 교수인 캐럴 스프링어와 페이 보식은 조금 획기적인 방식을 시도해보기로 했다.[4] 2000년 가을 두 사람은 회계학 수업에 사례 연구 방식을 활용했다. 이 사례 연구는 크리스와 샌디라는 두 명의 르그랑 대학 2학년생이(물론 가공의 학생들이지만) 창설한 새로운 사업을 바탕으로 하고 있었다.

크리스와 샌디는 운전이 가능한 10대 자녀를 키우는 부모들을 겨냥한 '안전한 밤 외출'이라는 신상품에 관한 아이디어를 가지고 있다.

자동차에 이 장치를 설치해놓으면 운행 코스와 속도 등의 정보가 기록된다. 드디어 아이들에게 맡긴 차가 과연 안전하게 운행되고 있는지 정확하게 알 수 있는 길이 열린 것이다.

이제 여기서부터 회계학을 배우는 학생들이 스토리의 일부가 된다. 당신은 크리스와 샌디의 친구이며 두 사람은 당신이 회계학 수업을 듣고 있다는 사실을 알게 되었다. 그들은 당신의 도움이 필요하다. 크리스와 샌디는 여러 가지 질문을 던진다. 우리 사업 구상이 현실성이 있니? 대학 학비를 대기 위해서는 이 제품을 몇 개나 팔아야 할까? 당신에게는 관련 부품들(GPS 수신기, 데이터 저장기) 등과 파트너십의 가격을 검토할 수 있는 자료(이베이에서 이 제품을 판매하려면 비용이 얼마나 들까)가 주어진다.

크리스와 샌디의 드라마는 한 학기 내내 진행되는데 회계학이 실제 비즈니스 세계에서 어떤 역할을 하는지를 여실히 보여준다. 모든 회계 수업은 고정비용과 가변비용의 차이를 가르친다. 하지만 이 드라마에서는 그러한 차이점이 '드러나지' 않는다. 크리스와 샌디는 제품을 개발하는 데 필요한 프로그램 비용처럼 어떤 비용은 반드시 지불해야 한다. 이것이 고정비용이다. 한편 생산비용이나 이베이 커미션 등 제품이 완성되거나 판매되었을 때에만 발생하는 비용도 있다. 이것이 가변비용이다. 만일 당신의 친구들이 대학 등록금을 초기 사업비용으로 투자한다면 이런 구분은 매우 중요해진다.

이 사례 연구는 아시아 초등학교의 수학 수업처럼 맥락을 이용한 학습 방식이다. 단지 수학 수업에서는 한 학기 동안 수백 개의 예시를 접하는 반면 회계학을 공부하는 학생들은 하나의 사례를 통해 한 학기 전체의 수업 내용을 배운다는 점에서 차이가 있을 뿐이다.

이제 당신은 크리스와 샌디의 회계사가 되어 두 사람의 사업이 점차 발전해나가는 모습을 지켜본다. 이번에는 지방 법원이 가석방 죄수들을 감시하는 데 두 사람이 개발한 '안전한 밤 외출'을 활용하고 싶다고 제안해왔다. 그러나 그들은 장비를 구입하기보다는 임대하기를 원한다. 크리스와 샌디는 어떤 선택을 할까?

성장에 성장을 거듭하던 어느 날, 갑자기 크리스와 샌디가 겁에 질려 당신에게 전화를 건다. 수표가 부도났어! 그토록 많은 제품을 팔았건만 은행에는 현금이 한 푼도 없다. 어떻게 그럴 수가 있지? (많은 신생 기업이 이런 문제에 봉착하는데 현금 흐름과 수익률 사이의 차이 때문이다) 당신은 한 달간의 이베이 영수증과 출금전표를 일일이 대조해본 후에야 그 원인을 파악한다.

이 수업을 들은 학생들은 과연 더 많은 것을 배웠을까? 초기에는 그 질문에 확실히 대답할 수 없었다. 수업 방식의 전반적인 변화는 기말시험 결과를 직접적으로 비교하기 어렵게 만들었다. 어떤 학생들은 완전히 다른 방식의 수업에 열성적으로 덤벼들었지만 다른 일부 학생들은 사례 연구가 너무 많은 시간을 잡아먹는다며 투덜거렸다. 하지만 시간이 지날수록 사례 연구의 우수성이 점차 뚜렷하게 드러나기 시작했다. 사례 연구에 참가한 학생들은 GPA에서 더 높은 점수를 받았고 회계를 전공할 비율 또한 더욱 높게 나타났다. 맥락과 구체성을 활용한 수업은 재능 있는 학생들이 장래 직업으로 회계사를 선택할 비율을 높여주었던 것이다.

또한 사례 연구는 다른 평범한 학생들에게도 긍정적인 영향을 미쳤다. 약 2년 뒤에 실시된 다음 회계학 수업은 학생들이 이미 회계학의 기초 원리를 알고 있다는 가정하에서 진행되었는데, 지난 학기에 사례 연구를 경험한 학생들이 첫 번째 시험에서 눈에 띄게 높은 점수를 받았다. 사실을 말하자면 학생들의 점수 차이는 놀랍도록 확연했다. 사례 연구로 학습한 학생들이 평균 12점이나 높았던 것이다. 이 시험이 사례 연구 수업을 한 지 2년 뒤에 치러졌음을 기억하라. 구체적인 메시지는 오래 달라붙는다.

헤이 주드, 수박,
그리고 모나리자

구체성은 어떻게 메시지를 착 달라붙게 만드는 걸까? 해답은 기억력의 속성에 있다. 많은 이들이 기억이란 창고에 무언가를 집어넣는 것과 비슷하다고 생각한다. 스토리를 기억한다는 것은 대뇌의 기억금고 안에 기억을 쌓는 것과 유사하다. 그렇다. 이 비유에는 전혀 잘못된 부분이 없다. 하지만 여기서 주목할 점은 서로 다른 기억들은 각기 서로 다른 금고 안에 분류된다는 사실이다.

　원한다면 직접 시험해볼 수도 있다. 다음 문장들은 당신의 다양한 기억을 자극할 것이다. 각각의 문장들을 5~10초 동안 들여다보라. 서두를 필요는 없다. 한 문장에서 다른 문장으로 옮겨가는 순간, 다른 것을 기억하면 다른 느낌이 든다는 것을 실감하게 될 것이다.

- 캔자스주의 주도州都는 어디인가.
- 〈헤이 주드〉 같은 잘 아는 노래의 첫 구절을 떠올려보라.
- 〈모나리자〉를 상상해보라.
- 어린 시절을 보낸 집을 떠올려라.
- 진실의 정의를 생각해보라.
- 수박의 정의를 생각하라.

듀크 대학의 인지심리학자인 데이비드 루빈David Rubin은 기억의 본질을 설명하는 데 이 연습활동을 활용한다. 각각의 문장은 서로 다른 정신활동을 자극한다. 캔자스주의 주도를 떠올리는 것은 당신이 실제로 토피카에 살고 있지 않는 한 일종의 추상적 활동이다. 그와는 대조적으로 〈헤이 주드〉의 가사를 생각하면 머릿속에서 폴 매카트니의 목소리와 피아노 건반 소리가 저절로 울리게 된다(〈헤이 주드〉라고 했는데 아무것도 떠오르지 않는다면 지금 당장 이 책을 헌책방에 갖다 팔고 음반 가게에 가서 비틀스의 앨범을 사라. 그 편이 훨씬 행복할 것이다).

〈모나리자〉는 신비로운 미소를 입가에 단 그 유명한 그림의 '시각적' 이미지를 불러올 것이며 어린 시절을 보낸 집은 여러 가지 공감각적 기억들을 자극할 것이다. 냄새, 소리, 풍경, 어쩌면 계단을 뛰어내려가는 자신의 모습이나 부모님이 즐겨 앉던 집 안의 의자가 생각날지도 모른다.

그에 비해 '진실'의 정의는 기억의 표면으로 끌어올리기가 훨씬 어렵다. 진실이 무엇을 의미하는지는 알고 있지만 모나리자와는 달리 조직적으로 준비된 정의를 끄집어내기는 힘들다. 당신은 자신이 느끼는 진실과 일치하는 자기 자신만의 정의를 새로 만들어내야만 한다.

'수박'의 정의 또한 정신 회전과 관련이 있다. 수박이라는 단어는 즉시 머릿속 기억을 자극한다. 검은 줄무늬가 그려진 초록색 껍질, 붉은색의 과육, 달콤한 맛과 향기. 하지만 이 모든 감각적 기억들을 요약하여 정의로 정돈하려는 순간 아까와는 전혀 다른 정신 상태에 있음을 깨닫게 된다.

기억이란 단순히 하나의 금고에 쌓이는 것이 아니다. 기억은 찍찍이와 비슷하다. 한 면에는 수천 수만 개의 자잘한 갈고리가 붙어 있고, 다른 한 면은 작은 고리들로 뒤덮여 있다. 이제 그 양쪽 면을 맞대고 누르면 수천 개의 갈고리가 수천 개의 고리를 얽어 양면이 착 달라붙게 된다.

당신의 두뇌에는 상상도 못할 만큼 무수한 고리가 들어 있다. 그래서 많은 갈고리가 달려 있는 메시지일수록 당신의 기억에 달라붙기 쉽다. 어렸을 때 자란 집은 수많은 갈고리를 지니고 있다. 새로 발급받은 신용카드 번호에는 운이 좋아봐야 겨우 한두 개 정도다.

뛰어난 교사들은 메시지에 달려 있는 갈고리의 수를 늘리는 놀라운 능력을 지니고 있다. 예를 들어, 아이오와 출신의 교사 제인 엘리엇은 참으로 강력한 감정과 기억을 다양한 측면에서 자극하는 메시지를 창조해냈는데, 그녀의 학생들은 20년 후까지도 이를 생생하게 기억하고 있었다.

1968년 4월 4일 마틴 루서 킹 주니어 목사가 암살되었다. 아이오와의 초등학교 교사인 제인 엘리엇 Jane Elliott은 담임을 맡고 있는 3학년 학생들에게 그의 암살 사건에 대해 설명해주고 싶었다. 주민들의 거의 대부분이 백인인 아이오와주 라이스빌에 사는 학생들은 킹 목사가 누구인지는 알고 있었지만 도대체 어떤 사람들이 왜 그를 죽이고 싶어 하는지는 이해하지 못했다.

엘리엇은 이렇게 말했다. "나는 좀 더 구체적으로 설명할 때가 되었다는 걸 깨달았다. 우리는 학교에 입학한 첫날부터 줄곧 인종차별에 대해 이야기를 나누었기 때문이다. 하지만 두 달 전 '이 달의 영웅'으로 뽑힌 마틴 루서 킹의 암살 사건을 아이오와주 라이스빌에 사는 초등학교 3학년생들에게 설명하기란 너무 어려웠다."

다음날 그녀는 밤새 짠 계획을 가지고 학교에 갔다. 그녀는 학생들이 편견에 대해 확실히 실감하길 원했다. 그녀는 수업 시간에 학생들을 두 집단으로 분류했다. 갈색 눈의 아이들과 푸른 눈의 아이들이었다.[5] 그런 다음 엘리엇은 아이들에게 충격적인 선언을 했다. 눈이 갈색인 아이들이 눈이 푸른색인 아이들보다 훨씬 우수하다는 것이었다.

"눈이 갈색인 아이들이 더 우수하다."

두 집단은 분리되었다. 푸른 눈의 학생들은 교실 뒤쪽에 모여앉아야 했고, 갈색 눈의 학생들은 푸른 눈의 아이들보다 더 똑똑하다는 이야기를 들었다. 그들은 쉬는 시간을 추가로 더 길게 즐길 수 있었다. 푸른 눈의 학생들은 멀리서도 눈 색깔을 구분할 수 있도록 목에 특별한 옷깃을 달았다. 두 집단은 쉬는 시간에 함께 어울리는 것도 허용되지 않았다.

엘리엇은 학생들의 급격한 변화를 목격하고 엄청난 충격을 받았다. "아이들은 갑자기 심술궂어졌고 친구들을 차별하고 못되게 굴었다. 정말 무시무시한 광경이었다. 갈색 눈의 아이들이 푸른 눈의 친구들을 놀리고 경멸하기 시작하면서 우정이 급속도로 파괴되었다." 심지어 갈색 눈의 한 학생은 엘리엇에게 '눈이 푸른색인데 어떻게 선생이 될 수 있었는지' 물었다.

다음 날 엘리엇은 교실에 들어가 자신이 틀렸다고 말했다. 사실은 눈이 갈색인 사람들이 더 열등하다는 것이었다. 이런 운명의 반전은 학생들에게 즉각적인 영향을 미쳤다. 푸른 눈의 아이들에게서 환호성이 터져나왔고, 그들은 열등한 갈색 눈의 아이들에게 달려들어 자신의 목에 달려 있던 옷깃을 붙여주었다.

열등한 집단에 속하게 된 학생들은 스스로에 대해 슬프고 나쁘고 심술궂고 멍청하다고 묘사했다. 한 소년은 갈라진 목소리로 말했다. "내가 나쁜 쪽에 속해 있을 때에는 나한테 세상 나쁜 일이란 나쁜 일은 다 일어나는 것 같았다." 하지만 우수한 집단에 속하게 되자 학생들은 스스로 즐겁고 착하고 똑똑하다는 느낌을 받았다.

심지어 학업 성적에까지 변화가 일었다. 읽기 수업 중에는 단어장의 단어들을 될 수 있는 한 빨리 소리 내어 읽는 활동이 있었는데, 푸른 눈의 아이들이 열등한 집단에 속해 있던 날 그 아이들의 평균 읽기 시간은 5.5분이었다. 둘째 날 두 집단의 위치가 바뀌자 그 아이들의 평균 시간은 2.5분으로 현저하게 줄었다. "어제는 왜 이렇게 빨리 읽지 못했니?" 엘리엇이 물었다. 한 푸른 눈의 소녀가 대답했다. "그 옷깃을 달고 있었잖아요." 다른 학생이 끼어들었다. "하루 종일 옷깃 생각밖에 안 났어요."

엘리엇의 가상 실험은 학생들에게 편견이 무엇인지 구체적으로 체험하게 해주었다. 잔인할 정도로 구체적으로 말이다. 또한 학생의 삶에도 엄청난 영향을 미쳤다. 그로부터 10년 후와 20년 후에 행해진 연구에 따르면 엘리엇의 학생들은 이 같은 활동을 한 적이 없는 다른 학생들에 비해 편견의 수준이 현저하게 낮았다.[6]

학생들은 아직까지도 그때의 일을 생생하게 기억한다. 학교를 졸업한 지 15년 후 PBS의 다큐멘터리 프로그램인 〈프런트라인Frontline〉에 출연한 엘리엇의 학생들은 그때의 경험이 얼마나 깊은 영향을 주었는지 털어놓았다. 단 하룻밤 사이에 자신의 사고방식이 어떻게 변했는지 생생히 기억하는 레이 한센은 "그것은 내 일생을 통틀어 가장 심오한 경험이었다"라고 말했다. 수 긴더 롤랜드는 이렇게 말했다. "편견은 어린 시절에 떨쳐버리지 않으면 평생 동안 붙어다니게 된다. 때로 나는 편견에 사로잡히게 되면 잠시 생각을 멈추고 3학년 때를 떠올린다. 그러면 차별을 당한다는 게 어떤 기분인지 깨닫게 된다."

제인 엘리엇은 편견이라는 메시지에 수많은 갈고리를 접목시켰다. 그녀는 다른 방식을 택할 수도 있었다. 그녀는 '차별'에 대해, 캔자스의 주도나 '진실'의 정의처럼, 중대하지만 어느 정도 추상적인 개념을 가르치듯 설명할 수도 있었다. 또는 제2차 세계대전처럼 배우고 익혀야 하는 것으로 취급할 수도 있었다. 하지만 그 대신 그녀는 차별이라는 개념을 하나의 경험으로 변환시켰다. 그녀가 이용한 갈고리를 생각해보라. 갑자기 당신을 비웃는 친구들, 목을 옥죄는 옷깃의 느낌, 열등하다는 말을 들었을 때의 절망감, 거울 속에 비친 자신의 눈동자를 봤을 때 덮쳐온 충격. 이러한 경험들은 학생들의 기억 속에 수많은 갈고리를 부착시켰고, 그 갈고리들은 10년, 20년 후까지도 사라지지 않았다.

의사소통을 방해하는 적, 지식의 저주

제인 엘리엇의 편견에 관한 시뮬레이션은 구체성의 위력을 알려주는 강력한 증거라고 할 수 있다. 그런데 구체성이 그토록 강력한데도 어째서 우리는 그토록 쉽게 추상적 개념에 굴복하는 걸까?

이유는 간단하다. 추상적인 사고방식이야말로 전문가와 초보자의 차이이기 때문이다. 아마추어인 배심원은 변호사의 태도와 증거들 그리고 법정에서 벌어지는 관례의 영향을 받지만 판사는 법적 판례와 선례가 남긴 추상적 교훈을 토대로 해당 사건의 무게를 저울질한다. 학생들은 파충류가 알을 낳는지 새끼를 낳는지 고민하지만 생물학 교사들은 동물 분류학이라는 커다란 범주를 다룬다.

초보자는 구체적 세부 사항을 구체적인 세부 사항으로 받아들인다. 전문가들은 구체적 세부 사항을 패턴의 상징과 다년간의 경험에서 비롯된 통찰력으로 인식한다. 보다 높은 통찰력을 구사할 수 있기에 자연적으로 그들은 보다 높은 차원에서 대화를 나누길 원한다. 그들은 체스의 전략에 대해 이야기하고 싶지, 비스듬히 움직이는 비숍에(체스에서 말의 하나. 비스듬히 사방으로 움직일 수 있다—옮긴이) 관해 말하고 싶어 하지 않는다.

여기서 우리의 악당 '지식의 저주'가 끼어든다. 베스 베키Beth Becky 라는 어느 학자가 실리콘칩 생산에 사용되는 복잡한 기계를 디자인 및 제작하는 한 제조회사를 연구했다.[7] 이 기계를 만들려면 회사는 두 가지 부류의 기술자, 즉 훌륭한 디자인을 고안해낼 설계기술자와 그

디자인을 복잡한 기계로 구현하는 숙련된 제조기술자가 필요하다.

회사의 성공은 이 두 집단 사이의 의사소통 능력에 달려 있다. 하지만 어찌 보면 당연하게도 두 집단은 서로 다른 언어를 이용한다. 설계기술자들은 추상적으로 사고한다. 그들은 머리를 싸매고 청사진과 설계도를 연구한다. 한편 제조팀은 물리적 측면에서 기계를 어떻게 조립할 것인가라는 문제를 놓고 고심한다.

제작 단계에서 뭔가가 잘못되었을 때 우리는 '지식의 저주'가 어떤 결과를 초래하는지 목격할 기회를 갖게 된다. 때로 부품이 맞지 않거나 충분한 전력을 얻을 수 없는 등 심각한 문제에 봉착하면 제조팀은 설계팀을 찾아간다. 설계기술자들은 즉시 수정 작업에 착수하는데 특히 그들은 설계도를 고치는 데 전념한다.

이를테면 제작팀이 기계의 잘못된 부분을 발견했다고 하자. 제조팀은 문제가 있는 부분을 설계기술자들에게 설명한다. 그러면 설계팀은 청사진을 꺼내 설계도를 다시 그리기 시작한다. 다시 말해, 그들은 직관적으로 보다 높은 수준의 장애를 향해 뛰어드는 것이다.

베키의 연구에 의하면 설계기술자들은 제작팀의 이해를 돕기 위해 설계도를 '보다 치밀하고 정교하게' 발전시킨다. 시간이 지날수록 설계도는 더욱 추상적으로 변화하고 이는 의사소통을 더욱 어렵게 만든다.

그들은 마치 영어를 보다 천천히 또박또박 말하기만 하면 상대방이 알아들으리라고 생각하는 미국인 관광객과도 같다. 그들을 괴롭히는 것은 '지식의 저주'다. 그들은 설계도가 비전문가의 눈에 어떻게 비치는지 상상하는 능력을 잃어버렸다.

제조팀은 속으로 생각한다. 그냥 공장에 한번 들러서 어디를 어떻게 고쳐야 하는지 알려주면 되잖아? 설계팀은 생각한다. 설계도를 더욱 개선하려면 어디를 어떻게 고쳐야 할까?

실리콘칩 분야가 생소한 다른 많은 독자들에게 있어서도 의사소통의 부재는 익숙한 광경이다. 그렇다면 이 같은 현상을 어떻게 바로잡을 것인가? 두 집단이 서로의 입장을 공감하고 중간에서 타협을 봐야 하는 걸까? 단도직입적으로 말하자면, 대답은 딱 잘라 '아니다'이다. 설계기술자가 태도를 바꾸어야 한다. 그 이유가 뭐냐고?

베키가 지적했듯 의사소통과 가장 효과적이고 밀접한 관계를 맺고 있는 영역은 바로 물리적인 기계다. 이 기계는 설계팀과 제작팀이 모두 아는 공통분모다. 따라서 문제는 실재하는 기계의 수준에서 해결되어야 한다. 전문가들은 스스로 전문가처럼 말하고 있다는 사실을 쉽게 잊어버린다. 우리는 음악 맞히기 놀이에서 테이블을 두드리는 사람처럼 '지식의 저주' 때문에 고통받는다. 익숙하게 느껴온 것에 관해 자세하고 구체적으로 설명하는 것은 쓸데없는 일처럼 느껴질지도 모르지만, 명심하도록! 그러한 노력에는 반드시 보답이 따른다. 청중은 우리의 이야기를 듣고 이해하고 기억할 것이다.

이번 이야기의 교훈은 '간단하게 만들어라'가 아니다. 제조팀은 복잡한 문제에 직면했고 그에 적절한 현명한 대답이 필요했다. 아니, 여기서 당신이 배워야 할 교훈은 모든 사람들이 유창하게 말할 수 있는 '공통 언어'를 찾으라는 것이다. 모든 이들이 이해할 수 있는 공통어란 결국 구체적인 것이다.

앞 장에서 우리는 똑똑한 사람들에게 동기를 부여하고 협동의식을 자극한 놀라운 슬로건을 소개한 바 있다. "휴대용 라디오" 제조와 "10년 안에 인류를 달에 착륙시킨다"는 두 슬로건은 더할 나위 없이 구체적이기도 하다. 소니의 기술자들은 자신들의 사명을 달리 해석할 필요가 없었고, NASA 직원들은 '인간'과 '달' 또는 '10년'이라는 단어의 의미를 알아내기 위해 고역을 치르지도 않았다.

구체성은 목표를 투명하게 만든다. 투명성을 필요로 하는 것은 비단 초보자들뿐만이 아니다. '위대한 차세대 검색 엔진'을 목표로 하는 소프트웨어 회사가 있다고 치자. 이 회사의 사무실에는 거의 비슷한 수준의 지식을 갖춘 프로그래머 두 사람이 나란히 앉아 있다. 그중 한 명에게 '위대한 차세대 검색 엔진'이란 비록 그 콘텐츠가 불확실하다 할지라도 웹상에 올라와 있는 모든 관련 항목들을 완벽하게 잡아낼 수 있는 프로그램을 뜻한다. 한편 다른 한 명에게는 속도, 즉 최대한 빨리 유용한 검색 결과를 제시하는 프로그램을 의미한다.

이런 경우 아무리 두 사람이 열심히 노력한다 해도 회사의 목표가 구체적으로 설정되기 전에는 확실한 결과를 창출할 수 없을 것이다.

1960년대에 여객기 보잉 727의 설계를 준비하고 있던 보잉의 관리자들은 매우 구체적인 목표를 설정했다. 727기는 131명의 승객들을 수용할 것이며, 마이애미에서 뉴욕까지 직항으로 운행하고, 라과디아 공항의 4–22 활주로를 이용할 것이다(4–22는 1.6킬로미터도 채 안되는 짧은 활주로로, 당시의 여객기가 이용하기에는 너무 짧았다).[8] 이런 구체적인 목표를 설정한 덕분에 보잉은 설계에서부터 실질적인 생산에 이르기까지 수천 명의 전문 인력을 조화롭게 협력시킬 수 있었다.

만일 그들의 목표가 '세계 최고의 여객기'였다면 보잉 727의 제작은 훨씬 힘들지 않았을까?

HP를 만족시킨
프레젠테이션

샌프란시스코에 있는 작은 컨설팅 회사 스톤 야마시타 파트너스Stone Yamashita Partners는 애플에서 크리에이티브 디렉터로 일했던 로버트 스톤과 키스 야마시타가 공동설립한 회사다. 스톤 야마시타는 구체적이고 확실한 방법으로 조직 변화를 유도하는 탁월한 능력을 지니고 있다. "우리가 하는 일 대부분은 본능적이고 시각적이다." 키스 야마시타의 말이다. 대부분의 컨설팅 회사는 상품을 파워포인트 프레젠테이션의 형태로 제시하지만, 스톤 야마시타의 작품들은 주로 시뮬레이션이나 이벤트 또는 독창성이 넘치는 전시물에 가깝다.

2002년 무렵 HP가 스톤 야마시타의 문을 두드렸다. 디즈니와의 파트너십을 노리는 HP의 최고경영진은 HP의 업적과 연구결과를 강조하고 그들이 어떻게 디즈니랜드의 운영에 도움이 될지 보여주는 제안서를 준비하는 데 스톤 야마시타의 도움이 필요했다.

다른 최첨단 기술 회사와 마찬가지로 HP의 연구소 역시 탁월한 기술과 연구 업적을 축적해두고 있었지만 늘 실질적인 제품의 형태로 귀결되는 것은 아니었다. 연구진은 기술을 한계까지 끌어올려 복잡하고 정교한 제품을 만드는 데 열광했다. 반대로 고객들은 간단하고 신뢰할 수 있는 제품을 선호했다. 연구팀의 욕구와 고객들의 욕구가 언제나 같은 방향을 향하는 것은 아니었다.

스톤 야마시타가 기획한 '프레젠테이션'은 560제곱미터를 가득 메우는 전시 프로젝트였다. 야마시타는 이 프로젝트에 대해 다음과 같이 설명했다. "우리는 페라리라는 이름의 가공의 가족을 만들어냈습니다. 이 프레젠테이션은 할아버지부터 손자까지 3대로 구성된 페라리 가족의 삶과 디즈니랜드 여행을 다루고 있습니다."[9]

전시장은 가족사진이 즐비하게 걸린 페라리 가족의 거실에서부터 시작된다. 동선을 따라 방에서 방으로 움직이다 보면 페라리 가족이 여름휴가 동안 디즈니랜드에서 찍은 갖가지 사진들을 볼 수 있다.

HP의 기술은 그들이 표를 사고 놀이동산에 입장하고 식당에 저녁식사를 예약할 수 있도록 돕고, 줄 서는 시간을 최대한 절약해 재미있는 놀이기구들을 실컷 즐기도록 해준다. 하루가 끝나고 호텔로 돌아가면 마지막 선물이 기다리고 있다. 디즈니랜드에서 롤러코스터를 탔을 때 찍은 디지털 사진이 자동으로 다운로드되어 그들을 얌전히 기다리고 있는 것이다.

스톤 야마시타는 HP의 기술자들과 함께 디즈니와 HP의 협력관계에 관한 메시지를 살아 숨쉬는 생생한 시뮬레이션으로 변화시켰다. 그들은 e서비스라는 메시지에 갈고리를 부착했고, 고도의 감각적 경험으로 표현함으로써 추상적 메시지를 구체화시켰다.

이 전시회가 두 부류의 관객을 겨냥하고 있다는 데 주목하라. 첫 번째 관객은 디즈니다. 디즈니의 경영진은 초보자였다. 그들은 HP 기술이 그들을 위해 무엇을 해줄 수 있을지, 그들이 어떤 이점을 얻을 수 있을지를 구체적이고 확실한 형태로 접해야 했다. 그리고 두 번째로

HP 직원들이 있었다. 주로 기술자들로 이루어진 그들은 초보자와는 거리가 멀었다. 많은 기술자들이 야마시타가 내놓은 데모 시뮬레이션의 가치를 의심했다.

그러나 일단 전시장이 문을 열자 HP 내부에서 열광적인 반응이 쏟아져 나오기 시작했다. 처음에 이 전시장은 디즈니에 확실한 인상을 심어줄 때까지만 세워놓을 계획이었지만 뜨거운 지지에 힘입어 전시 기간은 그 후로 3~4개월까지 연장되었다. 어떤 사람은 이렇게 말하기도 했다. "어찌나 소문이 빨리 퍼졌던지 나중에는 사람들 사이에 이런 말이 퍼지기 시작했다. '연구실 사람들이 만들었다는 그거 봤어? 난 우리가 그런 대단한 일을 할 수 있으리라고는 상상도 못했어! 그걸 만드는 데 겨우 28일밖에 안 걸렸대!'"

이렇게 구체성은 전문가들이 모인 팀이 협력할 수 있도록 도와준다. 어려운 기술적 문제를 바로잡는 데에만 익숙해져 있던 기술자들은 갑자기 페라리 가족이라는 평범한 사람들과 마주치게 되었다. 표를 끊는 것부터 식당 예약, 디지털 사진 출력까지 한 가족의 구체적인 필요와 욕구를 인식함으로써 그들은 놀라운 일을 해냈다. 연구진이 가지고 있던 추상적인 메시지를 뽑아내 롤러코스터를 탄 가족사진으로 변화시킨 것이다.

연필과 종이 한 장으로 시간을 보낼 방법을 찾아보자. 여기 구체성과 관련해 당신이 해볼 수 있는 간단한 테스트 하나를 소개한다. 겨우 15초 정도만 투자하면 된다. 준비가 끝나면 타이머를 15초로 맞춰놓고 1단계부터 돌입한다.

1단계 지금 생각나는 모든 하얀색 물건을 적어라. 중지. 타이머를 다시 15초에 맞춘다.

2단계 당신의 냉장고 속에 들어 있는 하얀색 물건을 생각나는 대로 최대한 많이 적어라.

대부분의 사람들은 자기 집 냉장고에 들어 있는 하얀색 물건을 그냥 머릿속에 떠오르는 하얀색 물건을 적어보라고 했을 때만큼이나 많이 나열할 수 있다. 이건 상당히 신기한 일인데 우리의 냉장고는 세상에서 아주 작은 부분에 불과하기 때문이다.

심지어 1단계에서 더 많은 물건들을 나열한 사람들조차 2단계 쪽이 훨씬 쉽다고 생각한다.

어떻게 이런 일이 일어날 수 있을까? 답변. 구체성은 당신의 두뇌를 자극하고 집중하도록 돕기 때문이다. 이 같은 현상의 또 다른 예를 들어보자. ① 지난 10년간 인류가 저지른 어리석은 일 다섯 가지를 생각해보라. ② 지난 10년간 당신의 자녀들이 저지른 어리석은 일 다섯 가지를 생각해보라.

물론 이건 우리의 뇌가 할 수 있는 자그마한 재주에 불과하다. 하지만 그 가치를 생각해본다면? 한 사업가가 이런 보잘것없는 재주를 이용해 세상 물정에 밝은 투자가들로부터 450만 달러를 투자받은 이야기를 들어보자.

상상을 자유롭게 하는 멍석,
구체성

창업가로서 자신의 사업 아이디어를 벤처 캐피털리스트에게 소개할 기회를 가진다는 것은 풋내기 배우가 독립 영화감독 앞에서 오디션을 치르는 것처럼 어마어마한 일이다. 하지만 실리콘밸리의 거물인 클라이너 퍼킨스Kleiner Perkins의 중역들 앞에서 프레젠테이션을 한다는 것은 마치 스티븐 스필버그와 일대일 오디션을 치르는 것과 같다. 당신은 스타가 되어 걸어나올 수도 있고, 아니면 일생일대의 기회를 공중분해시켜버릴 수도 있다.

1987년, 29세의 제리 캐플런Jerry kaplan이 클라이너 퍼킨스의 사무실에서 잔뜩 긴장한 채 서 있었던 것도 바로 그런 이유에서였다.[10] 원래 스탠퍼드대 연구원이었던 캐플런은 직장을 그만두고 아직 초창기에 불과하던 로터스Lotus에 몸담았는데, 이후 로터스는 로터스 1-2-3 스프레드시트로 명성을 떨치면서 주식시장의 총아가 되었다. 이제 캐플런은 다음 도전에 달려들 준비가 되어 있었다. 그의 새로운 비전은 지금보다 작고 휴대가 간편한 차세대 PC였다.

캐플런은 자신과 비슷한 처지의 다른 사람들이 열심히 프레젠테이션을 하는 동안 회의실 밖을 서성거리며 초조하게 기다렸다. 시간이 지날수록 초조함은 점차 공포로 치달았다. 프레젠테이션을 하러 온 다른 사업가들은 모두 어두운 색깔의 스트라이프 양복에 붉은 넥타이를 매고 있었다. 캐플런은 스포츠 재킷과 캐주얼한 셔츠를 걸치고 있었다. 그들은 화이트보드에 화려하고 찬란한 컬러 그래프들을 쉴 새 없이 쏟아냈다. 캐플런의 손에는 백지가 가득한 갈색 서류첩뿐이었다. 이래서야 일이 잘 풀릴 것 같지 않았다.

캐플런의 원래 의도는 편안한 옷차림과 태도로 친근감을 주는 것이었다. 하지만 이렇게 거창한 양복들에게 둘러싸여 있으니 자신이 얼마나 순진했는지 깨달을 수밖에 없었다. 그에게는 '사업 계획서도, 슬라이드도, 차트도, 재정 예측안도, 견본도' 없었다. 그중에서도 최악은 의심 많은 청중이 준비가 미흡한 창업가에게 까다로운 질문을 던질지 모른다는 것이었다.

마침내 캐플런의 차례가 왔다. 캐플런은 숨을 깊게 들이마신 다음 입을 열었다. "저는 앞으로 책상 앞에서뿐만 아니라 어디서든 컴퓨터를 이용하고 싶은 우리 같은 프로들을 위해, 타자기보다는 공책에 가깝고 키보드가 아니라 펜으로 작동되는 새로운 종류의 컴퓨터가 필요하리라 믿습니다. 우리는 이 컴퓨터로 메모를 하고 휴대전화와 연결하여 메시지를 주고받고 주소와 전화번호를 검색하고 가격표와 재고를 찾아보며 또한 스프레드시트를 이용해 계산을 하고 각종 서류와 양식을 구성할 수도 있을 것입니다."

그는 새로운 컴퓨터를 만드는 데 필요한 기술들을 설명하고 그중에서도 특히 앞으로 개발이 필요한 핵심 기술, 즉 인간의 손글씨를 인식하고 이를 명령어로 변환하는 기능에 관해 강조했다. 캐플런은 그 다음에 일어난 일에 관해 이렇게 회상한다.

그들은 긴장한 듯 보였다. 내 프레젠테이션 준비가 미흡해서인지, 아니면 단순히 내 말에 집중하고 있어서인지 알 수 없었다. 모든 게 끝장이라는 생각이 들었다. 그래서 나는 어차피 이판사판이라는 기분으로 작은 연극을 연출하기로 했다.

"만일 제가 이 자리에 휴대용 PC를 가지고 왔더라면 여러분은 그 사실을 알아차렸겠지요. 하지만 제가 지금 이 손에 차세대 컴퓨터의 모델을 들고 있다는 걸 눈치 챈 사람은 아무도 없을 겁니다!"

나는 내 갈색 서류첩을 공중에 내던졌다. 그것은 쿵 소리를 크게 내며 탁자 한가운데에 떨어졌다.

"여러분, 이것이 바로 컴퓨터 혁명의 다음 단계입니다."

순간적으로 나는 이 과장된 연극 때문에 방에서 쫓겨날까 봐 덜컥 겁이 났다. 하지만 그들은 마치 자리에 얼어붙은 듯 꼼짝도 않은 채 탁자 위에 놓인 내 평범한 갈색 폴더가 금세 살아 움직이기라도 할 것처럼 뚫어져라 응시했다. 마침내 얼굴은 젊어 보이지만 이 회사에서 오랫동안 파트너로 일해온 브룩 마이어스가 천천히 손을 뻗더니, 마치 성스러운 부적이라도 되는 양 서류첩을 조심스럽게 쓰다듬었다. 그러고는 물었다.

"이런 것에 얼마나 많은 정보를 담을 수 있을까요?"

내가 미처 입을 열기도 전에 다른 파트너인 존 도어 John Doerr 가 대답했다.

"그건 상관없을 겁니다. 해마다 메모리칩의 크기가 줄어들고 값은 절반으로 싸지는 반면 용량은 매년 두 배로 늘어날 테니까요."

그때 다른 누군가가 끼어들었다.

"하지만 존, 글씨 변환 프로그램을 효율적으로 만들지 못하면 메모리를 엄청나게 잡아먹을 거요."

그는 기술 평가 부문에 도움을 주려고 참석한 선 마이크로시스템 즈Sun Microsystems의 창립 CEO 비노드 코슬라였다.[11]

캐플런은 그때부터 아무것도 설명할 필요가 없었다. 그 자리에 앉아 있던 클라이너 퍼킨스 사람들이 캐플런의 제안을 둘러싸고 자기들끼리 질문과 대답, 영감을 주고받았기 때문이다. 그들은 대화 중간중간 그의 서류첩을 만져보거나 곰곰이 살펴보았다. 마치 마법에라도 걸린 것처럼 평범한 서류첩이 단숨에 미래 기술의 상징이 되었다.

며칠 후 캐플런은 클라이너 퍼킨스로부터 전화를 받았다. 회사가 그의 아이디어를 지원해주기로 한 것이다. 그들의 투자는 아직 존재하지도 않는 캐플런의 회사 가치를 단숨에 450만 달러로 끌어올려주었다.[12]

무엇이 초보 창업가의 초라한 프레젠테이션을 순식간에 브레인스토밍으로 변모시켰을까? 그것은 단지 평범한 갈색 서류첩이었다. 그 가죽 서류첩은 방 안 모든 사람들에게 도전과제를 제시해주었다. 새로운 주제에 생각을 집중하여 그들이 가지고 있던 지식을 표면으로 솟아오르게 해주었고, 비판적이고 반사적인 반응으로 일관하던 그들을 적극적이고 창의적으로 변화시킨 것이다.

서류첩의 존재는 벤처 캐피털리스트들이 브레인스토밍을 더욱 쉽게 할 수 있도록 도와주었다. 이는 '냉장고에 들어 있는 하얀색 물건'을 더욱 쉽게 나열할 수 있는 것과 비슷한 이치다. 서류첩의 크기를 본 순간, 그들의 마음속에 봇물처럼 질문들이 터져나왔다. 저만한 크기의 컴퓨터에 메모리를 얼마나 집어넣을 수 있을까? 앞으로 몇 년 안에 크기가 줄어들 PC 부속품은 무엇이고 또 그렇지 않은 것들은 무엇일까? 이 비전을 실행하려면 어떤 신기술을 개발해야 할까? '휴대용 라디오'라는 말을 들은 소니의 기술자들도 이와 똑같은 과정을 거쳤다.

구체성은 사람들이 협력할 수 있는 공용 '멍석'을 깔아준다. 방 안의 사람들은 모두가 똑같은 도전에 직면하고 있다는 데 편안함을 느낀다. 심지어 그 뛰어난 전문가들조차, 테크놀로지 분야의 록스타라 할 수 있는 클라이너 퍼킨스의 벤처 캐피털리스트들조차 그들 모두를 같은 대지 위에 올려놓는 구체적인 이야기를 통해 커다란 이점을 누릴 수 있었던 것이다.

탈수증으로 목숨을 잃고 있는
아이들을 구하자!

해마다 전 세계에서 100만 명 이상의 어린아이들이 탈수증으로 목숨을 잃고 있다. 하지만 방법만 알고 있다면 매우 적은 비용으로 손쉽게 예방할 수 있다.[13] 그렇다면 어떻게 사람들이 이 메시지에 투자하도록 만들 수 있을까? 개발도상국의 위생 및 보건 개선을 위해 힘쓰는 비영리단체 PSI의 설명을 들어보자.

| Before |

설사병은 개발도상국 영유아들의 가장 흔한 사망 원인 중 하나로, 해마다 150만 명이나 되는 어린아이들의 목숨을 앗아간다. 설사병 자체는 죽음을 야기하지 않는다. 문제는 몸의 수분을 앗아가는 탈수증이다. 인체는 약 4분의 3이 물로 구성되어 있는데, 그중 10퍼센트만 잃어도 장기가 제대로 기능하지 못하고 이어 죽음에까지 이르게 된다. 콜레라와 같은 심각한 질병에 걸리면 여덟 시간 안에 사망할 수도 있다. 이렇게 생명을 위협하는 탈수증을 예방하기 위해서는 수분 섭취를 늘려 설사로 잃은 수분과 전해질을 보충해야 한다. 이러한 목적에 가장 유용하게 이용할 수 있는 것은 전해질과 당분,

물을 섞은 탈수보충용 염류제ORS이다. ORS는 신체에 부족한 수분과 전해질을 다른 액체에 비해 훨씬 신속하게 보충할 수 있으며, 질병으로 인해 창자벽이 약해졌을 때에도 뛰어난 효과를 기대할 수 있다.

Clinic 1

빠르게 읽고 대답해보라. 앞에서 말한 탈수증 문제를 얼마나 간단히 해결할 수 있을 것 같은가? 당신은 개발도상국에서 국민들의 보건을 책임지고 있는 보건부 장관이다. 어린아이들을 살리기 위해, 당신은 내일 당장 무슨 일을 하겠는가? 공정을 기하기 위해 덧붙이자면, 이 메시지는 PSI가 어린아이들의 탈수 문제를 해결하기 위해 어떤 일을 하고 있는지 설명하는 웹페이지에서 발췌한 것이다.[14]

이 글은 사람들을 설득하고 바람직한 행동을 이끌어내기 위해서는 어떤 접근법을 취해야 할지 아무것도 말해주지 않는다. 과학적 용어와 사실적인 진술 등, 여기 담긴 정보는 모두 확고한 신뢰성을 심어준다. 하지만 처음부터 문제가 너무 복잡하게 들리면 사람들은 문제를 해결하려는 시도조차 포기하게 된다. 다음은 오랫동안 유니세프UNICEF 사무총장을 지낸 제임스 그랜트의 메시지다.

| After |

그랜트는 어딜 가나 늘 소금 한 스푼과 설탕 여덟 스푼을 넣어 섞은 봉지들을 들고 다닌다. 필요할 때마다 여기에 물 1리터를 붓고 저으면 즉석에서 탈수보충용 염류제가 만들어진다. 개발도상국의 총리

나 장관을 만날 때마다 그는 이 봉지를 꺼내들고 이렇게 말한다.[15] "차 한 잔 가격도 되지 않는 이것이 당신 조국의 수천 수백 명 아이들의 목숨을 구할 수 있다는 사실을 알고 계신지요?"

Clinic 2

역시 빠르게 읽고 대답해보라. 이 문제를 얼마나 간단히 해결할 수 있을 것 같은가? 어린아이들의 목숨을 구하기 위해 당신은 내일 당장 무슨 일을 하겠는가? 그랜트의 메시지는 지금 당장 당신을 식탁으로 달려가게 만든다. 지식을 활용해 아이디어가 샘솟게 만든다. 어쩌면 지금 당신의 머릿속에는 소금과 설탕 봉지를 전국의 학교에 보급할 여러 가지 방안들이 어지럽게 소용돌이치고 있을지도 모른다. 부모들에게 물과 소금, 설탕 비율을 가르치는 공공 캠페인을 시작하는 건 어떨까? 그랜트는 스티커 메시지의 명수가 틀림없다.

그는 구체적인 대안을 제시하고, 예상 외의 기발한 대조법을 사용함으로써 우리의 관심을 붙들었다. "이 봉지는 마시는 차 한 잔 가격도 안 되지만 엄청난 영향을 미칠 수 있습니다!" 총리들은 복잡하고 세세한 갖가지 사회문제에 관해 고민한다. 기반시설을 구축하고, 병원을 세우고, 위생적인 환경을 조성하고, 그러다 갑자기! 여기 수천 명의 생명을 살릴 수 있는 소금과 설탕 봉지가 짜잔! 하고 튀어나온 것이다.

그랜트의 메시지는 신빙성과 신뢰성을 심어줄 모든 과학적 사실들과 숫자를 포기했다. 하지만 유니세프 사무총장인 그랜트는 사람들이 의문이나 반론을 제기하지 않을 만큼 충분한 권위를 지닌다. 따라서 그는 사실 여부를 둘러싼 논쟁에 부딪힐 필요 없이 곧장 동기부여의 전장에 뛰어들 수 있었다.

소금과 설탕이 들어 있는 봉지다발은 캐플런의 가죽 서류첩과 비슷하다. 이런 구체적인 매개물은 청중들이 문제를 해결할 전문 지식을 쏟아내게 만들었다. 그것을 보지 못한다면, 가능성에 대한 브레인스토밍도 없다.

| 결론 |

이번 클리닉은 우리가 이 책에서 제일 좋아하는 메시지 중 하나다. 구체적인 메시지의 힘이 얼마나 강력한지 명백하게 보여주고 있기 때문이다. 사람들이 지금 당장 식탁으로 달려가 지식을 활용하게 도울 방법을 찾아라. 작은 소도구 하나는 과학적 사실이나 숫자보다 효과적이다.

왜 이미니들은 신제품에
등을 돌릴까?

그렇다면 어떻게 메시지를 구체적으로 만들 수 있을까? 특정 집단, 예를 들어 독자나 학생들, 고객들의 필요를 정확하게 파악한다면 메시지를 더욱 구체적으로 디자인할 수 있다.

제너럴 밀스General Mills는 세계에서 가장 큰 소비제품 회사 중 하나다. 밀스에서 생산하는 브랜드는 필스버리Pillsbury, 치리오스Cheerios, 옥수수 통조림으로 유명한 그린 자이언트Green Giant, 베티 크로커Betty Crocker, 첵스Chex 등 셀 수 없이 많다. 그중 하나인 햄버거 헬퍼Hamburger Helper는 판매량으로 볼 때 제너럴 밀스에서 두 번째로 큰 브랜드다. 그러나 2004년 미시간 출신인 28세의 멜리사 스터드진스키가 햄버거 헬퍼의 브랜드 매니저로서 제너럴 밀스에 합류했을 때만 해도 사정은 달랐다.

그녀가 입사했을 때 햄버거 헬퍼는 10년째 기나긴 슬럼프로 고전하고 있었다. 판매부진에 절망한 CEO는 2005년의 최우선 목표를 햄버거 헬퍼 브랜드의 안정과 성장으로 잡았고, 결국 새로 팀에 합류한 참신한 인물, 즉 스터드진스키가 이런 돌파구를 개척할 책임을 맡게 되었다.

처음 이 업무를 시작했을 때 그녀는 데이터와 숫자들로 가득한 초대형 바인더 세 개를 받았다. 그 안에는 브랜드 매출액과 판매량, 광고전략, 제품 정보, 고객들에 대한 시장조사 결과 등이 빽빽하게 들어차 있었다. 이 엄청난 바인더는 정보를 흡수하도록 돕기는커녕 심지어

들어올리기조차 힘들었다. 스터드진스키는 그것들을 '죽음의 바인더'
라고 불렀다.

몇 달 후 그녀는 세상을 뒤흔들지도 모를 대단한 아이디어를 생각
해냈다. 마케팅, 광고, R&D 등 모든 분야를 망라한 햄버거 헬퍼 팀이
고객들의 가정을 방문한다는 기발한 아이디어였다. 이 아이디어는 사
람들 사이에서 '핑거팁fingertips'이라고 불렸다. 왜냐하면 제너럴 밀스
의 직원들은 그들이 담당하는 브랜드의 소비자들을 자신의 '손가락처
럼 훤히 꿰고 있어야' 했기 때문이다.

얼마 후 햄버거 헬퍼의 주요 고객인 주부들은 낯선 이들이 그들의
집에 찾아가 요리하는 모습을 지켜봐도 괜찮겠느냐는 전화를 받았다.
팀은 약 20~30가구의 소비자 가정을 방문했다. 스터드진스키는 세
가구를 방문했는데 그 경험은 그녀에게 커다란 충격을 주었다. "나는
우리 고객들에 대해 모든 데이터를 읽었으며 달달 외울 수도 있었다.
나는 고객들의 분포도와 온갖 통계에 대해서도 모르는 것이 없었다.
하지만 그들의 가정으로 걸어들어가 그들의 삶을 조금이나마 경험한
다는 것은 완전히 다른 문제였다. 그중에서도 특히 엉덩이에 어린아
이를 매단 채 스토브 앞에서 저녁식사를 준비하던 한 여성의 모습은
절대로 잊을 수 없을 것이다. 그때까지 우리는 우리 제품이 지닌 가장
중요한 특성이 편의성임을 알고 있었지만 그것이 '절박하다'는 사실
을 직접 목격하는 것은 완전히 다른 일이었다."

무엇보다 스터드진스키는 주부와 자녀들이 제품의 예측 가능성
을 가장 중요하게 평가하고 있다는 사실을 배웠다. 햄버거 헬퍼는 모
두 열한 가지 모양의 파스타를 출시하고 있었는데, 아이들은 파스타의

모양에는 아무런 관심도 없었다. 아이들이 제일 중시하는 것은 '맛의 종류'였으며, 어머니들은 아이들이 싫어하지 않을 '예측 가능한' 맛을 사고 싶어 했다. 그러나 햄버거 헬퍼는 서른다섯 가지에 달하는 다양한 맛의 제품을 제공했고, 어머니들은 눈이 핑핑 돌아갈 정도로 수많은 제품이 놓인 선반을 바라보며 대체 무엇을 골라야 안심할 수 있을지 언제나 고심하곤 했다. 대부분의 음식 및 음료 회사들이 늘 새로운 맛과 향의 제품들을 끊임없이 시장에 내놓기 위해 발버둥치는 와중에서 스터드진스키는 그런 무조건적 팽창에 제동을 걸었다. "어머니들은 새로 출시된 제품을 사는 것이 위험한 모험이라고 생각했다."

어머니와 자녀들로부터 얻은 이런 구체적인 자료를 토대로, 스터드진스키는 공급 체인에서부터 제조, 재정 관리에 이르기까지 조직 내 다양한 부서에서 일하는 사람들에게 제품 라인을 보다 단순하고 간소화시켜야 한다고 설득했다. 스터드진스키는 이러한 전략을 시행하면 비용절감 효과를 거둘 수 있을 뿐 아니라, 아이들의 입맛에 맞는 제품을 고르기가 더욱 쉬워지기 때문에 소비자들의 만족도 또한 증가할 것이라고 주장했다. 2005년 회계 연도 말, 햄버거 헬퍼의 판매량은 11퍼센트 증가했다.

스터드진스키는 말한다. "이제 나는 브랜드와 관련해 어떤 결정을 내려야 할 때면 언제나 그 어머니를 생각한다. 그들이 내 입장에 있다면 어떻게 할지 상상한다. 그런 사고방식이 얼마나 도움이 되는지 모를 것이다."

이런 철학은 심지어 영적 영역에서도 유용하게 적용된다. 새들백 교회Saddleback Church는 캘리포니아주 어빈의 교외 지방에서 처음 시작하여 지금은 약 5만 명의 신도를 거느린 대형 교회로 성장했다. 이 교회의 지도자들은 그들이 전도하고자 하는 사람들에 관해 자세하고 뚜렷한 이미지를 가지고 있다. 새들백 교회에서는 그런 이들을 '새들백 샘'이라고 부른다. 이 교회의 목사인 릭 워렌이 새들백 샘을 어떻게 묘사하는지 들어보자.

새들백 샘은 이 근방에 거주하는 전형적인 비신도다. 나이는 30대 후반이나 40대 초반으로, 대학을 졸업했고 어쩌면 석사나 박사 학위를 가지고 있을지도 모른다. 그는 새들백 사만다와 결혼했는데 두 사람 사이에는 스티브와 샐리라는 두 자녀가 있다.

설문에 따르면 샘은 자신이 하는 일을 좋아하고 자신이 사는 지역을 사랑하며 5년 전보다 더 인생을 즐기며 살고 있다고 생각한다. 그는 스스로에게 만족하고 심지어 자신의 삶에 자부심마저 느끼고 있다. 그는 교수나 기업의 중간 관리자 또는 성공한 사업가일 수도 있다.

샘의 또 다른 중요한 특성은 그가 이른바 '조직화된 종교'라고 부르는 것에 회의적이라는 것이다. 그는 "난 예수를 믿지만 교회는 믿지 않아"라고 말한다.[16]

이 외에도 프로파일은 샘과 사만다가 팝 문화를 좋아하며 사회적 사건에 관심이 많다는 점을 비롯해 놀랍도록 세세한 수준까지 묘사한다.

'새들백 샘'은 교회 지도자들에게 어떤 도움을 주었을까? 샘은 그들이 다른 렌즈를 통해 자신들의 결정을 돌아보도록 해주었다. 누군가가 지역사회 주민들에게 텔레마케팅 캠페인을 벌이자고 제안했다. 얼핏 생각하면 새로운 사람들을 접하고 전도할 좋은 기회처럼 들리지만, 새들백 사람들은 자체 조사를 통해 샘이 텔레마케터들을 증오한다는 사실을 알고 있다. 따라서 이 아이디어는 폐기되었다.

새들백 샘과 새들백 사만다에 대한 이미지는 교회 지도자들에게만 한정된 것이 아니었다. 그러한 사고방식은 새들백 교회의 다른 수백 개 하위 조직까지 전염되었다. 주일학교, 어머니의 날 행사, 남신도 농구경기 등의 다양한 행사들은 교회 상부의 지시 없이 오직 자원봉사자들에 의해 진행된다. 그러면서도 이들은 서로를 보완하고 협동하는데, 이는 모든 교회 사람들이 전도 대상에 대해 정확하게 알고 있기 때문이다. "우리 교회에 다니는 사람이라면 누구나 샘이 어떤 사람인지 묘사할 수 있다." 워렌은 말한다.

교회 신도들의 마음속에 생생하고 구체적인 새들백 샘과 사만다의 이미지를 심어줌으로써, 새들백 교회는 5만 명이나 되는 진짜 샘과 사만다를 얻을 수 있었다.

이 책에서 살펴볼 스티커 아이디어의 여섯 가지 원칙 중에서 구체성은 아마도 가장 이해하기 쉬운 특성인 동시에 가장 효과적인 특성일 것이다.

단순하게 만들기, 즉 핵심 메시지를 발견하는 것은 꽤 어려운 일에 속한다(노력할 만한 가치가 충분한 건 사실이지만, 그게 '쉽다'고 우리 자신을 속이지는 말자). 예상 외의 방식으로 아이디어를 짜는 일은 상당한 노력을 요하며 창의성이 필요하다. 하지만 구체적인 언어로 전달하는 것은 어렵지도, 그다지 많은 노력이 필요하지도 않다. 단지 우리 앞을 가로막는 장애물이 하나 있다면, 그건 건망증이다. 우리는 저도 모르게 추상적인 세계로 발을 옮기고 있다는 사실을 문득 잊어버린다. 우리는 다른 이들이 우리가 아는 것을 모르고 있다는 걸 깜빡 잊어버린다. 우리는 공장에 들러 잘못된 부분을 고쳐달라는 제조기술자의 바람을 눈치 채지 못하고 줄곧 설계도에만 매달려 있는 설계기술자와도 같다.

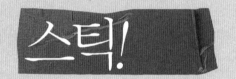
스틱!

원칙 4

신뢰성

Credibility

내 말을 믿게 만들어라

당신이 스티븐 호킹이나 마이클 조던 또는
다른 유명인사나 저명한 전문가의 도움을 받을 수 없다면,
대체 누구의 힘을 빌려야 할까?
당신이 노벨상 수상자가 아니더라도,
오프라의 추천을 받지 않았더라도
당신의 이야기에 권위를 부여할 수 있다.

헬리코박터균을
믿게 하라

지구상에 살고 있는 사람들 열 명 중 한 명은 살면서 궤양을 앓는다. 그중에서도 가장 흔한 십이지장궤양은 목숨에 영향을 미치지는 않지만 데굴데굴 구를 정도로 고통스럽다. 궤양의 원인은 오랫동안 수수께끼에 싸여 있었다.

흔히 알려진 바에 따르면 위궤양은 위산과다로 인해 위벽이 손상되어 발생하는 병으로 위산과다의 원인은 대개 스트레스나 자극적인 음식, 지나친 약물 섭취 등이다. 이러한 궤양을 완치할 방법이 없었기 때문에 치료는 주로 고통을 완화하는 데 초점이 맞춰졌다.

1980년대 초반, 오스트레일리아 퍼스 출신의 두 의학자가 놀라운 발견을 했다.

"궤양의 원흉은 바로 박테리아다!"

베리 마셜Barry Marshall 과 로빈 워런Robin Warran 이 발표한 위궤양의 범인은 작은 나선형의 박테리아였다(후에 이 박테리아는 헬리코박터 파일로리 또는 H. 파일로리라는 이름을 얻게 된다). 이 의학적 발견은 엄청난 의미를 지니고 있었다. 만일 궤양이 박테리아로 인해 발생한다면 100퍼센트 치유가 가능하기 때문이다. 아니, 심지어 간단한 항생제 치료만으로 며칠 안에 완쾌될 수도 있다.

그러나 의학계는 이러한 발견에 박수갈채를 보내지도, 환호성을 지르며 환영하지도 않았다. 인류 전체의 건강에 엄청난 공을 세운 마셜과 워런을 위해 축하 파티를 열지도 않았다. 이유는 간단하다. 아무도 그들의 말을 믿지 않았던 것이다.

박테리아 스토리는 몇 가지 결점을 지니고 있었다. 첫 번째 문제는 바로 상식이었다. 위산은 강력한 물질이다. 두꺼운 스테이크를 녹여버릴 뿐 아니라, 손톱도(이건 조금 의심스럽지만) 부식시킬 수 있다. 그런데 그 속에 박테리아가 서식하고 있다니 아무리 봐도 터무니없는 주장처럼 보였다. 사하라 사막 한가운데에 이글루가 서 있다고 주장하는 꼴이 아닌가.

두 번째 문제는 이론을 주창하는 사람들이었다. 이 놀라운 발견 내용을 발표할 당시 로빈 워런은 퍼스에 위치한 한 병원의 병리학자였으며 배리 마셜은 아직 자격증도 따지 못한 30세의 인턴에 불과했다.

그런 위대한 발견은 원래 대학 연구소나 교수 또는 적어도 세계적 수준의 의료센터에서 하는 게 아닌가. 그런데 한낱 인턴이 전 세계 인구의 10퍼센트에 영향을 미치는 질병의 치료법을 발견했다고? 말도 안 되는 소리였다.

그리고 마지막 문제는 바로 출신 지역이었다. 퍼스 출신 의학자란 미시시피 출신 물리학자나 마찬가지였다. 물론 과학은 그저 과학이다. 하지만 인간 본성이 지닌 속물근성 때문에 우리는 특정 분야의 뛰어난 사람들은 특정 지역 출신이라고 업신여기는 경향이 있다.

심지어 의학 잡지들마저 마셜과 워런의 연구논문을 받아들여주지 않았다. 마셜이 의학 컨퍼런스에서 두 사람의 발견 내용을 발표했을 때 그가 얻은 반응이라고는 나지막하고 킬킬거리는 비웃음 소리뿐이었다. 그의 발표를 들은 한 연구자는 "그는 전혀 과학자 같지 않았다"고 말했다.[1]

의학계가 이런 회의주의로 일관한 데에는 그만 한 이유가 있었다. 마셜과 워런이 내세운 증거는 모두 인과관계가 아니라 상호관계에 기반을 두고 있었다. 실질적으로 거의 모든 궤양 환자들이 H. 파일로리를 가지고 있는 듯 보였다. 하지만 불행히도 헬리코박터를 보유한 모든 사람들이 궤양을 앓고 있는 것은 아니었다. 그렇다고 박테리아와 궤양 사이의 인과관계를 확인하기 위해 불쌍한 사람들에게 박테리아를 투여할 수도 없었다.

1984년 마셜이 연구할 수 있는 환자가 바닥났다. 어느 날 그는 아침 식사를 거르고 동료들에게 연구실로 와달라고 부탁했다. 경악한 동료 의사들의 시선을 느끼며, 그는 수억 개의 H. 파일로리가 담긴 비커를 단숨에 들이켰다. 그리고 말했다. "늪지 맛이 나는군."[2]

며칠 후 마셜은 전형적인 위염 증상인 고통과 욕지기, 구역질 증상을 느끼기 시작했다. 위궤양의 초기 단계에 들어선 것이다. 동료들은 내시경을 통해 전에는 건강하고 예쁜 분홍색을 띠고 있던 그의 위가 붉게 충혈되어 있음을 확인했다. 마셜은 항생제와 비스무트(제산제인 펩토비스몰Pepto-Bismol의 주요 성분)를 복용하여 자신을 치료했다. 위궤양은 마치 마법처럼 깨끗이 사라져버렸다.

이러한 인상적인 증명 절차에도 불구하고 전투는 끝나지 않았다. 다른 과학자들은 마셜의 증명에 대해 어설픈 반박을 늘어놓았다. 마셜은 진짜 위궤양 단계에 접어들기 전에 증상을 치료했다, 진짜 궤양이 아니라 그저 궤양의 증상만을 유도한 것일지도 모른다 등등. 하지만 자신의 몸을 실험 대상으로 삼은 마셜의 증명 행위는 박테리아 이론 지지자들에게 제2의 물결을 제공했고 후속 연구가 진행되면서 더 많은 증거들이 속속 드러나기 시작했다.

당신이 노벨상 수상자가
아니더라도

그 후로 10년이 지난 1994년, 마침내 미국국립보건원이 위궤양 치료에 항생제가 효과적이라는 메시지에 대해 지지를 선언했다. 마셜과 워런의 연구는 현대 의학에서 중요하게 다루는 주제, 즉 박테리아와 바이러스가 우리가 생각하는 것보다 훨씬 많은 질병의 원인이라는 이론에 엄청난 기여를 했다.[3]

오늘날 의사들은 인유두종 바이러스HPV가 자궁경부암을 일으킨다는 사실을 안다. 특정 종류의 심장질환은 거대세포 바이러스와 연관되어 있는데 이는 인류의 3분의 2가 감염되어 있는 매우 흔한 바이러스다.

2005년 가을, 마셜과 워런은 그들의 업적에 대한 공로를 인정받아 노벨 의학상을 수상했다. 둘은 전 세계의 인식을 바꿀 만한 놀라운 통찰력을 지니고 있었지만 그럼에도 마셜은 사람들의 믿음을 얻기 위해 스스로를 실험 대상으로 삼아야만 했다. 도대체 그 이유는 무엇일까?

먼저 가장 중요한 질문을 던져보자. 사람들은 어째서 특정 메시지를 믿는가? 오호라, 이 정도면 꽤 거창한 질문이 아닌가? 이번에는 가장 명백한 대답을 들어보자. 우리 부모님이나 친구들이 믿고 있기 때문이다. 그런 경험을 해봤기 때문이다. 종교적 신념 때문이다. 왜냐하면 우리 정부를 신뢰하기 때문이다.

위에서 말한 것들은 모두 강력한 힘을 지니고 있다. 사적인 경험, 종교적 신념 등등. 그리고 감사하게도 우리는 이런 거대한 힘의 영향력을 통제할 능력이 없다. 다른 사람의 어머니에게 제발 우리를 믿어달라는 쪽지를 보낼 수도 없고, 파워포인트 프레젠테이션으로 사람들의 종교적 신념을 무위로 돌릴 수도 없다.

의심 많은 군중이 새로운 메시지를 믿도록 설득하고 싶다면 우리는 개인의 평생에 걸친 학습과 사회적 관계라는 챔피언에게 도전장을 보내 힘겨운 타이틀전을 치러야 한다. 아무래도 우리가 사람들의 믿음에 영향력을 행사할 방법은 없는 듯 보인다. 오, 그러나 타인의 믿음에 영향을 미치는 자신의 능력에 회의가 든다면 선천성 스티커 메시지를 탐구해야 할 시간이다. 어떤 스티커 메시지는 참으로 놀라운 일들마저 간단히 믿게 만드는 대단한 위력을 지니고 있지 않은가?[4]

2000년 무렵 이메일 메시지 하나가 인터넷을 점령했다. 이 사람에게서 저 사람에게 전해지는 이 이메일 메시지는, 코스타리카에서 선적된 바나나가 괴사성 근막염(흔히 연쇄상구균 괴저라는 이름으로 알려진)에 감염되어 있으므로 앞으로 3주 동안 바나나를 구매하지 말 것이며, 만일 최근에 바나나를 먹었다면 지금 당장 병원에 가서 치료를 받으라는 내용을 담고 있었다.

이메일은 또한 이렇게 경고했다. "괴사성 근막염은 끔찍한 고통을 야기하며 한 시간에 2~3센티미터의 피부를 먹어치운다. 피부와 살이 순식간에 썩어들어가 결국 사지를 절단하거나 죽음에 이를 수도 있다." 이메일은 미국식품의약국FDA이 전국적인 공황을 우려해 국민들에게 경고하지 않는 것이라고 주장했다(FDA가 침묵으로 일관한다 하더라도 살이 썩어들어가면 사람들은 다분히 공황상태에 빠질 것이다). 이 충격적인 메시지는 만하임 연구소에서 배포된 것이었다.

이 기괴한 소문이 순식간에 퍼져나가게 된 부분적인 이유는 권위의 냄새를 풍기고 있었기 때문이다. 누가 그래? 만하임 연구소에서! 그리고 사실은 FDA도 다 알고 있다던데? 만하임 연구소와 FDA는 신빙성을 증폭시켰다. 그 이름에 내포된 권위 때문에 사람들은 그렇지 않았더라면 코웃음을 쳤을 정보를 다시 한번 곱씹어 생각해봤다. 괴사성 근막염이 살을 한 시간에 2~3센티미터씩 괴사시킬 수 있다고? 만약 그게 사실이라면 왜 저녁 뉴스에 안 나오는데?

몇몇 사람들은 루머의 신뢰성을 더욱 향상시킬 수 있는 방법을 금세 알아차리기도 했다. 그다음 버전에는 이런 문장도 덧붙여졌다. "질병통제센터가 이 사실을 인정했다." 아마 충분한 시간만 있었다면 '달라이 라마의 확언'이나 '안전보장협회의 증언'도 볼 수 있었을 것이다.

오염된 바나나 사건에서 볼 수 있듯이, 정부기관의 권위는 우리의 메시지에 신뢰성을 심어줄 수 있다. 보통 믿음직한 권위를 생각할 때 쉽게 떠오르는 이들은 두 부류다. 하나는 물론 전문가 집단이다. 모든 사람들이 인정한 능력과 자격, 신뢰의 갑옷을 두르고 있는 사람들. 신경과학 분야의 올리버 삭스, 경제 분야의 앨런 그린스펀, 물리학 분야의 스티븐 호킹 등이라면 누가 뭐래도 믿을 수 있다.

유명인사와 동경의 대상인 인물들이 두 번째 '권위' 집단을 이룬다. 사실 농구 스타 마이클 조던이 맥도널드 햄버거를 좋아하든 말든 그게 무슨 상관이란 말인가? 그 사람이 세계에서 제일가는 미식가나 저명한 영양학자도 아닌데 말이다. 우리가 상관하는 이유는 마이클처럼 되고 싶기 때문이다. 마이클이 맥도널드를 좋아한다면 우리도 기꺼이 그 길을 따를 것이다. 오프라 윈프리가 어떤 책을 좋아한다고 말하면 그 책에 관심이 가게 된다. 우리는 우리가 좋아하는 사람들의 의견과 조언을 신뢰한다.

만일 당신이 스티븐 호킹이나 마이클 조던 또는 다른 유명인사나 저명한 전문가의 도움을 받을 수 있다면 이 장은 가차 없이 건너뛰어도 상관없다. 하지만 그럴 능력이 없는 우리 대다수 평범족은 대체 누구의 힘을 빌려야 할까? 유명인사나 전문가 없이도 외부에서 믿음직한 권위를 끌어올 수 있을까?

그렇다.

놀랍게도 대답은 '그렇다'이다. 반反권위적인 사람들로부터 신뢰성을 이끌어내면 된다. 그렇다면 반권위적 인사인 팸 라핀Pam Laffin[5]이라는 여성을 만나보자.

때로는 반권위가
훨씬 강력하다

팸 라핀은 1990년대 중반에 방영된 금연운동 광고의 주인공이다. 라핀은 유명인사도 아니고 건강 전문가는 더더욱 아니다. 그녀는 흡연자였다.

그 당시 라핀은 두 자녀를 둔 29세의 어머니였다. 그녀는 열 살 때 담배를 피우기 시작했고 스물네 살에 폐기종에 걸렸다. 그리고 폐 이식 수술에 실패했다.

매사추세츠주 공공보건부MDPH에서 담배 규제를 담당하는 그렉 코널리는 당시 흡연에 반대하는 공공 캠페인을 이끌고 있었다. 그는 우연한 기회로 팸 라핀을 알게 되었고, 다른 이들에게 그녀의 이야기를 들려주는 게 어떻겠느냐고 제안했다. 그녀는 그러겠다고 대답했다.

"전의 경험을 통해 우리는 실제 사람들이 직접 나와서 이야기를 하는 것이야말로 가장 호소력 있는 방법이라는 사실을 깨달았다." 코널리의 말이다.

MDPH는 30초 길이의 짧은 광고 연작을 기획해 〈앨리 맥빌Ally McBeal〉이나 〈도슨의 청춘일기Dawson's Creek〉 같은 인기 드라마의 중간 광고 시간에 내보냈다. 잔인한 광고들이었다. 그들은 악화된 폐기종 때문에 서서히 죽어가고 있는 라핀이 삶과 투쟁하는 모습을 적나라하게 보여주었다. TV 시청자들은 그녀의 목구멍을 통해 폐로 미끄러져 들어가는 기관지경을 따라 라핀의 기관지 내부를 지켜보았다. 광고는 그녀의 등에 남아 있는 끔찍한 수술 자국을 보여주었다.

또 다른 광고는 라핀의 어린 시절 사진과 성인이 된 후의 사진을 비교해 보여주었다. 라핀은 폐기종이 '통통 부은 얼굴'과 '목에 혹'을 남겼다고 설명했다. 그녀는 이렇게 말했다. "내가 처음 담배를 피운 것은 나이 들어 보이고 싶었기 때문이었습니다. 그리고 유감스럽게도 그 효과는 훌륭했습니다."[6]

이 일련의 광고들은 눈 뜨고 보기 힘들 정도로 처절하고 잔인했으며 〈도슨의 청춘일기〉처럼 가벼운 연속극과는 불쾌할 정도의 대조를 이루었다. "흡연자들의 눈을 뜨게 하는 일이라면 우리는 아무것도 주저하지 않는다." 코널리는 말했다.

라핀은 금연운동의 영웅이 되었다. M-TV는 그녀에 관한 다큐멘터리를 만들었고, 질병통제센터는 금연운동 웹사이트와 '숨을 쉴 수 없어'라는 20분짜리 교육용 비디오에 그녀의 스토리를 실었다.

팸 라핀은 2000년 11월에 31세의 나이로 사망했다. 두 번째 폐 이식 수술을 목전에 둔 시점이었다.

라핀의 이야기를 듣고 나면 그녀가 어떻게 효과적인 대변인이 될 수 있었는지 이해했을 것이다. 그녀는 스스로의 경험을 통해 자신이 어떤 이야기를 하고 있는지 누구보다도 잘 알고 있었다. 그녀에게는 그만 한 자격과 위력이 있었다.

신뢰성을 제공하는 반권위의 또 다른 예로는 뉴욕의 도 기금재단 Doe Fund을 들 수 있겠다. 도 기금재단은 부랑자들, 즉 우리 사회의 존 도 John Doe('아무개'나 '홍길동'처럼 이름 없는 가상의 인물을 일컫는 말—옮긴이) 들을 거둬 상담과 약물치료 그리고 가장 중요한 직업 교육을 통해 생산적인 시민으로 거듭나게 돕는 조직이다. 몇 년 전 어쩌면 미래의 재정 후원자가 될지 모를 어느 거대 기업에서 도 기금재단을 방문하게 되었다. 도 재단은 그들을 본부까지 데려오기 위해 데니스라는 운전사를 보냈다.

데니스는 도 재단에 도움을 청하기 전까지 부랑자 생활을 하던 사람이었다. 본부로 향하는 차 안에서 그는 방문객들에게 자신의 이야기를 들려주었다. 한 사람은 이렇게 말했다. "우리는 단순히 사무실에 앉아 한 무리의 관리자들이 자신들의 서비스가 얼마나 훌륭한지 늘어놓는 소리를 듣는 게 아니었다. 데니스는 도 재단이 제시할 수 있는 최고의 사절이다. 그 자신이 바로 살아 있는 증거이기 때문이다."

도 재단은 내부적으로도 이러한 원칙을 최대한 활용하고 있다. 도 기금재단의 프로그램에 참가하는 모든 부랑자에게는 멘토가 짝지어지는데, 멘토들은 모두 2년 전까지만 해도 그들과 똑같은 상황에 처해 있던 사람들이다.[7]

라핀과 데니스의 권위가 늘 '확고'하지는 않았다는 데 주목하라. 30년 전이었다면 라핀의 금연광고는 꿈도 꾸지 못했을 일이다. 대신 보건복지부 장관이 나와 흡연의 위험에 대해 기나긴 강의를 하거나, 버트 레이놀즈가 담배가 없는 유익하고 건전한 삶에 대해 찬양을 늘어놓았을 것이다.

현대 사회에는 지나치게 많은 메시지가 흘러넘치고 있기 때문에 사람들은 그 출처를 의심하고 신빙성을 의심한다. 이 메시지를 뒤에서 조종하는 사람은 누굴까? 내가 과연 저 말을 믿어야 하나? 이 메시지를 믿는다면 무슨 이득이 있지?

샴푸 광고가 아무리 신제품이 당신의 머릿결을 얼마나 풍성하게 만들어주는지 백날을 떠들어대도 당신 친구의 칭찬 한 마디가 백 배나 믿음직하다. 광고는 당신에게 제품을 팔아야 하지만 친구는 그럴 필요가 없기 때문이다. 덕분에 그녀는 훨씬 높은 신뢰 점수를 얻게 된다. 진정한 권위는 그 지위가 아니라 출처의 정직성과 신뢰도에서 온다. 그래서 때로는 반권위가 권위보다 훨씬 강력한 힘을 발휘하기도 하는 것이다.

남자친구의 죽음

우리의 메시지를 보증해줄 외부 권위가 늘 존재하는 것은 아니다. 오히려 우리의 메시지는 스스로 내재된 힘만으로 뒷받침되어야 하는 경우가 대부분이다. 메시지에는 반드시 '내적 신뢰성'이 담겨 있어야 한다. 물론 이 내적 신뢰성은 우리가 논의하고자 하는 대상에 따라 달라진다. 신뢰성 있는 영화 리뷰와 신뢰성 있는 수학 증명은 엄연히 다르니까 말이다. 그러나 놀랍게도 내적 신뢰성 구축에는 몇 가지 공통 원칙이 수반된다. 이런 원리가 어떻게 작용하는지 살펴보기 위해 다시 도시 전설로 돌아가 보자.

'남자친구의 죽음'은 꽤 유명한 도시 전설이다. 한 10대 커플이 남자아이의 차를 타고 데이트를 하고 있었다. 그런데 외딴길 한가운데서 기름이 떨어지는 바람에 커다란 나무 아래서 차가 멈춰버리고 말았다. 여자아이는 남자친구가 야한 짓을 하기 위해 일부러 이런 짓을 꾸민 게 아닌가 잠시 의심하기도 했지만 곧 두 사람이 진짜로 꼼짝달싹도 못하는 처지가 되었음을 깨달았다. 남자친구는 근처에 도움을 청하러 갔다. 그런데 한참이 지나도 남자친구가 돌아오지 않았다. 한시간은 족히 지난 것 같다. 여자아이는 점차 겁에 질렸다. 아마도 바람에 흔들리는 나뭇가지겠지만 뭔가가 계속 자동차 지붕에 부딪치는 소리가 영 오싹했다. 몇 시간 동안 조바심을 내며 기다리다가, 여자아이는 결국 차 밖으로 나왔다.

자, 으스스한 음악 준비하시고!

고개를 들어보니 그녀의 남자친구가 살해당해 자동차 바로 위에 뻗어 있는 나뭇가지에 매달려 대롱거리고 있었다. 이제까지 들려오던 그 이상한 소리는 바로 남자친구의 시체가 바람에 흔들리며 자동차 지붕에 발이 부딪치는 소리였던 것이다.

사람들은 이 이야기를 친구에게 들려줄 때마다 특정한 세부 사항들을 보태곤 한다. 예를 들어, 이 사건은 항상 청중이 잘 알고 있는 장소에서 일어나기 때문에 지역마다 배경이 다르다. "그건 팜로드 212번 도로 바로 옆에서 일어난 일이었어." "트래비스 호수 바로 옆에서 있었던 일이야." 민담 전문가 잔 브룬반드는 이러한 도시 전설이 "그 지방 특유의 친근한 세부적 사실 때문에 확실한 신빙성과 극적 효과를 얻게 된다"고 말한다.[8]

세부적인 사항에 대한 지식은 흔히 전문성을 입증하는 증거로 여겨진다. 남북전쟁 때 있었던 재미난 일화 하나만 들려줘도, 남북전쟁의 대가라는 신뢰를 얻을 수 있다. 그러나 구체적인 세부 사항은 단순히 그것을 제시한 '권위자'에게만 신뢰성을 제공하는 것이 아니다. 메시지 그 자체에도 신뢰성을 부여하게 된다. 흥미로운 세부 묘사가 잔뜩 첨가된 남북전쟁에 관한 일화는 누가 말해도 믿음이 간다. 세부적인 사항들은 주장을 더욱 구체적이고 실감나게 묘사함으로써 더 현실적이고 믿음직스럽게 보이도록 만든다.[9]

판결을 뒤집은
스타워즈 칫솔

1986년 미시간 대학의 연구원 조너선 셰들러와 멜빈 매니스는 모의재판에 관한 실험을 했다.[10] 배심원 역할을 맡은 피실험자들은 가상 재판의 내용이 담긴 대본을 받았다. 재판에서 배심원들은 피고인 존슨 부인이 일곱 살 난 아들을 계속 양육할 자격이 있는지 판단해야 했다.

대본은 원고와 피고 양쪽의 주장에 거의 동등한 무게를 실어주고 있었다. 존슨 부인의 자격을 의심하는 여덟 개의 주장과 그녀를 옹호하는 여덟 개의 반론이 제시되었다. 모든 배심원들은 똑같은 주장을 들었는데, 단지 차이가 있다면 각 진영의 주장에 포함된 상세성의 수준이었다.

한 실험 집단에 제시된 옹호 주장은 모두 생생하고 현실적인 수준으로 세부 사항을 묘사한 반면, 그녀를 비난하는 주장은 포괄적이고 세부 사항이 거의 포함되지 않았다. 한편 다른 집단의 경우는 그 반대였다.

좀 더 자세히 설명하자면, 존슨 부인을 옹호하는 변호인 측 주장은 원래 이런 식이었다. "존슨 부인은 아들이 자러 가기 전 이를 닦고 세수하는 모습을 지켜본다." 더 생생한 묘사를 위해서는 다음 문장을 덧붙인다. "아이는 '스타워즈'에 나오는 다스베이더 칫솔을 사용한다."

존슨 부인의 자격을 의심하는 주장은 다음과 같았다. "존슨 부인은 아들이 팔을 심하게 긁혔는데도 아무런 조치도 취하지 않았다. 아이는 그 상태로 학교에 갔고 간호사가 팔을 치료해주었다." 여기에 "간호사는 아이의 상처를 치료하다가 하얀 유니폼에 붉은 머큐롬을 한 방울 떨어뜨리고 말았다"와 같은 생생한 묘사를 덧붙였다.

연구진은 배심원이 세부 사항이 첨가되거나 그렇지 않은 주장의 중요성이 동등하다는 인식을 받도록 매우 세심하게 문장들을 손봤다. 모든 세부 묘사는 존슨 부인의 적격을 판단하는 데 아무런 영향도 주지 않도록 만들어졌다. 즉, 존슨 부인이 아이의 상처를 치료해주지 않았다는 사실은 재판에서 매우 중요한 판단 기준이지만, 간호사의 제복에 얼룩이 남은 것은 부인의 양육권과는 아무런 상관도 없다.

그럼에도 불구하고 세부 사항은 엄청난 영향력을 발휘했다. 생생한 세부 묘사가 포함된 변호인 측 주장을 들은 배심원들은 존슨 부인이 부모가 될 자격이 있다고 판단했다(10점 만점에서 5.8점). 한편 생생한 묘사가 포함된 비난 주장을 들은 이들은 그와 반대되는 평결을 내렸다(10점 만점에서 4.3점). 여기 세부 사항의 힘을 보라.

당신은 둘 사이의 편차가 그리 심하지 않다는 데 안도의 한숨을 내

쓸지도 모른다(만약 세부적인 사항 때문에 모친의 양육 적격도가 8점에서 2점으로 떨어졌더라면 우리의 사법 체계에 대해 걱정하지 않을 수 없으니 말이다). 그러나 중요한 것은 배심원들이 '관련성이 부족한' 생생한 세부 묘사에 따라 서로 다른 결정을 내렸다는 점이다.

세부 사항은 어떤 차이를 초래했는가? 주장의 신뢰도와 신빙성을 증폭시켰다. 세면대 컵에 담겨 있는 다스베이더 칫솔을 상상하면 아이가 거울 앞에서 즐겁게 이를 닦는 모습을 훨씬 쉽게 떠올릴 수 있고, 따라서 존슨 부인이 좋은 어머니라는 생각이 더욱 강화된다.

앞서 말한 도시 전설과 존슨 부인의 재판에서 우리가 배울 수 있는 것은 생생한 세부 사항이 신뢰도를 상승시킨다는 점이다. 하지만 단순히 여기서 끝나는 것이 아니다. 우리는 핵심적이고 진실한 세부 사항이 필요하다. 우리에게는 '다스베이더 칫솔'처럼 인간미와 호소력이 넘치는 것은 물론 우리의 핵심 메시지를 상징화하고 뒷받침할 수 있는 보다 의미심장한 세부 사항이 필요하다.

2004년 두 명의 스탠퍼드 대학원 교수가 워싱턴 D.C.에서 예술계 단체들을 초청해 워크숍을 열었다. 그중 한 행사는 각 단체의 지도자들이 어떤 환경에 처하더라도 결코 변경하거나 타협하지 않을 중심 원칙을 세우도록 돕는 데 초점을 맞추고 있었다.

워크숍에 참가한 단체 중에는 '예술을 창조하고 공연하고 가르치고 사람들의 참여를 돕는 무용예술가들의 모임'인 리즈 러먼 댄스 익스체인지 Liz Lerman Dance Exchange, LLDE도 포함되어 있었다. LLDE의 지도자들은 그들의 핵심 가치가 '다양성'이라고 밝혔다.

"아이고 이런." 한 교수가 과장된 표정으로 코웃음을 치며 말했다. "모두들 자기들이 다양성을 중시한다고 말하죠. 하지만 당신들은 댄싱 팀입니다. 그러니 모두 스물다섯 살짜리 젊은 댄서들로 이루어져 있겠죠? 하나같이 늘씬하고 키도 클 테고요. 그중 몇 명은 흑인이나 동양인이겠지만, 과연 그걸 다양성이라고 부를 수 있을까요?" LLDE를 잘 모르는 청중 몇 명이 고개를 끄덕였다.

그때 LLDE의 예술감독인 피터 디무로가 예를 든다. "사실, 우리 팀에서 가장 오래된 멤버는 토머스 드와이어라는 분인데, 일흔세 살입니다. 원래 공무원으로 일하다가 1988년 퇴직 후 우리 팀에 들어왔지요. 그리고 그전에는 한 번도 춤을 춰본 경험이 없었고요. 그는 지금 17년째 LLDE에서 춤을 추고 있습니다."

이렇게 상세하고 명확한 예시(일흔세 살의 토머스 드와이어)를 접하자, 방 안의 회의주의자들은 모두 입을 다물고 만다. 덕분에 교수들은 침묵이라는, 워크숍에서 매우 드문 광경을 목격할 수 있었다.

디무로가 이렇게 생생한 예시로 재빨리 대응할 수 있었던 까닭은 간단하다. '다양성'은 진정 LLDE의 핵심 가치였던 것이다. LLDE의 유전자 속에는 다양성이 숨쉬고 있었다.

2002년 리즈 러먼은 미국 곳곳의 지역 공동체들과 관련된 현대무용 공연으로 맥아더 재단의 '천재상Genius Grant'을 수상했다. '할렐루야/U.S.A.'라는 이 댄스 프로젝트를 위해, 러먼은 전국 방방곡곡을 누비며 지역 공동체 사람들에게 "무엇에 감사하며 살아가고 있느냐"는 질문을 던졌다. 그런 다음 그녀는 삶을 찬미하는 내용의 춤을 추었다. 마지막 공연에는 각 지역 공동체에서 온 주민들이 참여했다. 그중에는 미니애폴리스에서 온 10대 여성 몽Hmong(베트남의 소수 민족—옮긴이) 춤팀, 버지니아에서 온 보더콜리(콜리종의 목양견—옮긴이)를 키우는 사람들의 모임, 그리고 버몬트의 벌링턴에서 찾아온 여섯 명의 카드 모임 할머니들도 있었다. 이 할머니들은 공연에 참석하기 위해 지난 40년 동안 이제껏 단 두 번밖에 빠진 적이 없는 카드게임 모임을 포기하기까지 했다.

이제 저 밖에서 눈동자를 굴리는 회의주의자들에게, '현대무용 공연'에 관한 이야기를 하느니 차라리 산 채로 매장되는 게 낫겠다고 말하는 사람들에게 고한다. 당신이 보더콜리를 키우는 사람들이 스핀도는 광경을 즐겁게 지켜보든 그렇지 않든, LLDE가 다양하다는 것만은 인정하지 않을 수 없을 것이다. 이것이 바로 진정한 다양성, 말로만 끝나지 않는 진짜 다양성이다.

토머스 드와이어를 생각해보라. 전직 공무원인 73세의 노인 멤버는 누가 보더라도 생생하고 선명한, 조직의 핵심 가치를 상징하는 구체적인 증거다. 그는 팀의 무용가들과 후원자들 모두에게 훌륭한 상징이 될 수 있다. 아무도 늘씬하고 잘생긴 사람들이 가득한 무대 위에서 홀로 늘어진 뱃살과 눈부신 대머리를 흔들며 춤을 추고 싶어 하지는 않는다.

LLDE의 다양성이라는 핵심 가치는 외부의 권위가 아니라, 드와이어의 예시라는 상세한 세부 묘사로 신뢰성을 획득한 것이다.

핵무기 5,000개의 파괴성을
효과적으로 전달하는 법

내적 신뢰성을 창조하는 데 유용한 방법 중 하나는 생생한 세부 사항을 활용하는 것이다. 즉, 메시지 그 자체가 신뢰성의 근원으로 작용하는 것이다. 또 다른 방법은 통계 수치를 이용하는 것이다. 우리는 초등학교 때부터 주장을 뒷받침하려면 통계적 증거를 제시하라는 교육을 받아왔다. 하지만 통계는 보기만 해도 눈이 핑핑 돌아가는 경우가 허다하다.

그렇다면 통계를 유용하게 이용하면서도 청중들의 관심을 잡아끌 수 있는 방법은 없을까?

1980년대 '전쟁을 넘어Beyond war' 운동을 이끌었던 제프 에인스코와 다른 지도자들은 사람들이 쉽게 간과하는 다음 모순을 설명할 방법을 찾기 위해 고심했다. 가위를 들고 뛰어다니는 어린아이를 보면 우리는 질겁을 하며 "그거 당장 내려놔!"라고 소리친다. 하지만 신문에서 수백만 명의 어린아이들을 죽일 수 있는 핵무기에 관한 기사를 읽으면 아무렇지도 않거나 기껏해야 우울해하는 정도다.

'전쟁을 넘어'는 미국과 소련의 군비 확장 경쟁을 걱정한 시민들이 모여 시작한 단체다. 당시 미국과 소련이 보유한 핵무기의 양은 지구를 수십 번 날려버리고도 남을 정도였다. '전쟁을 넘어' 회원들은 자기가 사는 동네를 집집마다 돌아다니며 군비 확장 경쟁에 관한 대중의 반대 여론을 이끌어내려고 애썼다. 그러나 그들은 군비 확장 경쟁이 극한으로 치닫고 있다는 주장에 믿음직한 신뢰성을 부여할 방법을 찾지 못하고 있었다.

사람들에게 전 세계에 쌓여 있는 핵무기의 위험성에 대해 설득하려면 어떻게 해야 할까? 국가 간의 군비 경쟁은 너무나도 추상적이고, 비현실적으로 느껴진다. 하지만 그렇다고 스토리를 이야기하거나 세부 사항을 묘사하는 방법도 부적절해 보인다. 군비 확장 경쟁과 같은 주제를 다룰 때에는 그 거대한 규모에 대한 이야기가 빠져서는 안 되기 때문이다. 그리고 규모는 주로 숫자에 의존한다.

'전쟁을 넘어' 조직은 '하우스 파티'를 열기로 했다. 파티를 주최하는 가족들은 친구와 이웃은 물론, '전쟁을 넘어' 대표들을 초청해 그들에게 이야기를 들려달라고 요청할 것이다. 에인스코는 그들이 프레젠테이션을 할 때마다 활용한 작은 시범에 대해 자세히 설명했다. 그는 언제나 모임에 작은 양철 양동이를 가지고 간다. 프레젠테이션을 하는 도중 적절한 시점에 이르면, 그는 비비탄 하나를 꺼내 양동이에 집어던진다. 비비탄은 커다랗고 날카로운 '팅팅' 소리를 내며 떨어진다. 그러면 에인스코는 이렇게 말한다. "이것이 히로시마에 떨어진 핵폭탄입니다." 그 후 몇 분 동안 그는 히로시마에 떨어진 핵폭탄이 얼마나 끔찍하고 절망스러운 고통을 야기했는지 설명한다. 무너져내린 건물, 황폐한 대지, 일시에 목숨을 잃은 수만 명의 사람들, 화상이나 갖가지 증상으로 고통받는 환자들.

이번에는 비비탄 열 개를 한꺼번에 양동이 안에 집어던진다. 아까보다 더욱 커다랗고 복잡한 쨍쨍 소리가 귓전을 자극한다. "이것은 미국이나 러시아의 핵잠수함 한 척이 보유한 미사일입니다." 그가 말한다.

그리고 마지막으로 에인스코는 청중들에게 눈을 감으라고 말한다. "그리고 이것이 현재 전 세계에 존재하는 핵무기의 양입니다." 그는 양동이에 비비탄환 5,000개를 한꺼번에 쏟아붓는다(각각의 비비탄은 핵탄두를 의미한다). 마치 천둥이라도 치는 양 무시무시한 소리가 방 안 가득 울려 퍼진다. "비비탄이 와르르 쏟아지고 나면, 방 안에는 죽음 같은 침묵이 내려앉는다." 에인스코의 말이다.

이 얼마나 기발한 접근법인가! '전쟁을 넘어' 조직이 한 일을 살펴보자. 먼저 그들은 핵심 신념을 지니고 있었다. "대중은 군비 확장 경쟁이라는 심각한 현상을 자각하고 조치를 취해야 한다." 둘째, 이 단체의 회원들은 메시지를 통해 어떤 의외성을 보여줄지 결정했다. 제2차 세계대전 이후 국가들의 핵무기 보유량이 급속도로 증가하고 있다는 사실을 모르는 사람은 없었다. 그러나 그러한 확장의 '규모'를 실감하고 있는 이 또한 아무도 없었다. 셋째, '전쟁을 넘어'는 그들의 신념에 신뢰성을 부여해줄 통계 자료를 가지고 있었다. 이를테면 그들은 전 세계에 5,000개의 핵탄두가 존재하며, 그 하나하나가 모두 도시 하나를 초토화할 만한 위력을 지니고 있음을 알았다. 문제는 5,000이라는 숫자가 보통 사람들에게는 매우 적게 느껴진다는 점이었다. 그들은 이 숫자에 중대한 의미를 부여해야만 했다.

결과는 비비탄과 양철 양동이를 이용한 시범으로 나타났다. 이 소도구들은 자칫하면 추상적 개념으로 남았을 숫자에 감각적인 현실성을 부여해주었다. 이 선택된 도구들은 모두 신중한 숙고와 고려를 거친 것들이었다. 비비탄은 실제로 무기이며, 비비탄이 양철에 부딪쳐 나는 소리는 충분히 위협적으로 들렸다.

반직관적인 요소가 있다는 데 주목하라. 통계는 달라붙지 않는다. 통계 수치에 고착성이 있을 리가 없다. 스티커가 될 리가 없다. 일주일만 지나면 파티에 참석했던 사람들은 전 세계에 5,000개의 핵탄두가 있다는 사실을 까맣게 잊어버릴 것이다.

그렇다면 실제로 사람들의 머릿속에 달라붙은 것은 무엇인가? 거대한 위험에 대한 갑작스럽고 충격적인 인식과 자각이다. 제2차 세계대전 때에는 한정된 숫자에 불과했던 핵무기가 지금은 엄청난 규모로 불어나 있다는 무시무시한 현실에 대한 깨달음이다. 전 세계에 존재하는 핵탄두가 4,135개인지 9,437개인지는 전혀 중요하지 않다. 요점은 사람들에게 '과열된 군비 경쟁이 통제 불능 상황으로 치닫고 있다'는 사실을 마음속 깊이 각인시키는 것이다.

통계를 효과적으로 이용하고 싶다면 언제나 이 점을 염두에 두어라. 통계는 의미를 지니거나 의미를 표현하기 힘들다. 통계는 언제나 '관계'를 묘사하는 데 이용되어야 한다. 진정 중요한 것은 숫자가 아니라, 숫자들 사이의 연관성이다.

통계 수치를 효과적으로 활용하는 법

통계 수치에 생명을 불어넣는 또 하나의 방법은 보다 인간적이고 일상적인 언어로 맥락화하는 것이다. 다음 두 문장을 비교해보라.

1 최근 과학자들은 중요한 물리적 제약에 관해 놀랍도록 정확한 수준까지 계산해낸 바 있다. 어느 정도까지 정확하냐면, 태양에서 지구로 돌을 던졌는데 목표 지점에서 600미터 이내에 떨어졌다고 생각해보라.

2 최근 과학자들은 중요한 물리적 제약에 관해 놀랍도록 정확한 수준까지 계산해낸 바 있다. 어느 정도까지 정확하냐면, 뉴욕에서 로스앤젤레스로 돌을 던졌는데 목표 지점에서 1센티미터밖에 어긋나지 않았다고 상상해보라.

이미 짐작하고 있겠지만 두 문장에서 묘사한 정확도의 수준은 동일하다. 하지만 서로 다른 집단에게 위 두 문장을 비교해보라고 하자, 태양과 지구의 비유에 대해 응답자의 58퍼센트가 "매우 인상적"이라고 답변한 반면, 뉴욕과 로스앤젤레스의 경우에는 83퍼센트가 그렇게 답했다. 우리는 태양과 지구가 얼마나 멀리 떨어져 있는지에 대해서는 아무런 경험도, 직감도 없다. 그러나 뉴욕에서 로스앤젤레스는 훨씬 현실적이고 가깝게 느껴진다(물론 이 두 도시 사이의 거리도 충분히 멀고 추상적이긴 하지만 말이다. 재미있는 사실은 만일 그 거리를 지금보다 더 일상적인 수준, 예컨대 미식축구장 등으로 끌어내리면 오히려 현실성이 떨어진다는 것이다. "미식축구 경기장의 한쪽 끝에서 돌을 던지면 목표 지점에서 겨우 3.4마이크론밖에 어긋나지 않는다"고 설명하는 것은 아무런 도움도 되지 않는다).

스티븐 코비는 저서 『성공하는 사람들의 8가지 습관』에서 회사나 기관에 소속된 직원들 2만 3,000명에게 설문조사를 한 결과를 다음과 같이 밝혔다.

- 설문조사에 응한 사람들 가운데 단 37퍼센트만이 자신이 속한 조직이 무엇을 왜 성취하려고 하는지 확실하게 이해하고 있다.
- 다섯 명 중 오직 한 명만이 팀이나 조직의 목적에 대해 열정을 가지고 임하고 있다.
- 다섯 명 중 오직 한 명만이 자신의 업무와 팀 또는 조직의 목표 사이의 연관성을 뚜렷이 알고 있다고 대답했다.
- 오직 15퍼센트만이 자신이 속한 조직이 중심 목표를 성취할 수 있도록 완전한 지원을 해주고 있다고 느낀다.
- 오직 20퍼센트만이 자신이 일하고 있는 조직을 신뢰했다.

꽤 진지한 결과다. 또한 매우 추상적이기도 하다. 당신은 아마 '회사에 다니는 샐러리맨들은 다들 별로 만족감을 느끼지도 못하고 업무에 혼란을 겪고 있나 보군'이라고 생각하다가 조금만 지나면 방금 읽은 내용들을 잊어버릴 것이다.

그러나 코비는 이런 통계 수치를 아주 인간적인 수준으로 비유하는 탁월한 솜씨를 선보였다. 그는 이렇게 말했다. "이를 축구팀에 비유해보자. 열한 명의 선수들 가운데 자기 팀 골대를 정확하게 알고 있는 선수는 네 명뿐이다. 그리고 그 사실에 신경 쓰는 사람도 두 명뿐이다. 열한 명의 선수들 가운데 오직 두 명만이 자신의 포지션과 자신이 해야 할 일에 대해 정확하게 알고 있으며, 오직 두 명의 선수들만이 상대 팀과의 경기에서 이기기 위해 노력한다."[11]

이 축구 비유는 통계에 인간적인 맥락과 배경을 형성해준다. 이 스토리에서는 드라마와 움직임이 느껴진다. 우리는 저도 모르게 두 선수가 골대를 향해 달려가는 모습을 상상하고 그때마다 그들을 방해하는 같은 팀 선수들의 모습을 연상하게 된다.

이 비유법은 어째서 효과가 좋은 걸까? 그것은 이 비유가 축구팀에 대한 우리의 도식에 기대고 있으며 그 도식은 회사 조직에 대한 우리의 도식보다 다소 명료하고 훨씬 잘 정리되어 있기 때문이다.

중구난방의 회사보다는 엉망진창이 된 축구팀 쪽이 훨씬 생동감 있고 현실적으로 느껴진다. 코비도 바로 그 점을 지적하고 싶었던 것이다. 조직은 반드시 스포츠팀처럼 움직여야 하지만 실제로는 그렇지 못하다는 사실을 말이다. 통계수치를 인간적인 척도로 변환하면 논의에 훨씬 강한 힘을 실어줄 수 있다.

인간적 척도 원칙의 다른 예를 살펴보자. 이번에는 신기술 투자비용의 효용성을 둘러싼 좀 더 세속적인 이야기다. 시스코Cisco가 자사 직원들에게 무선 네트워크를 제공할 것인가 하는 문제를 놓고 고민하고 있었다. 무선 네트워크의 유지비용은 직원 1인당 연간 500달러 정도로 추정되었다. 맙소사, 이 정도면 전 직원에게 치과보험이나 안과보험을 들어줄 수도 있는 액수다. 하지만 그들은 일시적인 '이득'을 노리는 것이 아니었다. 그들은 '투자'를 하고 있었다.

그렇다면 당신은 이 투자의 가치를 어떻게 계산하겠는가? 기본적으로는 직원들에게 무선 네트워크를 투자했을 때 각각의 직원들로부터 매년 501달러 이상의 가치를 얻어낼 수 있는지 확인해야 한다.

그런데 한 시스코 직원이 투자의 가치를 판단할 수 있는 더 나은 방법을 고안해냈다. "만일 직원들의 생산성을 하루 1~2분만 상승시킬 수 있다면 무선 네트워크에 투자한 비용은 그만 한 값어치를 하는 것이다." 이런 간단한 척도를 이해하고 나면 투자의 가치를 훨씬 손쉽게 계산할 수 있다. 이런 규모에서라면 우리의 직관은 효과적으로 작용한다. 무선 네트워크를 이용하면 직원들은 하루 몇 분을 간단히 절약할 수 있을 것이다. 이를테면 중요한 미팅을 하는 도중 깜박 잊은 자료를 보내달라고 동료에게 메시지를 보낸다거나 말이다.

우리에게 도움이 되는 것은 통계의 본질이 아니다. 통계를 유용하게 만들어주는 것은 바로 맥락과 척도다. 무선 네트워크가 매년 직원 1인당 500달러 이상의 가치를 창출할 수 있으리라는 사실은 직관적으로 깨닫기 힘든 일이다. 하지만 적절한 규모의 척도는 모든 것을 변화시킨다.

구체성과 상세함은 사람들의 지식을 자극한다. HP가 디즈니 사에 보여준 페라리 가족의 시뮬레이션을 떠올려보라. 그것과 마찬가지로 인간적 척도 원칙은 우리가 직관적으로 메시지의 신뢰성을 판단할 수 있도록 도와준다.

통계는 둘 사이의 관련성을 묘사할 때 내적 신뢰성을 확보할 수 있는 도구다. 이 책의 서문에서 CSPI의 영화관 팝콘 캠페인에 대해 이야기한 바 있다. 연구 결과는 정확한 수치를 알려주었다. 미디엄 사이즈의 팝콘 상자에는 37그램의 포화지방이 함유되어 있다. 그래서 뭐? 그게 좋은 건지 나쁜 건지 어떻게 안담?

현명하게도 CSPI의 아트 실버맨은 팝콘에 함유된 포화지방의 양을 상대적인 맥락으로 설명했다. 그는 팝콘 한 상자가 건강에 안 좋다고 알려진 세끼 식사를 합한 것보다도 더 나쁘다고 말했다. 실버맨은 대부분의 사람들이 이 같은 사실을 알면 충격을 받으리라는 것을 잘 알고 있었다.

만일 실버맨이 생각이 부족한 사람이었더라면 어땠을까? 어쩌면 그는 건강에 안 좋기로는 악명 높지만 상대적으로 포화지방과는 거리가 먼 먹을거리, 이를테면 막대사탕 같은 식품을 비교 대상으로 저울에 올려놓았을 수도 있다. "영화관에서 파는 팝콘 한 상자에는 막대사탕 71만 2,000개와 맞먹는 포화지방이 함유되어 있답니다!" (숫자는 중요치 않다. 무한대라도 상관없을 것이다. 막대사탕에는 포화지방이 들어 있지 않으니까.)

이 통계는 매우 교묘하다. 건강에 좋지 않은 음식들도 서로 다른 맥락에 해당한다는 점을 간과한 채 간교한 속임수를 쓰고 있기 때문이다. 예를 들어, 약삭빠른 영화관 주인이라면 CSPI의 선전에 대항해 관심의 대상을 팝콘의 포화지방에서 다른 긍정적인 효과로 슬쩍 돌릴 수도 있다. "팝콘 한 상자에는 브로콜리 40킬로그램에 해당하는 비타민 J가 들어 있습니다." (이건 지어낸 말이니 착각 마시길!)

통계는 이렇게 악용될 소지가 있기 때문에 이 글을 쓰면서도 조금 조심스러웠다. 특히 정치 영역에서 주로 나타나는 통계를 이용한 말장난은 쟁점에 관해 떠드는 사람들에게 유리한 발판을 마련해준다. 도덕적인 측면에서 곤경에 처한 이들도 숫자와 분석에 정통한 이들의 도움을 받으면 약간의 왜곡을 이용해 주어진 통계로부터 어떤 결과든 끌어낼 수 있다.

물론 통계를 이용해 거짓말을 하기보다는 아예 사용하지 않는 편이 훨씬 쉽다. 데이터는 한계선을 긋는다. 사람들이 데이터를 거짓으로 지어낼 정도로 부도덕하지 않는 이상, 실제 데이터는 제약을 가져온다. 그것은 좋은 일이지만 또한 여러 갈래로 도망갈 여지를 남기기도 한다.

그렇다면 우리들, 숫자판 돌리기의 명수도, 대가도 아닌 우리는 어떨까? 우리는 어떻게 해야 하지? 통계치를 왜곡해 원하는 결과를 얻어낸다는 유혹에 끌리지 않을 사람은 없다. 실제로 우리 모두는 날마다 그런 짓을 하고 있다. "나 오늘 교회 농구시합에서 16점이나 기록했어!"(하지만 안 들어간 슛의 개수와 결국 시합에서 졌다는 말은 쏙 빼놓는다.) "내 키는 165센티미터야."(하지만 9센티미터짜리 힐을 신었지.) "올해 매출이 10퍼센트 상승했으니까, 난 보너스를 받을 자격이 있어."(수익은 줄어들었지만 말야.)

통계와 관련해 우리가 할 수 있는 최고의 조언은 그것을 출력이 아니라 입력 대상으로 활용하라는 것이다. 데이터란 어떤 주제에 관해 결정을 내릴 때 사용하는 것이다. 먼저 마음을 굳히고 그것을 뒷받침할 숫자를 찾아서는 안 된다. 매우 달콤한 유혹이긴 하나 결국에는 말썽에 휘말리게 될 것이다. 하지만 통계 수치의 도움을 받아 결정을 굳힌다면 우리는 다른 이들의 마음을 붙들 수 있는 중심 숫자를 공유하게 될 것이다. 제프 에인스코와 '전쟁을 넘어' 회원들이 그랬던 것처럼 말이다.

상어가 인간을 습격하는 일은 드물다고?

몇 년마다 한 번씩 대중매체들은 상어가 또 인간을 습격했다며 호들갑을 떤다. 그러나 상어의 습격은 실제로 매우 드문 일이며 해마다 눈에 띄는 변동도 일어나지 않는다. 그렇다면 어째서 상어의 습격은 그토록 많은 언론과 대중의 관심을 끄는 것일까? 그 이유는 상어의 습격이라는 사건 자체가 충격적이고, 무시무시하며, 영화에서나 볼 수 있는 이야기이기 때문이다. 〈오프라 윈프리 쇼〉에 나온 다음 이야기처럼 말이다.

| Before |

배터니 해밀턴은 파도타기를 무척 좋아합니다. 여덟 살 때부터 매일 서핑을 즐겼을 정도죠. 그녀는 훌륭한 재능을 지녔으며, 사람들은 그녀의 혈관에 바닷물이 흐른다고 말하곤 했습니다. 열세 살의 배터니는 서핑계 최고의 떠오르는 샛별이었고, 이미 그 지역의 유명인사가 되어 있었습니다. 하지만 그다음에 일어난 사건은 그녀를 전 세계 신문들의 헤드라인에 등장하게 만들었지요.

사건이 일어난 것은 이른 아침이었습니다. 배터니는 보드 위에 누워 팔을 늘어뜨린 채 파도에 몸을 맡기고 떠 있었습니다. 그런데 갑자기 4.5미터 길이의 뱀상어가 그녀의 팔을 덥석 물었습니다. 상어는 배터니의 팔을 격렬하게 물어뜯었고, 결국 그녀의 작은 몸에서 팔을 끊어내고 말았습니다. 순식간에 상어는 그녀의 팔을 가지고 사라졌습니다. 배터니는 그녀의 피로 붉게 물든 바다 한가운데 홀로 남았습니다.

Clinic 1

당신이 상어보호협회의 홍보 담당으로 일하고 있거나 해변으로 놀러 가는 것이 전혀 위험하지 않다고 중학교에 다니는 딸을 설득해야 하는 처지라고 상상해보라. 이렇게 생생하고 구체적인 이야기에 어떻게 맞서 싸워야 할까? 당신은 상어가 사람을 습격하는 일은 실제로 매우 드물다는 '사실'을 알고 있다. 하지만 사람들이 당신의 말을 믿으리라는 보장은 없다. 그들이 당신을 믿게 하려면 어떤 근거를 대야 할까? 다음 메시지는 플로리다 역사박물관이 발표한 통계 자료를 근거로 삼고 있다.

| After 1 |

바다에서 상어의 습격을 받을 확률은 구조대원이 대기하고 있는 해변에서 익사할 확률보다 현저하게 낮다. 2002년 미국에서 구조대원이 배치된 해변 구역에서 사망한 사람은 열두 명이다. 이에 반해 상어의 습격을 받고 사망한 사람은 한 명도 없다(상어의 습격으로 사망하는 사람은 한 해 평균 0.4명이다).

나쁘지는 않지만 훌륭하지도 않다. 이 메시지는 어려운 통계 수치의 내적 신뢰도에 기대고 있다. 지적할 부분은 두 가지다. 첫째, 익사율은 적당한 비교가 아니다. 어쩌면 익사가 상당히 흔한 사망 원인이라고 생각하는 사람도 있을지 모르기 때문이다. 상어에게 습격받아 죽는 사람보다 물에 빠져 죽는 사람이 더 많다"라는 말은 그리 충격적이거나 뜻밖으로 들리지는 않는다(그리고 우리가 너무 회의적인지는 몰라도, 대학생 구조대원은 '안전'을 보장하는 그렇게 확고한 예방책은 아닌 것 같다). 둘째로, 통계적 비교(12:0.4의 사망률)는 좋지만, 인간적 척도에서 볼 때 그다지 의미심장하지는 않다. 일주일 후까지 이런 사실을 기억할 사람은 없을 것이다. 다음 메시지 역시 플로리다 역사박물관에서 발표한 통계 수치를 근거로 한 것이다.

| After 2 |

다음 중에서 당신을 죽일 가능성이 더 큰 동물은?

상어. 사슴.

정답은 사슴이다. 사슴에게 죽음을 당할 확률이 상어에게 습격을 받을 확률보다 더 높다. 더욱 정확하게 말하자면, 사슴이 (자동차 충돌로) 당신을 죽일 확률은 상어의 300배나 된다.[12]

귀여운 밤비가 무시무시한 상어보다 훨씬 위험한 존재라는, 전혀 예상치 못한 메시지를 던져주고, 더구나 상어보다 자그마치 300배나 위험하다는 통계 수치까지 말해주다니![13] 정말 마음에 드는 메시지다. 이 메시지는 어찌 보면 우스꽝스럽게 느껴지기까지 하는데, 실제로 유머는 상어 습격 일화들이 내뿜는 공포를 완화시킬 수 있는 훌륭한 해독제다. 정서적인 자극에 정서적인 자극으로 대응하는 셈이다.

이 메시지는 통계를 이용해 내적 신뢰성을 확보하고 있을 뿐 아니라 청중 스스로를 신뢰성의 원천으로 삼고 있다. 이 이야기를 듣는 사람들은 다들 자신이 운전할 때 사슴을 얼마나 두려워하는지 알 것이다. 전혀 그렇지 않다! 한밤중에 차를 몰고 나갔다가 어둠 속에서 불쑥 사슴이 튀어나올까 봐 가슴졸이는 이들이 실제로 몇이나 되겠는가? 우리는 사슴을 두려워하지 않는다. 그런데 왜 상어를 두려워한단 말인가? 이는 익사와 상어를 비교하는 것보다 훨씬 효과적이다. 사실 우리 중 대부분은 익사에 대해 약간의 공포를 가지고 있기 때문이다.

| 결론 |

통계를 이용할 때 숫자에 연연하지 마라. 숫자는 우리에게 그 아래 내포된 연관성을 알려준다. 하지만 그 연관성을 묘사하는 데에는 숫자보다 더 유용한 방법들이 있다. 사슴과 상어를 대치시키는 방법은 에인스코가 비비탄을 양철 양동이에 쏟아부은 수법과 비슷하다.

메시지의 신뢰성을
증폭시켜라

이제까지 우리는 설득력 있는 세부 사항이나 통계를 이용하여 메시지의 신뢰성을 향상시키는 방법에 관해 살펴보았다. 내적 신뢰성을 향상시키는 세 번째 방법은, 시나트라 테스트라고 부르는 시험을 통과한 특정 유형의 예시를 활용하는 것이다. 미국 가수 프랭크 시나트라 Frank Sinatra의 명곡 〈뉴욕 뉴욕〉은 뉴욕에서 인생을 새로 출발하고 싶다는 가사로 시작된다. 이어지는 코러스의 목소리. "거기서 성공할 수 있다면, 어디서든 성공할 수 있으리." 시나트라 테스트에 통과한 사례는 같은 분야에서라면 어떤 경우에라도 신뢰성을 구축할 수 있다.

예컨대 당신이 백악관의 출장 뷔페 일을 따냈다면 어떤 출장 뷔페 계약도 따낼 수 있을 것이다. 이것이 바로 시나트라 테스트다. 거기서 성공한다면 어디서든 성공할 수 있다.

인도에 기반을 둔 가족사업체 세이펙스프레스Safexpress는 시나트라 테스트 활용에 성공한 대표적인 회사다. 세이펙스프레스는 그 어떤 분야보다 경쟁이 치열한 운송업계에서 살아남기 위해 고군분투하고 있었다. 불꽃 튀는 경쟁이 마침내 가격 경쟁으로 치달으면서 그들은 중요한 사실을 한 가지 깨닫게 되었다. 대부분의 인도 운송업체는 '안전하고 시간을 준수하는' 서비스를 보장하지 않았다. 심지어 어떤 회사들은 배달이 제대로 된다는 보증도 해주지 않았다.

경쟁시장에서 두드러진 존재가 되기 위해 세이펙스프레스는 고객들에게 무슨 일이 있더라도 수화물을 안전하게 시간 내에 배달할 것이라는 약속을 해주었다. 얼마 지나지 않아 페덱스FedEX의 믿음직한 책임감에 익숙한 외국계 회사들이 세이펙스프레스를 애용하기 시작했다. 세이펙스프레스가 어려움을 느낀 고객들은 오히려 인도 기업이었다. 그들은 안전 보증에 대한 대가로 추가 요금을 지불하는 데 익숙지 않았던 것이다. 세이펙스프레스를 운영하는 가문의 일원인 루발자인은 어떻게든 인도 회사들을 상대로 판로를 뚫고 말겠다고 굳게 다짐했다.

이를 위해 자인은 먼저 주요 발리우드 스튜디오의 거래를 따내는 데 주력하기로 했다. 자인이 여러 스튜디오에 영화 필름을 운송하는 데 세이펙스프레스를 이용해달라는 제안을 했을 때 돌아온 반응은 "말 같은 소리를 하시오"였다.

충분히 예상했던 반응이었고 충분히 이해할 수 있는 반응이었다. 세계 각지에서와 마찬가지로 인도에서도 불법 복제는 커다란 고민거리였기 때문에, 필름 운송은 엄청나게 중요한 임무였다. 만약 배달 도중 필름이 '잠시라도 잘못된 장소에' 발을 디디게 된다면, 몇 주도 지나지 않아 인도의 거리에는 불법복제 DVD들이 주욱 널리게 될 것이다. 영화사는 이런 위험부담을 질 수는 없었다.

하지만 다행스럽게도 자인은 강력한 신용장을 준비해두고 있었다. 세이펙스프레스는 『해리 포터』 시리즈의 5권을 유통한 경험이 있었다. 인도의 모든 서점에 진열된 『해리 포터』 5권은 모두 세이펙스프레스의 손을 거쳐 배달된 것이었다. 정말이지 군사작전을 방불케 하는 골치 아픈 임무였다. 모든 책은 출간일 오전 8시까지 무조건 서점에 도착해야 했다. 너무 일러서도 안 되고 너무 늦어서도 안 되었다.

책이 너무 일찍 도착한다면 그 서점은 다른 곳보다 일찍 판매를 시작할 테고 그러면 책의 내용이 미리 공개되어버릴 테니 말이다. 한편 책이 너무 늦게 도착한다면 서점 주인들은 책을 팔지 못해 손해를 봤다며 화를 낼 터였다. 『해리 포터』 시리즈는 영화 필름과 마찬가지로 해적판 문제가 심각하게 우려되었으므로 내용이 유출되지 않도록 각별히 주의해야 했다.

자인은 두 번째 스토리도 준비해두고 있었다. 그는 이전의 대화에서 한 스튜디오 중역의 남동생이 최근 고등학교 수학능력시험을 치렀다는 사실을 알게 되었다. 자인은 『해리 포터』 스토리를 들려준 다음 지나가듯 이렇게 덧붙였다. "그건 그렇고 저희는 당신 동생이 치른 수학능력시험지를 안전하게 배달했고, 또 그 답안지를 다시 교육청에 전달했답니다." 당시 세이펙스프레스는 고등학교와 대학교에서 치르는 모든 중앙고사 시험지를 유통하는 책임을 맡고 있었다.

두 달 후 계약이 체결되었다.

자인의 스토리는 모두 시나트라 테스트에 적격이다. 그는 스토리 대신 통계 수치를 들고 나올 수도 있었다. "우리 회사는 맡은 일의 98.84퍼센트를 정해진 시간 내에 안전하게 배달합니다." 아니면 다국적 회사의 CEO의 말을 빌리는 등 신뢰성을 뒷받침하는 외부 권위를 인용할 수도 있었다. "우리 회사는 인도에서 이용하는 모든 배달 업무에 세이펙스프레스를 이용합니다. 그들은 훌륭한 서비스를 제공하지요."

이 같은 것들이 모두 신뢰성을 증폭하는 효과적인 방법이라는 데에는 의심의 여지가 없다. 하지만 수학능력시험지와 최신판 『해리 포터』 책을 배달하는 회사에는 뭔가 특별한 것이 있다. 그들의 위력은 숫자나 권위가 아니라 구체적이고 상세한 실례에서 나온다. 스토리를 들은 당신은 '세이펙스프레스가 그런 일을 할 수 있다면 무슨 일이든 할 수 있을 거야'라고 생각할 것이다.

무독성 섬유?
먹을 수 있는 섬유!

'내적 신뢰성'을 발휘하는 세 개의 근원, 즉 세부 사항과 통계, 그리고 시나트라 테스트를 모두 아우르는 실례로서 맥도너의 이야기를 해보자. 그는 각종 기업들이 환경과 사업적 목표를 동시에 개선할 수 있도록 돕는 환경보호론자다. 일단 환경보호론자가 접근하면 대부분의 기업인은 경계의 촉각을 곤두세우지 않을 수 없다. 그 사람이 아무리 '친기업적'이라고 해도, 예를 들어 맥도너 같은 사람일지라도 말이다. 이러한 의심과 회의주의를 물리치고 사업적 목표와 환경적 목표가 완전히 일치할 수 있음을 증명하기 위해 맥도너는 시나트라 테스트를 통과한 스토리를 들려준다.

1993년 스위스의 섬유 제조업체 로너 텍스타일Rohner Textil이 맥도너와 마이클 브라운가르트라는 화학자를 고용했다. 이 회사는 의자를 덮는 섬유를 생산했다. 두 사람의 임무는 섬유업계에 종사하는 사람이라면 누구나 불가능하다고 생각할 만한 일이었다. 즉, 유해성 화학물질을 전혀 사용하지 않는 제조 공정을 고안하는 것이었다.[14]

섬유 제조업과 위험한 화학물질은 떼려야 뗄 수 없는 사이다. 거의 모든 염색약에는 유해성 물질이 함유되어 있다. 사실 로너 섬유 공장에서 나오는 자투리 천은 의심스러운 화학물질을 너무나 많이 함유하고 있어, 스위스 정부에서는 이를 유독성 폐기물질로 분류하고 있었다. 게다가 이런 자투리 천은 정부의 규제법에 따라 스위스 내에서 태우거나 매장할 수 없었기 때문에 반드시 해외에서 처리해야 했다. 따라서 스페인처럼 환경 규제가 덜한 다른 국가로 반출되었다(이런 구체적이고 생생한 세부 사항에 주목하라). 맥도너는 경영진에게 이렇게 말했다. "당신이 팔고 있는 천의 자투리가 유독성 폐기물질로 분류된다면, 당신이 지금 유독성 폐기물을 판매하고 있다는 사실을 알기 위해 로켓 과학자가 될 필요는 없습니다."

이 문제를 해결하기 위해 맥도너는 먼저 화학공업 분야에서 마음에 맞는 파트너를 찾아야 했다. 그는 로너 텍스타일에 제품 생산에 필요한 모든 역량을 갖추고 있으면서도 깨끗한 화학약품을 제공해야 했다. 그래서 그와 브라운가르트는 화학산업 분야의 경영진에게 접근해 이런 말로 설득했다. "우리는 모든 제품이 어린이용 물약만큼 안전한 미래를 보고 싶습니다. 우리 아이들이 그걸 빨거나 핥아 먹어도 안심할 수 있는 그런 모습을 말이에요."

그들은 화학공장에 가서 숨겨둔 책을 펼치고 화학약품의 제조 과정을 솔직하게 공개해달라고 부탁했다. 맥도너는 기업들에게 말했다. "그것은 '우리의 자산이고 우리는 합법적인 소유권을 지니고 있다'는 말은 하지 마십시오. 성분을 모른다면 우리는 그 제품을 사용하지 않을 것입니다." 60개의 화학 제조공장이 그들의 요청을 거절했다. 그러다 한 회사의 사장이 마침내 승낙 의사를 보내왔다. 바로 시바 게이지

Ciba-Geigy였다.

맥도너와 브라운가르트는 섬유산업에 흔히 이용되는 8,000개의 화학약품을 검토했다. 그들은 각각의 화학약품을 안전기준과 대조했다. 그중 7,692개가 그들의 기준을 통과하지 못했다. 남은 것은 겨우 38개뿐이었다. 하지만 이 38개 약품은, 맥도너의 말에 따르면 '먹을 수 있을 만큼 안전'했다(여기에서도 우리는 구체적인 세부 묘사를 찾아볼 수 있다. '먹을 수 있을 만큼 안전함' 또한 유해한 화학약품의 큰 숫자와 안전한 화학약품의 얼마 안 되는 숫자를 비교함으로써 상호연관성을 보여주는 통계 수치를 활용한 것에 주목하라).

가장 놀라운 것은 이 38개의 화학성분만으로도 검은색을 제외한 모든 색깔의 섬유를 완벽하게 제조할 수 있다는 사실이었다. 섬유의 성분으로는 천연 소재인 양모와 모시를 사용하기로 했다. 이 제품이 생산에 막 돌입했을 무렵 공장에서 배출되는 폐수의 오염 수준이 법적 기준에 부합하는지 확인하기 위해 스위스 검사관들이 시찰을 나왔다. "처음에 그들은 검사 도구가 고장이 난 줄 알았다." 맥도너의 말이다. 폐수에서 아무것도 검출되지 않았기 때문이다. 그래서 그들은 공장으로 흘러들어가는 물, 즉 스위스 상수도를 검사했다. 검사 도구에는 아무런 이상도 없었다. "이 새로운 생산 공정은 물을 오히려 정화시키고 있었다."

맥도너가 개발한 새로운 공정은 깨끗할 뿐 아니라 심지어 저렴하기까지 했다. 생산 비용이 20퍼센트까지 감소한 것이다. 이는 부분적으로 유해성 물질을 취급하는 데 소요되는 비용과 혼란 요소가 줄어든 탓이었다. 직원들은 더 이상 보호복을 입을 필요가 없었고, 자투리 천은 더 이상 스페인으로 반출해 매장할 필요 없이 스위스 국내 농부들이나 정원사들에게 정원용 단열재로 판매되었다.

이 스토리는 더할 나위 없이 훌륭하다. 게다가 하나같이 기억하기 쉬운 요소로 구성되어 있다. 불가능한 임무, 화학약품 8,000개 가운데 모두 제외하고 마지막으로 남은 38개의 약품들, 공장 폐수가 너무나도 깨끗해 검사관들이 측정 도구가 고장 났다고 착각한 재미난 일화, 위험한 화학 폐기물에서 작물용 단열재로 변신한 자투리 천, '먹을 수 있을 만큼 안전하게 만들자'는 메시지, 그리고 그 결과보다 안전한 작업 환경에서 일할 수 있게 된 공장 직원들과 20퍼센트 감소한 비용까지.

어떤 비즈니스 또는 산업 분야든, 맥도너가 보다 친환경적인 방식으로 접근하고 싶을 때면 이 스토리는 그에게 엄청난 신뢰도와 진실성을 제공해줄 것이다. 시나트라 테스트는 어떤 장애물도 쉽게 헤치고 나아갈 수 있도록 도와준다.

지금까지 우리는 신뢰성의 외적 원천, 즉 권위와 반권위를 이용해 신뢰성을 획득하는 방법과 세부 사항과 통계 그리고 시나트라 테스트를 통과한 실례를 통해 메시지 내부에서 신뢰성을 창출하는 방법에 대해 살펴보았다.

그러나 한 가지, 우리가 아직 언급하지 않은 신뢰성의 원천이 남아 있다. 그리고 이것은 이제까지 논의한 그 모든 것들 중에서 가장 강력한 힘을 지닌다.

이 햄버거에
고기는 어딨어?

1984년에 방영된 웬디스_{Wendy's}의 TV 광고는 역사상 가장 기발한 광고 캠페인 중 하나다. 이 광고는 호호백발의 할머니 세 명이 카운터 앞에 나란히 서 있는 장면에서 시작된다. 카운터 위에는 햄버거 하나가 쟁반에 담겨 있는데, 할머니들은 넋을 잃은 양 멍한 표정으로 햄버거를 쳐다보고 있다. 그게…… 햄버거가 보통 커다란 게 아니기 때문이다. 지름이 족히 30센티미터는 되어 보인다.

"정말 커다란 빵이네." 왼쪽에 있는 할머니가 말한다.

"엄청나게 커다란 빵이야." 가운데 있는 할머니가 말한다.

"크고 말랑말랑한 빵인걸." 왼쪽 할머니가 말한다.

"엄청나게 크고 말랑말랑한……."

그러다 가운데 있는 할머니가 위쪽 빵을 살짝 들어 올려 빵 사이에 끼워져 있는 고기 패티를 확인한 순간, 정적이 흐른다. 빵 위에 얹힌 것은 너무 익어 딱딱한 패티 한 장과 피클 한 조각뿐이다. 그런데 글쎄…… 그 고기 패티가 빵에 비하면 얼마나 조그마한지!

그때 오른쪽에 서 있던 할머니가(80세의 클라라 펠러가 연기했다) 처음으로 입을 연다. 그녀는 햄버거를 안경 너머로 빤히 쳐다보더니 뾰로통한 말투로 묻는다.

"그런데 고기는 어딨어?"

그 순간 울려 퍼지는 아나운서의 목소리. "어떤 햄버거 전문점에서는 크고 말랑말랑한 빵 사이에 고기는 얼마 안 들어 있지요."

"고기는 어딨어?"(펠러)

"웬디스 싱글에는 빅맥이나 와퍼보다 훨씬 많은 고기가 들어 있습니다. 웬디스에서 여러분은 더 작은 빵과 더 많은 고기를 드실 수 있습니다."(아나운서)

"이봐! 고기는 어딨냐니까?" 할머니는 카운터 뒤쪽을 지그시 쳐다본다. "아무도 없나 봐."(펠러)

참으로 사랑스러운, 장점이 흘러넘치는 광고다. 우선 재미있고 연출도 훌륭하다. 클라라 펠러는 이 광고로 유명인사가 되었다. 그보다 더욱 대단한 것은 이 광고가 실제로 웬디스 햄버거의 진짜 장점을 부각시켰다는 사실이다. 웬디스 버거에는 진짜로 고기가 더 많이 들어 있었다.

이 광고는 이제껏 평범한 광고 기법에만 익숙했던 광고업자들이 마술 도구를 집어들고 강력하고 인상적이지만 실제로는 아무런 연관도 없는 감정을 소비재에 덧칠하러 달려가는 전환점을 제공했다. 이를테면 요즘 나오는 광고들을 생각해보라. 섬유 유연제와 어머니의 자식 사랑이 사실 무슨 상관이 있단 말인가? 그 점에서 웬디스의 광고는 우러러볼 만했다. 그들은 제품의 실제 장점에 초점을 맞췄을 뿐 아니라 이를 즐겁고 재미있는 방식으로 전달했던 것이다.

이 광고는 엄청난 효과를 가져왔다. 웬디스의 설문조사에 의하면, 광고 방영 후 두 달 만에 웬디스 싱글이 빅맥이나 와퍼보다 더 크다고 생각하는 고객들의 숫자가 47퍼센트나 증가했다. 또한 광고가 방영되고 첫 1년 동안 웬디스의 매출액도 31퍼센트 증가했다.

웬디스 광고의 핵심은 웬디스 버거에는 고기가 더 많이 들어 있다는 것이다. 아마 그전까지만 해도 대부분의 사람들은 이 점에 대해 전혀 생각해보지 않았을 것이다. 당시에 그것은 그다지 널리 알려진 사실이 아니었다. 그렇다면 웬디스는 어떻게 그 주장에 신뢰성을 부여했을까?

이제까지 우리가 논의한 방법들은 이번 일에는 그다지 도움이 되지 않는다. 이 메시지는 외적 신뢰도의 힘을 빌리지 않았다. 래리 버드(유명한 농구 선수—옮긴이)가 나와서 햄버거의 크기를 재지도 않았다(뚱뚱한 거인이 햄버거를 우걱우걱 먹어대는 반권위를 사용하지도 않았다). "고기가 11퍼센트 더 많이 들어 있습니다!"처럼 수치를 내세우지도 않았다. 대신 이 광고는 완전히 새로운 신뢰성의 원천을 발견했다. 바로 청중이었다. 웬디스는 신뢰성을 소비자들에게 아웃소싱한 것이다.

이 TV 광고는 시청자들에게 웬디스의 주장을 직접 확인해보라고 넌지시 말한다. "직접 가서 한번 보세요. 우리 매장에서 파는 버거와 맥도널드 버거를 비교해보세요. 크기가 다르다는 걸 금세 아실 수 있을 겁니다!" 과학적 언어를 이용하기 위해 웬디스는 반증 가능한 주장을 펼쳤다. 고객들은 원하기만 하면 줄자를 가지고 웬디스의 주장이 사실인지 직접 확인해볼 수 있었다(비록 줄자도 필요 없이 눈으로만 봐도 웬디스의 손을 들어줄 수 있을 정도로 확실하긴 했지만).

고객들에게 직접 확인해볼 것을 요청하는 이런 태도를 '검증 가능한 신용testable credentials'이라고 부른다. 이렇게 직접 검증할 수 있는 주장은 고객들의 믿음을 증폭시킨다. 이제 고객들은 '구매하기 전에 먼저 시험'해볼 수 있기 때문이다.

"여러분은 4년 전보다
잘살고 있습니까?"

검증 가능한 신용은 도시 전설 분야에서 매우 다채로운 이력을 지니고 있다. 1990년대에 스내플Snapple은 자사가 백인 우월주의 집단Ku Klux Klan, KKK을 지원하고 있다는 근거 없는 유언비어를 떨쳐내느라 곤욕을 치러야 했다. 소문을 퍼뜨리는 사람들은 주장을 뒷받침하기 위해 몇몇 '증거'들을 내세웠다. "스내플 음료수 병을 보면 앞쪽에 노예선 그림이 그려져 있다!" 반신반의하는 사람들도 원 안에 K자가 그려진 수상한 상징을 찾아냈다. 소문에 의하면 이 또한 KKK의 소유권을 입증하는 증거였다.

물론 스내플 라벨에는 배와 원 안에 K표식이 그려져 있다. 하지만 그것은 KKK와는 아무런 상관도 없었다. 배는 보스턴 차 사건(미국의 독립혁명을 유발한 사건―옮긴이)에서 따왔고, 원 안에 그려진 K자는 '위생 기준에 합격'했다는 인증 표시였다. 하지만 이러한 사실을 알지 못하는 일부 사람들은 그들이 증거라고 믿는 것을 보고는 소문을 믿었다.

스내플과 관련된 헛소문은 "고기는 어딨어?"의 유인상술 버전이다. 웬디스는 말한다. "직접 가서 보시라. 우리 햄버거의 고기가 더 크다." 헛소문을 퍼뜨리는 사람들은 말한다. "직접 가서 보시라. 여기 원 안에 든 K자가 있지 않은가. 그러니 스태플은 KKK를 지원한다." 이러한 "직접 확인하라"는 주장은 사람들이 비논리적이고 비이성적으로 소문가들의 결론에 곧장 뛰어들도록 만든다. 이것이 바로 검증 가능한 신용의 부작용이다. '직접 확인하라' 단계는 매우 유용할 수 있지만 동시에 지나치게 비약적인 결론을 끌어낼 수도 있다.

검증 가능한 신용은 다양한 분야에서 유용하게 쓰인다. 1980년 미국 대통령 선거를 앞두고 지미 카터와 맞선 로널드 레이건은 이렇게 물었다. "과연 여러분은 4년 전보다 더 잘살고 있습니까?" 인플레이션의 증가율, 실업률, 끊임없이 상승하는 이자율 등 레이건은 수많은 통계 수치를 들먹일 수도 있었지만 그렇게 하지 않고 청중들에게 그 대답을 맡겼던 것이다.

검증 가능한 신용이 유용하게 쓰인 또 다른 예는 긍정적인 코칭 연합Positive Coaching Alliance, PCA의 설립자인 짐 톰슨의 일화에서 찾아볼 수 있다. PCA의 사명은 청소년 스포츠의 목적이 '승리'가 아니라 삶의 교훈을 배우는 것임을 널리 알리고 강조하는 것이다.

PCA는 유소년 스포츠 코치들에게 긍정적인 코칭을 위한 세미나를 실시했다. 세미나 교관들은 '감정 탱크Emotional Tank'[15]라는 비유법을 이용해 코치들이 칭찬과 지지, 그리고 비판적인 피드백을 어떻게 적절하게 조화시킬지 신중하게 고려하도록 도왔다.

"감정 탱크는 자동차의 연료 탱크와 비슷하다. 당신 자동차의 연료 탱크가 비어 있다면 멀리까지 가지 못한다. 당신의 감정 탱크가 비어 있다면 최고의 성과를 내지 못한다."

이렇게 감정 탱크의 의미를 설명한 다음 교관들은 연습활동에 들어갔다. 먼저 그들은 코치들에게 그들의 옆자리에 서 있는 사람이 방금 중대한 경기에서 커다란 실수를 저질렀다고 말했다.

이제 코치들은 그 사람의 감정 탱크를 '소모시킬' 말을 해야 했다. 교묘하고 영리한 비난과 꾸중은 많은 스포츠에서 주요 상호작용으로 사용되므로, 코치들은 노골적인 열정을 발휘하며 활동에 뛰어들었다. 톰슨은 말한다. "코치들이 활동에 열중하면서 방 안에는 웃음소리가 가득했고, 때로는 뛰어난 창의성이 엿보이기도 했다."

그런 다음 교관들은 코치들에게 다른 누군가가 같은 실수를 저질렀지만 이번에는 그 사람의 감정 탱크를 비우는 것이 아니라 '채워야' 한다고 지시했다. 그러자 반응은 전반적으로 훨씬 얌전해졌다. 톰슨은 말했다. "대부분의 경우 방 안이 조용해진다. 그러다 마침내 누군가가 아주 작은 목소리로 중얼거린다. '잘했어!'"

이렇게 자신의 행동을 관찰함으로써 코치들은 교훈을 얻는다. 그들은 자신이 지지보다 비판에 익숙하며 하나의 칭찬보다 열 개의 교묘한 비난을 하는 데 더 뛰어나다는 사실을 깨닫는다. 톰슨은 그가 말하고자 하는 바를 검증 가능한 신용을 활용해 코치들이 스스로 경험할 수 있는 무언가로 변환하는 데 성공한 것이다.

인간이 직관이라는 거짓말을 믿는 이유

많은 이들이 직관을 믿는다. 하지만 사실 우리의 직관은 편견으로 인해 많은 결점을 지니고 있다. 그럼에도 불구하고 대부분의 사람들은 자신의 직관에 대해 상당한 자신감을 보이며, 이를 반박하기란 보통 어려운 일이 아니다. 의사결정에 관해 연구하는 심리학자들은 이에 맞서 상당히 힘겨운 전투를 치르고 있다. 그럼 이번에는 당신이 심리학 입문서를 만드는 편집자이며, '가용성 편향avail-ablebias'이라는 개념에 대해 설명한다고 생각해보자.

| Message 1 |

다음 중 사람들의 목숨을 더 많이 앗아가는 범인은 무엇일까? 살인 아니면 자살? 홍수 아니면 결핵? 토네이도 아니면 천식? 당신의 생각을 말해보라.

어쩌면 당신은 살인과 홍수, 그리고 토네이도라고 대답했을지 모른다. 아마 대부분의 사람들이 그렇게 말할 것이다. 하지만 미국에서는 살인보다 자살로 죽은 사람이 50퍼센트 더 많고, 홍수로 죽은 사람보다 결핵으로 죽은 사람이 아홉 배나 더 많으며, 토네이도보다 천식으로 죽은 사람은 80배나 더 많다.

그렇다면 사람들이 이렇게 잘못된 추측을 하는 이유는 무엇일까? 바로 '가용성 편향' 때문이다. 가용성 편향'이란 기억 속의 친숙성을 토대로 특정 사건의 가능성을 판단하려는 인간의 자연스러운 경향이다. 우리는 기억하기 쉬운 사건이 더 자주 발생한다는 직관적인 믿음을 가지고 있다. 그러나 사실 우리가 기억하는 것은 지금 이 세상에서 발생하는 사건들의 정확한 요약판이 아니다.

우리가 특정 사건을 더욱 잘 기억하는 까닭은 그것이 자주 발생하기 때문이 아니라 격렬한 감정을 불러일으키기 때문일지 모른다. 그것이 흔한 사건이어서가 아니라 언론에서 더 자주, 더 많은 시간을 들여 몇번이나 되풀이하기 때문에(그 일이 다른 사건들보다 더 생생한 이미지를 제공하므로) 더 잘 기억하는 것일지 모른다. 이러한 가용성 편향은 우리의 직관을 잘못된 길로 이끌며, 드문 일이 흔하게, 흔한 일이 도리어 드물게 발생한다고 생각하도록 부추긴다.

Clinic 1

이 메시지는 단순하지만 매우 효과적인 검증 가능한 신용을 활용하고 있다. 다음 중 사람들의 목숨을 더 많이 앗아가는 것은 무엇일까? 한 문제라도 잘못된 대답을 한 독자들은 자신의 가용성 편향에 대해 생각해보게 된다. 다음 메시지는 보다 평범한 교재에서 가용성 편향에 대해 설명할 때 사용하는 전형적인 방식이다.

| Message 2 |

'가용성 편향'이란 기억 속의 친숙성을 토대로 특정 사건의 가능성을 판단하려는 인간의 자연스러운 경향이다. 우리는 기억하기 쉬운 사건이 더 자주 발생한다는 직관적인 믿음을 가지고 있다. 그러나 사실 우리가 기억하는 것은 지금 이 세상에서 발생하는 사건들의 정확한 요약판이 아니다. 예를 들어 오리건 대학 연구진의 조사에 따르면 살인으로 죽은 사람이 자살로 죽은 사람들보다 더 많다고 생각하는 피실험자가 20퍼센트나 더 많았다. 그러나 실제로는 자살로 죽은 사람이 50퍼센트 더 많다. 피실험자들은 폐결핵보다 홍수로 더 많은 사람이 죽는다고 생각했지만, 실제로는 결핵으로 죽은 이들이 아홉 배나 많다. 그들은 천식으로 죽은 사람들과 토네이도로 죽은 사람들의 수가 대략 비슷하다고 믿지만 실제로는 천식으로 죽은 사람이 80배나 많다.

사람들이 특정 사건을 더욱 잘 기억하는 이유는 그러한 사건이 자주 발생하기 때문이 아니라 격렬한 감정을 불러일으키기 때문이다. 그들이 어떤 일을 기억하는 것은 실제로 그 일이 흔히 발생해서가 아니라 언론에서 더 자주, 더 많은 시간을 들여 몇 번이나 되풀이하기(그 일이 다른 사건들보다 더 생생한 이미지를 제공하므로) 때문이다. 이러한 가용성 편향은 우리의 직관을 잘못된 길로 이끌며, 드문 일이 흔하게, 흔한 일이 도리어 드물게 발생한다고 생각하도록 부추긴다.

Clinic 2

이 메시지는 첫 번째 메시지에 비해 관심을 덜 끈다. 천식이 토네이

도보다 80배나 더 많은 사람들을 죽인다는 대목을 읽은 학생들은 이런 생각을 할지도 모른다. '와우, 이 설문조사에 대답한 사람들 다 바보인가봐.' 우리는 일일이 설명을 듣기보다 직접 확인하고 경험할 때 훨씬 강한 인상을 받는다.

| 결론 |

검증 가능한 신용은 사람들이 메시지를 직접 시험하게 한다.

NBA 선수들을 위한 에이즈 교육

이번에는 다른 스포츠의 영역으로 옮겨가보자. NBA! 당신은 NBA에 갓 참가한 신입 선수들에게 에이즈의 위험성에 대해 교육하는 책임을 맡고 있다. NBA 선수들은 대부분 스물한 살도 채 안 된 어린 청년들인데, 갑자기 유명인사가 되어 새로운 명성과 대중의 관심을 온몸에 받고 있다. 에이즈에 관해서라면 어렸을 때부터 귀가 따갑게 들어왔으니 그 위험성을 모를 리가 없다. 하지만 그들의 특수한 상황에 힘입어 딱 하룻밤, 경솔한 짓을 저지를지도 모른다.

어떻게 하면 그들에게 에이즈의 위험성에 대해 빠르고 인상적으로 각인시켜줄 수 있을까? 당신이 활용할 수 있는 신뢰성의 원천을 생각해보자. 외적 신뢰성은 어떨까? 매직 존슨 같은 전문가 또는 유명인사의 말을 빌릴 수도 있고 에이즈 말기 증상 때문에 고통받는 사람을 데려와 반권위에 호소할 수도 있다. 인간적 척도(낯선 사람과 보낸 하룻밤 때문에 에이즈에 걸릴 가능성이 얼마나 되는지)를 이용해 통계 수치를 제공할 수도 있다. 아니면 어떻게 평소의 안전한 섹스 원칙이 하룻밤의 광란의 파티 때문에 순식간에 무너져내릴 수 있는지 생생한 묘사와 세부 사항을 보태가며 들려주는 것도 나쁘지 않을 것이다. 어떤 방법을 사용하든 효과는 확실하다. 하지만 저 안쪽에서 선수들의 마음속 깊은 곳에서 우러나오는 믿음을 얻고 싶다면?

NBA는 아주 기발한 방법을 생각해냈다.[16]

NBA 시즌이 시작하기 몇 주 전, 모든 신입 선수들은 오리엔테이션을 받기 위해 뉴욕의 태리타운에 모여든다. 그들은 앞으로 6일 내내 호출기도 휴대전화도 없이 호텔 안에만 갇혀 있어야 한다. 신입 선수들은 언론에 어떻게 대처할 것인지에서부터 앞으로 그들이 보유하게 될 새로운 돈으로 분별 있는 투자를 하는 방법에 이르기까지, 화려하고 거대한 리그 선수의 삶에 대해 교육을 받는다.

그러던 어느 날, 물 샐 틈 없는 경비에도 불구하고 여성 팬 몇 명이 호텔에 잠입해 들어왔다. 오리엔테이션이 시작된 첫날 저녁 그들은 눈에 띄는 차림새로 호텔 바와 레스토랑을 어슬렁거렸다. 여자들을 본 선수들은 기대감에 부풀었다. 조심스러운 접근이 시작되고 시시덕 거리는 대화가 오갔다. 몇몇 선수들은 오리엔테이션이 끝난 후 그 여자들과 다시 만날 약속까지 잡았다.

다음 날 아침 선수들이 모범생처럼 시간에 맞춰 오리엔테이션에 나타났다. 그들은 연단 앞에 어제 만난 여성 팬들이 서 있는 것을 발견하고 깜짝 놀란다. 여자들은 한 명씩 자신들을 다시 소개한다. "안녕하세요. 내 이름은 샤일라고 HIV 보균자예요." "안녕하세요, 내 이름은 도나고 난 HIV 보균자예요."

그 순간 신입 선수들의 머릿속에는 에이즈에 관한 온갖 이야기들이 팟! 하고 떠오른다. 그들은 삶이 얼마나 쉽게 무너질 수 있는지, 하룻밤의 실수가 어떻게 평생의 후회로 이어질 수 있는지 실감한다.

이번에는 NFL의 솜씨를 살펴보자. NFL 오리엔테이션의 경우 어느 해에는 리그 관계자들이 모든 신입 선수들에게 콘돔 씌운 바나나를 나누어주기도 했다.[17] 선수들이 천장을 향해 눈동자를 굴리며 어색해할 만도 하다. 그다음에는 경기마다 졸졸 쫓아다닐 정도로 광팬이었던 여자 두 명이 나와 당시에 어떻게 선수들을 꼬여서 임신을 하려고 했는지 자신들의 이야기를 들려준다. 이 여자들의 이야기는 강력하고 아주 잘 만들어진 메시지다. 하지만 어느 쪽이 더 잘 달라붙는 스티커 메시지인가? 어떤 사람이 다른 누군가를 속인 이야기인가, 아니면 자기 자신이 속은 이야기인가?

어떻게 우리의 메시지를 믿게 할 수 있을까? 대답은 신뢰성을 부여할 수 있는 적절한 출처를 찾는 것이다. 하지만 배리 마셜이 궤양을 치료하기 위한 여정을 통해 깨달은 것처럼, 간혹 우물이 말라 있는 때도 있을 것이다. 외적 신뢰성은 아무런 소용이 없다. 그가 일하는 퍼스의 연구기관이나 그의 상사로는 충분한 권위를 내세울 수 없었다. 내적 신뢰성을 이끌어내는 것도 여의치 않다. 신중하게 마련한 데이터나 구체적인 세부 사항으로도 그의 길을 가로막은 장애물을 없앨 수 없었다. 결국 그는 박테리아가 듬뿍 담긴 잔을 마심으로써 검증 가능한 신용을 직접 '모델링' 해야 했다. 그는 이렇게 말했다. 자, 직접 한번 보라. 박테리아를 마시면 당신은 위궤양에 걸릴 것이다. 지금 나처럼.

어떤 신뢰성의 우물에서 물을 퍼내야 하는지 늘 명백하게 알 수 있는 것은 아니다. 마셜은 다른 우물을 파야 한다는 사실을 깨달았고, 그렇기 때문에 그의 극적인 행위는 오랫동안 사람들의 머릿속에 간직될 수 있었다. 이 장에서 우리는 가장 명백하고 확실한 신뢰성의 원천이라 해도 늘 최상이 될 수는 없음을 확인했다. 몇 개의 생생한 세부 묘사가 수십 수백 개의 통계수치보다 훨씬 강한 설득력을 발휘할 수도 있다. 반권위가 권위보다 훨씬 강력하게 작용할지도 모른다. 시나트

라 테스트에 통과한 스토리 하나가 거대한 회의주의를 극복할 가능성
도 있다. 마셜과 같은 의학 천재도 우리와 마찬가지로 메시지를 살리
기 위해 높디높은 장애물을 끈질기게 뛰어넘고 극복해야 했다니, 왠
지 안심이 되지 않는가? 그리고 명심하라. 결국 그는 승리를 거머쥐었
고 우리 모두에게 도움이 될 위업을 이룩했다.

원칙 5

감성

감성이 담긴 메시지는

행동하게 만든다

"나는 단순히 병사들의 식사를 책임지고 있는 것이 아니다.
나는 그들의 사기를 책임지고 있다."
사람들은 대부분 이런 생각을 갖고 있는 리더를 원한다.
이 메시지는 인간의 어떤 욕구를 자극해
사람들을 감동시켰을까?

마음을 움직이는
자선단체의 설득

마더 테레사가 이런 말을 한 적이 있다. "나는 대중을 위해서라면 행동하지 않겠지만 한 사람을 위해서라면 발 벗고 나설 것이다." 2004년 카네기멜론 대학 연구진은 다른 사람들도 마더 테레사와 비슷한지 알아보는 실험에 착수했다.[1]

연구진은 추상적인 대의 또는 특정한 개인에게 기부할 기회가 생겼을 때 사람들이 어떻게 반응할지 알고 싶었다. 그들은 먼저 실험 참가자들에게 다양한 첨단 기기에 관한 설문조사를 해준 대가로 각각 5달러를 지불했다(물론 이 설문조사는 아무런 관련도 없었다. 그저 피실험자가 기부할 현금을 수중에 갖게 하는 수단에 불과했다).

설문조사를 끝낸 피실험자들은 그 보답으로 1달러짜리 지폐 다섯장을 받았다. 또한 봉투 한 장과 전 세계 어린이들의 복지를 위해 노력하는 '어린이 보호재단 Save the Children'에 약간의 현금을 기부해달라는 편지를 함께 건네받았다. 편지는 두 가지 형태였는데, 첫 번째 편지에는 아프리카 아동들이 얼마나 절박한 처지에 놓여 있는지 보여주는 통계 자료가 나열되어 있었다.

- 300만 명에 달하는 말라위의 어린아이들이 식량 부족으로 고통받고 있다.
- 심각한 폭우로 인해 잠비아는 2000년부터 곡물 생산량이 42퍼센트 감소했다. 그 결과 약 300만 명의 잠비아인들이 기아로 사망할 위험에 처해 있다.
- 400만 명(전체 인구의 3분의 1)의 앙골라인들이 고향땅을 버리고 이주했다.
- 1,100만 명 이상의 에티오피아인들이 즉각적인 식량원조를 절실히 필요로 하고 있다.

두 번째 편지는 어느 불쌍한 소녀에 관한 이야기였다.

여러분이 기부하신 돈은 아프리카 말라위에 사는 일곱 살짜리 소녀 로키아를 돕는 데 사용됩니다. 로키아는 매우 가난하며, 끔찍한 굶주림에 시달리고 있습니다. 어쩌면 생명마저 위험해질지 모르죠. 여러분의 작은 손길 하나가 로키아의 삶을 바꿀 수 있습니다. 여러분을 비롯한 후원자들의 도움으로 우리 어린이 보호재단은 로키아의 가족과 마을 주민과 힘을 합쳐 로키아를 먹이고 입히고 교육하고 기본적인 의료 혜택과 보건 교육을 제공할 것입니다.

연구진은 참가자들의 절반에게 첫 번째 편지를 그리고 나머지 절반에게 두 번째 편지를 준 다음 홀로 생각할 수 있도록 자리를 피해주었다. 피실험자들은 기부하고 싶은 만큼의 돈을 봉투 안에 넣은 다음 봉투를 봉해 연구진에게 건네주었다.

첫 번째 편지를 읽은 사람들은 평균 1.14달러를 기부했다. 한편 로키아의 이야기가 적힌 두 번째 편지를 읽은 이들은 평균 2.38달러를 기부했다. 첫 번째에 비하면 두 배가 넘는 액수다. 대부분의 사람들은 마더 테레사와 비슷해 보였다. 마음의 문제에 있어서만은 한 사람의 힘이 다수의 힘보다 훨씬 강한 것이다.

연구진은 통계 수치가 적힌 편지를 읽은 이들이 상대적으로 적은 액수를 기부한 데 대해 이른바 '양동이에 물 한 방울 효과'의 발로가 아닐까 추측했다. 문제의 규모에 압도되면 물이 가득 찬 양동이에 물 한 방울을 떨어뜨리는 것처럼 자신의 작은 기여가 아무런 의미도 없다고 느끼는 것이다.

하지만 그보다 흥미진진한 일은 그다음에 벌어졌다. 연구진은 제3의 집단에게 두 개의 정보, 즉 로키아에 대한 이야기와 통계 수치를 모두 제공했다. 연구진은 모든 정보를 알게 된 집단이 과연 평균 2.38달러를 기부한 두 번째 집단보다 더 많은 액수를 기부할지 궁금했다. 어쩌면 스토리와 숫자의 결합, 개인의 위력과 통계적인 척도의 결합은 완전히 다른 차원의 기부를 야기할지도 모른다.

천만의 말씀! 두 편지를 모두 읽은 집단의 평균 기부 액수는 1.43달러였다. 로키아의 편지를 읽은 사람들보다 1달러나 적은 액수다. 즉, 아프리카에서 수많은 이들이 고통을 겪고 있다는 확실한 증거인 통계 수치가, 까닭은 모르겠지만 어쨌든 지갑을 닫게 만든 것이다. 대체 어떻게 된 일일까?

연구진은 통계에 대한 숙고가 사람들을 보다 분석적이고 이성적인 상태로 유도한다는 가설을 세웠다. 분석적인 사고는 감정을 억제한다. 한편 연구진은 로키아의 곤란한 처지에 대한 감정적 동조가 행동을 야기하는 요인이라고 생각했다.

이러한 추론을 입증하기 위해 그들은 두 번째 연구에 돌입했다. 연구진은 한 집단에게 "어떤 물체가 1분에 1.5미터를 움직인다면 360초 동안에는 얼마나 움직일 것인가?"라는 질문으로 분석적 사고를 유도했다. 한편 다른 집단에게는 "'아기'라는 단어에서 연상되는 것들을 모두 적으시오"라는 질문으로 뇌의 감정적 면모를 자극했다. 그런 다음 두 집단에게 로키아 이야기가 적힌 편지를 보여주었다. 결과는 연구진의 추측대로였다. 편지를 읽기 전 감정적인 경험을 한 집단은 전과 마찬가지로 평균 2.34달러를 기부한 반면, 분석적인 사고를 한 사람들은 1.26달러를 기부했다.

충격적인 결과였다. 그저 '계산'이라는 행위를 했을 뿐인데, 사람들의 자비심이 감소하다니! 일단 분석이라는 모자를 쓰고 나면 우리는 감정적 호소에 전과 다른 방식으로 대응하게 된다. 우리의 '느끼는' 능력을 억제하는 것이다.

앞 장에서 우리는 어떻게 사람들을 설득하여 우리의 메시지를 믿게 할 수 있을지 그 방법에 대해 논했다. 믿음은 확실히 사람들에게 많은 영향을 미치지만 믿음만으로는 충분치 않다. 사람들은 마음을 쏟고 각별히 여길 때에만 행동을 취하기 때문이다.

아프리카 사람들이 크나큰 고통을 겪고 있다는 사실을 모르는 사람은 없다. 우리는 모두 그것이 진실임을 안다. 그러나 그런 믿음이나 신뢰도 사람들이 걱정하고 행동을 취하도록 만들지는 못한다. 우리는 지방이 많이 함유된 음식이 건강에 좋지 않다는 사실을 알고 있다. 그리고 그 사실에 대해 전혀 의심하지 않는다. 그러나 그러한 믿음 역시 사람들이 각별히 마음을 쓰고 행동을 취할 만큼 강력하지는 않다.

자선기관은 마더 테레사의 영향에 대해 오래전부터 알고 있었다. 그들은 후원자나 기부자들이 추상적인 다수보다 구체적인 개개인에게 훨씬 더 민감하게 반응한다는 사실을 알고 있었다. 당신은 '아프리카 빈민들'을 위해 성금을 내는 게 아니라 특정한 한 아이를 후원한다. (사실 자선운동의 방안으로써 특정 어린이를 후원한다는 아이디어는 한 젊은 개신교 목사가 미국인들에게 불쌍한 한국 고아들을 후원해달라고 호소한 1950년대로 거슬러 올라간다.)

이 같은 개념은 동물들에게도 효과적이다. 쉼터 농장Farm Sanctuary은 농장 동물의 학대와 착취를 방지하는 비영리단체로, 후원자들은 매달 일정한 금액을 내고 닭(월 10달러)이나 염소(25달러), 소(50달러)를 입양할 수 있다. 아무도 자선활동을 위해 일반행정기금General Administrative Fund에 돈을 기부하지는 않는다. 물론 일반기금이 필요하다는 건 이해하지만 그런 사무용품에 대해 애정이나 열정을 발휘하기란 힘든 일이다.

자선단체들은 풍부한 경험을 통해, 사람들의 연민이나 동정심을 자아낼 방법을 잘 알고 있으며, 다행스럽게도 솜씨 또한 매우 훌륭하다. 그들의 능숙한 기술 덕분에 고통받는 많은 이들이 구원되기도 했다. 하지만 '사람들이 마음을 쏟고 각별히 여기도록 부추기는 것은 단순히 자선단체에만 필요한 기술이 아니다. 회사의 관리자는 부하 직원들이 복잡한 업무를 각별히 받아들여 오랜 시간 동안 집중하도록 해야 하며, 교사들은 학생들이 문학작품에 관심을 갖고 각별히 신경을 쓰도록 해야 한다. 또한 사회활동가들은 사람들이 시 정부의 정책에 관해 염려하고 마음을 기울이도록 해야 한다.

이 장은 스티커 메시지의 감정적 요소를 다루고 있지만, 무슨 신파 영화처럼 사람들의 감정 버튼을 눌러야 한다고 주장하지는 않을 것이다. 메시지를 '감정에 호소하도록' 만드는 이유는 사람들의 마음을 끌기 위해서다. 감정은 행동을 일으킨다.[2]

이를테면 대부분의 10대들은 흡연이 건강에 나쁘다는 사실을 알고 있다. 이 메시지에 신뢰성의 문제는 전혀 없다. 하지만 많은 10대들이 담배를 피운다. 그렇다면 어떻게 그러한 믿음을 행동으로 변환시킬 수 있을까? 염려하고 각별히 여기도록 만들어야 한다. 1998년 마침내 누군가가 청소년들의 마음을 사로잡을 방법을 알아냈다.

"생각해보세요." "너나 해!"

광고는 뉴욕시의 거리를 비추며 시작된다. 화면은 영화처럼 깔끔하지 않고 어둡고 조악한 아마추어 홈비디오 같다. 광고라기보다는 다큐멘터리 같은 냄새가 난다. 화면 아래쪽에 문구가 나타난다. "거대 담배 기업의 본사 앞."

빌딩 앞에 열여덟 대의 손수레가 멈춰서자 어디선가 10대들의 무리가 뛰쳐나온다. 10대들은 '시체용 자루'라고 적혀 있는 길고 하얀 부대를 손수레에서 내려 건물 끝에서부터 하나씩 쌓아올리기 시작한다. 점점 더 높고 커다랗게 쌓여만 가는 시체더미, 마침내 건물 앞에는 수백 개의 시체 부대로 이루어진 산이 우뚝 솟는다. 그러자 10대 중 한 명이 메가폰을 잡고 건물을 향해 소리친다. "담배 때문에 얼마나 많은 사람들이 매일 죽어가고 있는지 알고 있나요?" 흡연으로 인한 사망자는 하루 평균 1,800명, 이는 10대들이 담배 회사 앞에 쌓은 시체들의 수와 일치한다.

이 광고는 '진실' 캠페인이라고 불리는 광고 시리즈 중 하나다. 진실 캠페인은 1998년 46개 주의 법무관들과 미국의 주요 담배 기업들이 맞서 싸운 소송 사건 이후 설립된 미국 유산재단American Legacy Foundation의 주도로 시작되었다.

'진실' 광고를 보고 나면 치밀어오르는 화를 주체할 수가 없어진다. 광고가 방영된 후, 필립 모리스Philip Morris는 이 캠페인을 중단시키기 위해 거대 담배 기업의 특별 반反 비방 조항을 발표했다. 담배 회사들은 이 문항을 몇몇 담배 소송의 합의문에 첨가했고, 이로써 회사들은 합의금의 일부가 반흡연 광고에 사용되는 데 대해 약간의 거부권을 행사할 수 있게 되었다. "우리는 진실 캠페인이 미국 유산재단의 사명과 일치하지 않는다고 생각합니다."[3] 필립 모리스의 청소년 흡연 예방운동을 책임지고 있는 전무이사 캐럴린 레비의 말이다.

이 말을 해석하면? 광고가 효과를 거두고 있다!

한편 또 다른 반흡연 광고가 방송가에 등장했다. 필립 모리스가 자사에서 만든 흡연 반대 광고를 내보내기로 합의한 것이다. 필립 모리스가 광고에 내세운 슬로건을 보라. "생각해보세요. 담배를 피우지 마세요."

전혀 다른 접근법을 활용한 이 두 개의 광고 캠페인은 거의 동시에 방송되었다. 아이디어의 시장에서 아주 흥미로운 접전이 시작된 것이다. 사실 2002년 6월 《미국 공중보건 학술지》에는 1만 692명의 10대들을 대상으로 '진실' 광고와 '생각해보세요' 광고의 효과를 비교한 논문이 실리기도 했다.[4]

논문에 따르면 승자와 패자는 확연했다. 지금 생각나는 반흡연 광고를 말해보라는 물음에 '진실' 광고라고 대답한 아이들은 22퍼센트였다. '생각해보세요' 광고는 겨우 3퍼센트였다. 특히 놀라운 점은. 아이들에게 두 광고에 관한 정보를 알려주자 70퍼센트 이상이 두 광고를 모두 시청했음을 기억해냈다는 것이다. 달리 말하면, 10대들은 텔레비전에서 두 광고를 모두 보았지만 그중 하나만이 그들의 머릿속에 훨씬 끈끈하게 달라붙었다는 의미다. '진실' 광고에는 쉽게 기억하도록 돕는 놀라운 성분이 숨어 있는 게 틀림없다.

기억하는 것은 매우 중요하다. 하지만 기억은 겨우 첫걸음일 뿐이다. 그렇다면 보다 중요한 '행동'은 어떨까? "내년에 담배를 피우고 싶은가?"라는 질문을 받았을 때, '진실' 광고를 본 아이들은 피우고 싶지 않다는 대답이 66퍼센트 더 많은 반면, '생각해보세요' 광고를 본 10대들은 피우고 싶다는 대답이 36퍼센트 더 많았다. 저런 불쌍한 담배 회사 간부들!

두 캠페인의 차이점을 확인해주는 것은 설문조사뿐만이 아니다.

한 연구는 '진실' 캠페인이 시작된 플로리다와 다른 지역 10대 청소년들의 흡연율을 비교했다. 광고 캠페인이 시작된 지 2년 후, 플로리다 고교생의 흡연율이 18퍼센트 감소했고 중학생의 흡연율은 자그마치 40퍼센트 감소했다(이 같은 결과는 연구 기간에 담배부가세가 증가한 것과도 커다란 관련이 있는 것으로 보인다).

자, 다시 한번 살펴보라. 여기서 일어난 일은 앞서 어린이 보호재단의 경우와 매우 유사하다. '생각해보세요. 피우지 마세요' 광고는 무엇에 관한 광고인가? 음…… 그렇다. '생각'에 관한 광고다. 그것은 분석 모자다. 분석적 사고를 한 사람들이 로키아에게 얼마를 기부했는지 기억나는가?

진실 캠페인은 무엇에 관한 것인가? 그것은 반권위적인 분노, 10대 아이들에게서 가장 흔히 볼 수 있는 감정을 부추기는 광고다. 한때 10대들은 사회의 권위에 대항하기 위해 담배를 피웠다. 그리고 진실 캠페인이 거대 담배 기업들의 위선적인 태도를 생생하게 묘사한 덕분에, 이제 10대들은 담배를 피우지 않음으로써 권위에 대항한다.

진실 캠페인의 목적은 이상적인 의사결정이 아니다. 바로 '저항'이다. 그리고 그러한 사고방식은 많은 10대들의 마음을 파고들어 행동에 옮기게 만들었다. 비록 진실 캠페인에서 말하는 '행동'이란 곧 '아무것도 하지 않는 것'이었지만 말이다.

최상급 표현이
먹히지 않는 이유

이제껏 우리의 감정 이야기에 대해 당신은 이렇게 생각하고 있을지 모른다. '연민(로키아)이나 분노(진실 캠페인) 같은 인간 본연의 복잡한 감정이라…… 그래, 이런 소리를 할 줄 알았어.' 하지만 우리가 이 장에서 던질 진짜 질문은 훨씬 간단하고 원론적이다. 어떻게 하면 사람들이 우리의 메시지를 각별히 여기도록 만들 수 있을까? 좋은 소식은 그런 목적을 위해 존재하지도 않는 감정을 끌어낼 필요는 없다는 것이다. 사실 수많은 메시지가 일명 '업어타기piggyback', 즉 이미 존재하는 감정에 다른 감정을 결합시키는 방식을 이용한다.[5]

한 영화 리뷰에서 발췌한 다음 문장을 살펴보자. "〈라쇼몽〉은 아인슈타인의 상대성 이론을 영화의 영역으로 확장시킨 것이다."[6] 〈라쇼몽〉은 일본의 명감독 구로사와 아키라의 1950년 작 고전 영화다. 이 영화는 네 명의 서로 다른 인물들이 동일한 사건(살인과 강간)을 자신의 입장에서 서술하는 형식으로 그려진다. 인물들의 이야기는 플래시백을 통해 진행되는데, 하나같이 이기적이고 서로 모순적이다. 심지어 영화가 끝난 뒤에도 관객들은 실제로 어떤 일이 벌어졌는지 알 수 없다. 이 영화는 절대적인 진리의 존재 여부, 아니 적어도 그것을 발견할 우리의 능력에 의문을 던진다.

따라서 위에서 인용한 평론가는 〈라쇼몽〉의 '상대적 진실'을 아인슈타인의 '상대성 원리'에 비유하고 있는 셈이다. 그러나 아인슈타인의 상대성 이론은 '모든 것은 상대적이다'라는 의미가 아니며 오히려 정반대의 내용을 주창하고 있다. 상대성 이론은, 물리적 법칙은 '모든 기준계에서 동일하다'는 사실을 설명하기 위한 것이다. 아인슈타인의 관점에서 본다면, 예측 불가능이란 존재하지 않는다. 모든 것은 체계적이다.

그렇다면 평론가는 어째서 〈라쇼몽〉을 상대성 원리와 연결 지은 것일까? 아인슈타인의 권위에 기대어 호소하는 것으로는 보이지 않는다. 〈라쇼몽〉이 아인슈타인의 상대성 원리와 영화적으로 '동등하다'고 말하고 있으니 말이다. 그보다 이 비유법은 경탄을 자아내기 위한 것 같다. 〈라쇼몽〉을 보는 행위는 뭔가 심오하고 경탄할 만한 경험이라고 슬며시 암시하는 것이다. 그는 그러한 감정의 연합을 위해, 즉 영화에 감성의 반향(심오함과 경외감)이라는 아우라Aura를 실어주기 위해 상대성 원리를 빌려온 것이다.

앞에서 예로 든 리뷰는 수천 수만 개의 예시 가운데 하나에 불과하다. 어떤 면에서 볼 때 '상대성'은 메시지 팔레트에 담긴 하나의 색깔이다. 경외의 감정을 그리고 싶다면 당신은 붓에 '상대성 물감'을 묻히기만 하면 된다. '불확정성 원리'나 '카오스 이론', 양자기계의 '양자도약'과 같은 다른 과학 용어들 역시 팔레트에 담겨 있는 또 다른 색깔의 물감이다.

1929년에 아인슈타인은 불만을 토로한 바 있다. "철학자들은 마치 인형을 가지고 노는 어린아이들처럼 단어를 가지고 논다. 나는 삶의 모든 것이 상대적이라고 주장하는 것이 아니다."[7] 그러나 아인슈타인에게는 애석한 일이지만, 이제 '상대성'의 반향을 자극하려는 사람들은 상대성을 이해하려는 이들을 훨씬 초과한 상태다.

특정 단어의 연합이 반복적으로 지속되면(때로는 정확하게, 때로는 조잡하게) 단어의 힘과 그 기저에 놓인 개념이 점차 희석되기 시작한다. 모든 사람들이 캔버스를 연두색으로 칠하기 시작하면 형광 연두색이라 해도 더 이상 눈에 띄지 않는 현상과 마찬가지다.

스탠퍼드와 예일 대학에서 행한 한 연구에 의하면 이러한 과정, 즉 개념이나 단어를 활용한 감정 연합은 의사소통 과정에서 가장 흔히 발견할 수 있는 특성 중 하나다.[8] 사람들은 강력한 감정적 충격을 주는 메시지나 개념을 과용하는 경향이 있다. 연구진은 이러한 경향에 '의미 확장'이라는 이름을 붙였다.

이번에는 조금 덜 과학적인 예를 들어보자. 예전부터 '독특한 unique'이라는 단어는 주로 진기하고 유일무이한 것을 가리킬 때 쓰였다. '독특한' 것은 곧 특별하다.

연구진은 데이터베이스를 활용해 지난 20년간 미국에서 가장 판매부수가 많은 신문 50종을 검토했다. 그 기간에 무언가를 독특하다고 묘사한 기사의 비율은 약 73퍼센트나 증가했다. 이것은 곧 오늘날에는 독특한 것들이 훨씬 많아졌거나 아니면 독특함의 기준이 훨씬 낮아졌다는 의미다.

어떤 회의론자들은 생각하는 로봇 진공청소기나 패리스 힐튼을 내세워 이렇게 반박할지도 모르겠다. "이봐요. 요즘 세상엔 특이한 게 무지막지하게 넘친단 말이에요." 그러나 '독특한 unique'이라는 단어의 사용 빈도가 증가한 같은 기간에, 유사한 의미인 '흔치 않은 unusual'이라는 단어의 빈도는 오히려 줄어들었다. 1985년만 해도 기사들은 '독특한'에 비해 '흔치 않은'을 두 배 이상 자주 사용했지만 2005년에 이르면 두 단어는 거의 비슷한 빈도로 등장한다.

독특한 것들은 분명 흔치 않은 것들의 하위집합에 속한다. 독특한 (유일무이한) 것은 당신이 흔하게 생각하지 않은 것이다. 따라서 현대 사회에 정말로 독특한 것들이 무지막지 흘러넘친다면, 우리는 흔치 않은 것들 역시 자주 볼 수 있어야 한다. 그러므로 흔치 않은 것들을 발견하기가 더욱 어려워졌다는 사실은 독특한 것의 증가가 의미 확장에 해당한다는 추측을 뒷받침한다. 예전에 우리가 흔치 않다고 묘사했던 것들이 오늘날에는 그 의미가 확장되어 독특한 것이 되었다. 그런데 대체 '상대성'과 '독특하다'의 어디에 감정이 들어 있다는 건가? 결론부터 얘기하자. 사람들이 마음을 기울이도록 하는 가장 간단한 방법은, 그들이 이미 각별하게 여기고 있는 것과 그렇지 않은 것을 연합하는 것이다.

우리는 모두 본능적으로 연합 전술을 활용한다. '상대성'과 '독특하다'는 연합을 이용하면 물감을 남용할 수 있음을 알려준다. 하지만 시간이 지나 이러한 연합 또한 지나치게 남용되면 그 가치는 회석될 것이다. 그러면 결국 사람들은 "이건 정말 진짜 독특해"라고 말하게 되리라.

죽인다, 끝장이다, 쿨하다, 짱이다 등 한때 유행하던 최상급 표현들은 시간이 지날수록 의미가 희미해진다. 그 과정에서 너무나도 많은 것들과 연합을 맺기 때문이다. 당신의 아버지가 '짱이다'라는 표현을 쓰는 순간 그 단어의 힘은 사라진다. 경제학 교수가 당신을 '친구'라고 부르기 시작하면 당신은 그 단어를 자기가 쓰는 단어장에서 당장 지워버릴 것이다. 연합 전술은 일종의 군비 경쟁이다. 누군가가 미사일을 하나 만든다. 그러면 당신은 두 개를 제작한다. 만일 그가 '독특하다'면 당신은 '울트라 슈퍼 독특'해야 한다.

이러한 감정 연합 군비 경쟁은 다른 이들의 마음을 자극하려는 사람들에게 골치 아픈 문제를 안겨준다. 앞으로 목격하겠지만, 이러한 군비 경쟁은 필연적으로 '스포츠 정신'을 붕괴시킬 수밖에 없기 때문이다.

왜 사람들은
스포츠 정신에 열광할까?

앞 장에서 긍정적인 코칭 연합PCA의 설립자인 짐 톰슨이 운영하는 코칭 세미나에 관해 이야기했다. 1988년 PCA를 설립한 후 톰슨은 매우 중대한 문제에 직면했다. 청소년 스포츠와 연관된 나쁜 습관들을 일소하려면 어떻게 해야 할 것인가? 이 문제를 해결하기 위해 톰슨은 먼저 의미 확장의 문제와 대결해야 했다.

테니스선수인 존 매켄로는 한때 스포츠 정신이 부족하다는 평을 들었다. 그는 시합 도중 라켓을 집어던지거나 상대 선수에게 욕을 퍼붓곤 했다. 하지만 요즘이라면 매켄로의 그런 거슬리는 모습도 사람들의 눈길을 끌지 못할 것이다. 선수들의 행동이 워낙 거칠어졌을 뿐 아니라 부모나 코치들, 다른 관객들도 거의 막상막하의 수준이기 때문이다. 미국 청소년 운동 연맹National Alliance for Youth Sports에 의하면, 청소년 스포츠 경기 도중 약 15퍼센트에서 부모나 코치 또는 관계자들

사이의 충돌 사건이 발생하는데, 몇 년 전 5퍼센트에 비하면 크게 증가한 수치다.

한때 스포츠 정신은 스포츠계에서 엄청난 위력을 발휘했다. 그러나 톰슨은 이제 스포츠 정신의 몰락을 목격하고 있었다. "스포츠맨십 트로피는 이제 패자에게 주는 위로상으로나 취급되었다."[9] 톰슨의 말이다. 어떤 여자아이는 톰슨에게 그녀의 고등학교 농구 코치가 스포츠맨십 트로피나 받아오면 기합을 주겠다고 했다는 이야기를 들려주었다. 톰슨은 덧붙여 말했다. "이제 스포츠 정신은 그저 나쁜 짓을 하지 않았다는 의미로 쓰인다. '심판들에게 소리 지르지 마라. 반칙을 하지 마라.' 그러나 나쁜 짓을 하지 않는 것만으로는 충분치 않다. 우리는 청소년 선수들에게 그보다 더 많은 것을 바라야 한다. 하지만 불행히도 '훌륭한 선수가 되길!'은 더 이상 청소년 스포츠를 변화시키는 데 필요한 구호가 아니다."

모든 이들이 훌륭한 스포츠 정신을 보여주는 일화를 좋아한다. 톰슨은 특히 랜스 암스트롱의 일화를 즐겨 활용한다. 그는 투르 드 프랑스 경기 도중 라이벌인 얀 울리히가 충돌해 넘어지자 그 행운을 우승의 기회로 이용하지 않고 도리어 속도를 늦춰 울리히가 자전거에 다시 올라탈 때까지 기다려주었다. 후에 암스트롱은 울리히처럼 훌륭한 선수와 경쟁을 할 때면 평소보다 좋은 기록을 낼 수 있다고 말했다. 바로 이런 것이 진정한 스포츠 정신이다.

톰슨은 사람들이 아직도 스포츠 정신에 내재된 이상적 의미를 동경하고 숭배한다는 사실을 알고 있었다. 부모들은 아이들이 스포츠를 통해 존중과 예의를 배우길 바랐다. 코치들은 단순히 승리를 강요하는 깐깐한 독재자가 아니라 진정한 멘토가 되길 원했다. 아이들은 자기 팀이 다른 사람들로부터 존중받길 원했다. 그런데도 이 세 집단은 때로 정해진 선을 벗어나 멍텅구리처럼 행동하곤 했다. 하지만 톰슨은 비록 '스포츠 정신'이라는 단어가 바람직한 행동을 이끌어낼 능력을 잃었다 해도 그에 대한 필요와 동경과 욕구가 여전히 존재함을 느끼고 있었다.

스포츠 정신은 너무나도 확대 해석되고 남용되어왔다. 그것은 앞서 만난 '상대성 원리'처럼 원래의 의미에서 점점 더 먼 길을 걸어가야 했다. 원래 스포츠 정신은 랜스 암스트롱이 장 울리치에게 보여준 행동과 같은 것을 일컫는 말이었지만, 시간이 지나면서 이제는 시합 도중 짜증을 부리지 않고 심판에게 욕설을 퍼붓지 않는, 그렇게 인상적이지도 기사도답지도 않은 태도를 가리키는 말로 변질되었다.

톰슨과 PCA는 사람들이 나쁜 행동을 하지 않는 데 그치지 않고 바람직한 행동을 하도록 격려할 다른 방법이 필요했다. 그들은 그것을 '경기 존중하기'라고 불렀다. 사람들은 스포츠와 스포츠 경기를 중요하게 생각한다. '경기 존중하기'는 스포츠 경기 자체와 스포츠에 내포된 순수성이 개개인의 선수들보다 더욱 중요하다는 사실을 인식시키는 한 방법이었다. '경기 존중하기'는 스포츠에 대한 일종의 애국심이다. 당신은 스포츠에 기본적인 예의와 존중을 표해야 한다. 암스트롱은 훌륭한 선수가 되려고 그렇게 한 것이 아니었다. 그는 단지 경기를 존중했을 뿐이다.

'경기 존중하기'는 또한 단순히 선수들에게만 해당되는 이야기가 아니다. 그것은 모든 사람들에게 스포츠가 하나의 시민제도임을 다시 한번 주지시킨다. 제도를 망가뜨려서는 안 된다. 그것은 불명예스러운 행위다.

'경기 존중하기'가 효과를 거두었다는 증거는? 텍사스주 댈러스의 농구 리그 데이터를 살펴보자. "2002년 시즌에는 평균 15개 시합마다 테크니컬 파울이 선언되었다. 이후 우리는 여섯 번의 더블골 코치 워크숍을 실시했다. 2004년 농구 시즌에는 평균 52개 시합마다 테크니컬 파울이 선언되었다." 북캘리포니아의 야구 리그는 긍정적 코치 훈련을 받은 이후 적절치 못한 행동으로 퇴장 명령을 받은 사람이 현저하게 (자그마치 90퍼센트!!) 감소했다. 팀의 사기가 하늘을 찌를 듯 치솟아 리그에 등록하는 선수들의 수가 20퍼센트 증가했다. 유일한 불평은 경기를 할 경기장이 부족하다는 것이었다.

톰슨은 단순히 청소년 스포츠 분야에서 멈출 생각이 아니었다. 그는 스포츠 문화에 변화를 주고 싶었다. "내게는 꿈이 하나 있다. 어느 날 월드시리즈를 보고 있는데, 한 코치가 운동장 가운데로 달려들어와 삿대질을 해대며 심판을 몰아세우는 거다. 그러면 TV 중계를 하던 밥 코스타스가 이렇게 말한다. '야구 코치가 저런 식으로 야구의 명예를 더럽히다니. 참으로 애석한 일입니다.'"

그의 비전이 얼마나 구체적인지 보라! 비록 청소년 스포츠의 무례한 언행을 완전히 말소하지는 못했지만 톰슨이 이끈 변화는 탁월했다. 또한 '경기 존중하기'라는 개념은 의미의 확장을 피하고 메시지를 고정시켜 사람들의 마음을 끌 수 있었다.

여기서 얻을 수 있는 교훈은, 사람들이 무언가를 각별히 여기도록 만들고 싶다면, 그들이 중요하게 여기는 것을 건드려야 한다는 것이다. 다만 모든 이들이 같은 것을 자극한다면 군비 확장 경쟁 현상이 발생한다. 이를 피하기 위해서는 새로운 영역을 개척하거나 톰슨이 그랬던 것처럼 우리의 메시지를 차별적으로 만들어주는 연합 방식을 찾아야 한다.

전설적인 마케터, 존 케이플스의 광고 법칙

우리는 사람들이 우리의 메시지를 각별히 여기길 바란다. 아프리카에 사는 로키아를 돕고, 금연에 관심을 갖고, 자선활동과 스포츠 정신에 마음을 쏟길 원한다. 우리는 그들이 중요하게 여기는 것을 이용해 그들의 마음을 끌고 싶다.

사람들은 무엇을 중요하게 여기는가? 지금까지 우리는 감정의 연합에 대해 이야기했지만 그보다 더 직접적인 대답이 있다. 아니 가장 명료한 대답이라고 해도 될 것이다. 사람들은 무엇을 중요하게 여기는가? 바로 자기 자신이다. 사람들의 마음을 끄는 가장 단순하고 확실한 방법은? 그들이 얻을 수 있는 이익을 보여주는 것이다.

1925년 존 케이플스John Caples는 미국 음악학교U.S. School of Music에서 제공하는 음악 통신교육 강좌의 광고 문안을 만들라는 지시를 받았다. 케이플스는 광고 경험이 전무했지만 놀랍게도 타고난 재능이 있었다. 그는 타자기 앞에 앉아 인쇄 광고 역사상 가장 유명한 광고 문구를 작성했다. "내가 피아노 앞에 앉았을 때 그들은 나를 비웃었다. 하지만 내가 연주를 시작하자……!"

이것은 전형적인 패배자의 승리 스토리다. '처음에 사람들은 그를 비웃었다!' 하지만 그는 연주로 '그들이 입을 다물게' 만들었다! (이 표제는 어쩌나 매혹적인지 정상적인 반응을 간과하게 만든다. 말하자면, '으음. 어째서 피아노 앞에 앉았다고 사람들이 비웃는 거지? 당신, 누가 피아노 앞에 앉은 걸 보고 비웃어본 적 있어?' 같은 반응 말이다.) 교육 강좌는 엄청난 성공을 거두었고 이 광고는 몇십 년이 지난 지금까지도 카피라이터들 사이에서 즐겨 애용되고 있다.

60년 후에 이 광고 문구는 어떤 제품의 판매량을 전년 대비 26퍼센트나 상승시켰다. "내가 우편으로 카펫을 주문했을 때 남편은 나를 비웃었지요. 하지만 내가 50센트나 절약하자……!" (우리도 이 책에 다음과 같은 소제목을 붙이려고 했지만, 출판사가 허락해주지 않았다. "우리가 이 책을 썼을 때 모두가 우리를 비웃었다. 하지만 그들이 얼음이 가득 찬 욕조에서 눈을 뜨자……!")

케이플스는 우편주문 광고의 기반을 확립했다. 말하자면, 현대 정보 광고의 선구자인 셈이다.

우편주문 광고는 대부분의 다른 광고와는 달리 광고의 효과를 정확하게 실감할 수 있는 분야다. 예를 들어, 집에 오는 신문이나 잡지에 '주식 선택 가이드'에 관한 광고가 실려 있다고 하자. 책자를 주문하고 싶다면 당신은 광고에 적힌 주소로 수표를 보내면 된다. 그러나 잡지나 신문에 실린 광고에는 각각 조금씩 다른 주소가 적혀 있고, 당신의 주문을 받은 마케터는 정확하게 어떤 광고가 판매를 유발했는지 파악할 수 있다.

이런 우편주문 광고와 전형적인 소비자 제품인 크레스트Crest 치약을 비교해보자. 어째서 사람들은 크레스트 치약을 살까? 새로 나온 TV 광고 때문에? 동네 구멍가게에서 할인해주니까? 새로운 포장 디자인 때문에? 아니면 단지 엄마가 항상 크레스트를 사용했기 때문일까? 가게에 남아 있는 치약이 그것밖에 없어서? 마케터들은 그 이유를 정확히 규명할 수 없다.

이런 점 때문에 우편주문 광고는 동기적 흥미motivational appeal를 측정하는 훌륭한 실험 도구가 된다. 사람들은 어떤 것에 마음을 쏟는가? 직접 판매 카피라이터들에게 물어보라. 그러면 존 케이플스야말로 전 세기를 통틀어 최고로 위대한 카피라이터라는 대답을 듣게 될 것이다. 그는 이렇게 말했다. "광고는 무엇보다도 개인의 이익과 연관되어야 한다. 여기 그들이 원하는 것이 있다고 알려주는 것이다. 이는 너무나도 근본적이고 당연한 법칙처럼 보이겠지만 카피라이터들은 날마다 이 법칙을 깨뜨리고 있다."

케이플스의 광고들은 모두 적은 비용으로 얼마나 많은 혜택을 누릴 수 있는지 보여줌으로써 개인이 얻을 수 있는 이익을 강조한다.

- 간단한 계획만으로 돈 걱정은 이제 그만!
- 단 5일만 투자하면 당신도 이제 매력적인 사람이 될 수 있습니다. 직접 증명해드립니다. 모두 공짜!
- 키를 더 커 보이게 하는 비법!
- 하룻밤 만에 기억력을 향상시키는 방법!
- 55세에 은퇴하기!

케이플스는 회사들이 혜택을 강조해야 할 때 특성을 강조하는 경향이 있다고 말한다. "광고가 실패하는 가장 큰 이유는 광고주가 자신의 능력(세계 최고의 종자!)에 도취된 나머지 우리가 왜 그것을 사야하는지(세계 최고의 뒤뜰!)를 말해주길 깜빡한다는 것이다." 광고계에서 가장 오래된 격언은 '혜택 중의 혜택'을 소리 높여 외치라는 것이다. 달리 말해, 사람들은 전기 드릴을 사는 것이 아니다. 그들은 아이들이 그림을 걸 수 있도록 벽에 뚫린 구멍을 사는 것이다.

케이플스의 작품을 보고 있노라면 사실 왠지 모를 불편함이 느껴진다. 그의 광고들은 어딘가 조금 의심스럽다. 어쩐지 사기를 치는 것 같다. '매력적인 사람'을 만들어주는 회사라면 그런 비양심적인 분위기를 즐길지 모르지만, 우리 대부분은 보다 진실하고 긴밀한 관계를 맺으며 일하고 싶어 한다.

그렇다면 케이플스의 기술 중에서 선전과 싸구려 같은 부분을 제외했을 때 발견할 수 있는 것은? 첫 번째 교훈은 인간의 이기심을 결코 간과하지 말라는 것이다. 한때는 TV 프로듀서이자 각본가였으며 현재는 CEO들에게 화법을 가르치는 제리 와이스먼은 개인적인 이익에 호소할 때는 주변에서 변죽을 울리는 것만으로는 불충분하다고 말한다.[10] 그는 WIIFY, 즉 '당신에게 좋은 것What's in it for you'이야말로 모든 이야기의 중심이 되어야 한다고 믿는다.

어떤 이들은 메시지를 설명하길 거부한다. "우리 청중들은 바보가 아닙니다." 고집 센 반항가들은 와이스먼에게 이렇게 말한다. "내가 설명을 해주면 도리어 기분 나빠할 거라고요!" 어쩌면 청중들은 조금 마음이 상할지도 모른다. 하지만 소리 높여 외치는 것은 충분한 가치가 있다. "설사 청중이 당신이 말하는 제품의 특성과 혜택을 연결하는 데 몇 초밖에 걸리지 않더라도 그들이 당신의 말을 따라잡을 때쯤이면 당신은 이미 몇 발짝 앞에 나가 있을 것이다. 그들은 혜택을 이해하거나 다음 단계를 받아들일 시간이 부족하다."

학생들은 날마다 교사들에게 "이런 걸 도대체 어디에다 써먹죠?"라고 묻는다. 달리 말하자면, "이건 나한테 뭐가 좋죠?"라고 묻는다. 혹시 대수학이 비디오게임을 하는 데 도움이 된다면 교사들은 주저 없이 학생들에게 말해주지 않을까? 그러면 학생들은 대수학에 더 깊은 관심을 기울이지 않을까?

청중에게 이익을 제시할 수 있다면 절대로 그 사실을 숨기지 마라. 이리저리 돌려 말하지도 마라. 작고 미묘한 변형마저 커다란 차이를 야기할 수 있다. 케이플스는 개인적인 이익에 관심을 집중시켜야 한다고 말한다. "굿이어 타이어를 사용하는 '사람들'은 안심할 수 있다고 말하지 마라. 굿이어 타이어를 사용하면 '당신'은 안심할 수 있다고 말하라."

물론 개인적인 이익을 호소하는 방법으로 이런 우편주문 광고보다 덜 불쾌하고 덜 노골적인 것도 있다. 그런 방법을 파악하는 첫 번째 단계로, 애리조나 템피에서 있었던 약간 특이한 연구를 살펴보자.

케이블 TV 시청자를 늘리는
두 가지 방법

1982년 일군의 심리학자들이 애리조나주 템피에 거주하는 주택 보유자들을 대상으로 설득에 관한 연구를 실시했다.[11] 먼저 자원봉사 학생들이 거주민들을 방문하여 설문조사에 응답해달라고 부탁했다.

당시는 케이블 TV가 막 등장했을 때라, 대부분의 사람들에게 케이블 TV는 아직 낯선 것이었다. 이 조사연구의 목적은 케이블 TV의 혜택을 알리는 두 가지 서로 다른 접근법 중 어떤 것이 더 성공적인지 비교하는 것이었다. 첫 번째 주택 보유자 집단에게는 케이블 TV의 가치를 알려주는 정보가 주어졌다.

케이블 TV는 시청자들에게 보다 광범위한 즐거움과 정보를 선사할 것입니다. 케이블 TV만 잘 활용하면 사람들은 여러 가지 즐거운 이벤트를 미리 계획하고 준비할 수 있습니다. 베이비시터와 주유소에 돈을 낭비하거나 외출하는 번거로움을 피할 수 있고, 대신 안락한 집에서 혼자 또는 가족이나 친구들과 함께 즐거운 시간을 보낼 수 있게 될 것입니다.

두 번째 집단에게는 읽는 사람이 직접 상상해볼 수 있는 시나리오가 주어졌다.

1분만 짬을 내 케이블 TV가 여러분께 얼마나 커다란 즐거움과 정보를 선사할지 생각해보십시오. 케이블 TV만 잘 활용하면 여러 분은 여러 가지 즐거운 이벤트를 미리 계획하고 준비할 수 있습니다. 여러분은 베이비시터와 주유소에 돈을 낭비하거나 외출하는 번거로움을 피할 수 있고, 대신 안락한 집에서 혼자 또는 가족이나 친구들과 함께 즐거운 시간을 보낼 수 있게 될 것입니다.

어떤 독자들은 이 두 안내문이 똑같다고 생각할지도 모르겠다. 둘의 차이가 매우 미묘하기 때문이다. 하지만 앞으로 돌아가서 각각의 안내문에 '여러분'이라는 단어가 몇 번이나 등장하는지 한번 세어보기 바란다.

어떤 점에서 이 연구는 추상적인 이득("굿이어 타이어를 사용하는 사람들은 안심할 수 있다")를 피하고 개인적인 이득("굿이어 타이어를 사용하면 당신은 안심할 수 있다")을 강조하라는 케이플스의 충고를 보다 세세한 수준까지 발전시킨 것이다. 그러나 실상 이 연구는 거기서도 한 발짝 더 나아간 셈이다. 그들은 사람들에게 굿이어 타이어를 사용하고 안심하는 모습을 머릿속에 그려보라고 말하고 있다.

주택 보유자들은 학생들의 설문조사에 답변을 해주고 작별을 고했다. 그들은 여기서 끝이라고 생각했지만, 연구진에게는 아직 남은 일이 있었다.

한 달 뒤 다른 설문조사가 실시되었다. 케이블 TV가 템퍼에 도착한 것이다. 지역 케이블 회사가 주택 보유자들에게 접근해 시청자를 모집하기 시작했다. 대학 연구진은 케이블 회사로부터 케이블 TV 신청자 목록을 입수하는 데 성공했다. 그들은 어떤 정보를 접한 주택 보유자가 케이블 TV를 더 많이 신청했는지 분석해보았다.

케이블 TV에 관한 정보를 읽은 주택 보유자가 케이블 TV를 실제로 신청한 비율은 20퍼센트로, 다른 지역과 거의 비슷한 수치였다. 하지만 케이블 TV를 즐기는 자신의 모습을 상상한 주택 보유자의 신청률은 47퍼센트였다. 이 연구보고서는 '그것은 연상의 힘일까?'라는 제목으로 발간되었다. 우리의 대답은 "그렇다"이다.

전형적인 우편주문 광고에 비해 "케이블 TV의 혜택을 상상해보라"는 접근법은 개인의 이익과 관련해 훨씬 미묘한 호소력을 지닌다. 여기서 제시된 이익이 케이플스의 이상과는 조금 거리가 멀다는데 주목하라.

광고의 골자는 당신이 케이블 TV를 신청하면(!) 외출하는 번거로움을 피할 수 있다는 것이다. 실제로 추상적인 혜택을 들려주는 것만으로는 시청자들을 유혹할 수 없다. 사람들이 진정 각별하게 여기는 것은 바로 그 자신이 스타의 역할을 맡을 때다. '남편이랑 같이 소파에 앉아 재미있는 영화를 보는 내 모습이 떠오르는군. 아이들이 잘 자고 있는지 궁금하면 언제든 위층에 올라가 확인할 수도 있을테고, 그럼 베이비시터 비용을 많이 아낄 수 있을 거야!'

사람들이 자신들이 얻을 수 있는 혜택으로부터 진정으로 원하는 바는 거대한 규모나 크기가 아니라 확실성이다. 당신은 매력적인 인품도, 부富도, 섹스어필도 약속할 필요가 없다. 그저 청중들이 즐거워하는 자신의 모습을 쉽게 떠올릴 수 있는 적당한 혜택을 약속하는 것만으로도 충분하다.

어린이 보호재단은 기금을 마련하기 위해 "한 달에 30달러면 말라위에 사는 작은 소녀 로키아를 도울 수 있습니다"라는 문구로 운동을 펼쳤다. 이 후원운동은 성공적이었다. 하지만 이보다 더 극적인 효과를 원한다면? "말라위에 사는 작은 소녀 로키아의 후원자가 되십시오. 여러분의 책상 위에 놓여 있는 로키아의 사진을 상상해보세요. 작년에 당신은 로키아와 세 번이나 편지를 주고받았고, 로키아가 책읽기를 좋아하며 남동생 때문에 귀찮아하고 있다는 것을 알게 되었습니다. 로키아는 내년에 축구팀에 들어가길 고대하고 있지요." 진정 강력한 메시지란 이런 것이다.

사람의 동기를 유발하는
매슬로 피라미드 이론

물론 개인의 이익이 전부는 아니다(특히 사람들이 흔히 생각하듯 부와 안전이라는 맥락에서 이익을 좁은 의미로 해석한다면 더욱 그렇다). 만약 개인적인 이익이 우리에게 가장 중요한 것이라면 왜 사람들이 군대에 지원하겠는가? 우리는 케이플스의 광고에 등장하지 않는 무언가에 대해 염려하고 각별히 생각한다.

1954년 에이브러햄 매슬로Abraham Maslow라는 심리학자가 사람들의 동기 유발 요인에 대해 심리학적 실험을 하고 그들이 충족하고자 하는 필요와 욕구를 다음과 같은 목록으로 정리했다.

· 초월: 자신에게 내재된 잠재성을 깨닫도록 다른 이들을 돕는다.

- 자기실현: 잠재적이고 자기충족적인 경험의 최절정.

- 미학: 대칭, 질서, 미, 균형.

- 학습: 알고 이해하고 정신적으로 연결되다.

- 자기존중: 성취, 유능함, 인정받기, 독립성, 지위.

- 소속감: 사랑, 가족, 친구, 애정.

- 안전: 보호, 안전, 안정성.

- 생리적 욕구: 허기, 갈증, 신체의 편안함.

이 목록은 매슬로 피라미드 이론 또는 매슬로의 욕구 계층 이론으로 알려져 있다. 매슬로의 욕구 목록은 심오하고 통찰력이 넘치지만 인간의 욕구를 '계층'으로 규명하는 실수를 저질렀다. 매슬로는 이러한 위계를 일종의 사다리, 즉 아래에서 위로 올라가는 것으로 인식했다. 안전에 대한 욕구를 충족시키기 전에는 자기존중 욕구를 채우지 못하고, 생리적 욕구를 채우기 전에는 미학 욕구를 충족할 수 없다. 매슬로의 세상에 '굶주린 예술가'란 존재하지 않는다.

일련의 후속 연구는 매슬로의 위계적 관점이 맞지 않음을 암시한다.[12] 대부분의 사람들은 이 많은 욕구들을 동시에 충족하고 싶어 한다. 물론 굶주린 사람들은 정신적 초월보다는 먼저 배를 채우고 싶어 하겠지만, 욕구들이 겹치는 중간 지대가 있다는 데에는 의심의 여지가 없다.

흔히 개인적 이익에 관해 이야기할 때 사람들은 주로 생리적 욕구와 안전 그리고 자기존중 욕구를 자극한다. 때로 화자가 감정에 민감하다면 소속감 욕구를 이용하기도 한다. 대개 이 이상의 영역을 건드리려는 마케터나 관리자는 없다. 때로 미학 욕구를 자극하는 듯 보이는 광고들도 실제로는 자기존중에 속하는 자신의 본모습을 스리슬쩍 감추고 있을 뿐이다(예: 비싸고 호화로운 자동차 광고).

사람들이 이러한 특정 범주에 집중하는 데에는 그만 한 이유가 있다. 어쩌면 이 범주들이야말로 진정 중요한 것인지 모른다. 나머지 자기실현이나 초월 등은 너무 학구적이고 어려워 보이니 말이다. 최근에 실행된 한 연구는 다음 질문들을 이용해 사람들이 매슬로의 피라미드 가운데 어떤 범주를 특히 각별히 생각하는지 살펴보았다.

A라는 기업에서는 직원들이 목표 성과를 달성하면 1,000달러의 보너스를 지급한다. 직원들에게 보너스를 제시하는 방법에는 다음 세 가지가 있다.

1 1,000달러로 무엇을 할지 생각해보라. 새 차의 할부금을 낼 수도 있고 오랫동안 별러온 집수리를 할 수도 있다.

2 은행계좌에 1,000달러가 불어난다면 얼마나 안심될지 생각해보라.

3 이 1,000달러가 무엇을 의미하는지 생각해보라. 이것은 회사가 당신이 회사의 발전에 얼마나 중요한 기여를 했는지 인정하고 있다는 의미다. 회사는 아무런 이유도 없이 그만한 돈을 덥석 내어주지 않는다.[13]

어떤 제안이 개인적으로 가장 인상 깊었느냐는 물음에 대부분의 사람들이 3번을 선택했다. 3번은 자기존중에 해당한다. 1번과 2번의 경우, 1,000달러를 사용하거나 저축할 수 있다는 것은 굳이 누군가가 말해주거나 생각하지 않아도 자명한 일이다. 1,000달러를 어떻게 쓸지 상상해보는 일은 누구에게도 그리 어렵지 않다. 보너스를 은행에 갖다 바치는 상상을 즐길 사람은 그보다 많지 않겠지만 말이다.

그다음 질문에서 무척 흥미로운 결과가 나왔다. 자기가 아니라 '다른 사람'에게 가장 좋은 제안은 무엇이겠느냐는 질문에 대해서는 많은 사람들이 1번이 가장 흡족하며 그다음은 2번이라고 대답한 것이다. 이는 곧 우리 자신은 자기존중에 의해 동기를 부여받지만 다른 사람들은 할부금에 의해 동기가 유발된다고 생각한다는 의미다. 이러한 통찰력을 이용하면 거의 모든 대규모 조직에서 인센티브를 조성하고 할당하는 방식을 쉽게 이해할 수 있다.

이번에는 조금 다른 버전이다.

자, 당신은 누군가에게 회사의 성공에 결정적인 새로운 직업을 받아들이도록 설득하고 있다. 그 사람을 설득하는 방식에는 세 가지가 있다.

1 이 직업이 얼마나 안정적일지 생각해보라. 이 자리에 언제나 누군가가 필요하다는 것은 참으로 중요한 일이다.

2 이 직업으로 인해 얼마나 주목받을지 생각해보라. 이 일은 너무나도 중요하기 때문에 많은 이들이 당신의 행동과 성과에 주목할 것이다.

3 이렇게 중요한 일을 함으로써 얼마나 보람을 느낄 수 있을지 생각해보라. 이번 일은 회사가 어떻게 운용되는지 배울 수 있는

독특한 기회가 될 것이다.

여기서도 변함없이 나와 타인의 차이가 발생한다. 대부분의 사람들은 3번, 즉 학습에 대한 욕구가 동기를 자극한다고 대답했다. 한편 다른 사람들은 1번(안전)과 2번(자기존중)으로 인해 동기를 부여받을 것이라고 대답했다.

달리 표현하자면, 우리 중 많은 이들이 나를 제외한 다른 사람들은 매슬로의 지하실에 살고 있다고 믿는 것이다. 나는 펜트하우스에 살고 있지만 다른 사람들은 저 아래 지하실에 살고 있다? 매슬로의 지하실에서 너무 많은 시간을 보내면 사람들의 동기를 자극하는 많은 이유들을 간과하게 된다. 우리에게 동기를 부여하는 것은 아래층, 위계적인 표현을 피하자면 보다 '물리적'이거나 '실제적'인 부분이 아니다.

물론 피라미드의 아래쪽에서 동기를 부여받을 수도 있다. 우리는 모두 보너스를 타고 안정적인 직업을 갖고 거기 안주하고 싶어 한다. 하지만 이러한 욕구에만 초점을 맞추면 보다 심오한 동기를 들춰낼 기회를 상실하게 된다.

여기 보다 심오한 동기를 이용하는 퇴역 군인 한 사람을 소개한다. 전장의 장군이 아니라 부대 내 식당을 운영하는 인물이다.

군인도 먹어야
싸운다

자고로 군대 음식이란 당신이 상상하는 그대로다. 음식은 탔고 맛은 형편없고 게다가 양은 산더미 같다. 예쁘게 뿌려진 파슬리 가루는 꿈도 꾸지 못할 일이다. 부대 내 식당이란 일종의 칼로리 공장으로 병사들에게 필요한 연료를 공급하는 것이 목적이기 때문이다. '군대도 먹어야 행군한다'라는 오래된 격언도 있지 않은가.

바그다드 공항 근처에 위치한 페가수스 군사식당은 매우 특이한 명성을 떨치고 있다. 페가수스에서는 완벽한 프라임 립을 맛볼 수 있다. 과일 플래터를 시키면 수박과 키위, 포도로 보기 좋게 장식된 멋진 음식이 나온다. 식당은 늘 병사들로 북적거렸다. 심지어 단순히 페가수스에서 식사를 하기 위해 몇몇 병사들이 그린존(바그다드 시내 미군이 보호하는 특별 경계지역)을 떠나 바그다드에서 가장 악명 높은 길을 헤치고 거기까지 갔다는 전설도 전해 내려온다.

페가수스 식당을 운영하는 플로이드 리는 이라크 전쟁이 발발했을 때 해병대와 군대에서 지내온 25년간의 요리사 경력을 포기하고 군에서 은퇴했다. 그리고 이 직업을 다시 얻기 위해 퇴직생활을 그만두고 돌아왔다. 그는 이렇게 말한다. "하느님은 내게 병사들을 먹일 두 번째 기회를 주셨다. 나는 이 일을 평생 기다려왔고, 지금 여기. 바그다드에 와 있다." [14]

플로이드는 군대생활이 얼마나 힘들고 어려운지 잘 알고 있다. 병사들은 하루에 열여덟 시간씩, 일주일에 7일을 꼬박 일한다. 이라크에서는 언제 어디서 목숨을 잃을지 모른다. 플로이드는 그러한 격동과 혼돈에 휩싸인 병사들에게 한 줌의 휴식 공간을 마련해주고 싶었다. 그는 자신의 리더십 사명에 대해 확신하고 있었다. "나는 단순히 병사들의 식사를 책임지고 있는 것이 아니다. 나는 그들의 사기를 책임지고 있다."

'나는 병사들의 사기를 책임지고 있다.' 플로이드는 매슬로의 욕구 단계 중에서 초월 욕구를 추구하고 있는 것이다.

이런 비전은 플로이드의 부하들이 행하는 수많은 작은 행동들로 날마다 실현되고 있다. 페가수스 식당의 하얀 벽은 다른 군사식당과 달리 온갖 스포츠 배너로 덮여 있다. 창문은 황금색 장식으로 꾸며졌고 테이블에는 술이 달린 초록색 테이블보가 덮여 있다. 썰렁한 형광등은 거대한 천장 팬과 부드러운 빛을 내뿜는 전구로 대체되었고, 배급 담당자들은 커다랗고 높은 요리사용 모자를 쓰고 있다.

훌륭한 요리로 명성 높은 페가수스 식당의 가장 놀라운 점은, 페가수스 또한 여타 군사식당과 똑같은 식재료를 사용한다는 사실이다. 다른 군사식당과 마찬가지로 21일 단위의 식단을 정확하게 준수하고 있을 뿐 아니라 같은 공급업체에서 배달한 식재료를 사용한다.

페가수스와 다른 군사식당을 차별화하는 것은 바로 '태도'다. 페가수스의 주방장은 날마다 공급되는 과일들을 고르고 골라 나쁜 포도알을 따내고 수박과 키위의 가장 좋은 부분만을 잘라 완벽한 과일 플래터를 준비한다. 저녁이 되면 디저트 테이블에는 다섯 종류의 파이와 세 종류의 케이크가 진열되고, 일요일에 나오는 프라임 립은 이틀 밤낮을 꼬박 양념에 재운 것이다. 뉴올리언스에서 온 요리사는 앙트레를 준비하기 위해 양념을 해외에 주문하고, 디저트 파티셰는 자신이 만든 딸기 케이크는 '섹시하고 감각적'이라고 말한다. 군대 음식에 그런 형용사를 사용하다니!

병사들에게 음식을 제공하는 것은 플로이드의 직업이지만 사기를 진작시키는 것은 그의 사명이다. 사기 향상은 창의성과 실험, 숙련도와 관련이 있지만 음식 제공은 단순히 국자질의 문제다.

일요일 저녁마다 페가수스를 찾아오는 한 병사는 "여기 와 있으면 내가 이라크에 있다는 걸 잊어버린다"고 말한다. 플로이드는 사람들이 흔히 잊어버리는 매슬로의 범주에 발을 담그고 있다. 미학 욕구, 학습 욕구 그리고 초월 욕구. 또한 자신의 사명을 재정의하는 과정에서 동료들에게도 사막 속 오아시스를 창조해주었다.

왜 빈민층은
보수 진영을 지지하는가?

카피라이터인 존 케이플스마저 좁은 의미의 개인적 이익 외에 강력한 동기가 존재한다는 사실을 인정한다. 그는 소방관들에게 도움을 주고자 만든 새로운 화재 예방 교육 영화를 홍보하는 한 마케터에 관한 이야기를 들려준다. 이 마케터는 소비자들을 자극하는 세 가지 기본 요소에 대해 배웠다. 섹스, 탐욕 그리고 공포.

마케터의 본능이 이 같은 상황에서는 탐욕이 가장 효과적일 거라고 속삭였다. 그는 그 영화를 보고 평가해주면 소방관들에게 공짜 선물을 준다는 아이디어를 생각해냈다. 그는 어떤 선물이 가장 좋을지 지역 소방서에 전화를 걸어 물어보기로 했다. 마케터는 먼저 교육용 영화에 대해 말한 다음 이렇게 물었다. "영화를 보시고 그것을 여러분의 소방 교육 프로그램에 포함시킬 수 있을지 검토해주시겠습니까?" 그러자 대부분의 경우 열정적인 대답이 들려왔다. "물론입니다!"

이번에는 탐욕의 다른 버전을 시험해보았다.

"이 영화를 검토해주신 데 대해 보답하고 싶은데 소방대원들은 커다란 전기 팝콘 기계를 더 좋아할까요. 아니면 스테이크용 나이프세트를 더 좋아할까요?"[15]

그는 처음 두 번의 통화만으로도 확실한 대답을 얻을 수 있었다. "당신은 우리가 그런 빌어먹을 팝콘 기계 때문에 교육 프로그램 시간을 낭비할 거라고 생각하는 겁니까?"

이후 마케터는 공짜 선물에 대해 묻지 않았다.

개인적 이익은 때로는 사람들의 관심을 불러일으키지만 때로는 오히려 반작용을 초래하기도 한다. 그렇다면 이것을 어떻게 구분해야 한단 말인가? 정치와 관련되면 이 수수께끼는 더욱 깊어진다. 통념에 의하면 유권자란 이기심의 귀감이다. 만일 고소득자의 과세율을 인상한다는 법안이 발의된다면, 우리는 돈 많은 사람들은 그에 반대하는 반면 다른 이들은 찬성표를 던질 거라고 생각한다. 하지만 실제로 이러한 통념은 자주 어긋난다. 좁은 의미의 개인적 이익을 토대로 여론을 예상할 수 있다는 증거는 찾아보기 힘들다.

1998년 미시간 대학의 정치학과 교수인 도널드 킨더Donald Kinder가 이 주제에 관해 30년 동안 연구한 결과를 발표했다. 그의 요약에 따르면, 정치적 관점에 대한 개인적 이익의 영향은 사소하다. 사소하단다! 킨더의 글을 직접 읽어보라.

긍정적인 행위와 마주했을 때 미국인은 자신의 견해를 정립하는 데 개인적 이익이나 손해에 대한 계산을 하지 않는다. 실업자라고 무조건 경제 침체 완화를 목적으로 하는 정책을 지지하지는 않는다. 의료보험이 없는 이들이 의료보험 혜택을 받는 사람들보다 정부의 의료보험 정책에 찬성하는 것도 아니다. 아이들을 공립학교에 보낸 부모들이 특별히 정부의 교육지원 정책에 찬성하는 것도 아니며, 언제 징병을 당할지 모를 미국인이 현재 복무 중인 병사에 비해 군사적 활동이나 갈등을 심화시키는 행위에 반대하는 것도 아니다. 일하는 여성에게 추가 혜택을 주는 정책에 대해서는 직장생활을 하는 여성들도 가정주부들과 별반 의견이 다르지 않다. 학교의 인종 격리를 위한 버스 수송, 금주법, 대학 입학시험, 주택법, 외국어 교육, 법적 분쟁 해결에 대한 만족도, 총기 규제 등과 같은 다양한 문제들에 있어 개인적 이익은 그다지 크게 중요하지 않은 것으로 나타난다.[16]

참으로 반직관적인 결과가 아닌가? 솔직히 말해, 자기 자신의 이익과 관계된 정책을 지지하는 게 아니라면 대체 누구의 이익을 지지한단 말인가?

대답은 매우 미묘하다. 첫째, 공공정책의 효과가 구체적이고 현저하며 즉각적이라면 개인적 이익이 중요하게 고려되는 듯 보인다. 일례로 1978년 캘리포니아주에서는 학교와 도서관, 경찰력 및 소방서와 같은 공공서비스를 축소하는 대신 재산세를 현저하게 낮추는 '주민발의 13호Proposition 13'가 발의되었다. 자산가치와 더불어 끊임없이 상승하는 세금에 지긋지긋해진 수많은 주민들이 이 법안에 찬성표를 던진 반면 도서관 사서들과 소방관들은 반대를 표했다. 둘째, 이 경우 개인적인 이익은 심지어 우리의 입장과 다를 때조차 주의를 끈다.

하지만 개인적 이익이 전부는 아니다. 평등과 개인주의, 정부에 대한 이상주의, 인권과 같은 기본 원칙은 설사 나 자신의 이익과 무관하거나 상반되는 한이 있더라도 중요하게 느껴진다. 어떤 멍청한 정치 단체의 헛소리를 듣는 것은 질색이지만, 우리는 표현의 자유를 존중하기 때문에 그들의 말할 권리 또한 존중해준다.

그리고 마지막으로 가장 중요한 이야기. 정치적 견해를 예상할 때에는 개인의 이익보다 '공동의 이익'이 훨씬 유용하다. 킨더는 정치적 견해를 형성하는 사람들은 "나한테 뭐가 좋지?"보다 "우리한테 뭐가 좋지?"라고 묻는다고 한다. 이러한 집단 연계는 인종 계급, 종교,성별, 지역, 정당, 종사 업종 등 서로 다른 수많은 요소에 기인한다.

이와 관련하여, 스탠퍼드 대학의 제임스 마치 교수는 사람들은 결정을 내릴 때 두 개의 기본 모델을 사용한다는 의견을 제시했다.[17] 첫 번째 모델은 결과를 계산한다. 대안을 가늠하고 서로 다른 대안의 가치를 판단하며 더 높은 가치를 가져다주는 대안을 선택한다. 이는 경제적 측면에서 사용되는 전형적인 의사결정 모델인데, 인간은 이성적이며 자신의 이익을 우선시한다. 우리의 이성은 묻는다. 어떤 소파가 제일 편안하고 가격에 비해 그나마 제일 나은 미적 감각을 제공해줄까? 어떤 후보가 내 경제적, 사회적 이익을 더 보장해줄까? 한편 두 번째 모델은 다르다. 이 모델은 인간이 정체성에 기초하여 결정을 내린다고 가정한다. 사람들은 스스로에게 세 가지 질문을 던진다. 나는 누구인가? 이것은 어떠한 상황인가? 그리고 나 같은 사람은 이 같은 상황에서 어떻게 행동할 것인가?

여기서 주목할 점. 두 번째 모델은 이해관계를 따지거나 결과를 분석하지 않는다. 계산은 없다. 기준과 원칙뿐이다. 나 같은 사람(예를 들어 동남부 출신 회계사)한테는 어떤 소파가 더 잘 어울릴까? 어떤 후보가 할리우드 불교신자들의 지지를 받고 있지? 이는 마치 자신의 이상적인 자아상에게 상담을 하는 것과 비슷하다. 나 같은 사람은 어떻게 할까?

이로써 우리는 소방관들이 팝콘 기계에 대한 질문을 받았을 때 왜 화를 냈는지 조금이나마 이해할 수 있게 되었다.

우리가 주목해야 할 점은 팝콘 기계가 뇌물이 아니었다는 것이다. 만약 마케터가 "소방관 여러분, 이 영화를 주문하세요. 그러면 여러분의 가족에게 팝콘 기계를 공짜로 드리겠습니다"라고 했다면 양심적인 사람은 당연히 거부했을 것이다. 하지만 마케터의 제안은 순수했다. "바쁜 시간을 쪼개 영화를 검토해준 데 대해 감사하는 마음에서 팝콘 기계를 선물로 드리고 싶습니다. 영화를 좋게 평가해주시든 나쁘게 평가하시든 상관없이 드리는 겁니다." 이런 제안을 받아들일 때에는 도덕적 갈등을 겪을 필요가 없다.

그보다 더 깊게 분석할 수도 있다. 개인적 이해와 가치 최대화라는 측면에서, 이런 제안을 거부하는 것은 바보 같은 일이다. 결정 A를 내리면 팝콘 기계를 받는다. 결정 B를 내리면 팝콘 기계를 받지 못한다.

한편, 그 점을 제외하면 A와 B는 완전히 동일하다. 그렇다면 팝콘 기계가 당신의 가치관을 무너뜨리지 않는 이상 결정 A를 선택하는 편이 훨씬 바람직하지 않은가?

하지만 의사결정의 주체성 모델 측면에서 볼 때, 팝콘 기계를 거절하는 것은 완벽하게 이치에 들어맞는 일이다. 당신의 사고 과정은 이렇다. '나는 소방관이다. 당신은 내게 소방 안전 교육영화를 검토하는 대가로 팝콘 기계를 주겠다고 제안했다. 하지만 우리 소방관들은 안전에 대한 교육을 받으면서 공짜 선물을 원하는 그런 족속이 아니다. 우리는 날마다 화염에 휩싸인 건물에 들어가 목숨을 걸고 사람을 구하는 일을 하고 있다. 그런데 이런 내가 팝콘 기계를 받을 거라고 생각하다니 부끄러운 줄 알아라!'

물론 이 두 가지 의사결정 모델을 결합시킬 방법도 있다. 소방관들이 영화를 검토해주는 데 대한 보답으로 초등학교의 화재 예방 프로그램에 50달러를 기부한다면 어떨까? 이런 제안은 소방관들의 정체성에 관한 감정을 덜 해치지 않을까?

개인적 이익은 중요하다. 개인적 이익에 호소하면 사람들의 마음을 끌 수 있으리라는 데에는 의심의 여지가 없다. 그러나 여기에도 한계는 있다. 늘 개인적 이익을 중심으로 메시지를 구축하는 것은 한 가지 색으로만 그림을 그리는 것과 같다. 그것은 우리 눈에는 답답하고 남들 눈에는 지루한 그림이 될 것이다.

이 점에서 페가수스 군사식당의 플로이드 리는 옳은 선택을 했다. 그는 열심히 일한 사람은 10분 일찍 퇴근할 수 있게 하거나 아니면 스테이크를 먼저 고를 수 있는 특권을 주는 등 철저하게 개인적 이익을 보상으로 내세울 수도 있었다. 하지만 플로이드는 그 대신 페가수스 식당의 정체성을 창조하는 데 주력했다. "페가수스의 주방장은 음식이 아니라 군인들의 사기를 책임진다." 이제 당신은 식당에서 일하는 병사들이 결정을 내려야 하는 그 수많은 순간에 무슨 생각을 할지 알 수 있을 것이다.

도대체 왜 수학 공부를 해야 하는 거야?

세상의 모든 수학 교사들은 학생들로부터 두 가지 질문을 받는다.
"왜 이런 게 필요하죠?" "이걸 도대체 어디다가 써먹죠?" 이번 클리
닉에서는 그 질문에 대답하는 세 가지 방법에 대해 살펴보자.

| Before |

1993년에 열린 '모두를 위한 대수학'이라는 컨퍼런스에서 "어째서
대수를 공부해야 하는가?"라는 질문에 대해 다음과 같은 답변들이
제시되었다.[18]

- 대수학은 구체적인 것을 토대로 일반적인 것을 이해하는
  과정을 제공한다. 대수는 개별로 구성된 집합 속에서 패턴
  을 발견하는 도구이며, 스스로 사고하고 다른 이들과 소통
  하는 데 필요한 언어를 발전시킨다.
- 대수학은 우리를 둘러싼 세계를 이해하는 데 필요한 상징
  을 조작할 수 있는 능력을 키워준다.
- 대수학은 수학 모델을 통해 우리 주변의 세계를 이해하는
  데 유용한 도구를 제공한다.

- 대수학은 변수의 과학이다. 그것은 변수(가치로 변환되는 양)를 규명하고 데이터 안에 존재하는 구조를 발견하거나 그 속에 구조를 부여함으로써 우리가 방대한 양의 데이터를 취급할 수 있도록 도와준다.
- 대수학은 다양한 수량의 관계를 묘사하고 규정하는 메시지와 기술의 집합이다.

Clinic 1

이 메시지는 '지식의 저주'가 어째서 문제가 되는지 극명하게 드러내고 있다. 짐작컨대, 그 컨퍼런스는 대수학 전문가들이 바글거리는 곳이었을 것이다. 그리고 참석자들은 전문가들이라면 쉽게 이해하고도 남을 대답들을 쏟아내었을 것이다. 하지만 제발 정신 좀 차리길! 대체 어떤 학생들이 "대수는 우리를 둘러싼 세계를 이해하는 데 필요한 상징을 조작할 수 있는 능력을 키워준다"라는 말을 듣고 대수의 세계에 뛰어들겠는가? 앞에 제시된 대수학의 정의는 논리적으로 보일지는 몰라도 그것을 공부하는 이유로는 형편없는 변명이다. 우리는 학생들이 대수학에 관심을 갖고 그것을 각별히 여기게 만들 메시지가 필요하다. 다음은 우리가 인터넷에 떠다니는 몇몇 예시 가운데 하나를 참고해 만든 답안이다.

| After 1 |

내가 가르치는 학생들이 어째서 대수를 공부해야 하느냐고 물을 때마다 이렇게 대답하곤 한다.

- 고등학교 졸업장을 받아야 하기 때문이다.
- 앞으로 네가 들을 모든 수학과 과학 수업에는 대수와 연관된 지식이 필요하기 때문이다.
- 좋은 대학에 들어가려면 수학 점수가 좋아야 한다. 만일 네가 대학에 진학하지 않는다고 해도 대수에 관한 지식은 집을 구매하고 예산을 작성하는 데 도움이 될 것이다.
- 우리 오빠는 최첨단 기술을 연구하는 회사에서 판매사원으로 일하고 있다. 그도 학창시절에는 수학 때문에 늘 골치를 썩었지만, 그때 열심히 공부한 덕택에 지금처럼 분석 능력을 향상시키고 고객들에게 더 나은 프레젠테이션을 할 수 있게 되었다.

Clinic 2

이 교사는 실용적인 사례를 이야기함으로써 '지식의 저주'를 피해 가고 있지만 여전히 매슬로의 하위 단계에 머물러 있다. 어째서 대수를 공부해야 하는가? 첫 번째 이유, 그래야 하기 때문이다. 두 번째 이유, 더 잘 하려면 그래야 하기 때문이다. 이 글의 첫 번째 동기는 자기존중이다. 능력을 발휘하고 다른 이들에게 인정받고 좋은 지위에 오르고자 하는 욕구 말이다. 이 글에서 가장 효과적인 부분은 저자의 오빠에 관한 설명이다. 저자의 오빠는 성인이 된 후에 대수가 얼마나 유용한지 깨달았는데, 이는 케이플스의 광고처럼 존중의 욕구에 호소하고 있다("내가 부등식을 풀지 못했을 때 그들은 나를 비웃었다. 하지만 내가 회계사가 되자……").

다음은 인터넷에서 고등학교 교사들이 이 주제에 관해 토론을 하던 중 고등학교 수학 교사인 딘 셔먼이 올린 글이다.

| After 2 |

표준방정식 수업을 할 때마다 우리 학년 학생들은 이렇게 묻곤 했다. '이런 걸 대체 어디다가 써먹죠?' 이런 질문을 받을 때마다 나는 많이 괴로웠고, 그래서 내가 가르치는 내용을 정당화하기 위해 모든 방법을 다 강구해보았다. 하지만 나는 이제 이렇게 대답한다. '아마 없겠지. 아무데도 써먹지 못할 거야.'

그런 다음 나는 아이들에게 사람들이 역기를 들어올리며 운동을 하는 것은 어느 날 갑자기 누군가가 그를 바닥에 쓰러뜨리고 몸 위에 역기를 올려놓는 것을 대비하기 위해서가 아니라고 말해준다. 사람들이 운동을 하는 까닭은, 미식축구 경기장에서 수비 선수를 넘어뜨리거나 식료품을 나르기 위해, 또는 하루 종일 손자를 안아주고도 내일 팔다리가 쑤시는 게 싫어서라고 설명한다. 마찬가지로 너희들이 수학을 공부하는 까닭은 논리적인 사고력을 기르기 위해, 그래서 더 좋은 변호사나 의사, 건축가, 교도소장 또는 부모가 되기 위해서라고 말한다. 수학은 정신을 위한 근력 운동이다. 그것은 목적을 이루기 위한 수단이지(적어도 대부분의 사람들에게는) 목적 그 자체는 아닌 것이다.

Clinic 3

칭찬이 아깝지 않은 대답이다. 이제까지 우리가 살펴본 요소들을 복습해보라. 먼저 사람들의 허를 찔러 관심을 불러일으킨다(아마 없겠지. 아무데도 써먹지 못할 거야). 비유 또한 탁월하다. 그는 학생들이 이미 알고 있는 근력 운동이라는 기존 도식을 '대수 배우기'라는 현재 모델에 비유한다. 저직선의 기울기를 알아야 하는 게 아니라 네 두뇌를 더욱 튼튼하게 만들기 위해서야. 또한 이 교사는 매슬로의 피라미드 중에서도 상위 단계를 활용하고 있다. 그는 학습과 자기 실현 같은 보다 높은 욕구에 호소한다. 따라서 학생들은 자신의 잠재력을 깨닫고 더욱 잘 파악할 수 있다.

| 결론 |

"수학은 정신을 위한 근력 운동이다"라는 말은 심지어 가장 평범한 상황에서도 매슬로 피라미드의 하위 단계에서 벗어나 더 높은 수준으로 옮겨갈 수 있음을 보여준다.

그건 설득이 아니라 설교다

댄 사이렉은 쓰레기 불법 투기에 관한 한 미국 최고의 전문가 중 한 사람이다.[19] 그는 쓰레기 투기 문제와 관련해 뉴욕에서 알래스카에 이르기까지 열여섯 개 주와 함께 일한 경험이 있다. 그는 보통 주간州間 도로나 국도를 무작위로 골라 그 길을 따라 걸으며 무단 투기된 쓰레기의 수를 세는 것으로 프로젝트를 시작한다.

1980년대 텍사스주 정부는 사이렉으로 하여금 새크라멘토에 기반이 있는 응용연구소Institute for Applied Research를 운용하도록 했다. 당시 텍사스는 심각한 쓰레기 투기 문제 때문에 골치를 앓고 있었다. 텍사스는 매년 무단으로 투기된 쓰레기를 청소하는 데 2,500만 달러를 쓰고 있었는데, 이 금액마저 해마다 15퍼센트씩 증가하고 있었다. 텍사스는 주민들의 행동양식을 고치기 위해 안간힘을 썼지만('쓰레기를 버리지 마시오'라는 간판과 길가마다 줄지어 서 있는 '쓰레기는 여기에'라고 적힌 쓰레기통 등) 아무런 효과도 거두지 못했다. 그래서 텍사스주 정부는 사이렉에게 새로운 전략을 세워달라고 도움을 청하기에 이른 것이다.

평범한 쓰레기 투기 방지 메시지는 감정에 호소하지만 일부 제한된 감정에만 머무르는 경향이 있다. 아메리카 인디언이 여기저기 널려 있는 지저분한 쓰레기를 바라보며 눈물을 흘리는 광고처럼, 그것들은 주로 죄책감과 부끄러움을 자극한다. 또는 "우리에게 관심을 주세요. 더럽히지 마세요"라고 말하는 올빼미 만화 캐릭터가 등장하는 캠페인처럼, 귀여운 야생동물에 대한 애정이나 동정심에 호소하기도

한다.

하지만 사이렉은 그런 메시지로는 텍사스가 직면한 문제를 해결하지 못할 것임을 잘 알고 있었다. 그가 볼 때 이런 광고는 그저 '성가대에게 설교하는' 것에 지나지 않았다. 지금 텍사스에 필요한 것은 도로변에 가득한 쓰레기를 보고도 눈물 한 방울 흘리지 않는 사람들에게 영향을 미치는 것이었다. 이렇게 아무렇지도 않게 쓰레기를 투기하는 사람들은 주로 18~35세의 남자 성인으로, 스포츠와 컨트리 음악을 좋아하는 트럭 운전사였다. 그들은 권위를 좋아하지 않았고 올빼미를 보고도 아무런 감정 동요를 일으키지 않았다. 텍사스 교통부에서 일하는 한 직원은 "그런 치들에게 '제발'이라고 말하는 것은 소 귀에 경 읽기 마찬가지다"라고 말하기도 했다.

"쓰레기를 차창 밖으로 아무렇지도 않게 던지는 사람들은 진짜 게으름뱅이였다." 사이렉의 말이다. "우리는 그들이 하는 짓이 어째서 쓰레기 불법 투기인지 설명해주어야 한다." 사이렉은 사진 한 장을 뒤집었다. 마초같이 생긴, 몸집이 커다란 한 남자가 픽업트럭에 앉아 있었다. "이것이 바로 우리의 목표 시장이다. 우리는 이런 사람을 부바라고 부른다."[20]

개인적인 이익으로 설득하는 것은 이 집단에게 그리 적절한 방법이 아닌 듯 보였다. 쓰레기를 버리지 않는다고 해서 부바들이 얻을 것은 아무것도 없으니 말이다. 트럭에서 내려 쓰레기를 쓰레기통에 가져다 버리려면 별도의 수고와 노력이 필요했고, 아무런 보상도 없었다. 이 같은 상황에서는 케이플스의 방법은 두말하면 잔소리일 것이고, 탐욕이나 섹스로도 유혹하기가 힘들다.

공포심을 활용한다면 접근할 수 있을 것도 같았다. 벌금을 올린다거나 처벌을 더욱 무겁게 강화하는 것이다. 하지만 부바들은 정부의 권위에 무심했고, 이는 아무런 쓸모도 없거나 도리어 더 심각한 부작용을 불러일으킬 수도 있었다.

부바들의 행동을 변화시키는 가장 좋은 방법은 그들이 쓰레기를 버리지 않으면 다른 사람들이 그들을 좋아할 것이라는 점을 설득하는 것이었다.

사이렉의 조사를 기반으로, 텍사스 교통부는 "텍사스를 더럽히지 마세요"라는 슬로건을 내세워 캠페인을 벌였다.

초기의 TV 광고 중 하나에는 텍사스에서 유명한 두 명의 댈러스 카우보이(프로미식축구팀)가 출연했다. '꺽다리' 존스와 랜디 화이트였다. 광고 속의 그들은 고속도로 옆에서 쓰레기를 줍고 있다.

꺽다리 존스가 카메라 앞으로 나와서 말한다. "지나가다 차창 밖으로 쓰레기를 던지는 인간들을 보면 내가 전할 말이 있다고 좀 말해주쇼."
손에 맥주 깡통을 쥔 랜디 화이트도 다가와서 말한다. "나도 그 친구들한테 해주고 싶은 말이 있는데 말야."
그러자 보이지 않는 누군가가 말한다. "그게 뭐죠?"
화이트가 손에 쥔 맥주 깡통을 으스러뜨리며 위협하듯 말한다. "그게. 직접 만나서 말해주고 싶은데!"
꺽다리 존스가 내뱉는다. "텍사스를 더럽히지 말라고."[21]

귀여운 올빼미나 흐느끼는 아메리카 인디언이 출연하는 광고와는 천지 차다.

다른 광고에는 휴스턴 애스트로스(프로 야구팀)의 투수이자 SF볼로 유명한 마이크 스콧이 출연했다. 스콧이 쓰레기를 제대로 버리는 것이 야말로 '진정한 텍사스인의 행동'이라며 도로변에 서 있는 쓰레기통을 향해 'SF 쓰레기볼'을 날리자 쓰레기통에서 불기둥이 솟아오른다.

수많은 운동선수와 음악가들이 이 광고 캠페인에 출연했다. 대부분이 텍사스 밖에서는 그리 친숙하지 않을지 몰라도 텍사스 사람들에게는 '텍사스인'으로 잘 알려진 이들이었다. 휴스턴 오일러스의 쿼터백 워런 문, 권투선수 조지 포먼, 블루스 기타리스트 스티브 레이 보핸, 컨트리 싱어송라이터 제리 제프 워커 등. 컨트리 가수인 윌리 넬슨은 "어머님들, 애들한테 말 좀 해주십쇼. '텍사스를 더럽히지 말라'고"라는 문구로 이 캠페인에 동참했다.

하지만 이게 뭐 그렇게 특출나냐고? 그저 다양한 유명인사들이 나와서 설교하는 것뿐이잖아? 아니 이건 그보다 훨씬 미묘하다. 이 광고의 위력은 유명인사에 있지 않다. 만일 바브라 스트라이샌드가 나와 똑같은 이야기를 했다면 부바들은 콧방귀 뀌지 않았을 것이다. 심지어 다른 운동선수나 마초 유명인사가 등장했다고 해도 같은 효과를 일으키진 못했을 것이다. 아널드 슈워제네거는 대표적인 마초 캐릭터지만 텍사스 사람들에게는 아무런 감흥도 주지 못한다.

만일 이 캠페인이 같은 유명인사들을 기용하되 전형적인 공익광고 방식의 접근법을 택했다면 어땠을까? "나는 프로 권투선수 조지 포먼입니다. 쓰레기를 버리지 맙시다." 아마도 이 역시 아무런 효과도 거두지 못했을 것이다. 포면이 부바들이 싫어하는 권위적인 역할을 하고 있기 때문이다.

이 캠페인이 전달하는 진정한 메시지는 '진정한 텍사스인은 쓰레기를 아무데나 버리지 않는다'이다. 이 광고에 등장한 유명인사들이 몇 초 안에 텍사스인의 도식, 아니 더 정확히 말하자면 '남자다운, 이상적인 텍사스인'의 도식을 구축했을 때, 이 광고는 비로소 가치를 형성한다. 심지어 윌리 넬슨의 음악을 싫어하는 이들조차 그의 '텍사스인다운' 정체성을 부인하지는 못한다.

이 캠페인은 즉각적인 성공을 거두었다. 광고를 방영한 지 채 몇 달도 지나지 않아 설문조사에 응한 73퍼센트의 텍사스인이 이 메시지를 기억하고 있다고 대답했으며, 그것이 쓰레기 투기에 반대하는 내용임을 인식하고 있었다. 1년 후 텍사스의 쓰레기 투기율은 29퍼센트나 감소했다.

원래 텍사스 교통국은 '텍사스를 더럽히지 마세요' 캠페인과 더불어 별도로 100만 달러를 투자하여 쓰레기 투기와 관련된 법을 더욱 엄격하게 강화하는 프로그램을 실시할 계획이었다.[22] 그것은 일종의 공포 전술로, '쓰레기를 버리면 적발되어 엄격한 처벌을 받을 것이다!'라는 개념을 심어주기 위한 것이었다. 하지만 '텍사스를 더럽히지 마세요' 캠페인의 놀랍도록 즉각적이고 강력한 효과 덕분에 이 프로그램은 결국 실행되지 않고 파기되었다. 이 캠페인은 부바에게 정체성에 대한 강력한 메시지를 전달함으로써 공포 전술을 쓸모없게 만든 것이다.

'텍사스를 더럽히지 마세요' 캠페인을 실행한 지 5년 뒤 텍사스 도로변에 버려지는 쓰레기는 72퍼센트 감소했고 깡통들의 수는 자그마치 81퍼센트나 줄었다. 1988년 사이렉은 비슷한 기간 동안 쓰레기 투기 방지 프로그램을 운영한 다른 주에 비해 텍사스 주의 도로변에서 발견되는 쓰레기의 양이 거의 절반에 불과하다는 사실을 발견했다.

'텍사스를 더럽히지 마세요'는 훌륭한 슬로건이다. 하지만 슬로건과 메시지를 혼동해서는 안 된다. 사이렉의 메시지는 진짜 텍사스인은 쓰레기를 버리지 않는다는 것을 보여줌으로써 부바들이 쓰레기투기 행위에 감정적인 관심을 갖도록 하는 것이었다. 그의 메시지는 부바의 이성에 대고 개인적 이익에 초점을 맞춰 호소하기보다는 정체성을 중심으로 접근할 때 보다 큰 반응을 얻을 수 있으리라는 것이었다. 설사 실력 없는 이류 카피라이터를 고용했다 할지라도, 슬로건이 지금과 다른 '텍사스를 부끄럽게 하지 마세요'였다 할지라도, 이 캠페인은 여전히 사람들이 도로에 쓰레기를 버리지 않도록 고무시켰을 것이다.

이익과 정체성,
이상향에 호소하라

지금껏 우리는 사람들의 감정적 반응을 유도하는 세 가지 전략을 살펴보았다. 감정의 연합을 이용하거나(또는 경우에 따라 회피하거나) 개인의 이익에 호소하거나 또는 정체성을 자극하는 것이다. 이 세 가지 전략은 뛰어난 효과를 발휘하고 있지만, 우리의 변함없는 강적 '지식의 저주'를 늘 유념해야 한다. '지식의 저주'는 우리가 이러한 전략을 행하는 데 방해공작을 할 수 있다.

2002년 칩은 플로리다주의 마이애미와 포트 로더데일에서 일군의 교수들이 비영리 예술단체의 지도자들을 위한 세미나를 주최하는 데 도움을 준 적이 있다. 세미나의 일부로서, 그들은 예술단체 지도자들이 그들 조직의 핵심 사명을 확실히 규정하고 이를 재정의할 수 있도록 돕는 집단 활동을 실시했다. 참석자들은 어려운 질문들과 마주하게 되었다. 당신의 조직이 존재하는 이유는 무엇인가? 다른 조직도 당신 조직이 하는 일을 할 수 있지 않을까? 그렇다면 당신 조직이 하는 일이 특별한 이유는 무엇인가?

그중 한 질문은 다른 사람들이 자신의 조직에 깊은 관심을 갖고 각별히 여기도록 조직의 목적을 설명하라는 것이었다. 자원봉사자들이 기꺼이 시간을 투자하고 후원자들은 기꺼이 돈을 기부하며 직원들이 기꺼이 그 조직에 남아 일을 하려면(심지어 다른 상업조직에서 지금보다 훨씬 유리한 조건으로 취업 제안을 하더라도) 그들은 조직에 대해 염려하고 각별히 여겨야 한다. 세미나에 참석한 여러 조직 중에는 '머레이 드라노프 듀오 피아노 재단Murray Dranoff Duo Piano Foundation'도 있었다. 그들 차례가 되자, 칩은 재단의 대표자들에게 그들의 감정지향적인 목적 진술을 읽어달라고 요청했다.

재단   우리 조직은 이중주를 위한 피아노곡을 보호하고 보존하고 장려하기 위해 존재합니다.

칩   피아노 이중주곡을 보호하는 게 왜 그렇게 중요하죠?

재단   왜냐하면 더 이상 피아노 이중주곡을 연주하는 사람이 별로 없으니까요. 우리는 그것이 사라지지 않도록 막고 싶습니다.

그러자 한 참석자가 자신은 '듀오 피아노'라는 말을 처음 들었을 때 관광객용 바에서 사람들이 술에 취해 '피아노맨'을 고래고래 따라 부르는 것처럼 일종의 '피아노 대결'을 말하는 줄 알았다고 털어놓았다. 몇몇 다른 참석자들은 피아노 이중주곡의 소멸은 막을 것이 아니라 오히려 가속화하는 게 낫다고 생각했다.

그 뒤로 한참 동안 사람들이 서로 다른 이야기를 쏟아내는 바람에 피아노 이중주곡이 예술의 형태로서 사람들의 관심을 받아야 하는지에 대해서는 아무런 진전도 이루어지지 못했다. 마침내 한 참가자가 대화에 끼어들었다. "마음을 상하게 할 생각은 아닙니다만, 피아노 이중주곡이 이 세상에서 완전히 사라진다고 해서 뭐가 크게 달라지나요?"

재단   (질겁을 하며) 와우…… 피아노는 참으로 아름다운 악기입니다. 피아노는 단 한 연주가의 힘만으로 오케스트라 전체와 맞먹는 음색을 연주할 수 있지요. 이처럼 넓은 범위의 음정을 연주할 수 있는 악기는 피아노 말고는 없습니다. 이렇게 웅장한 악기 두 대가 동시에 연주될 때, 두 연주가는 서로에게 의지하고 서로에게 반응합니다. 이중주는 오케스트라의 웅장한 선율과 실내음악의 잔잔한 소박함을 동시에 지니고 있습니다.

이때쯤 방안 여기저기서 사람들이 깜짝 놀란 듯 눈썹을 추켜올리더니 긍정의 목소리가 튀어나오기 시작했다. '오케스트라의 웅장한 선율과 실내음악의 잔잔한 소박함'이라는 표현은 심오하고 어딘가 사람들의 마음을 끄는 데가 있었다. 바로 그때 사람들은 생전 처음으로 머레이 드라노프 팀이 어째서 피아노 이중주에 열정을 쏟아붓는지, 그리고 왜 그래야만 하는지를 이해하게 된 것이다.

머레이 드라노프 팀이 다른 이들의 감정적 배려를 끌어내는 메시지를 만드는 데 10분씩이나 걸린 이유는 무엇일까? 피아노 이중주에 헌신적인 사람들이야말로 이중주곡의 가치를 설명하기에 가장 적합한 사람임이 틀림없을 텐데 말이다.

그렇다. 그들은 피아노 이중주곡을 보존해야 할 필요성에 대해 누구보다도 잘 알고 있는 사람들이다. 그러나 '지식의 저주'가 그들이 적절하게 표현하지 못하도록 가로막은 것이다. '피아노 이중주곡을 보존한다'는 사명은 머레이 드라노프 내부에서는 효과적이고 깊은 의미를 지니고 있을지 모르나 조직 외부의 사람들에게는 명료하게 느껴지지 않았다. 나중에 몇몇 참석자들은 "피아노 이중주곡이 이 세상에서 완전히 사라진다고 해서 뭐가 크게 달라지나요?"라는 질문에 공감했다고 털어놓았다. 도대체 피아노 이중주곡이 그렇게 특별한 이유가 뭐란 말인가? 그게 무슨 상관이람?

만일 당신이 날마다 피아노 이중주곡을 중요하게 생각하는 직장에 출근한다면, 나머지 세상 사람들은 피아노 이중주곡에 대해 한 번도 들어본 적이 없다는 사실을 잊어버리게 될 것이다. 당신은 두드리는 자이고 세상은 듣는 자라는 사실을 잊어버리기란 무척 쉬운 일이다. 머레이 드라노프 팀은 방 안의 다른 사람들이 "왜?"라고 물었기에 '지식의 저주'에서 벗어날 수 있었다. "왜?"라는 질문을 세 번 연속 듣고 나자, 그들은 자신들이 무엇을 하고 있는가에서 자신들이 왜 그 일을 하고 있는가로 초점을 옮길 수 있었던 것이다. 그들은 아무런 위력도 없는 연합에서 벗어나 (이미 피아노 이중주 음악에 대해 알고 있는 일부 사람들을 제외하면) 외부인들과 감정적으로 연결된 더욱 깊고 구체적인 연합의 영역으로 향할 수 있었다.

이 '왜?' 전술은 지식의 저주를 피해가는 데 매우 유용하다(도요타는 실제로 생산 라인의 문제 원인을 검토하는 데 '5 why' 절차를 활용하고 있다). "왜?"라는 질문을 던지는 것은 우리의 메시지 아래 놓여 있는 핵심 원리와 핵심 가치를 상기하는 데 보탬이 된다.

몇 년 전 병원 관리자 단체가 디자인 회사인 IDEO에게 병원의 작업 흐름 개선을 위해 도움을 요청했다. IDEO 팀은 그들의 제안이 엄청난 내적 반발을 야기할 것임을 알았다. 그들이 생각하는 병원직원들의 변화를 모색하는 첫 번째 단계는 바로 문제가 있음을 깨닫고 그것을 각별히 받아들이는 것이었다.

IDEO는 다리에 골절상을 입고 응급실에 실려온 환자의 시각으로 병원을 바라본 비디오를 한 편 제작했다. 그 비디오 속에서 우리는 환자의 눈으로 세상을 본다. 우리가 곧 환자인 것이다. 우리는 황급히 응급실로 들어선다. 어디 있는지 모를 접수대를 찾아 방황하고 전혀 알아들을 수 없는 의학용어를 지껄이는 접수계 사람들과 입씨름을 한다. 그리고 마침내 간이침대에 누워 병원 안으로 실려들어간다. 보이는 것이라고는 끝없이 이어지는 새하얀 천장뿐이다. 누군가의 목소리가 들리지만 누가 말을 걸고 있는지는 보이지 않아 알 수 없다. 가끔씩 시야 안으로 누군가가 머리를 불쑥 들이민다. 침대가 움직임을 멈출 때마다 우리는 멍하니 천장을 응시하며 다음에는 또 무슨 일이 벌어 질까 궁금해한다.

IDEO의 심리학자 제인 풀턴 수리는 병원 직원들에게 이 비디오 를 보여주자 즉각적인 반응을 보였다고 말한다. "첫 번째 반응은 이런 식이었다. '오 난 전혀 몰랐어요······.'" 수리는 그들의 반응을 좋아한 다. 비디오를 보기 전까지만 해도 직원들에게 환자들의 문제는 전혀 '현실적'으로 느껴지지 않았다. 후에 그녀는 말했다. "그것은 문제를 해결하고자 하는 즉각적인 동기가 되었다. 이제 그 문제는 단순히 문 제 목록 위의 글씨가 아니었다."

또한 IDEO는 직원들이 환자의 심정을 이해할 수 있도록 역할을 바꾸는 역할극을 시도했다. 이 과정에서 직원들은 '자신이 프랑스인 이며 영어를 한 마디도 못하는 상태로 병원에 입원해 있는 아버지를 찾아야 하는 상황'에 대처해야 했다.

IDEO는 이러한 종류의 시뮬레이션, 즉 직원들이 고객들의 입장 에 공감하도록 만드는 시뮬레이션을 구축하는 것으로 유명한 회사였 다. 시간이 흐르면서 일정한 맥락 속에 침식되어 무뎌진 공감 능력이, IDEO의 시뮬레이션을 통해 회복되는 것이다. "비즈니스 세계는 개개 인보다는 패턴에 공감하는 경향이 있다. 패턴의 지적인 면모는 사람 들의 감정을 가로막는다." 수리의 말이다.

패턴이 아니라 특정한 개개인을 접했을 때 연민의 감정이 솟는다 는 이러한 깨달음은 이 장의 첫 부분에서 인용된 마더 테레사의 말을 연상시킨다. "나는 대중을 위해서라면 행동하지 않겠지만 한 사람을 위해서라면 발 벗고 나설 것이다."

사람들이 우리의 메시지를 각별히 여기게 하려면 어떻게 해야 할까? 그들의 분석 모자를 벗겨야 한다. 특정 개인에게 연민을 느끼도록 만들어야 한다. 우리의 메시지가 그들이 중요하게 생각하는 무언가와 결합되어 있음을 보여주어야 한다. 우리는 그들의 이익에 호소하되, 그들의 정체성에도 호소해야 한다. 그들의 현재뿐 아니라 그들이 되고 싶은 미래의 이상향에도 호소해야 한다.

그리고 청중에게 '좋은 것'을 생각하는 한편 매슬로의 하위 단계에서 벗어나 위로 올라가야 한다. 우리는 청중들에게 250달러가 아니라 미학 욕구나 초월 욕구를 충족시킬 무언가를 제공해야 한다. 플로이드 리는 말했다. "나는 단순히 병사들의 식사를 책임지고 있는 것이 아니다. 나는 그들의 사기를 책임지고 있다." 사람들은 대부분 플로이드 같은 리더를 원한다.

원칙 6

스토리

Story

머릿속에 생생히

행동하게 만든다

스토리가 훨씬 재미있는 이유는 뭘까?
사람들이 가지고 놀 수 있기 때문이다.
오락적이면서도 교훈적인 이야기는
듣는 사람이 어떻게 반응할 것인지에 대해
중요한 실마리를 던져준다.

스토리가 행동을
유발한다

신생아 집중치료실에서 근무하는 한 간호사가 있었다. 신생아 집중치료실은 신체적으로 심각한 문제를 갖고 태어난 갓난아이들을 돌보고 보살피는 곳이다. 그녀는 몇 시간째 한 아이를 유심히 지켜보는 중이었다. 왠지 불안한 예감이 들었다. 예쁘장한 분홍색이어야 할 아이의 피부가 가끔씩 창백하게 질리곤 했기 때문이다. 피부색은 아기 환자의 잠재적 이상을 판단하는 주요 요인이었고 피부가 창백해진다는 것은 곧 어딘가가 잘못되었다는 증거였다.[1]

그때 갑자기 아이의 얼굴이 검푸른빛으로 변했다. 간호사는 가슴이 덜컥 내려앉았다. 다른 간호사들이 엑스레이 기사와 의사들에게 빨리 와달라고 소리쳤다.

순식간에 아기를 에워싼 진료팀은 인공호흡기를 단 환자가 흔히 그렇듯 아이의 폐가 제대로 기능하지 못하고 있다는 가정하에 폐 기능을 회복시키는 전형적인 조치를 취하기로 했다. 환자의 가슴에 구멍을 뚫고 튜브를 삽입하여 폐 주위의 공기를 빨아냄으로써 폐에 공기를 주입하는 것이었다.

그러나 간호사의 생각은 달랐다. 그녀는 심장이 문제라고 생각했다. 그 끔찍한 검푸른색 피부를 보자마자 그녀는 심막기종을 의심했다. 심막기종은 심장을 에워싼 심낭에 공기가 들어가 심장을 압박함으로써 심장의 움직임을 방해한다. 순간 간호사는 공포감에 휩싸였다. 지난번 그녀가 본 심막기종 아기 환자는 그 원인을 미처 분석하기도 전에 죽어버렸기 때문이다.

그녀는 폐 기능을 회복시키려고 하는 진료팀에게 황급히 소리쳤다. "심장이에요!" 하지만 그들은 심전도 모니터를 가리켰다. 모니터는 아기의 심장이 아무런 문제도 없다는 신호를 보내고 있었다. 심장은 1분당 130번씩, 정상적인 속도로 뛰고 있었으며, 안정적인 상태를 유지하고 있었다. 그러나 간호사는 포기하지 않았다. 그녀는 다른 간호사들의 손을 밀쳐내고 조용히 하라고 빽 소리를 지른 다음, 심장박동을 확인하기 위해 아이의 가슴에 청진기를 댔다.

아무 소리도 들리지 않았다. 심장이 멈춘 것이다.

간호사는 아이의 가슴을 압박하며 심폐소생술을 실시했다. 신생아실을 담당하는 부장의사가 뛰어들어오자, 간호사는 그의 손에 주사기를 쥐어주며 말했다. "심막기종이에요. 문제는 심장이라고요."

마침내 스캔 결과를 받은 엑스레이 기사가 간호사의 진단을 뒷받침해주었다. 의사는 아이의 심장에 주사기를 찔러넣고는 천천히, 심장을 압박하고 있는 공기를 빨아들였다. 아기는 목숨을 건졌다. 피부색이 천천히 정상으로 돌아왔다.

후에 의료진은 어째서 심전도 모니터가 오작동했는지 밝혀냈다.

심전도 모니터는 실질적인 심장박동이 아니라 전기 활동을 감지하도록 되어 있다. 신생아의 신경은 계속해서 심장에 정상으로 움직이라는 명령을 보내고 있었지만 심낭에 차 있는 공기가 심장의 활동을 방해했던 것이다. 따라서 간호사가 청진기를 사용하기 전까지, 그들은 아이의 심장이 실제로는 멈췄음을 깨닫지 못했다.

이 이야기는 심리학자 게리 클라인Gary Klein이 수집한 여러 스토리 중 하나다. 그는 사람들이 위험부담이 높은 극도의 스트레스 상황에 처했을 때 어떻게 판단을 내리는지 연구하기 위해 소방관과 공항 관제사, 발전소 직원들 그리고 기타 집중력을 요하는 일에 종사하는 사람들과 많은 시간을 함께 보냈다. 방금 들은 아기에 관한 스토리는 클라인의 저서 『인튜이션: 이성보다 더 이성적인 직관의 힘』 중 '스토리의 힘' 장에 등장한다.

클라인은 그 같은 상황에서는 수많은 스토리가 오고가는데, 이는 스토리 안에 지혜가 들어 있기 때문이라고 말했다. 스토리는 그 무엇보다도 강력하고 효과적인 교육 도구다. 스토리는 환경과 맥락이 어떻게 사람들을 잘못된 판단으로 몰고갈 수 있는지 보여준다. 스토리는 사람들이 그전까지는 깨닫지 못했던 일상적인 관계를 재조명하고 문제를 해결함에 있어 뜻밖의 비범한 해결책을 강조해 제시한다.

위에서 본 이야기는 의학적 차원에서 매우 중요한 교훈을 가르친다. 심막기종이라는 특정한 증세를 어떻게 감지하고 해결할 수 있는지 그 방법을 상세하게 기술해주기 때문이다. 또한 넓은 의미로는 의학에 종사하는 이들에게 기계에 지나치게 의존하지 말라는 경고를 보내기도 한다. 심전도 모니터는 완벽하게 작동하고 있었지만 단순한 청진기를 손에 쥔 인간의 통찰력을 넘어설 수는 없었다.

이 같은 교훈이 의료계에 종사하지 않는 이들에게도 모두 유용하다고는 말할 수 없다. 그러나 이 스토리는 모두에게 감명을 준다. 이것은 다른 모두의 반대에도 불구하고 자신의 의견을 고수한 한 여성에 관한 스토리다. 그 어느 곳보다 위계질서가 확고한 병원에서 홀로 부장의사에게 옳은 진단을 제안한 한 간호사에 관한 스토리다. '본연의 위치'에서 벗어나려는 그녀의 의지에 누군가의 생명이 달려 있었던 것이다.

스토리의 힘은 이중적이다. 그것은 시뮬레이션(어떻게 행동해야 하는지에 대한 지식)을 제공하는 동시에 영감(행동에 대한 동기)을 준다. 당신이 취할 수 있는 이 두 개의 장점, 즉 시뮬레이션과 영감이 모두 행동을 초래한다는 점에 주목하라. 앞에서 우리는 신뢰성 있는 메시지는 사람들의 믿음을 이끌어낸다는 사실을 배웠다. 감정을 불러일으키는 메시지는 사람들이 각별하게 여기고 신경 쓰도록 만든다. 그리고 이 장에서, 우리는 적절한 스토리는 행동을 고취시킨다는 것을 확인하게 될 것이다[2]

·

제록스 구내식당에서
들은 이야기

복사기는 우리가 평생 동안 사용하는 온갖 기기들 중에서도 가장 복잡한 종류에 속한다. 날마다 사용하는 일상적인 기기 가운데 이렇게 시각적, 기계적, 화학적, 전기적 기술을 모두 활용하는 것이 또 있을까? 회사 복사기가 하루 종일 쉴 새 없이 돌아가는 것도 무리가 아니다. 한데, 복사기란 고장이 잦은 물건이기도 하다. 종이 담는 트레이를 몇 번 열었다 닫았다 해도 문제가 해결되지 않는다면, 이 상황을 해결해줄 똑똑한 복사기 전문가가 필요하다.

연구가인 줄리안 오어는 제록스 복사기 수리공들과 많은 시간을 함께 보냈는데, 곧 그들이 수많은 스토리를 교환한다는 사실을 깨달았다. 아래 스토리는 제록스 복사기 판매사원들이 점심시간에 카드 게임을 하며 나눈 이야기다(꺾쇠 괄호 안은 필자가 덧붙인 설명이다). 판매사원은 갑작스러운 전압 증가로 부품이 타버리는 현상을 예방하기 위해 최근 업그레이드한 기능에 관해 이야기한다.

이번에 새로 설정한 XER 보드 환경에서는 디코로트론이 아크방전되어도 타버리지 않아. 대신에 저전압 파워 서플라이에 있는 24볼트 안전장치를 자극해서 작동을 멈춰버리지. 하지만 백업을 하려고 하면 E053 오류 메시지가 떠(E053은 실제 문제와는 관련이 없는 영역에서 문제가 발생했음을 알리는 잘못된 에러 코드다). 그래, 내가 직접 겪었다니까. 저기 저 복도 끝 부서에서 말이야. 그 빌어먹을 문제를 해결하느라 웨버랑 내가 네 시간이나 매달렸는데, 알고 보니 디코로트론이 문제더라니까. 그 난리를 친 다음에야 E053이 사실은 F066이었다는 걸 알았지 뭐야. 디코로트론을 확인해봤더니 완전히 죽었더라고. 〔오어는 잠시 동안 카드 게임 진행이 멈추었다

고 기록했다.) 맞아, 웃기는 일이지.³

이들은 그저 식당에서 카드게임을 하며 가볍게 일 이야기를 나누는 것뿐이다. 물론 당신 세계에서 E053 에러는 아무런 의미도 없을 것이다. 하지만 우리 자신이나 당신 세계에도 분명 이와 비슷한 것이 존재한다.

어째서 사람들은 직업과 관련된 이야기를 하는가? 그 이유 중 하나는 인문학 전공 기초 수업이 대답해줄 수 있다. 우리는 다른 이들과 공통적인 화제를 나누고 싶어 하기 때문이다. 제록스 수리공은 복사기를 다루며, 따라서 복사기에 관해 이야기한다. 물론 그것만이 전부는 아니다. 예를 들어, 앞 이야기의 화자는 자세한 세부 사항 없이 스토리의 핵심만을 말할 수도 있었다. "오늘 정말 골치 아픈 일이 있었어. 그나마 잘 해결되어서 다행이야." 아니면 처음부터 곧장 결론만 말할 수도 있었다. "디코로트론 때문에 몇 시간을 끙끙거렸지. 자네는 오늘 어땠나?"

하지만 그 대신, 그는 동료들에게 흥미로운 이야기를 들려준다. 이 스토리는 일종의 드라마다. 잘못된 에러 메시지 때문에 몇 시간 동안 우왕좌왕 난리를 쳤는데 결국 문제와 해결책은 처음 생각했던 것보다 훨씬 간단했다는 내용이다. 이런 구조의 스토리가 훨씬 재미있는 이유는? 동료들이 가지고 놀 수 있기 때문이다. 그는 동료들에게 자기라면 어떻게 해결했을지 머릿속으로 시험해볼 수 있는 정보를 제공하고 있다. E053 오류를 몰랐던 사람들도 그의 경험담을 듣고 난 후에는 'E053 도식'을 수정할 수 있다. 이 스토리를 듣기 전에 E053 코드에 반응하는 방법은 단 한 가지뿐이었다. 그러나 이제 그들은 '잘못된 E053' 시나리오를 알게 되었다.

달리 말해, 이 스토리는 어느 정도 오락적이면서도 다소 교훈적이다. 직업과 관련된 이런 이야기는 세상에 어떻게 반응할 것인지에 대해 중요한 실마리를 던져준다. 간호사들에게 심전도 모니터를 맹신하지 말라고 경고하고, 수리공들에게 잘못된 E053 에러 코드에 속지 말라고 충고한다.

그러나 위 스토리는 단순히 정보다발만을 전하는 게 아니다. 제록스 스토리는 "디코로트론 문제와 관련해 잘못 나타나는 E053 에러 코드를 주의하십시오"라는 딱딱한 내용을 담은 회사 공지 메일과는 다르다. 여기서 일어난 일은 그보다 훨씬 심오하다. 이런 스토리 속에 담긴 진정한 가치를 엿보려면 그 포장을 벗겨보아야 한다.

청중이 당신의 이야기를 듣지 않을 때

스토리는 오락과 긴밀한 관계를 맺고 있다. 영화와 책, TV 프로그램과 잡지를 생각해보라. 아이들이 "옛날애기 해주세요"라고 말할 때, 아이들은 즐거움과 오락을 원하는 것이지 가르침을 바라는 게 아니다.

스토리의 '청중'은 상당히 수동적인 역할을 맡고 있는 듯 보인다. 텔레비전 스토리를 즐기는 관객이나 청중을 이른바 '카우치 포테이토 (카우치 의자에 붙어 앉아 아무 생각없이 게으르게 TV만 보는 사람—옮긴이)'라고 부르지 않는가. 하지만 '수동적'이란 다소 과장된 표현일 수 있다. 책을 읽을 때, 우리는 작가가 만든 세계 속에 빨려들어간다. 친구들이 이야기를 들려줄 때에는 공감하고 눈물을 짓는다. 영화를 볼 때는 주인공에게 감정이 이입된다.

그러나 만일 스토리가 덜 직관적이되 더 극적으로 펼쳐진다면 어떨까? 한 연구진은 스토리의 '청중'과 '주인공' 사이의 경계가 생각보다 희미할 수 있다는, 상당히 흥미로운 증거를 제시한 바 있다.

사람들이 스토리를 이해하는 방식에 대해 흥미를 느낀 세 명의 심리학자가 그들이 만든 스토리를 컴퓨터로 피실험자들에게 읽히는 실험을 했다. 피실험자를 두 집단으로 분류했다. 첫 번째 집단은 중요 대상이 이야기의 주인공과 결합되는 스토리를 읽었다. 이를테면 "존은 조깅을 나가기 전에 운동복을 입었다"와 같은 형식이다. 반면 두 번째 집단은 "존은 조깅을 나가기 전에 운동복을 벗었다"처럼 중요 대상이 주인공과 분리되는 스토리를 읽었다.

두 문장 뒤에서 스토리는 다시 운동복을 언급했고, 컴퓨터는 사람들이 문장을 읽는 데 걸리는 시간을 체크했다. 한데 이상한 일이 일어났다. 존이 조깅을 나가기 전에 옷을 벗었다고 생각한 사람들이 존이 조깅을 나가기 전에 옷을 입었다고 생각한 사람보다 문장을 읽는 데 더 많은 시간을 소비했던 것이다.[4]

매우 미묘하지만, 매우 흥미로운 결과다. 이는 우리가 스토리 안에서 일종의 공간적 시뮬레이션을 행한다는 것을 시사하기 때문이다. 달리 말해, "스토리를 읽으면 머릿속에 그림이 그려진다"라는 의미와 같다. 우리는 모두 직관적으로 이 사실을 알고 있다. 존이 집에 옷을 벗어놓고 나갔다는 것은 그가 우리 머릿속에 있는 더 외진 장소에 옷을 남겨두고 나갔다는 뜻이다. 만일 이것이 사실이라면 우리는 단순히 머릿속에 있는 스크린에 스토리를 그리는 것이 아니라, 일종의 아날로그 방식으로 스토리에서 묘사된 공간적 상관관계를 따라 머릿속에서 그 활동을 완벽하게 (하지만 동시에 느슨하게) 시연하는 것이다.

이 연구는 수동적인 청중이란 존재하지 않음을 시사한다.[5] 스토리를 들을 때, 우리의 정신은 방에서 방을 넘나든다. 스토리를 들을 때마다 우리는 그 내용을 시뮬레이션한다. 하지만 시뮬레이션이 왜 좋다는 거지?

한 무리의 UCLA 학생들이 남녀관계나 과제처럼 '스트레스를 주지만' 해결할 가능성이 있는 고민거리에 대해 곰곰이 생각해보라는 요청을 받았다. 학생들은 이 실험의 목적이 문제를 효과적으로 해결하기 위해서라고 믿었으며, 문제 해결과 관련해 간단한 지시를 받았다.

"문제를 숙고하고 그에 관해 더 많이 아는 것은 매우 중요한 일이다. 자신이 할 수 있는 일을 고려하고 차근차근 문제에 접근하라. 문제를 숙고하고 풀어나가는 과정은 스트레스를 감소시키고 자신의 대처 방식에 대해 더욱 만족하도록 도울 것이다. 그리고 마침내 당신은 그 경험을 통해 성장하게 된다."

이런 지시를 받은 뒤 이 '통제 집단'은 집으로 돌려보내졌고, 일 주일 뒤 연구진에게 보고를 하라는 지시가 주어졌다.

두 번째 집단은 '사건 시뮬레이션 집단'으로, 연구실에 머물렀다. 그들은 문제의 진행 과정을 마음속으로 시뮬레이션하라는 지시를 받왔다.

"어쩌다 이런 문제가 발생했는지 눈앞에 떠올려보기 바란다. 문제의 발단을 곰곰이 생각하고, 처음 문제가 시작된 상황을 상세하게 떠올려라. 그리고 사건이 진행된 과정을 차근차근 따라가라. 자신이 무슨 말을 했고 무슨 행동을 했는지 되새겨라. 문제가 발생했을 당시의 주변 환경과, 옆에 있었던 사람과, 당신이 있었던 장소를 떠올려라."

사건 시뮬레이션 집단은 문제가 발생한 과정을 추적해야 했다. 컴퓨터 시스템의 버그를 감지하는 프로그램처럼, 인과관계의 사실을 따라가는 일은 문제를 해결하는 데 도움이 될 것이다.

세 번째는 '결과 시뮬레이션' 집단으로, 문제의 긍정적 결과를 시뮬레이션하라는 지시를 받았다.

"고민거리가 해결되고 있다고 상상하라. 당신은 막 힘든 상황에서 벗어나기 시작했다. 얼마나 안심이 될지 상상해보라. 문제가 해결된 뒤 당신이 느낄 만족감을 떠올려라. 모든 문제가 해결된 뒤 얼마나 뿌듯할지 상상하라."

결과 시뮬레이션 집단은 그들이 원하는 미래의 결과에 주목했다. 이 문제가 해결되고 나면 어떻게 될까?

이런 1단계 활동을 끝낸 뒤, 두 시뮬레이션 집단은 집으로 보내졌다. 두 집단은 모두 하루에 5분씩 위와 같은 시뮬레이션 과정을 연습했으며, 일주일 뒤에 연구실로 결과를 보고할 예정이었다.

자, 이제 질문 시간이다. 어떤 집단이 문제 해결 과정에 가장 잘 적응했을까? (힌트: 어쨌든 통제 집단은 아니다.)

정답은 사건 시뮬레이션 집단이다. 사건의 발생 과정을 머릿속에서 시연한 사람들이 거의 모든 분야에서 더 좋은 결과를 얻었다. 과거 사건을 시뮬레이션하는 행위는 미래의 결과를 상상하는 것보다 훨씬 큰 도움이 되었다. 사실 두 집단의 차이는 연구실에서 행한 첫 번째 단계가 끝난 뒤에 즉각적으로 나타나기 시작했다. 첫날 이후 사건 시뮬레이션 집단은 다른 두 집단에 비해 눈에 띄게 긍정적인 심리상태를 보였던 것이다.

일주일 뒤 세 집단이 모두 연구실로 돌아왔을 때, 사건 시뮬레이션 집단의 장점은 더욱 증폭되어 있었다. 그들은 문제를 해결하기 위해 보다 구체적인 행동을 취할 가능성이 더 높았다. 또한 조언을 구하거나 다른 이들의 지지를 얻는 경향도 높았으며, 이번 경험을 통해 무언가를 배우고 성장했다는 보고도 더 자주 접할 수 있었다.

상당히 의외의 결과라고? 하긴 그럴 만도 하다. 흔히 볼 수 있는 심리학 책에서는 부자가 되어 성공한 자신의 모습을 그려보라고 부추기는 전문가들이 훨씬 많으니 말이다. 그런데 그러한 긍정적 마음가짐이 문제를 해결하는 데 그다지 도움이 안 된다는 결과가 밝혀졌으니, 이제 금융 전문가들은 우리가 엄청나게 부자라는 상상을 하는 대신 어쩌다가 이렇게 가난하게 되었는지 차근차근 되새겨보라고 충고하는 편이 더 나을지도 모르겠다.

스토리는 뇌를 위한
시뮬레이션이다

시뮬레이션이 효과적인 이유는 무엇일까?[6] 우리의 뇌는 어떤 사건이나 일의 순서를 상상할 때 물리적 활동을 할 때와 똑같은 영역에서 자극을 받기 때문이다. 뇌 스캔 사진은 사람들이 밝은 빛을 봤다고 상상할 때, 시각을 담당하는 뇌 영역에서 일련의 활동이 발생함을 입증한다. 누군가가 피부를 만지는 상상을 하면 촉감을 관장하는 뇌 영역이 흥분된다.

정신적인 시뮬레이션은 우리의 머릿속에만 한정되는 게 아니다. B나 P로 시작되는 단어를 떠올리면 입술이 절로 움직이게 마련이고, 에펠탑의 모습을 상상하면 자신도 모르게 눈동자가 위쪽으로 움직인다. 정신적 시뮬레이션은 심지어 신체 반응마저 일으킨다. 레몬주스를 마시는 상상을 하며 물을 들이켜면 평소보다 침이 더 많이 분비된다. 더욱 놀라운 사실은, 물을 마신다고 상상하며 레몬주스를 마시면 침의 분비량이 줄어든다는 점이다.

연상 시뮬레이션은 감정을 통제하도록 도와준다. 거미, 많은 사람들 앞에서 말하기, 비행기 여행 등 다양한 종류의 공포증을 치료하는 기본 요법을 생각해보라. 환자들은 먼저 불안한 감정을 억누르는 감정이완 절차를 학습하고, 다음으로 두려워하는 것에 노출되는 과정을 시각화한다. 시각화는 공포의 가장자리에서부터 시작된다. 예를 들어, 비행기에 타는 것을 두려워하는 사람은 제일 먼저 공항을 향해 운전하는 장면을 떠올린다. 심리치료사는 환자가 시각화를 통해 점점 더 두려움의 핵심으로 다가갈 수 있도록 이끌고("이제 비행기 엔진이 회전하기 시작합니다. 활주로로 나아가면서 소리가 조금씩, 점점 더 커져갑니다⋯⋯"), 불안감이 들 때마다 환자는 잠시 시각화를 멈추고 마음을 안정시키는 기술을 이용해 평정을 유지한다.

이런 시각화는 사건 그 자체에 집중된다. 즉, 결과가 아니라 과정에 초점을 맞추는 것이다. 문제점을 해결하고 나면 얼마나 행복할지 상상함으로써 공포증이나 강박관념을 치료한 사례는 눈 씻고 찾아봐도 없다.

정신적 시뮬레이션은 문제의 해결을 돕는다. 회사나 일상생활에서 할 일을 계획할 때에도 먼저 머릿속으로 시연해보면, 그렇지 않았더라면 깜박했을 만한 것들을 다시 한번 상기할 수 있다. 식료품 가게에 가는 길을 떠올리다보면, 같은 쇼핑센터에 있는 세탁소에 들러야한다는 게 생각날 수도 있다. 정신적 시뮬레이션은 미래 사건에 대해 적절한 대응책을 미리 예상하고 준비하도록 돕는다. 상사와 다투는 모습을 미리 상상하고 그가 뭐라고 면박을 줄지 생각해두면 실제로 그런 사건이 발생했을 때 어떻게 해야 적절할지(또는 어떻게 하면 부적절할지) 알 수 있다. 연구에 따르면 정신적인 예행연습은 흡연이나 지나친 음주, 과식 등 좋지 않은 습관의 재발 방지에도 효과적이라고 한다. 음주 문제 때문에 고생하는 사람은 일요일 밤에 열리는 슈퍼볼 게임을 볼 때 어떻게 행동할지 미리 머릿속에서 시연해봄으로써 음주에 대한 욕구를 훨씬 수월하게 견딜 수 있다. 옆 사람이 일어나 맥주를 가지러 가면 어떻게 하지?

가장 놀라운 사실은, 연상 시뮬레이션이 기술을 다져줄 수도 있다는 점이다. 3,214명 이상의 참가자들을 대상으로 실시한 35개의 연구 결과, 심리적 연습만으로도(가만히 의자에 앉아 처음부터 끝까지 모든 업무를 성공적으로 완수하는 모습을 상상함으로써) 업무 성과를 놀라운 수준까지 향상시킬 수 있음이 입증되었다.[7] 이 같은 결과는 업무의 종류와 상관없이 일관적이었다. 정신적 시뮬레이션은 사람들이 용접기술을 향상시키고 다트를 더 잘 던질 수 있게 해준다. 트롬본 주자들은 연주 솜씨가 나아지고, 치열한 경쟁 속에서 다투는 피겨스케이트 선수들도 기술이 향상된다.

어찌 보면 당연하겠지만, 이러한 정신적인 시뮬레이션은 육체적 활동(예: 균형 잡기)보다 정신적 활동(예: 트롬본 연주)에 더욱 효과적이다. 그러나 이와는 상관없이 대체적으로 엄청난 이익을 안겨주는 것은 사실이다. 결론을 내리자면, 정신적인 연습만으로도 '육체적 연습을 통해 얻을 수 있는 혜택의 3분의 2'를 얻을 수 있다.

요지는 단순하다. 연상 시뮬레이션은 실제로 행동하는 것만큼의 효과를 거둘 수는 없지만, 그다음으로 훌륭한 방법이다.

다시 스티커 메시지로 돌아와, 우리가 말하고자 하는 바는 간단하다. 적절한 스토리는 곧 시뮬레이션과 같은 효과를 낸다는 것이다. 스토리는 뇌를 위한 시뮬레이션이다. 간호사와 심전도 모니터 이야기를 듣는 것은, 현장에서 직접 겪고 보고 들은 것만큼 효과적이지는 않지만, 그래도 최고의 차선책이다.

제록스 E053 에러 스토리를 떠올려보라. 이 이야기를 듣는 쪽이 직원 훈련 매뉴얼에서 '잘못된 E053 에러' 항목을 읽는 것보다 훨씬 효과적이다. 그 이유가 뭘까? 그것은 조종사들에게 지시 항목이 잔뜩 쓰인 카드를 던져주는 것보다 한 번의 비행 시뮬레이션이 훨씬 나은 것과 마찬가지다. 우리가 현실에서 취해야 할 행동을 자극할수록 훈련은 더욱 효과적이다.

스토리가 강력한 까닭은 추상적인 개념에서 찾아볼 수 없는 맥락을 제공하기 때문이다. 메시지에 더 많은 갈고리를 부착시킬수록 더욱 잘 달라붙는다는 기억의 찍찍이 이론을 기억하는가?

E053 스토리는 감정, 즉 문제의 원인을 찾는 데 실패하고 기계의 잘못된 에러 코드로 인해 실수를 저질렀다는 좌절감을 기반으로 한다. 또한 '새로 설정한 XER 보드'가 낯선 에러를 낳는다는 메시지는 역사적 배경을 구축한다. 그리고 마지막으로, 이 스토리는 일종의 도덕적 교훈을 들려준다. "에러 코드를 절대적으로 신뢰하지 마라." 이런 '코드 회의주의'는 수리공들이 미래의 직무에 응용할 수 있는 교훈이다.

일단 맹장염이라는 진단을 내리고 나면 치료는 쉽다. 그러나 진정 중요한 과제는 염증을 일으키는 맹장과 배탈, 식중독, 위궤양을 구분하는 방법을 배우는 것이다. 아니면 대수학을 배우는 학생들을 생각해보라. 어떤 학생들은 복잡한 방정식을 풀 수는 있지만 그것과 똑같은 수학적 원리를 단순한 언어로 제시하면 당황하여 아무것도 하지 못한다. 문제 X가 늘 '문제 X'의 형태를 띠는 것은 아니다.

이것이 바로 스토리의 역할이다. 지식을 보다 일상적이고 근원적인 존재, 삶에 가까운 형태로 만들어 보여주는 것. 스토리는 비행 시뮬레이터와 비슷하다. 스토리의 청취자가 된다는 것은 그리 수동적인 역할이 아니다. 우리는 그 안에서 행동할 준비를 갖추기 때문이다.

문제 학생 다루기

때때로 교수들은 학생들이 보이는 분노, 공격적인 태도, 적대적인 반응 등 불쾌한 상황에 적절히 대처해야 한다. 그러나 많은 교수들이 이러한 상황에 어떻게 대처해야 할지 몰라 허둥댄다. 이번 클리닉에서 우리는 문제 학생에게 대응하는 전략에 관한 두 개의 서로 다른 메시지를 비교할 것이다.

다음은 인디애나 대학이 교수들을 위해 배포한 것이다.

| Before |

- 침착하라. 마음을 가라앉히고 호흡을 조절한다. 방어적으로 대응하지 않는다.

- 학생들을 무시하지 마라. 그들의 분노를 분산시켜라. 쉬는 시간이나 수업이 끝난 뒤 따로 약속을 잡아 면담한다.

- 학생들과 사적인 장소에서 대화를 나누며, 그렇게 행동하는 이유에 대해 묻는다.

- 논쟁을 회피하거나 굴복하지 마라. 학생에게 만일 그런 행위를 계속할 경우 징계위원회의 징계 대상이 될 수 있음을 알려준다.[8]

예상했던 메시지다. 상식을 벗어나거나 놀라운 부분이 전혀 없다(문제 학생을 다루는 방법이 상식에 해당한다면, 어째서 이 문제를 해결하기 위해 특별한 방안이 필요하단 말인가?). "침착하라", "방어적으로 대응하지 않는다", "분노를 분산시켜라" 등의 조언은 너무 추상적이고 또 너무 당연하다(문제 학생과 부딪쳤을 때 겁을 집어먹고 당황하는 '대처법'을 이용하는 교수는 없을 것이다). 다음은 앨리슨 버크먼이라는 교수가 자신의 경험을 다른 교사들과 공유하고자 인터넷에 올린 글이다.

| After |

내 강의 시간에 항상 교실 뒤쪽에 앉아 크게 떠드는 학생이 한 명 있었다. 어찌나 큰 소리로 말하는지 다른 학생들은 물론 교실 앞 연단에 있는 내게도 들릴 지경이었다. 또 그 학생은 내 의견에 사사건건 반대하며 토를 달았다. 곧 다른 학생들이 그 학생에 대한 불만을 적어내기 시작했다. 그들은 그에게 대항할 방안들을 제시하기도 했는데, 주로 그를 모욕하는 방식이었다.

처음에는 나도 그중 몇 가지를 시도해보았다. 하지만 마침내 나는 그 학생에게, 그와 함께 다니는 친구를 불러 수업이 끝난 후 내 사무실에서 만나자고 했다. 나는 우리의 만남을 목격할 확실한 증인이 있기를 바랐다. 그의 친구는 현재의 역할에 난처해하는 것 같았다. 수업을 방해하기 위해 문제의 친구가 그를 이용하고 있었던 것이다.

문제의 학생은 내 방에 선글라스를 낀 채 들어와 처음부터 끝까지

337

건방진 태도로 일관했다. 나는 이렇게 말문을 열었다. "교실 뒤쪽에서 무슨 일이 일어나고 있는 것 같은데, 말해주지 않겠나?" 그러자 그는 "별일 없는데요"라고 대꾸했다. 그것을 화제 삼아 대화를 이끌어보려고 했지만 돌아온 것은 침묵뿐이었다.

내가 다른 학생들이 불평을 늘어놓고 현 상황을 해결하기 위한 방안을 제안하고 있다고 말하자 비로소 그는 귀를 기울이기 시작했다. 태도와 몸짓도 함께 변했다. 그때부터 대화가 술술 풀려나가기 시작했다. 이 작은 경험을 통해 내가 배운 것은, 교사에게 반항하고 대드는 학생도 다른 학생들의 질책을 들으면 바뀐다는 사실이다. 문제의 학생은 교수에게 도전함으로써 다른 학생들에게 자신을 과시하려고 했지만, 다른 학생들이 그런 그를 싫어한다는 사실을 깨닫자 생각을 바꾸었다.

Clinic 2

이 스토리는 문제 학생에게 대처하는 과정을 머릿속으로 시뮬레이션하게 해준다. 우리는 버크먼이 문제를 해결하는 과정을 뒤쫓는다. 이 스토리 속에 첫 번째 메시지에서 강조한 사항들이 모두 포함되어 있다는 데 주목하라. 버크먼은 학생의 분노를 '분산'시키려 했고, 또한 '보다 사적인 장소에서 대화'했으며, 그동안 내내 '침착'하게 대응했다. 또래 집단의 압력을 이용해 학생을 통제하는 그녀의 해결책은 구체적이며 상당히 의외이기도 하다. 흔히 생각할 수 있는 상식적인 결론이 아니다. 보통 사람이라면 문제 학생은 다른 학생들이 어떻게 생각하든 상관하지 않는다고 생각할 가능성이 더 크기 때문이다. 우리는 버크먼에게 감정을 이입하고, 이야기가 어떻게 끝날지 관심을 갖게 된다. 짧고 추상적인 지시사항보다는 주인공에게 관심을 갖고 공감하게 되는 것이다.

| 결론 |

버크먼 교수의 일화(문제 학생을 다루는 시뮬레이션)와 같은 스토리는 첫 번째 메시지에 나열된 항목들보다 훨씬 흥미롭고, 교사들을 훈련시키는 데 효과적이다. 이 같은 해결책은 쉽게 생각해낼 수 있는 것이 아니다. 평범한 학교의 교육부서는 아마도 십중팔구 첫 번째 메시지와 같은 지침을 내려보낼 것이다. 우리는 스토리를 무시하고 곧바로 '팁'으로 달려들고자 하는 유혹을 떨쳐버려야 한다.

서브웨이 샌드위치에
엄청난 스토리가 굴러들어오다

1990년대 후반, 패스트푸드계의 거물인 서브웨이가 새로운 샌드위치 라인이 건강에 좋다는 데 중점을 둔 광고 캠페인을 시작했다. 이 캠페인은 통계 수치에 기반을 두고 있었다. "서브웨이 샌드위치 일곱 개에 함유된 지방은 도합 6그램도 되지 않는다." 이는 꽤 괜찮은 발상이었다. 게다가 약간의 운율을 활용하면 효과는 더욱 좋을 터였다. 하지만 '7보다 적은 6'이라는 문구는 서브웨이가 다음에 실시한 광고 캠페인에 비하면 물 묻은 스티커나 다름없었다. 그 캠페인은 재러드 포글 _{Jared fogle}이라는 한 대학생에 관한 놀라운 스토리였다.

재러드는 심각한 과체중 문제를 겪고 있었다. 대학교 3학년 당시 그의 몸무게는 자그마치 192킬로그램에 달했고, '커다란 사람들을 위한 옷가게'에서 구할 수 있는 가장 큰 사이즈인 XXXXXXL의 셔츠를 입었다. 바지의 허리 치수는 60인치나 되었다. 재러드의 아버지는 인디애나폴리스의 의사였는데, 벌써 몇 년째 아들에게 몸무게에 관해 경고하고 있었지만 아무런 효과도 거두지 못했다.

12월의 어느 날, 의대생인 재러드의 룸메이트가 그의 발목이 부어올라 있는 것을 발견했다. 그는 재러드가 부종浮腫을 앓고 있다는 진단을 내렸다. 그의 판단은 옳았다. 부종은 체액이 제대로 순환되지 못해 체내에 고여 있는 상태를 말한다. 이 질병은 당뇨병이나 심장병 또는 때 이른 심장마비를 유발할 수 있다. 재러드의 아버지는 아들에게 현재와 같은 체중과 건강 상태를 유지한다면 35세를 넘기지 못하고 죽을 것이라고 경고했다.

12월에 병원에 간 재러드는 다음 봄방학 때까지 몸무게를 줄이기로 결심했다. '7보다 적은 6' 캠페인에 깊은 인상을 받은 그는 먼저 서브웨이의 터키 샌드위치를 먹어보았다. 샌드위치가 마음에 든 재러드는 곧 자신만의 서브웨이 샌드위치 다이어트법을 개발해냈다. 점심으로는 야채 서브 샌드위치를 먹고, 저녁으로는 6인치짜리 터키 샌드위치를 먹었다.

'서브웨이 다이어트'를 시작한 지 3개월 후, 그는 처음으로 저울 위에 올라섰다. 몸무게가 150킬로그램으로 줄어 있었다. 3개월 만에 서브웨이 샌드위치만으로 거의 50킬로그램을 뺀 것이다. 그 후로도 몇 달간 재러드는 서브웨이 다이어트를 지속했고, 때로는 하루에 500그램씩 체중이 줄기도 했다. 체중이 웬만큼 줄자, 그는 될 수 있는 한 많이 걷기 시작했다. 버스를 타는 대신 학교까지 걸어갔고 백화점에서도 에스컬레이터가 아니라 계단을 이용했다.

1999년 4월 《인디애나 데일리 학생신문Indiana Daly Student》에 실린 재러드의 이야기는 이후 전국적으로 선풍적인 반응을 일으켰다. 기사를 쓴 학생 기자는 재러드의 기숙사 친구인 라이언 콜먼이었는데, 그는 처음 살이 빠진 재러드를 만났을 때 거의 알아보지도 못할 뻔했다. 그는 재러드가 비만 때문에 얼마나 고생을 했는지 다음과 같이 묘사했다.

수강신청을 할 때, 재러드는 다른 학생들처럼 교수나 강의 시간을 고려하지 않았다. 그가 강의를 고르는 기준은 강의실 의자였다. 의자가 너무 작으면 앉을 수가 없었기 때문이다. 대부분의 학생들이 캠퍼스와 가까운 주차 장소를 찾느라 고심할 때, 재러드는 근처에 다른 차가 없는 공간을 찾느라 고민했다. 그가 자동차에서 내리려면 운전자 쪽 문 옆에 충분한 공간이 필요했기 때문이다.[9]

기사는 재러드의 말로 마무리되었다. "서브웨이는 내 목숨을 구해 주고 새 삶을 시작할 수 있도록 도와주었다. 나는 결코 그 은혜를 갚을 수 없을 것이다." 이것은 패스트푸드 업체가 누군가의 삶을 긍정적으로 바꾸었다고 칭송받은 최초의 사례였다.

그러다 《맨스 헬스Men's Health》의 기자가 '효과적인, 미친 다이어트'라는 기사를 쓰던 중 《인디애나 데일리》의 기사를 발견했고, 자신의 기사에 '서브웨이 샌드위치'에 관한 찬사를 끼워넣었다. 그는 재러드의 이름을 밝히지도, 그가 어떤 가게를 애용했는지도 명시하지 않았다. 그저 단순히 '서브웨이 샌드위치'라고만 적었을 뿐이다.

우리의 스토리를 잇는 중심 고리는 '밥 옥위에자'라는 서브웨이 지점 주인이다. 그는 이 기사를 읽고 재러드의 스토리가 커다란 가능성을 내포하고 있음을 알아차렸다. 그는 짬짬이 시간을 내 서브웨이의 시카고 지부를 책임지고 있는 광고 회사의 크리에이티브 디렉터를 알아내, 그에게 기사를 읽어보라고 연락했다. 크리에이티브 디렉터인 리처드 코드는 말한다. "처음에는 그저 웃어넘겼지만 곧 그 이야기의 사실 여부를 확인하기로 결심했다."

재러드는 다이어트 스토리의 영웅이다. 하지만 메시지 스토리의 영웅은 옥위에자와 리처드 코드이다. 옥위에자는 스토리에 담긴 잠재성을 알아본 영웅이며, 코드는 자원을 이용해 스토리의 출처를 찾아낸 영웅이다.

코드와 할 리니Hal Riney 광고 회사의 사장 배리 크라우스는 인디애나 블루밍턴에 인턴사원을 보냈다. 그의 임무는 이름 모를 샌드위치 다이어트 사내를 찾아내고 소문의 서브웨이 체인점을 알아오는 것이었다. 재러드가 애용한 가게가 '플로의 서브웨이'였음을 알아내는 데는 그다지 오랜 시간이 필요하지 않았다.

인턴사원은 어디서부터 무슨 일을 시작해야 할지 감이 잡히지 않았다. 그의 임시 계획은 블루밍턴에서 옐로 페이지(직종별로 분류해놓은 전화번호부—옮긴이)를 훑어본 다음, 근처 서브웨이 샌드위치 가게들을 하나씩 방문하는 것이었다. 그에게는 천만다행으로, 모든 일이 순조로웠다. 그가 처음으로 들른 서브웨이 지점은 마침 대학 캠퍼스 근처에 있었는데, 미지의 서브웨이 팬에 대해 설명하자 첫 번째 문장이 마저 끝나기도 전에 카운터에서 일하던 직원이 이렇게 말했던 것이다. "오, 그건 재러드예요. 날마다 이 가게에 들르죠."

인턴은 의기양양하여 시카고로 돌아왔다. 재러드는 실제로 존재했다. 그리고 그가 서브웨이 샌드위치만으로 체중을 줄이는 데 성공한 것도 사실이었다. 광고 회사는 생각했다. '지금 우리 손 안에 엄청난 스토리가 굴러들어왔어!'

하지만 그때, 재러드의 스토리는 또 하나의 장벽에 부딪쳤다. 재러드 스토리를 공개하자고 주장하는 광고 회사 사장 크라우스에 반해, 서브웨이의 마케팅 부장은 그리 깊은 감명을 받지 않았던 것이다. 그는 막 서브웨이에서 일을 시작한 참이었고, 그전에는 다른 패스트푸드 기업에서 근무한 전력이 있었다. "전에도 이런 걸 본 적이 있습니다만, 패스트푸드는 건강에 좋은 게 아닙니다." 마케팅부장은 서브웨이 샌드위치의 맛을 강조하고 싶어 했다.

그러나 크라우스를 만족시키기 위해, 마케팅부장은 서브웨이 변호사들에게 재러드 메시지의 검토를 의뢰했다. 예상대로 변호사들은 이 캠페인에 반대 의사를 표했다. 그런 광고를 내보냈다간 후에 심각한 의료적 책임을 져야 할지도 모른다는 이유에서였다. 서브웨이가 책임을 회피할 수 있는 유일한 방법은 "우리는 이 다이어트 방식을 추천하지 않습니다. 의사와 상의하십시오"와 같은 경고 문구를 함께 내보내는 것이었다.

메시지는 그 길로 사장되는 듯했다. 하지만 크라우스와 코드는 아직 포기할 수 없었다. 서브웨이는 다른 수많은 체인 기업처럼 두 가지 종류의 광고, 즉 전국 공통의 광고와 지역 중심의 광고를 방영하고 있었다. 서브웨이의 중앙 조직이 재러드 캠페인을 놓고 저울질하고 있을 때, 마침 한 지방 서브웨이 프랜차이즈가 그 스토리에 흥미를 보이며 지역 조직의 자금을 이용하여 캠페인을 시작하고 싶다는 요청을 해왔다.

그러자 또 다른 장애물이 나타났다. 지방 프랜차이즈는 실질적으로 광고를 만들 자금을 직접 조달하지 않았다. 그들은 그저 그 지역에 광고를 방송하는 자금을 댈 뿐이었다. 광고 제작 비용은 대체적으로 중앙 조직의 몫이었다. 그렇다면 재러드 광고를 만들 자금은 누가 책임질 것인가?

크라우스는 광고를 공짜로 만들어주기로 결심했다. 그는 말했다. "이제껏 이 분야에서 일하면서 생전 처음으로, 그리고 유일하게, 나는 돈을 받지도 못할 광고를 찍기로 결심했다."

광고는 2000년 1월 1일에 처음으로 방송되었다. 신년을 맞아 너나 할 것 없이 다이어트 계획을 세우는 시점이었다.

광고는 집 앞에 서 있는 재러드의 모습을 비추면서 시작된다. "이 사람은 재러드입니다." 아나운서가 말한다. "그는 예전에 192킬로그램이나 나갔지요." 허리 사이즈 60인치짜리 바지를 입은 재러드의 사진이 화면 가득 펼쳐진다. "하지만 지금 그의 몸무게는 80킬로그램입니다. 그는 이 모두가 서브웨이 다이어트 덕분이라고 말합니다." 아나운서는 재러드의 다이어트 계획에 대해 설명한 다음 이렇게 끝맺는다. "물론 걷기 운동도 빼놓을 수 없겠죠. 우리는 재러드의 다이어트 비법이 모든 사람들에게 효과가 있으리라고는 생각지 않습니다. 어떤 다이어트 프로그램을 이용하든 의사와 먼저 상의하시는 걸 잊으면 안 됩니다. 하지만 재러드에게는 효과 만점이었습니다."

크라우스의 말에 의하면 다음날 아침부터 전화기가 미친 듯이 울려대기 시작했다고 한다. 《USA 투데이》가 전화를 걸어왔고, ABC와 폭스 방송의 뉴스 담당자에게도 연락이 왔다. 셋째 날에는 오프라 윈프리에게서 전화가 왔다. "나는 지난 몇 년간 언론의 관심을 끌기 위해 안간힘을 쓰는 마케터들과 많은 이야기를 나누어왔다." 크라우스의 말이다. "그중 누구도 오프라한테서 전화를 받을 만큼 탁월한 성과를 거둔 사람은 없었다. 나 역시 그 바닥에서 일하면서 오프라와 연락이 될 정도로 성공한 것은 재러드의 경우뿐이었다. 게다가 우리가 먼저 건 것도 아니고 오프라가 먼저 연락을 한 것이다."

며칠 후, 서브웨이의 중앙지부가 크라우스에게 전화를 걸어 재러드 광고를 미국 전역에 방영할 수 있겠느냐고 물었다. 1999년에 서브웨이의 판매율은 저조했다. 그러나 2000년에는 판매량이 18퍼센트 증가했고, 2001년에는 16퍼센트나 뛰어올랐다. 당시 (서브웨이보다 훨씬 작은) 슐라즈키Schlotzky's나 퀴즈노스Quiznos 같은 다른 샌드위치 체인의 성장률은 7퍼센트가량이었다.[10]

재러드 스토리는 시뮬레이션과 같은 가치를 지니고 있다. 당신이 서브웨이 다이어트(점심 때 서브웨이 샌드위치 하나, 저녁 때 서브웨이 샌드위치 하나, 그리고 그 사이에 많이 걸을 것)를 하면 어떻게 될지 상상하게 만들기 때문이다. 또 한편으로 그것은 비행 시뮬레이션이라기보다는 개인적인 잡담에 가깝다. 저 커다란 사내가 자기가 발명한 다이어트 방법으로 살을 100킬로그램이나 뺐대! 와우! 5킬로그램을 빼기 위해 한 번이라도 고역을 치러본 사람이라면 누구나 재러드 스토리를 듣고 놀라게 마련이다.

늘 메시지를
'창조'할 필요는 없다

이 장의 첫머리를 장식한 간호사의 이야기처럼, 이 스토리 역시 감정적인 반향을 일으킨다. 심지어 다이어트에 관심이 없는 사람들조차 재러드의 이야기를 들으면 고무된다. 그는 누가 봐도 가능성이 희박해 보이는 목표에 도전했고 스스로를 자제하고 통제함으로써 성공을 거두었다. 이 스토리의 두 번째 가치는 바로 여기에 있다. 우리를 격려하고 감동을 준다는 것. 감동은 시뮬레이션과 마찬가지로, 행동을 야기한다.

그건 그렇고 재러드 캠페인이 '7보다 적은 6' 캠페인보다 얼마나 더 효과적이었는지 한번 살펴보자. 이 두 캠페인은 같은 내용을 담고 있다. 두 캠페인은 모두 서브웨이 샌드위치가 영양가가 풍부하고 건강에 좋은 저지방 식품이라는 데 초점을 맞췄고, 서브웨이 샌드위치를 먹으면 다이어트를 할 수 있다고 내세웠다. 하지만 한 광고는 엄청난 센세이션을 일으킨 반면 다른 하나는 그저 그럭저럭에 그쳤다.

여태껏 우리의 이야기를 잘 따라왔다면, 당신은 두 캠페인 가운데 누가 승자인지 미리 짐작했을 것이다.

재러드의 스토리는 SUCCESs 체크리스트에 완벽하게 맞아떨어진다.

- 단순하다. 서브웨이 샌드위치를 먹어라, 그러면 몸무게가 줄 것이다(물론 이건 좀 지나친 일반화이긴 하다. 아무리 서브웨이 샌드위치라도 마요네즈를 듬뿍 얹은 미트볼 샌드위치는 다이어트에 그다지 도움이 안 될 것이다).
- 예상을 깨뜨린다. 패스트푸드로 100킬로그램을 빼다니! 이 스토리는 우리가 오랫동안 견고하게 믿어왔던 패스트푸드에 대한 도식을 파괴한다.
- 구체적이다. 커다란 바지 사이즈, 엄청나게 준 몸무게, 특정한 샌드위치를 이용한 다이어트. 이 이야기는 거의 『이솝 우화』에 가까울 정도다.

- 믿을 만하다. 이 스토리는 팸 라핀의 반흡연 캠페인처럼 반권위를 이용해 진실을 말하고 있다. 60인치짜리 바지를 입던 사내가 다이어트에 관한 충고를 하다!
- 감정적인 반응을 유발한다. 우리는 막대한 대중보다 재러드라는 한 개인에게 더 관심을 가지고 각별히 생각하게 된다. 또한 이 스토리는 매슬로의 욕구단계 중에서도 심오한 영역을 건드리고 있다. 이것은 서브웨이의 도움으로 자신의 잠재력을 발견한 한 사람에 관한 이야기다.
- 스토리이다. 우리의 주인공은 그리 승산이 없는 상황에서도 승리를 거두었다. 이 스토리는 우리 역시 이처럼 놀라운 일을 할 수 있다는 용기를 심어준다.

이번에는 '7보다 적은 6' 캠페인을 검토해보자. 이 캠페인은 매우 단순하긴 하지만 핵심 메시지의 힘이 떨어진다. 이 캠페인의 핵심 메시지는 "우리는 다양한 저지방 샌드위치를 제공합니다"이며, 재러드 스토리의 핵심 메시지는 "서브웨이를 드십시오. 몸무게를 줄이십시오. 인생을 바꾸십시오"다. 첫 번째 메시지는 드릴을 사라고 말하고, 두 번째 메시지는 못을 박아 당신 자녀의 사진을 벽에 걸어두라고 이야기한다.

'7보다 적은 6'은 그다지 놀랍지 않다. 재러드의 스토리는 패스트푸드가 콜레스테롤 투성이라는 강력하고 확고한 도식을 파괴함으로써 엄청난 위력을 발휘한다. 같은 도식을 공략하고 싶다면 '7보다 적은 6'은 더욱 실질적인 요점을 파고들어야 한다.

'7보다 적은 6'은 구체적이지 않다. 숫자는 구체적인 게 아니다. 사람들이 이 메시지를 신뢰한 까닭은 숫자가 그리 크지 않기 때문이다. 샌드위치에 함유된 지방에 6그램 이하라는 정보를 듣고 당황하거나 깜짝 놀랄 사람은 없다. 그것은 따로 설득이 필요한 사실이 아니다. 또한 이 메시지는 감정을 자극하지도 않으며, 스토리도 아니다.

이 책의 독자들이라면 SUCCESs 점검표를 대입하는 것만으로 이 수백만 달러짜리 전국 광고 캠페인을 분석해 성공작을 골라냈을 것이다(그러나 명심하라. 이 책을 읽지 않은 독자들은 이해하지 못할 수도 있다. 평생 동안 스티커 메시지를 만드는 데 종사한 광고 감독은 재러드 스토리를 보자마자 벌떡 일어나 뛰쳐나가려고 했다).

재러드 스토리가 뛰어난 호소력을 발휘하는 또 다른 지점은, 이 스토리가 세상에 등장하기까지 수많은 사람의 노력이 필요했다는 것이다. 재러드가 TV 광고에 나타나기까지 얼마나 많은 불가능해 보이는 사건들이 발생했는지 보라. 먼저 작은 서브웨이 가게의 주인이 광고 크리에이티브 디렉터에게 기사를 보내는 놀라운 선견지명을 발휘했다(다른 가게의 일선 직원들 가운데 이럴 만한 사람이 누가 있겠는가?). 크리에이티브 디렉터는 아무런 보증도 없는 일에 무작정 자원을 투자할 정도로 과감했다(이 일로 괜찮은 투자수익율을 얻으리라고 예상한 사람이 있을까?). 광고 회사 사장은 자신이 뭔가 커다란 일에 참가하고 있음을 깨닫고 광고를 '공짜로' 만들어주었다(한 푼도 안 받고!). 서브웨이의 중앙 마케팅 팀은 자존심을 꾹꾹 눌러 삼키며 재러드의 스토리를 더 일찍 받아들이지 않은 것이 실수였음을 인정했다.

이 모두가 결정적인 행위였다. 이렇게 쉽게 찾아보기 힘든 사건들이 줄줄이 발생하다니, 참으로 놀라울 따름이다. 얼마나 많은 스티커 메시지가 중간에 가로막혀 사라져버렸던가. 얼마나 많은 메시지가 메시지의 원천과 그 결과 사이에 있는 사람들이 공을 떨어뜨리는 바람에 햇빛을 못 보고 스러졌던가. 우리가 사는 평범한 세상에서, 재러드의 이야기를 읽고 감명을 받은 가게 주인은 직원들을 고무시키기 위해 가게 안 게시판에, 화장실로 이어지는 복도에 신문 기사를 꽂아두었을 것이다. 그리고 재러드 스토리는 거기서 끝이었을 것이다.

재러드 스토리는 우리가 늘 스티커 메시지를 '창조할' 필요는 없다고 말해준다. 스티커 메시지를 포착하고 발견하는 쪽이 훨씬 간단하고 유용하다. 역사 교사들이 학생들을 가르치는 좋은 방법에 관해 서로의 스토리를 부지런히 교환한다면 어떨까? 비영리재단의 자원봉사자들이 다른 사람들을 고무시킬 수 있는 상징적인 사건이나 만남을 찾아나선다면? 회사 상사를 중요한 메시지를 실험하는 도박과 같은 과감한 일에 뛰어들게 할 수 있다면? 위대한 메시지를 세상에 내보냈다는 이유로 서브웨이의 샌드위치를 존경할 필요는 없다.

착 붙는 스토리에는
세 가지 플롯이 있다

재러드 스토리와 같은 위대한 메시지를 바로 코밑에서 놓쳐버리지 않으려면 어떻게 해야 할까? 훌륭한 메시지를 발견하는 일은 그리 어렵지 않다. 그렇다고 쉽지도 않다. 메시지는 우리의 관심을 끌기 위해 화려하게 차려입거나 스스로를 과시하지 않는다. 따라서 우리는 언제나 정신을 바짝 차리고 적절한 스토리를 찾아 다녀야 한다. 그렇다면 우리는 정확하게 무엇을 찾아야 하는가?

앞에서 우리는 전형적인 광고 원형의 사용법을 배운 사람들이 그렇지 않은 집단보다 평균적으로 뛰어난 광고를 창조한다는 연구 결과를 살펴본 바 있다. 효과적인 광고 원형이 있는 것과 마찬가지로, 당연히 효과적인 스토리 원형도 존재한다. 원형에 대해 배우고 익히면 훌륭한 스토리를 알아볼 수 있는 능력을 키울 수 있다.

워런 버핏은 자신이 투자한 사업을 관리하고 있는 로즈 블럼킨에 관한 스토리를 즐겨 들려주곤 한다.[11] 블럼킨은 스물세 살에 국경수비대원을 보기 좋게 속여넘기고 러시아에서 미국으로 건너왔다. 당시 그녀는 영어를 말할 줄 몰랐고, 심지어 정식 교육을 받아본 적도 없었다.

블럼킨은 그동안 저축해놓은 500달러로 1937년에 가구 사업을 시작했다. 그리고 50년 후, 그녀의 가구점은 연간 매출 1억 달러의 거대한 사업체로 성장했다. 이제 100세에 이른 그녀는 아직도 일주일에 7일을 매장에서 일한다. 사실 폐점 시간까지 일하느라 100번째 생일파티를 연기한 적도 있다. 블럼킨의 가구가 너무 저렴하기 때문에 언젠가 경쟁자들이 그녀를 공정거래법 위반으로 고소한 적도 있었다. 버핏은 말한다. "그녀는 법원에서 대단히 저렴한 가격에 카펫을 판매하고도 이득을 남길 수 있음을 직접 보여주었다. 그런 다음 그녀는 판사에게 1,400달러짜리 카펫을 팔았다."

로즈 블럼킨의 스토리는 『영혼을 위한 닭고기 수프』에서 발췌한 게 아니지만, 그렇더라도 전혀 손색없는 이야기다. 『영혼을 위한 닭고

기 수프』는 출판계에 파란을 일으키며 430만 부가 팔려나갔고, 이어
『아버지의 영혼을 위한 닭고기 수프』,『간호사들의 영혼을 위한 닭고
기 수프』 그리고『내스카NASCAR (미국 개조 자동차 연맹—옮긴이)를 즐기
는 사람들의 영혼을 위한 닭고기 수프』까지 37개에 달하는 시리즈가
속속들이 출판되었다.

『영혼을 위한 닭고기 수프』 책들은 모두 사람들을 고무시키는 스
토리를 담고 있다. 우리를 감동시키고, 동기를 부여하고, 힘을 북돋워
주는 이야기들 말이다. 어떤 면에서 이런 스토리들은 냉소적이고 부
정적이며, 세상을 의심의 눈으로 바라보게 하는 도시 전설(낯선 사람이
당신의 신장을 훔쳐갈지도 모른다! 스내플은 KKK단을 지원한다! 맥도널드 햄버
거에는 벌레가 들어 있다!)과 반대선상에 위치한다.

무엇보다 놀라운 점은 이 스토리가 작가들의 손에서 나온 게 아니
라는 것이다. 그들은 그저 이 수많은 스토리를 발견하고 수집한 것뿐
이다. 이런 스토리의 어떤 부분이 우리에게 신호를 보내는지 알고 싶
었던 필자들은, 그 아래에 놓인 유사점을 찾기 위해 닭고기 수프를 비
롯해 다른 수많은 고무적인 스토리들을 읽고 또 검토하는 일에 착수
했다.

아리스토텔레스는 드라마에는 기본적으로 네 개의 플롯이 존재한
다고 말했다. 단순비극과 단순희극, 복합비극과 복합희극이다. 시나
리오계의 대가 로버트 매키는 그의 저서에 현대서사, 환멸 플롯(화려
하게 출발한 주인공이 위험과 시련을 겪은 뒤 신념을 잃어버리는 플롯—옮긴이)
등 25개에 달하는 스토리 유형들을 나열한 바 있다. 우리는 엄청난 양
에 달하는 고무적인 스토리들을 검토한 후, 세 개의 기본 플롯이 존재

한다는 결론을 내릴 수 있었다. 바로 도전 플롯, 연결 플롯 그리고 창의성 플롯이다.[12]

이 세 가지 기본 플롯을 이용하면 첫 번째『영혼을 위한 닭고기 수프』책에서 볼 수 있는 스토리의 80퍼센트를 분류할 수 있다. 그보다 더 놀라운 것은《피플》에 보도된 평범한 이들에 관한 스토리의 60퍼센트 이상을 이들 세 플롯으로 분류할 수 있다는 점이다. 평범한 사람이《피플》에 나온다는 것은 대체로 그 사람의 스토리가 우리 독자들을 고무시키고 용기를 심어준다는 의미다. 우리의 목표가 다른 이들을 고무시키고 북돋아주는 것이라면 이 세 개의 플롯은 아주 좋은 출발점인 셈이다(『영혼을 위한 닭고기 수프』시리즈가 감동적이라기보다는 닭살이 돋을 것처럼 유치하다고 생각하는 냉소적인 사람들에게도 이 세 개의 플롯 원형은 충분한 값어치가 있다).

도전 플롯
: 다윗과 골리앗

다윗과 골리앗 이야기는 전형적인 도전 플롯이다. 주인공은 불가능해 보이는 힘든 도전에 직면하지만 마침내 모든 장애를 넘어 성공을 성취한다. 다윗은 손으로 만든 새총을 들고 거인에게 맞선다. 도전 플롯에는 다양한 변형이 존재한다. 보잘것없는 사람이 승리하는 스토리, 거지가 부자가 되는 스토리, 순수하게 의지의 힘만으로 역경을 이겨내는 스토리 등. 아마 당신에게도 익숙하리라.

도전 플롯의 핵심 요소는 주인공을 좌절시킬 만큼 거대한 난관이다. 190킬로그램이나 나가던 재러드가 100킬로그램을 감량했다는 스토리는 도전 플롯이다. 몸무게가 200킬로그램인 이웃 사람이 허리 사이즈를 1인치 줄이는 것은 도전 플롯에 해당하지 않는다. 우리는 수많은 도전 플롯 스토리를 알고 있다. 1980년 올림픽에서 미국 하키 팀이 무적의 러시아 팀을 꺾은 사건도 여기 속한다. 알라모 요새 전투(텍사스 독립전쟁 당시 소수의 민병대원이 멕시코 군과 대치하다 전멸한 전투─옮긴이), 호레이쇼 엘저의 소설(아메리칸 드림의 상징으로, 가난한 주인공이 자수성가하는 내용─옮긴이), 미국의 독립혁명, 시비스킷(경제공황 시기에 활약한 미국의 전설적인 경주마─옮긴이), 영화 〈스타워즈〉, 랜스 암스트롱, 로사 파크스(백인에게 좌석 양보하기를 거절한 흑인 여성으로, 로사 파크스 사건으로 인해 흑인 민권 운동에 불이 붙었다─옮긴이) 등도 도전 플롯이다.

　　이렇게 역사적이거나 극적인 사건이 아니더라도 도전 플롯은 언제나 고무적이다. 도전 플롯은 명료하고 확실한 방법으로 우리를 감동시킨다. 이들은 우리의 끈기와 용기에 호소하고, 우리가 더 열심히 일하고 새로운 도전에 맞서 싸우고 힘든 장애를 극복하고 싶게 만든다. 어쨌든 로즈 블럼킨이 폐점 시간이 될 때까지 100번째 생일 파티를 연기했다는 이야기를 들으면, 훨씬 굳건한 마음가짐으로 지저분한 차고를 청소하러 갈 수 있지 않을까? 도전 플롯은 우리가 행동하도록 격려한다.

연결 플롯
: 선한 사마리아인은 왜 선한가?

오늘날 '선한 사마리아인'은 어려운 이들을 기꺼이 돕는 사람을 말한다. 성경에 나오는 선한 사마리아인에 관한 이야기 역시 이런 정의와 일치한다. 하지만 그 안에 실제 담긴 의미는 그보다도 더 심오하다.

한 율법가가 예수에게 어떻게 하면 천국에 갈 수 있느냐고 물었다. 사실 그는 예수로부터 가르침을 얻기보다 그를 시험하는 데 관심이 있었다. 예수가 율법가에게 자신은 어떻게 생각하는지 되묻자 그는 이렇게 대답했다. "내 이웃을 내 몸과 같이 사랑하라 하였나이다." 예수가 율법가의 말이 옳다고 인정하자 그는 (어쩌면 자신이 사랑해야 하는 사람들의 숫자를 좀 줄이고 싶은 마음에서) "그렇다면 누가 내 이웃이오?"라고 묻는다. 그 대답으로 예수는 이야기를 하나 들려준다.

어떤 사람이 예루살렘에서 예리코로 가는 도중 강도를 만났다. 강도들은 그의 옷을 벗기고 죽도록 두들겨팬 다음, 반쯤 죽은 상태로 내버려두고 가버렸다.

마침 한 제사장이 그 길로 가다가 그를 보고 옆으로 피해 지나갔다. 한 레위인도 그를 보고 피해 지나갔다.

그러나 여행 중이던 한 사마리아인이 거기 이르러 그를 보고 불쌍히 여기니, 쓰러진 사람의 상처에 포도주와 향유를 붓고 싸매주었다. 그는 다친 사람을 자신의 당나귀에 태워 여관으로 데려가 돌봐주었다. 다음 날 그는 여관 주인에게 은화 두 개를 주며 말했다. "이 사람을 돌봐주시오. 부비가 더 들면 내가 돌아와서 갚으리니."[13]

"이 세 사람 중 누가 강도 만난 자의 이웃이겠는가?" 예수가 물었다. 율법가가 대답했다. "자비를 베푼 자겠지요."

그러자 예수가 말했다. "가서 너도 그와 같이 하라."

현대인은 이 이야기의 맥락을 자세히 알지 못한다. 이 스토리에 등장하는 사마리아인은 단순히 착한 사람이 아니다. 그는 거대한 사회적 골을 건너 상처 입은 사람을 도운, 진정 착한 사람이다. 당시 사마리아인과 유대인(이 스토리에 등장하는 다른 주요 인물들)은 서로 적대하고 있었다. 당시의 사마리아인을 오늘날의 맥락으로 해석하자면 대충 '무신론자 폭주족' 정도 되겠다. 이 이야기의 교훈은 명백하다. 훌륭한 이웃은 자신이 속한 집단뿐 아니라 외부 사람들에게도 자비와 동정심을 베푼다.

이것이 바로 연결 플롯이다. 연결 플롯은 인종과 계급, 종교, 문화, 민족 등 간극을 메우는 관계를 발전시키는 이들에 관한 스토리다. 선한 사마리아인 스토리처럼 굳이 삶과 죽음을 다룰 필요도 없다. 사람들 사이의 연결 고리는 민 조 그린Mean Joe Greene(미국의 미식축구 영웅―옮긴이)이 출연한 광고에서처럼 한 병의 코카콜라같이 아주 사소한 것일 수도 있다. 자그마한 백인 소년이 육중하고 거대한 유명 흑인 운동선수와 마주한다. 그리고 그들을 이어주는 것은 한 병의 코카콜라다. 이것은 선한 사마리아인에 관한 이야기는 아니지만 확실한 연결 플롯이다.

연결 플롯은 또한 로맨스 스토리에 안성맞춤이다. 〈로미오와 줄리엣〉 아니면 〈타이타닉〉을 생각해보라. 모든 연결 플롯은 사회적 방식으로 우리를 고무시킨다. 그들은 우리가 타인을 돕고 싶어 하게 만든다. 다른 이들에게 관대하도록, 그들과 함께 일하고 그들을 사랑하도록 도와준다. 연결 플롯은 『영혼을 위한 닭고기 수프』시리즈에서 가장 흔히 찾아볼 수 있는 스토리 종류다.

도전 플롯이 난관과 시련을 극복하는 내용이라면, 연결 플롯은 다른 사람들과의 관계에 관한 것이다. 회사의 크리스마스 파티에서 연설을 할 때에는 연결 플롯이 좋다. 새로운 프로젝트 오프닝 파티를 연다면 그때는 도전 플롯이 유용할 것이다.

창의성 플롯
: 사과와 만유인력의 법칙

고무적인 스토리의 세 번째 유형은 창의성 플롯이다. 창의성 플롯의 대표적인 원형은 아마 뉴턴의 머리 위에 떨어져 만유인력의 법칙에 대한 영감을 준 사과 이야기일 것이다. 창의성 플롯은 정신적인 돌파구를 발견하여 오랫동안 풀리지 않던 수수께끼를 해결하거나 참신한 방식으로 문제를 공략하는 이야기다. 이른바 맥가이버 플롯이라고 할 수 있다.

잉거솔랜드Ingersoll-Rand는 자동차 본체를 다듬는 데 사용되는 산업용 그라인더를 비롯해 그다지 매력적이라고는 말할 수 없는 제품들을 판매하는 대형 기업이다. 잉거솔랜드는 시장에 신제품을 내놓는 속도가 더딘 것으로 유명했다. 새로운 제품이 출시되기까지 평균 4년이라는 더딘 발전에 질린 한 직원은 이렇게 말하기도 했다. "신제품을 내놓는 시간이 미국이 제2차 세계대전에 참가하는 데 걸린 시간보다 더 오래 걸리다니."

마침내 잉거솔랜드는 그렇게 지지부진한 개발 진도에 박차를 가하기로 결심했다. 그들은 1년(평소 소요되는 시간에 비하면 4분의 1에 불과한) 안에 새로운 그라인더를 개발하기 위한 프로젝트 팀을 구성했다. 조직 문화에 관한 일반 이론으로 따지자면, 그들의 성공 가능성은 희박해 보였다. 그러나 그라인더 팀은 집단의 문화와 태도를 변화시키는 데 스토리를 사용하는 등 놀라운 성과를 일구어냈다. 예를 들어, 그들의 스토리 중 하나는 새로운 그라인더를 플라스틱으로 만들 것인가 아니면 금속으로 만들 것인가라는 아주 중대한 선택과 관련되어 있다. 플라스틱 그라인더는 보다 간편하게 사용할 수 있다는 점에서 유리했지만, 과연 금속만큼 튼튼할지는 미지수였다.

이러한 난관에 부딪쳤을 때 전통적인 잉고솔랜드의 문제 해결 방식은 기간을 연장해 두 구성물질의 신축성과 압축력을 연구하는 것이었다. 그러나 이들은 새로운 팀이었다. 그들은 모든 문제를 신속하게 해결해야 했다. 그러다 일부 팀원들이 보다 간단하고 형식에 얽매이지 않는 테스트 방법을 고안해냈다. 외부 고객방문 기간에 팀원들은 렌터카 뒤 범퍼에 각각의 샘플을 부착한 다음, 경찰이 달려와 당장 그만두라고 경고할 때까지 그라인더를 바닥에 질질 끌며 주차장을 빙빙 돌았다. 이런 테스트를 거쳐 얻은 결론은 신형 플라스틱 부품이 이제까지 사용하던 금속 부품만큼 튼튼하다는 것이었다. 이로써 그들은 결정을 내릴 수 있었다.

그라인더 팀 내에서 이 스토리는 '드래그 테스트Drag Test'로 불린다. 드래그 테스트는 팀의 새로운 문화를 강화해주는 창의성 플롯이다. 이 스토리는 '결정을 내리려면 적절한 데이터가 필요하다. 우리는 단지 이를 더 빨리 해야 할 뿐이다'라는 의미를 담고 있다.

유명한 탐험가 어니스트 섀클턴Ernest Shackleton은 탐험 도중 결속력이 절대적으로 필요한 상황에 처했다(이는 분명 도전 플롯이다). 폭동이 일어날 경우에는 모든 사람들이 목숨을 잃을 수도 있었다. 섀클턴은 불만투성이 반항아들을 다룰 기발한 아이디어를 생각해냈다. 그는 문제를 일으킬 소지가 있는 이들을 자신의 텐트에서 재웠다. 잡일을 하기 위해 팀을 나누어야 할 때는 이들을 자신과 같은 팀에 편성했다. 그는 항상 말썽꾸러기들과 함께 지냄으로써 그들의 부정적 영향력을 최소화할 수 있었다. 창의성 플롯은 우리가 무언가 다른 일을, 무언가 창의적이고 새로운 접근법을 시도해보고 싶도록 만든다.

이렇게 다양한 플롯들을 살펴보는 것은 새로운 스토리를 만들어내기 위해서가 아니다. 당신이 소설이나 광고 문안을 쓰지 않는 한, 이것들은 그리 도움이 되지 못할 것이다. 이제껏 플롯들을 검토한 것은 잠재성 있는 스토리를 발견하는 방법을 익히기 위해서다. 재러드 스토리와 같은 이야기가 우리 책상 위에 올라왔을 때, 그 안에 숨어 있는 중요 요소들을 알아보기 위해서다.

거대한 난관에 부딪히지만 이를 극복한 이야기는 도전 플롯이다.

도전 플롯은 사람들이 힘든 도전에 맞서 싸우고 더욱 노력하도록 고취시킨다. 만일 그러한 감정이 우리가 성취하고자 하는 목표와 밀접하게 연관되어 있다면, 당장 그 스토리를 움켜쥐어라. 그저 게시판에 붙여놓고 잊어버려서는 안 된다!

만약 당신이 새로운 팀을 이끌고 있다면, 기업 문화에 새바람을 일으키고 싶다면 창의성 플롯을 검토하라. 부하 직원들이 차 뒤에 금속 부품을 매달고 질질 끌며 주차장을 몇 시간이고 내달렸다는 이야기를 들은 순간, 당신은 무언가를 발견한 것이다.

당신이 무엇을 찾고 있는지 알아야 한다. 당신은 새로운 것을 만들어낼 필요가 없다. 커다랗게 부풀리거나 『영혼을 위한 닭고기 수프』 시리즈처럼 멜로드라마로 꾸밀 필요도 없다('드래그 테스트'의 어디가 멜로드라마틱한가?). 당신은 그저 삶이 선물을 줄 때, 그것을 알아차리기만 하면 된다.

머릿속에서 들리는
작은 목소리에 집중하라

1996년에 스티븐 데닝은 학교, 도로 및 하수처리 시설 등을 건설하는 개발도상국의 인프라스트럭처 프로젝트에 자본을 빌려주는 국제기관 세계은행World Bank에서 근무하고 있었다. 당시 그는 금융 분야에서 세계 3위에 속하는 아프리카 지부를 관리하며, 빠른 속도로 조직의 정상을 향해 승승장구하고 있었다.[14]

그러다 그의 두 멘토 중 한 명이 은퇴하더니 곧 남은 스승마저 떠나버렸다. 얼마 지나지 않아 그는 현재의 위치에서 내려와 "정보 분야를 검토하라"라는 지시를 받았다. 상관들은 그에게 정보 경영 분야를 맡아달라고 말했다. 데닝은 이렇게 말했다. "세계은행은 정보가 아니라 돈의 흐름을 관리하는 조직이다. 내게 주어진 새로운 업무는 나를 시베리아 지부로 추방하는 것이나 마찬가지였다."

그의 업무는 조직적인 면에서 불리했을 뿐 아니라, 지지부진하고 답답하기까지 했다. 세계은행은 개발도상국에서 성과를 일구는 방법론에 능통했지만, 그와 관련된 정보는 조직 전체에 점점이 흩어져 있었다. 세계은행은 전 세계 10여 개 국가에서 프로젝트를 운영하고 있었고, 모든 것을 관리하는 중앙국의 통제를 받았으나, 실질적인 일선 업무의 노하우는 국지적 수준을 벗어나지 못했다. 각각의 프로젝트는, 말하자면 서로 독립적인 우주나 마찬가지였다. 잠비아의 수질관리 전문가가 그 지역 특유의 정치적 협상 방식을 활용하는 기가 막힌 방법을 알아내도 이를 방글라데시에 있는 고속도로 건설 전문가와 공유할 기회가 없었다. 관리자들은 친구나 전 동료가 아닌 한, 자신과 비슷한 일을 하는 다른 동료가 존재한다는 사실조차 알지 못했다.

새로운 업무를 맡은 지 한 달 후, 데닝은 방금 잠비아에서 돌아온 동료와 점심 식사를 함께 하게 되었다. 이 동료는 보건 분야, 특히 모자母子 건강 문제를 개선하는 프로젝트에서 일하고 있었다. 잠비아에 있는 동안, 그는 카마나(잠비아의 수도에서 580킬로미터쯤 떨어진 작은 마을)에서 일하는 의료보조원을 만났다. 그 의료보조원은 그 마을에 발생한 말라리아에 대항하기 위해 필요한 정보를 구하고 있었는데, 마침내 최후의 방법으로 인터넷에 접속한 그는 필요하던 정보를 애틀랜타에 있는 미국 질병통제센터 웹사이트에서 발견했다(이 사건이 1996년에 있었던 일임을 명심하라. 당시만 해도 인터넷은 정보를 구하는 첫 번째 방법이 아니었으며, 특히 아프리카에 사는 사람에게는 더욱 그러했다).

당시만 해도 데닝은 이 스토리에 대해 그다지 깊게 생각하지 않았다. 그것은 그저 동료가 겪은 흥미로운 일화였을 뿐이었다. 그러나 후에 그는 이 잠비아 스토리가 정보 경영의 위력에 대한 완벽한 모범 예시임을 깨달았다. 중대한 프로젝트를 책임지고 있는 누군가가 정보를 원한다. 그는 정보를 구하고 획득한다. 그 결과, 더 효과적으로 행동할 수 있게 된다. 이것은 바로 정보 경영의 비전이었다. 물론 그 의료보조원이 시행착오를 거쳤다는 점은 제외하고 말이다. 그는 세계은행의 정보에 접속할 수 있어야만 했다.

데닝은 세계은행이 하루 빨리 지식 경영에 힘써야 한다는 주장을 강조하기 위한 방안으로 동료들과 대화를 나눌 때마다 이 스토리를 예로 들었다. 몇 주 뒤, 상급 관리자 회의에서 발표할 기회가 생겼다. 그에게 주어진 시간은 겨우 10분에서 12분 남짓, 그 짧은 시간 안에 데닝은 조직의 새로운 전략을 설명하고 거기 모인 이들의 지지를 얻어야 했다. 아무리 봐도 힘든 과제였다.

먼저 데닝은 문제점을 설명했다. 세계은행은 정보와 지식을 수집하고 규합하는 데 어려움을 겪고 있으며 정보 시스템 역시 형편없다는 이야기였다. 그런 다음 그는 대부분의 사람들처럼 지식 경영 분야의 재구축을 부르짖고 21세기에는 지식 경영이 얼마나 중요한 역할을 하게 될지 설명하는 대신 전혀 뜻밖의 행동을 취했다. 유명 인사들의 말을 인용한 것이 아니라, 잠비아 스토리를 들려준 것이다.

데닝의 프레젠테이션이 끝나자마자 두 명의 경영진이 데닝에게 달려오더니 프로젝트에 착수하기 위해 필요한 일들에 대해 거침없이 이야기하기 시작했다. 데닝은 생각했다. "정말 묘한 대화군. 10분 전까지만 해도 이 사람들은 내게 시간을 내주려고 하지 않았는데, 이제는 오히려 내게 자신들의 아이디어를 실행시키라니⋯⋯. 이건 너무 끔찍해! 이 작자들이 내 아이디어를 훔쳐갔잖아! 이젠 이 사람들 아이디어가 되어버렸어!!"[15]

몇 년 후, 세계은행을 떠난 뒤 데닝은 스토리텔링을 통해 배운 교훈을 다른 이들에게 퍼뜨리는 데 헌신했다. 2001년, 그는 『스프링보드 Springboard』라는, 통찰력 깊은 저서를 발표했다. 스프링보드 스토리는 사람들에게 가능성에 관한 이야기를 들려준다.

스프링보드 스토리의 주요 장점은 회의주의를 몰아내고 사람들의 동의를 이끈다는 것이다. 데닝은 스토리를 들려준다는 메시지는 처음에 자신의 직관과 어긋났다고 말한다. 그는 언제나 단도직입의 가치를 신뢰했고, 스토리란 너무 애매모호하거나 주변적이며 일화적이라고 염려했다. 그는 생각했다. "어째서 메시지를 정직하게 전달하면 안 되는 거지? 직접적으로 개념을 설명하면 훨씬 간단할 것을, 어째서 듣는 사람들이 빙빙 돌려 생각하게 복잡하게 만드는 거야? 청중들한테 정면으로 부딪치면 되잖아!"[16]

문제는 청중들에게 정면으로 돌진한다면 그들은 거기 맞서 싸울 것이라는 점이다. 사람들의 반응은 메시지를 전달하는 방식에 따라 달라진다. 만일 당신이 논의를 벌인다면, 당신은 청중들에게 (적어도 그들의 마음속으로) 당신의 논제를 평가하고, 판단하고, 토론하고, 비판하고 반론을 제기하라고 부추기는 셈이다. 그러나 데닝의 말에 의하면, 스토리를 활용하면 사람들을 당신의 이야기 속으로 끌어들일 수 있다. 메시지로 유인하여, 그들에게 함께 참여해달라고 설득할 수 있다.

데닝은 '머릿속에서 들리는 작은 목소리'를 붙잡아야 한다고 말한다.[17] 그 목소리는 주로 화자에 반박하는 역할을 맡고 있다. "의사소통의 전통적인 관점은 머릿속에서 들리는 작은 목소리를 무시하고 재빨리 막아 어떻게든 메시지가 정착하길 바라는 것이다"라고 데닝은 말한다. 그러나 그의 제안은 다르다. "그 작은 목소리를 무시하지 마라. 대신 조화를 이루어야 한다. 그것에게 할 일을 주어야 한다. 스토리를 들려주고 그 작은 목소리로부터 두 번째 스토리를 이끌어내라."

스프링보드 스토리는 사람들의 동의를 이끌어내는 한편 행동을 북돋는다. 스토리는 사람들이 잠재적인 해결책에 집중하게 만든다. 목표와 장벽이 확실한 스토리를 들려주어라. 그러면 사람들은 문제 해결 모드로 들어갈 것이다. 물론 '문제 해결'의 범위는 스토리마다 다양하다. 우리는 영화 〈타이타닉〉을 보며 빙산 감지 시스템의 개선책에 대해 브레인스토밍하지 않는다. 우리는 주인공들에게 감정을 이입하고 그들에게 문제가 생기면 두 손을 흔들며 응원한다. "뒤를 봐!" "빨리 가라고 해!" "그 문 열지 마!"

그러나 스프링보드 스토리의 역할은 단순히 주인공을 위해 문제를 해결하는 것 이상이다. 스프링보드 스토리는 우리 자신이 스스로를 위해 문제를 해결하도록 돕고, 대량 고객화mass customize를 실천한다. 즉, 청중들 각자가 스토리를 조금씩 다른 결말을 향해 나아가는 도

약대로 사용하는 것이다.

데닝의 잠비아 스토리를 들은 후, 회의에 참석한 한 중역이 세계은행 총재에게 지식 경영에 대한 메시지를 전했다. 그리고 그것이 바로 조직의 미래라고 주장했다. 데닝은 총재를 비롯한 최고 경영진 앞에서 그의 메시지를 발표했고, 그해 말 세계은행 총재는 지식 경영이야말로 세계은행의 가장 시급한 목표 중 하나라고 선언했다.

삶이 만들어내는 스토리를 포착하라

이 장 첫 머리의 간호사 스토리는 게리 클라인이 수집한 것이다. 여기 클라인이 들려주는 또 하나의 유용한 스토리가 있다.[18]

어떤 컨퍼런스의 주최 측이 클라인의 회사에 컨퍼런스의 내용과 성과를 요약해달라고 의뢰했다. 그들은 단순한 원고보다 훨씬 압축적이고, 프레젠테이션용 파워포인트 슬라이드보다 색다르면서도 유용하게 활용할 수 있는 정리 요약본을 원했다.

클라인의 회사는 한 직원에게 컨퍼런스의 다섯 개 코스를 모두 모니터링하라고 지시했다. 모니터 요원들은 각각의 토론에 참석했고, 누군가가 스토리를 말할 때마다 그것을 받아적었다. 컨퍼런스가 끝나고 서로의 기록 내용을 비교한 모니터 요원들은, 클라인의 말을 빌리자면 "재미있고 비극적이며 흥미로운" 스토리들을 수집했음을 깨달았다. 이들은 각각의 스토리를 편집 구성하고 정리하여 컨퍼런스 주최자에게 보냈다.

요약본을 받아본 그녀는 흥분을 감추지 못했다. 그녀는 이 자료가 무미건조하고 전문용어로 가득 찬 다른 평범한 회의록보다 훨씬 유용하고 참신하다고 생각했다. 심지어 이 글 묶음을 책으로 출판하기 위해 조직에 예산을 요청했을 정도였다. 또한 그녀는 호의를 발휘하여 이 요약본을 컨퍼런스 참석자들에게 보냈다.

요약본을 받아본 참석자들은 머리끝까지 화를 냈다. 그들은 자신들의 진지한 논의 중에서 스토리만 발췌했다는 데 모욕감을 느꼈다. 무한한 시간과 노고를 투자해 자신의 경험을 추출하고 증류했건만, 진지한 프레젠테이션 도중 가벼운 일화나 스토리 따위나 이야기하는 사람으로 기억되고 싶지 않았던 것이다. 실제로 그들이 컨퍼런스 주최자에게 제출한 발표 개요에는 "항상 의사소통의 통로를 열어두어라"라든가 "문제가 발생하기 시작하면 주저하지 마라" 등 무겁고 원론적인 충고가 가득했다.

클라인은 말했다. "우리는 그런 슬로건이, 공장을 닫아야 하는 어려운 상황에서 어떻게 의사소통의 통로를 열어두었는지 구체적으로 보여주는 스토리에 비하면 얼마나 의미 없는 것인지 알려주고 싶었다." 그러나 당사자들은 단호했고, 결국 프로젝트는 불발로 그치고 말았다.

이 스토리는 우리가 이 책에서 가장 좋아하는 일화 중 하나다. 역학관계가 너무나도 분명하기 때문이다. 아니, 컨퍼런스 참석자들을 어리석은 고집불통으로 그리고 싶은 게 아니다. 한번 그들의 입장이 되어 생각해보라. 당신은 몇 년간의 피땀을 쏟아부어 완성한 연구 결과를 요약해 멋들어진 프레젠테이션을 준비했다. 당신의 목적은 오랜 시간에 걸쳐 완성한 복잡한 구조물을 다른 사람들이 훨씬 손쉽게 이해하고 재구성할 수 있도록 도와주는 것이다. 당신이 쌓아올린 지식의 건물은 근사하고 완벽하다! 그런데 갑자기 클라인의 회사 사람들이 다가오더니 당신이 세운 건물 벽에서 벽돌을 몇 개 꺼내 그것이 당신 업적의 축소판이라며 다른 사람들에게 던져주려고 한다. 맙소사, 이게 무슨 짓이란 말인가!

문제는 그 웅장한 건물을 90분짜리 프레젠테이션으로 변환시키는 것은 불가능하다는 것이다. 당신이 할 수 있는 최선의 방도는 기껏해야 벽돌 몇 개를 보여주는 것뿐이다. 하지만 그렇다고 해서 지붕에서 벽돌을 빼낼 수는 없다. "항상 의사소통의 통로를 열어두어라"라는 충고를 내세우는 것은 지붕에서 벽돌을 빼내 당신이 지은 건물이라고 주장하는 것이나 마찬가지다.

당신이 동료들에게 프레젠테이션을 하고 있는 노드스트롬의 관리자라고 치자. 프레젠테이션의 마지막 슬라이드에는 "노드스트롬의 교훈: 훌륭한 고객서비스는 경쟁력을 높이는 중요한 열쇠다"라고 적혀 있다. 네 번째 슬라이드에 관해 설명할 때, 당신은 우스갯소리 삼아 메이시스 백화점에서 산 선물을 기꺼이 포장해주는 노디에 관한 스토리를 언급했을지 모른다. 클라인의 회사에서 나온 익살꾼들은 당신의 포장 스토리를 도와주려고 했을 뿐, 당신의 결론을 지워 없애려는 게 아니다. 그리고 명심하라. 진정 옳은 것은 그들이다.

단순성과 의외성을 설명한 장에서 우리는 훌륭한 메시지는 상식이 아니라 비상식적인 영역으로 움직여야 한다고 말했다. 그러나 "항상 의사소통의 통로를 열어두어라"라거나 "문제가 발생하기 시작하면 주저하지 마라" 등의 충고는 상식 그 자체다(클라인은 이런 충고나 교훈이 늘 의사소통의 통로를 닫아두고 있거나 문제가 발생하면 그저 가만히 앉아 기다리는 사람들을 위한 것 같다고 말했다).

'지식의 저주'가 다시금 저주를 내린 것이다. 다른 이들에게 교훈을 전달할 때, 이들은 머릿속에서 열렬한 감정에 젖은 노랫소리를 듣는다. 그들은 자신에게 이런 교훈을 가르쳐준 온갖 경험들을, 그 고된 사건과 정치적인 투쟁, 실수와 고통을 뼈저리게 기억하고 있다. 그들은 열심히 두드린다. 그러나 그들은 자신의 머릿속에 울리는 음악이 청중의 귀에는 들리지 않는다는 사실을 깜박 잊고 있다.

스토리는 '지식의 저주'를 물리칠 수 있는 거의 유일한 해결책이다. 사실 스토리에는 SUCCESs 법칙의 거의 모든 요소가 포함되어 있다. 스토리는 거의 늘 구체적이고, 대부분 감정을 고취시키며, 의외의 요소를 지니고 있다.

스토리를 효과적으로 활용할 때 가장 어려운 과제는 단순한 핵심 메시지를 만들어 전달하는 것이다. 훌륭한 스토리만으로는 충분하지 않다. 스토리는 당신이 말하고자 하는 바를 반영해야 한다. 전투를 앞에 두고 병사들을 세워놓고 연결 플롯 스토리를 떠드는 장군은 아무런 영향도 미칠 수 없다.

스토리는 사람들을 고무시키고 자극하는 엄청난 위력을 지니고 있다. 그리고 대부분의 경우, 그 힘을 통제하기 위해 풍부한 창의성을 발휘할 필요도 없다. 우리는 그저 매일 매일의 삶이 만들어내는 훌륭한 스토리를 포착할 준비만 갖춰두면 되는 것이다.

실전편

당신에게 꼭 필요한 '스틱!'의 기술

Made
to
Stick

청중에게 착 달라붙는
프레젠테이션의 다섯 가지 법칙

스티커 아이디어 이야기를 하면서 프레젠테이션을 빠뜨릴 수는 없다. 대부분의 사람들은 프레젠테이션이라면 진저리를 치겠지만, 당신이 스티커 프레젠테이션을 할 경우 얻게 될 이점을 한번 생각해보라.

독자들에게 기사를 읽히려는 기자, 경쟁이 치열한 시장에서 돋보이고 싶은 광고 제작자, 혹은 지금 당장 친구 집으로 달려가고 싶어 하는 10대 자녀에게 훈계를 늘어놓으려는 부모와는 달리, 당신은 이미 유리한 위치에 서 있다. 당신은 '제발 착 달라붙는 아이디어를 만들어 달라'고 초청받았다. 오롯이 당신에게만 주어진 시간과 기꺼이 앉아서 귀를 기울이는 청중이 있다. 이것은 참으로 귀중한 기회다. 어떻게 하면 이 기회를 최대한 활용할 수 있을까? 우리는 고객들에게 상품을 팔든 새로운 직원들을 교육시키든, 아니면 교회의 봉사 프로그램이나 스무트홀리 관세법Smoot-Hawley Tariff Act에 관해 설명하든, 모든 종류의 프레젠테이션을 지배하는 몇 가지 기본 법칙을 발견했다.

1 스토리와 예제는 프레젠테이션의 핵심이다

만일 당신이 프레젠테이션에 단 한 가지 팁만 사용해야 한다면, 그 것은 바로 이 원칙이다.

프레젠테이션에서 가장 흔히 나타나는 최대의 실수는 바로 메시 지가 너무 추상적이라는 것이다. 발표자는 개념과 결론을 제시하면서 도 증거를 내놓지 않는다. 그들은 큰 그림에 대해 고차원적으로 설명 하지만 그것을 이해하기 쉽게 만들어주는 세부 사항은 말해주지 않는 다. 설령 예시나 스토리를 몇 개 늘어놓는다 해도 마치 별 필요 없는 장식물인 양 취급한다. 대부분의 사람들은 설명과 예시를 3대 1의 비 율로 섞는 경향이 있다. 완전히 정반대로 하고 있는 것이다. 프레젠테 이션이 설득력을 지니기 위해서는 예시와 스토리가 음식 위에 살짝 뿌린 고명이 되어서는 안 된다. 주요리가 되어야 한다.

프레젠테이션이 설득력 있는 논의를 끌어내기 위해서는 구체적인 실례와 스토리의 연속으로 구성되어야 한다. 이를테면 앨 고어가 그 의 영화 〈불편한 진실An Inconvenient Truth〉에서 사용한 실례들을 보라. 서 서히 줄어가는 만년설을 찍은 킬리만자로 산봉우리 사진들, 해수면이 상승하면서 맨해튼이 점차 물에 잠기는 시뮬레이션 위성 사진들. 마 이클 무어는 영화 〈식코Sicko〉에서 건강보험 체제에 대해 원론적으로 지적하지 않았다. 그는 개개인의 이야기를 통해 자신의 주장을 구축 해나갔다. 사고로 손가락을 두 개 잃었으나 두 개를 모두 접합할 수술 비가 없어 어떤 손가락을 붙일지 선택해야 하는 목수의 이야기를 떠 올려보라!

비전스프링VisionSpring이라 불리는 사회기업은 극빈층에게 안경을 지원한다. 제3세계에는 안경을 필요로 하는 수천만 명의 사람들이 있다. 그러나 비전스프링의 설립자는 기부자들에게 프레젠테이션을 할 때 개인에 관한 일화를 언급한다. 그는 인도에 사는 35세의 직조공이 처한 상황에 관해 이야기한다.

이 직조공은 경력이 20년이나 되는 뛰어난 장인이다. 그는 자신의 천 짜는 능력을 발휘해 가족을 부양하고 아이들을 학교에 보낸다. 그러다 그 나이쯤 되면 으레 그렇듯 시력이 떨어지기 시작했다. 그는 천 짜기의 핵심인 '세밀한 작업을 할 수 없게 되었다는 사실을 깨닫는다. 더 이상 앞이 잘 보이지 않는다. 이제 그는 아이들의 도움에 기댈 수밖에 없고, 그것은 즉 아이들이 학교에 갈 수 없다는 의미다. 그의 시력이 점점 악화될수록 수입은 줄어들고, 그는 아내와 아이들이 소득의 부족분을 메워주길 기대하게 된다. 여기 최고의 기술을 지녔건만 더 이상 가족들을 부양할 수 없는 사내가 있다. 그리고 이 문제를 해결할 수 있는 것은 안경점에서 겨우 10달러면 구할 수 있는 평범한 독서용 안경이다!

이 스토리를 이해하지 않고서는 당신은 비전스프링이 하는 일의 진정한 가치를 깨닫지 못할 것이다.

대부분의 사람들은 프레젠테이션에 근거 자료를 제시해야 한다고 생각한다. 그런데 그 자료는 대부분 추상적이다. 관련 자료나 통계 수치를 프레젠테이션의 주요 내용으로 삼고 싶은 유혹은 제발 떨쳐버리라.

다음 중 어느 쪽이 더 효과적이겠는가? 뭄바이에는 90만 명의 극빈층 성인들이 시력을 잃어가고 있으며, 이 문제를 해결하기 위해서는 여러분의 도움이 필요합니다"라고 말하는 것? 아니면 위에서 언급한 35세의 직조공 이야기를 들려주고 "우리의 연구조사에 따르면 이런 사람들이 뭄바이에서만 90만 명에 이른다고 합니다. 그리고 이 문제를 해결하기 위해서는 여러분의 도움이 필요합니다"라고 말하는 것이겠는가? 데이터란 수천 개의 스토리를 단순히 요약한 것에 지나지 않는다. 그러므로 데이터에 의미를 부여하고 싶다면 스토리를 들려주어야 한다.

2 뜸 들이지 마라

프레젠테이션의 첫 번째 임무는 사람들의 관심을 사로잡는 것이다. 그 이유 때문에 앞으로 어떤 내용을 말할지 공을 들이다가 본론에는 발을 들여놓지도 못하고 문턱에서 비틀거리며 넘어지는 경우가 수도 없이 많다. 좋다. 충분히 이해할 만하다. 어쨌든 우리는 이제껏 "앞으로 이야기할 내용을 말하고, 그것을 말하고, 그런 다음 방금 들려준 내용을 다시 말하라"고 배워왔기 때문이다. 하지만 이 충고는 지나치게 조직적이고, 솔직히 말해 전혀 도움이 안 된다. 스티브 잡스는 그런 식으로 설명하지 않는다. 로널드 레이건도 그런 식으로 연설하지 않았다.

머리말 따위는 저 멀리 던져버리고 곧장 행동에 돌입하라. 레베카 풀러는 박물관 관장들에게 매우 중요한 프레젠테이션을 하고 있었다. RAF 단체의 설립자인 그녀는 역사박물관처럼 관객들이 직접 만질 수 있는 박물관 전시를 기획한다. 그녀의 체험 전시전은 특히 시각장애인들에게 인기가 좋았다. 풀러는 박물관 관장들에게 전시물을 단순히 눈으로 보는 경험 그 이상으로 만드는 것이 얼마나 중요한지를 알려주고 싶었다. 그래서 그녀는 청중들의 인상에 길이 남을 프레젠테이션을 기획했다.

그녀는 동료에게 프레젠테이션이 시작되면 회의실의 조명을 모두 꺼달라고 부탁해 방 안을 일시에 칠흑처럼 깜깜하게 만들었다. 풀러는 말했다. "이것이 바로 대부분의 시각장애인들이 박물관을 방문했을 때 느끼는 기분입니다. 아무것도 배울 수 없고, 아무것도 경험할 수 없지요. 왜냐하면 당신은 박물관에 전시된 이 모든 것들에 접근할 수 없기 때문입니다."

프레젠테이션을 시작한 지 몇 초도 지나지 않아 그녀는 모든 청중들의 관심을 자신의 문제에 집중시킬 수 있었다.

자신의 회사 인튜이트Intuit를 홍보하기 위해 로드쇼를 이끈 스콧 쿡Scott Cook은 이런 질문으로 프레젠테이션의 포문을 열곤 했다. "여러분 중 몇 명이나 수표책 가계부를 쓰시나요?" 무수한 손들이 올라왔다. "오, 훌륭하군요. 그렇다면 그 일을 좋아하는 분은 몇 명이나 되나요?" 그러자 모든 손들이 아래로 내려갔다. 프레젠테이션을 시작한지 채 1분도 안 돼 그는 인튜이트의 최고 상품인 퀴큰Quicken의 핵심 가치를 제시하는 데 성공한 것이다.

두 경우 모두 하릴없이 뜸 들이는 웜업이 프레젠테이션의 주제 전달에 도움을 주지 않았다는 점을 보여주고 있다. "오늘 우리는 박물관을 방문하는 장애인들이 겪는 어려운 문제들에 관해 간단히 살펴볼 것입니다." "저는 지금 재정 관리 기술에 관한 간단한 조사로 오늘의 이야기를 시작할까 합니다." 만일 당신이 지금 당장 해결해야 할 문제를 내놓을 생각이라면, 지루한 준비 기간은 필요 없다.

3 요점을 강조하라

만일 당신이 열 가지를 말하고 있다면, 그것은 아무것도 말하지 않는 것이나 마찬가지다. 아마 당신도 이 말에 동의할 것이다. 하지만 이를 실천하기란 너무나도 어렵다! 당신은 프레젠테이션에 엄청난 양의 자료를 첨부한다. 당신은 열심히 연구조사를 했고, 데이터를 분석했고, 결론을 내리느라 고생했다. 그러니 이 모든 것들이 하나같이 중요해 보인다. 17번 슬라이드의 세 번째 항목을 지우자니 가슴이 쓰라릴 지경이다.

하지만 그래서는 안 된다. 가령 당신이 연극 연출가라고 하자. 당신은 연극을 끌고갈 중요한 대사들을 배치한다. 훌륭한 독백 장면을 넣거나 멋들어진 대화를 만들 수도 있다. 그러나 만일 22명의 등장인물들이 동시에 대사를 읊는다면 관객들은 누구의 말을 들어야 할지 알 수 없을 것이다. 그러므로 17번 슬라이드의 세 번째 항목 따위는 과감히 지워버려라. 가슴 아파할 필요 없다. 주인공에게만 대사를 줌으로써 얻을 수 있는 관객들의 관심과 집중력을 생각하라.

대형 백화점 체인의 부사장이 불필요한 업무와 절차를 줄여달라고 호소하는 일선 지점 매니저들을 돕기 위해 나섰다. 그는 프레젠테이션을 수많은 예시로 채울 수도 있었지만 현명하게도 시간낭비를 가장 극명하게 보여주는 하나의 예시에만 집중하기로 했다.

그는 사람들에게 깊은 인상을 주기 위해 탁자 위에 엄청나게 두꺼운 서류뭉치(모두 519장이나 되는)를 쾅 하고 내려놓고는, 그 자리에 모여 있는 상사들을 공포에 질리게 만들 대사를 읊었다. "이 서류는 여러분이 운영하는 지점에서 자그마치 2주 동안이나 발 벗고 검토해야 할 감사 서류들입니다. 지옥으로 가는 길은 선의로 포장되어 있다는 말을 들어본 적이 있겠죠? 자, 이게 바로 지옥으로 가는 길입니다."

당신은 프레젠테이션을 할 때 가장 중요한 요점에 집중하는가? 여기 그 여부를 재빨리 판단할 수 있는 두 개의 간단한 테스트가 있다. 당신은 발언 시간 중 몇 퍼센트를 핵심 요점에 할애하는가? 슬라이드의 몇 퍼센트가 그 문제를 중점적으로 다루는가? 최소한 절반 이상의 시간과 시각 자료를 핵심 메시지를 찾는 데 할애하라. 만일 그렇지 않다면 당신은 너무 많은 것을 말하려 하고 있는 것이다.

4 감질나게 건드려라

청중이 당신의 정보를 높이 평가하도록 하기 위해서는 그들이 먼저 그것을 원하도록 만들어야 한다. 수요가 있어야 공급이 이루어지는 법이다.

대부분의 발표자들은 청중의 욕구를 당연한 것으로 여기는데, 바로 여기에서 커다란 오해가 생겨난다. 훌륭한 프레젠테이션은 백과사전이 아니라 추리소설이다. '소녀 효과The Girl Effect'라는 온라인의 한 영상은 수많은 글로벌 문제들을 열거하면서 시작된다. 에이즈, 기아, 빈곤, 전쟁…… 그런 다음 영상은 이렇게 묻는다. "만일 우리가 이 모든 비극들을 해결할 수 있다면 어떨까? 이런 심각한 문제들에 대한 해답은 인터넷에 있지 않다. 과학에 있는 것도 아니다. 정부의 힘도 아니다. 그게 무엇인지 궁금한가? 자, 보라. 이제부터 그 방법을 알려주겠다."

본 내용 전에 반드시 호기심이 먼저 와야 한다. 가령 텔레비전 드라마 〈로스트Lost〉의 첫머리에 이런 설명이 붙는다고 상상해보라. "이 드라마의 등장인물들은 모두 죽은 자들이며 이 섬은 연옥에 있다. 다음 네 시즌 동안 우리는 그들이 어떻게 이곳에 오게 되었는지를 다룰 것이다. 그리고 끝날 무렵에는 질문을 받겠다."

우리는 대부분 발표자가 여러 가지 설명이 적힌 슬라이드를 넘기는 프레젠테이션에 참석해본 경험이 있다. 발표자가 첫 번째 항목에 관해 설명하기 시작할 때 우리는 그 아래에 적힌 여덟 개의 항목을 재빨리 모두 읽어버린다. 그리고 나머지 시간 내내 지루해한다. 그는 이렇게 자신의 이야기를 들어줄 청중을 잃는다. 하지만 만약 여덟 개의 설명 대신 여덟 개의 질문이 그 자리를 채우고 있다면 어떨까? 우리는 대답을 알고 싶어 할 것이다.

'감질나게 건드리기 위해 특별히 극적일 필요는 없다. 예를 들어, 캘리포니아 마운틴뷰에 있는 성 디모데 감독교회의 데이비드 포스터는 교회의 재정 상태에 대해 프레젠테이션을 해달라는 요청을 받았다. 일반적으로 이런 설명회에 참석하는 사람들은 그리 많지 않다. 그래서 포스터는 뭔가 새로운 것을 시도해보기로 했다.

모임이 열리기 일주일 전, 그는 사람들의 호기심을 불러일으키기 위해 교회의 뉴스레터에 다음과 같은 문제를 냈다.

1 성 디모데 교회는 지난 1년 동안 예배가 끝난 뒤 마시는 커피에 얼마나 많은 예산을 지출했을까요?

　① 3,500달러　② 8,000달러　③ 8,750달러　④ 9,250달러

2 올해의 예산과 수입 및 지출을 결산한 결과 우리는?

　① 커다란 흑자를 기록했다.

　② 커다란 적자를 기록했다.

　③ 손익평형을 이뤘다.

　④ 약간의 적자를 기록했다.

포스터는 그 해의 결산 모임 참석률이, 별다른 충격적인 뉴스가 없었음에도 평소의 거의 두 배에 달했다고 보고했다. 호기심을 자극한 것이 커다란 효과를 발휘한 것이다.

최고의 발표자들은 프레젠테이션을 설명으로 점철하지 않는다. 그들은 "이 다음엔 뭐라고 말하지?"를 생각하지 않기 때문이다. 대신 그들은 "이 다음에는 어떤 질문으로 사람들을 고민하게 만들까?"를 생각한다.

5 현실적으로 만들어라

어쩌면 당신은 프레젠테이션에서 화려한 이미지와 시각 자료를 강조하고 싶은 유혹을 느낄지도 모른다. 말하고 싶은 핵심을 더욱 강화할 수 있는 완벽한 이미지 파일을 찾아 인터넷의 바다를 광적으로 뒤지기도 한다. 밤 12시에 배우자에게 전화를 걸어 뜬금없이 이렇게 묻기도 한다. "여보, '혁신'을 표현하는 데 어떤 그림이 더 좋을 것 같아? 마술사의 모자에서 튀어나오는 토끼 그림일까, 아니면 사람 머릿속에서 전구가 반짝 켜지는 그림일까?"

자자, 이제 그만! 우리는 클립아트는 물론 상업용 사진에 대한 무조건적인 숭배를 멈춰야 한다. "말하지 말고 보여주어라"라는 말의 의미는 슬라이드에 '글로벌적인 사고방식'이라 적고 거기에 세계지도 클립아트를 첨부하라는 게 아니다. 그것은 의사소통이 아니라 쓸데없는 장식에 불과하다. 좋은 아이디어에는 꾸밈이나 시각적 장식물이 필요하지 않다. 제임스 카빌이 "경제라니까, 이 멍청아!"라고 말했을 때, 그는 부하 직원들에게 밖에 나가서 우스꽝스러운 '얼간이 모자'를 찾아오라고 지시하지 않았다.

'말하지 않고 보여주기'는 생각보다 훨씬 쉬울 수 있다. 조금의 현실성만 끌어오면 된다.

포지텍 파워 툴 그룹Positec Power Tool Group의 미국 지사장 톰 던컨은 작년에 대형 고객에게 판매 제안을 하게 되었다. 마지막 순간에 그는 자사가 판매하는 공구에 대한 진부한 찬사로 가득 채운 파워포인트 프레젠테이션을 포기하고, 대신 회의실 탁자 위에 두 개의 드릴을 올려놓았다. 자사 제품과 경쟁사의 것이었다. 그는 두 제품을 나란히 놓고 분해하여 각 드릴의 내구성을 비교해 보여주었다. 이렇게 현실적인 프레젠테이션에 대한 고객의 반응은 어땠을까? "정말 좋아하더군요." 던컨의 말이다. 그는 그 거래를 성사시켰다.

메이시스 백화점 시스템 및 테크놀로지의 EVP 시스템 개발자인 브라이언 라인바흐는 메이시스의 재고 검색 시스템을 개선해야 한다고 주장하고 있었다. 그는 노드스트롬 백화점의 경우, 마음에 드는 물건을 발견했으나 자신에게 맞는 사이즈가 없을 때면 직원들이 재고물품을 손쉽게 검색하여 집까지 배달해준다고 말했다. 그러나 메이시스에서는 일이 훨씬 복잡해진다. 메이시스는 서로 다른 세 개의 재고 검색 시스템을 사용한다. 하나는 고객이 있는 매장, 다른 하나는 그 근방에 위치한 다른 매장, 그리고 세 번째는 메이시스닷컴이다. 고객을 돕기 위해서 당신은 이 세 시스템을 모두 일일이 뒤져봐야 한다. 자, 주목하라. 여기가 가장 중요한 부분이다. 라인바흐는 이 사실을 이야기하며 그들의 검색 시스템이 얼마나 불편한지 서로 다른 세 인터스페이스의 스크린샷을 직접 보여주었다. 그러고는 청중들에게 그것을 검색하는 와중에 고객이 직원 옆에서 기다리고 있다는 점을 강조했다. 이는 사람들에게 강렬한 인상을 주었다. 라인바흐는 회의실에 현실을 옮겨 온 것이다.

던컨도 라인바흐도 클립아트를 구하기 위해 시간을 쓰지 않았다. 클립아트란 전구 그림이 '혁신'을 비유하는 것처럼, 단순한 현실의 비유에 불과하다. 진짜 현실을 가져올 수 있는데 어째서 가짜를 이용하려 하는가?

최고경영자부터 신입직원까지 관통하는 전략 소통법

크레이니엄Cranium은 미국 전역에서 엄청난 성공을 거둔 보드게임이다. 게임을 만든 크레이니엄 사의 공동설립자 위트 알렉산더Wit Alexander는 중국 제조업체의 파트너에게 전화를 걸어 새로운 게임용 플라스틱 말에 대해 설명했다. 그 말은 보라색으로, 여러 조각으로 나누어 제조한 후 마지막에 접착제로 붙여 조립할 예정이었다. 하지만 파트너는 그 이야기에 난색을 표했다. "그건 전혀 치프CHIFF하지 않은 데요." 그가 말했다. 알렉산더는 깜짝 놀랐다. 지구 반대편에 있는 중국 파트너가 크레이니엄의 전략 언어를 사용하고 있었기 때문이다. 그리고 파트너의 말은 반박의 여지가 없을 만큼 전적으로 옳았다.

CHIFF는 "영리하고Clever 고품질에 High-quality 혁신적이고Innovative 친화적이며 Friendly 재미있다Fun"에서 각각의 머리글자를 딴 그들만의 용어였다. CHIFF는 피 튀기는 보드게임 시장에서 살아남기 위한 크레이니엄의 차별화 전략을 의미했다. CHIFF는 조직 내 모든 영역, 즉 브랜딩에서 게임의 포장 디자인, 게임 내 질문카드의 내용에 이르기까지 모든 결정을 좌우하는 기준이었다. (일례로 한 직원이 크레이니엄 보드게임에 "미국 대법원의 대법관은 모두 몇 명인가?"라는 질문을 포함시키자고 제안했다. 이 의견은 CHIFF의 "영리하다"와 "재미있다" 항목을 충족시키지 못한다는 이유로 기각되었다. 따라서 이 질문은 이렇게 바뀌었다. "미국 연방대법원의 대법관들이 아무도 벤치에서 대기하지 않고 한 사람도 빠짐없이 모두 참가할 수 있는 스포츠는 무엇인가?")

중국의 제조업자는 알렉산더의 게임 말에 대한 아이디어를 불편하고 복잡하다며 혹평했다. 접착제로 붙인다고? 그것은 특별히 '혁신적이지도, '고품질'이지도 않았다. 손에 쥐는 느낌도 형편없을 것이다. 제조업자는 보드게임을 하는 사용자들이 여러분의 말을 손에 쥐었을 때의 느낌이 좋아 저도 모르게 손 안에서 굴리며 놀 만한, 부드럽고 참신한 디자인을 제시했다. 그는 말의 품질을 높였을 뿐만 아니라 '재미'라는 항목까지 추가한 셈이었다. 알렉산더는 깊은 감명을 받았다.

이것은 보드게임의 성공 스토리다. 그러나 그보다 더욱 중요한 것은 이것이 또한 전략의 성공 스토리이기도 하다는 점이다. 크레이니엄의 중역들은 기업 전략의 결정적인 요소들을 유용하고 이해하기 쉬운 방식으로 소통할 방법을 찾아냈고, 이로써 그들은 다른 회사들보다 경쟁우위를 차지할 수 있었다. CHIFF는 단순히 그들의 차별화 전략에 대한 명백하고 구체적인 설명에서 그치지 않는다. 크레이니엄의 직원들과 부품 제조업체, 그리고 유통 파트너들은 CHIFF를 이용해 현장에서 수백 가지 결정을 보다 쉽고 유용하게 내림으로써 크레이니엄의 경쟁력 높은 차별화 전략을 방어한다.

지구 반대편에서 중국어를 사용하는 제조업체가 전체 회사의 전략을 이용해 회사 설립자의 생각을 바로잡는 것만큼 확실하게 소통되고 있다는 증거가 어디 있겠는가?

CHIFF가 훌륭한 효과를 발휘하는 이유는 그것이 '스티커 아이디어'의 원칙을 준수하기 때문이다. 스티커 아이디어는 이해하기 쉽고, 기억하기 쉽고, 행동이나 변화를 유발하는 데 효과적이다. 그리고 스티커 아이디어를 창조하는 원칙들은 기업 내에서 전략이 소통되는 방식을 변화시키는 데에도 사용될 수 있다.

조직 내 소통을 방해하는 세 가지 장벽

전략이란 간단히 말해 일종의 행동 지침이다. 전략은 조직 전체에 걸쳐 직원들에 의해 이루어지는 크고 작은 무수한 결정들에 영향을 미침으로써 생명력을 얻는다. 훌륭한 전략은 기업을 경쟁사들과 차별화시키고 재정적 성공을 창출한다. 나쁜 전략은 경쟁력을 떨어뜨리고 포지셔닝을 방해한다. 그러나 실제로는 많은 전략들이 아예 작용하지 않으며, 해당 전략이 좋은 것인지 나쁜 것인지 구분할 수도 없다. 왜냐하면 애초에 행동을 야기하지 않기 때문이다. 그것들은 파워포인트 문서나 전략 기획 파일, 또는 CEO의 연설 속에는 가장 기본적인 형태로 존재할지도 모른다. 그러나 실천에 옮기는 순간. 제대로 작동하지 않거나 무의미해진다. 그저 이론에 불과한 것이다.

이렇게 전략이 쓸모없어지는 것은 좋은 의도나 노력이 부족해서가 아니다. 모든 경영자들은 직원들이 회사의 전략을 이해해주길 바란다. 그러나 세 가지 고약한 장벽들이 당신의 전략 소통을 방해한다. 그 세 가지 장벽에 대해 알아보고 이를 무너뜨릴 방법을 찾아보자.

장벽 1 지식의 저주

우리가 이 책에서 각별히 강조하는 개념을 한 가지만 꼽는다면, 그것은 바로 '지식의 저주'다. 그 못된 악당은 어디에나 만연해 있다. 이 책에서 논한 모든 영역에서 '지식의 저주'는 리더들이 조직 내 다른 이들과 전략을 소통하려 할 때마다 그들을 괴롭힌다. 그것은 관리자들이 전략에 대해 이야기할 때마다 마치 자신이 청중인 양 착각하게 만든다. 지나치게 추상적이고 거대하고 어려운 언어를 사용하게 만든다.

업계에서 가장 뛰어난 반도체 제조사! 최저가 스테레오 부품 제조업체! 세계적인 수준의 고객서비스!

대개 리더들은 자신이 추상적으로 말하고 있다는 사실조차 깨닫지 못한다. CEO가 팀원들에게 "주주가치를 극대화하자"고 말할 때, 그는 이 도전의 가치를 생생하게 느낀다. 그의 머릿속에는 마치 '두드리는 사람' '듣는 사람'의 게임처럼 부하 직원들에게는 들리지 않과는 멜로디가 연주되고 있는 것이다. 지금 내 앞에 서 있는 고객과 '주주가치의 극대화'가 대체 무슨 관계가 있단 말인가? 내가 이 까다로운 공급업자와 협상을 하는 것과 '고품질 제조업체가 되는 것'은 도대체 무슨 관계란 말인가?

이미 알고 있는 것을 모르는 상태로 되돌릴 수는 없다. 그러나 리더들의 전략을 보다 구체적인 언어로 '번역'함으로써 '지식의 저주'를 방해할 수는 있다. 이를테면 트레이더 조Trader Joe's는 저렴하지만 이국적인 음식을 판매하는 전문 식료품점이다. 그곳에서 당신은 2.53달러에 모로코식 시머소스를 사거나 1.99달러에 고추수프 1리터를 살 수 있다. 트레이더 조는 그들의 주 고객층을 "아주아주 낡은 볼보자동차를 모는 실직한 대학 교수"라고 묘사한다. 말할 필요도 없겠지만 이것은 매우 단순화된 이미지다. 심지어 트레이더 조 매장을 아무리 둘러봐도 이런 '목표 고객'은 한 명도 보이지 않는다. 그러나 이런 '실직한 대학 교수'의 이미지는 트레이더 조에서 일하는 모든 사람들에게 고객에 대해 똑같은 그림을 떠올리도록 해준다.

전략의 가장 결정적인 요소는 회사가 어떤 시장과 고객에게 봉사하는지를 뚜렷하게 알려준다는 것이다. '실직한 대학 교수'는 이 점을 직접적으로 공략한다. 트레이더 조는 그들의 고객들을 "사회·경제적으로 높은 지위에 있고 상품의 품질에 대해서도 무척 까다로우나 동시에 가격에 매우 민감하고 다양성과 새로운 경험을 중요하게 여기는 사람"이라고 설명할 수도 있었다. 그러나 이렇게 한도 끝도 없이 형용사로만 채워진 묘사는 '실직한 대학 교수'만큼 명쾌한 이미지를 제공하지 못한다. 돈 없는 대학 교수가 고추수프를 좋아할까? 물론이다.

'지식의 저주'는 타파되었다.

특히 스토리는 '지식의 저주'를 지워 없애는 데 유용하다. 왜냐하면 구체적인 언어를 사용하도록 만들기 때문이다. 예를 들어, 페덱스 FedEX에는 '보랏빛 약속Purple Promise'이라는 상이 있는데, 그것은 하룻밤 안에 '절대적으로 확실히 도착한다'는 페덱스의 약속을 멋지게 완수한 직원들에게 주는 상이다. '보랏빛 약속' 상은 다음과 같은 스토리들을 높이 평가한다.

세인트 빈센트에서 일어난 일이다. 트랙터와 이동식 트레일러가 충돌한 교통사고 때문에 공항으로 연결되는 주 도로가 정체되었다. 페덱스의 운전사와 배달요원은 공항으로 가는 다른 길을 찾아보려했지만 결국 꼼짝없이 도로에 갇히고 말았다. 선택의 여지가 없어진 그들은 비행기 이륙 시간에 맞추기 위해 무거운 배달꾸러미를 끌고 직접 공항까지 걸어갔다.

뉴욕에서는 배달 트럭이 고장난데다 그것을 대체하기 위한 밴까지 늦어지자 페덱스 운전사가 직접 걸어서 소포를 배달하기로 했다. 그러나 시간 내에 자신이 맡은 구역을 다 돌기에는 역부족이었고, 결국 그는 경쟁사의 트럭 운전사를 설득해 몇 개 남은 자신의 소포를 대신 배달하도록 만들었다.

이건 단순히 재미있는 이야기가 아니다. 이 이야기들은 페덱스가 어떻게 그토록 확실한 경쟁우위를 갖추게 되었는지, 어째서 세계에서 가장 믿음직한 수송 회사가 될 수 있었는지를 손에 잡힐 듯 생생하고 구체적이며 현실적인 예시를 통해 보여주고 있다.

앞서 말한 CHIFF와 마찬가지로, 이런 이야기들은 특정한 상황에서 어떤 결정을 내려야 할지를 조직 전체에 알려주는 역할을 한다. 영업 담당 최고중역은 "우리는 책임감을 이토록 중요하게 생각합니다"라고 알려주기 위해 뉴욕 스토리를 이용할 수 있다. 새로운 배달 차량 운전사들은 이 스토리를 행동 지침으로 사용할 수도 있을 것이다. "내 직업은 단순히 정해진 루트를 운전하고 오후 5시에 퇴근하는 것이 아니라, 어떤 방법을 동원하든 맡은 물건을 정확하게 배달하는 것이다." 장비 직원들은 이 스토리를 이용해 서비스 유지 관리 계약에 대해 보다 나은 결정을 내릴 수도 있다. 가령 배달 트럭의 정기점검 주기를 최대한 짧게 잡아야 한다고 협상할 수 있지 않을까?

훌륭한 전략은 행동을 유발하고, 스토리는 임무와 사명을 부르짖는 진부한 문구들보다 훨씬 더 효과가 좋다.

에벌린 클락의 저서 『이야기 경영』에 따르면, 코스트코Costco 사람들은 '연어 스토리'를 말한다고 한다. 코스트코의 공동설립자인 짐 시네걸의 말이다. "1996년, 우리는 파운드당 5.99달러의 연어 필레로 매주 전국적으로 15만 달러에서 20만 달러의 매출을 올렸다. 그러다 우리 회사의 바이어들이 연어 배의 지방질과 뒷지느러미, 쇄골까지 제거한 보다 개선된 제품을 더 나은 가격에 구해왔고, 그 결과 우리는 소매가 5.29달러로 낮출 수 있었다. 즉, 그들은 제품을 개선한 것은 물론 가격까지 낮춘 것이다."

그러나 그들은 거기서 끝내지 않았다. 바이어들은 다시 등뼈와 비늘을 제거한 연어를 더욱 낮은 가격으로 구입하기로 협상했다. 그들은 이 질 좋은 연어의 가격을 파운드당 4.99달러까지 낮췄다. 낮은 가격에 힘입어 판매량이 급증하자, 코스트코는 캐나다와 칠레의 연어 양식장에 직접 대량 주문을 넣게 되었고, 이는 또다시 연어 가격을 파운드당 4.79달러로 낮추는 결과를 가져왔다.

요점이 뭐냐고? 코스트코는 한없이 낮은 가격과 높은 품질을 추구한다. '연어 스토리'는 CHIFF의 요소들과 마찬가지로 기업 내부에서 회사의 경쟁우위를 소통하는 매우 뛰어난 방법이다.

시네걸은 말한다. "우리는 그 이야기를 회사 내 다른 바이어들을 교육하는 도구로 사용한다. 가령 캐나다의 의류 바이어가 나를 찾아오면 나는 이렇게 말한다. '당신에게 들려주고 싶은 연어 이야기가 있습니다.'"

바로 두 단락 위에서 당신은 "코스트코는 한없이 낮은 가격과 높은 품질을 추구한다"라는 문장을 접했다. 이 문장이 연어 스토리의 한 줄 요약과도 같다는 점에 주목하라. 우리는 이 문장 하나로 연어 스토리를 완벽하게 설명할 수 있다. 그러나 여기에는 반대역이 존재한다. 그 문장은 연어 스토리 없이는 홀로 설 수 없다. 관련된 스토리 없이 저런 추상적인 문장을 이야기하는 것은 두드리는 사람과 듣는 사람 게임에서 두드리는 사람이 되는 것과 같다. "한없이 낮은 가격과 높은 품질"이라는 문구를 강력하고 심오하게 받아들일 수 있는 사람은 연어 스토리를 수년 동안 자기 것으로 흡수해온 경영자들뿐이다. 반면 그 같은 경험을 해본 적이 없는 이들에게는 모호하고 추상적인 말일 뿐이다. (도대체 어떻게 가격을 낮출 것인가? 만일 가격을 낮추지 못하고 동일한 수익률을 유지한다면?)

조직의 전략을 말하는 스토리는 두 가지로 구성된다. 스토리 자체와 스토리가 주는 교훈이다. 이 둘을 모두 갖출 수 있다면 더할 나위없이 좋을 것이다. 그러나 만일 이 둘 중 하나만을 선택해야 한다면? 스토리를 택하라! 왜냐하면 교훈은 스토리에 내재되어 있으나 스토리는 교훈 안에 함축될 수 없기 때문이다. 나아가 구체적인 언어와 특정 등장인물, 그리고 현실적인 배경을 가진 스토리는 사람들의 행동을 이끌어낼 수 있다.

스토리와 구체적인 언어는 리더들이 '지식의 저주'를 타파하고 조직 내 모든 이들이 전략을 이해하고 함께 공유할 수 있도록 만드는 데 큰 도움을 준다.

장벽 2 의사결정 마비

조직에 속한 대다수의 사람들은 전략을 짜지 않아도 된다. 그들은 그저 전략을 이해하고 그것을 이용해 결정을 내릴 뿐이다. 그러나 조직의 많은 전략들은 '의사결정 마비'라고 불리는 특정한 심리적 경향을 해결할 정도로 구체적이지는 못하다.

심리학자들은 사람들이 무언가를 선택할 상황에 처하면, 심지어 모든 선택지가 긍정적이라 할지라도 결정 내리길 망설인다는 사실을 알아냈다. 『선택의 심리학』에서 배리 슈워츠는 '의사결정 마비'에 관해 다양한 실례들을 들었다.

한 식료품 가게에서 다양한 잼을 시식할 수 있는 두 개의 테이블을 내놓았다. 한 테이블에는 스물네 가지 잼이 전시되어 있고, 다른 한 테이블에서는 여섯 가지 종류를 맛볼 수 있다. 시식용 테이블은 양쪽 모두 언제나 고객들로 붐비지만 실질적인 판매량은 상당히 충격적이다.

여섯 가지 잼이 놓인 테이블이 다른 테이블보다 열 배나 많은 매출을 기록한 것이다! (사람들이 스물네 개나 되는 잼 가운데 무엇을 살지 쉽게 결정을 내리지 못하기 때문이다.)

퇴직연금을 제공하는 회사의 직원들 역시 의사결정 마비 증상을 겪는다. 연금 설계사가 투자 대상으로 열 개의 뮤추얼펀드를 추가로 제시할 때마다 고객들은 오히려 연금저축을 1퍼센트씩 줄인다. 의사결정 마비는 심지어 사랑의 영역에도 영향을 미친다. 독신 여성 혹은 남성이 스피드 데이트에 참가할 경우 여섯 명의 상대를 만날 때 열두 명을 만날 때보다 더욱 깊은 관계를 구축할 가능성이 크다.

만일 의사결정 마비가 판매와 재정 관리 그리고 데이트에 영향을 미친다면, 당신의 직원들에게도 영향을 미치지 않을까?

당신 회사에서 의사결정 마비가 일어나는 원인에 대해 한번 생각해보라. 모든 조직들은 매력적인 선택지들 중 하나를 선택해야 한다. 고객서비스 대 비용절감, 매출 증가 대 수익률 최대화, 품질 대 시장에서의 속도, 인력개발 대 일사분기의 판매 현황……. 이 모든 긴장상태가 섞이면 의사결정이 마비될 수 있는 완벽한 무대가 갖춰진 셈이다.

나아가 '최저가 공급업체'처럼 고전적인 많은 전략들은 지금의 경제 상황과는 걸맞지 않다. 물론 모든 것을 규칙으로 풀어냄으로써 의사결정 마비 현상을 해결하는 방법도 있다. 말하자면 대대적인 수술에 들어가기 전에 일단 약물 치료부터 해보는 것이다! 실제로 많은 회사들이 이런 접근 방식을 택한다. 20센티미터나 되는 두꺼운 바인더를 들고 회의실에 들어가 새로 온 직원들에게 '회사 방침'을 설명하는 것이다. 그러나 당신 직원들이 내려야 할 중요 결정들을 모두 포용할 만한 규칙을 만드는 것은 아무래도 불가능하다. 세상은 엄청나게 복잡하고, 게다가 점점 진화하기까지 한다. 그러나 규칙은, 실제로 규칙을 결정하는 리더 외에는 아무도 그것을 현실 세상에 제대로 적용할 수 없다.

그렇다면 전략은 어떻게 직원들을 의사결정 마비로부터 해방시킬 수 있을까? 우리 모두는 전략이 단지 규칙으로만 존재할 때보다 전략에 대해 자유로이 이야기할 수 있을 때 더욱 바르고 좋은 결정을 내리는 경향이 있다. 직원들은 옳은 일을 하고 싶어 한다. 그들 대다수는 옳은 일과 잘못된 일을 쉽게 구분해낼 수 있다. 문제는 옳은 일과 옳은 일 사이에서 하나를 결정하는 것이다.

결과적으로 가장 어려운 것은, 두 개의 긍정적이고 훌륭한 선택지 가운데서 하나를 골라야 할 때다. 코스트코의 연어 스토리를 떠올려보라. 만일 당신이 연어를 파운드당 5.99달러에 판매하고 있고, 후에 그보다 더 품질 좋은 제품을 보다 낮은 가격에 제공하는 공급처를 확보한다면 어떻게 하겠는가? 당신은 5.99달러에도 연어에 대한 수요가 충분하다는 사실을 안다. 그렇다면 당신은 주주들의 수익률을 높이기 위해 기존의 가격을 유지할 것인가(또는 가격을 올릴 것인가), 아니면 고객 가치에 집중하기 위해 가격을 낮출 것인가?

이것은 두 개의 매혹적인 선택지 가운데 하나를 선택해야 하는 경우다. 이런 결정을 내리기 위해 당신에게 필요한 것은 우선순위 지표이며, 연어 스토리는 바로 그것을 제시해준다. 연어 스토리는 코스트코에게 가장 중요한 대상은 주주가 아니라 고객이라는(좀 더 정확히 말하자면, 단기적인 주주의 이익보다 장기적인 고객 가치가 보다 중요하다는) 중심 메시지를 제공한다.

전략을 짜는 조직들은 단순히 그들만의 경쟁우위뿐만 아니라 내부 역량을 확보해야 한다. 성장을 위해 우리에게 필요한 능력은 무엇일까? 고객을 만족시키기 위해 우리 직원들에게는 어떤 능력이 필요하고 또 어떻게 하면 고객들에게 더욱 좋은 서비스를 제공할 수 있을까? 내부 역량을 이야기하는 전략언어의 가장 좋은 예 중 하나는 사진과 전구를 발명한 토머스 앨바 에디슨에게서 찾아볼 수 있다. 에디슨은 사람들이 흔히 떠올리는 '고독한 발명가'가 아니었다. 그는 뉴저지의 멘로 파크에 최초의 산업용 R&D 연구소를 설립했다. 그의 연구소에서 일하는 연구원들은 '머커스muckers'라고 불렸는데, 이 단어는 당시 쓰이던 두 개의 속어에서 따온 것이었다. 'muckin'은 동료로서 함께 일한다는 의미였고, 'much around'는 하찮은 일로 시간을 낭비한다는 의미였다. 이 별명은 어떻게 에디슨 연구원들이 전략에 관해 이야기하기 쉽게 해주었을까?

태어난 지 얼마 안 된 야심찬 조직에서 효율성과 과감한 실험은 자연스러운 긴장관계를 형성하기 마련이다. 혁신은 과감한 시도와 자유를 필요로 하고, 여기에는 필연적으로 막다른 길과 시간낭비, 그리고 실수가 수반된다. 그리고 이 모든 것들은 효율성을 떨어뜨린다. 따라서 에디슨의 연구소는 의사결정 마비 현상이 발생하기에 매우 적합한 곳이었다. 효율성과 실험 사이에서 우리는 무엇을 선택할 것인가? 효율성은 비용절감과 더 높은 마진, 그리고 뚜렷한 기강을 확보해준다. 실험은 참신한 신제품과 다른 기회들을 약속한다. 이렇게 날마다 갈등이 샘솟는 환경에서 당신은 무엇을 어떻게 선택할 것인가? ("지금부터 한 시간 동안 내가 연구실에서 이런저런 것들을 만지작거리며 시간을 보내도 될까?")

'머커스'라는 단어는 별명이라는 가면을 씌운 전략 선언이다. 그리고 그것은 효율성과 실험이라는 힘든 선택에 직면했을 때 당신이 실험을 선택해야 한다는 의미를 담고 있다. 왜냐고? 당신은 머커스이기 때문이다. 머커스는 차트 따위에 연연하지 않는다. 머커스는 과감하게 실패한다. 그리고 머커스가 실수하고 실패를 하는 이유는 그것이 바로 멘로 파크를 성공으로 이끈 그들의 내적 역량이기 때문이다. 신중하게 전략을 소통하는 것은 의사결정 마비라는 무거운 짐을 덜어줄 수 있다.

장벽 3 공통적인 전략 언어의 부재

1950년대의 의사소통 모델에서 전달자sender는 수용자receiver와 소통한다. 이런 비유는 메시지가 일종의 꾸러미처럼 전달된다는 사실을 의미한다. 한쪽에서 메시지를 포장하면 다른 한쪽에서 그것을 받아 풀어 연다. 교수의 강의를 듣는 대학생들, 목사의 설교를 듣는 신도들 등 수많은 의사소통이 이런 방식으로 이루어진다는 데에는 의심의 여지가 없다. 그렇다면 기업의 전략 역시 이런 방식으로 소통될까?

천만의 말씀이다. 훌륭하게 소통되는 전략은 마치 에스페란토어와 같다. 그것은 서로 다른 언어를 사용하는 사람들 사이의 소통을 촉진하고 서로가 공유할 수 있는 공통 영역을 개척한다. 직원들은 리더가 조직의 게임 방식을 정의해주길 바라고, 리더는 직원들이 게임의 진행 방식을 이해해주길 바란다. 이 같은 대화가 제대로 이루어지기 위해서는 양자가 서로를 이해할 수 있어야 한다. 하지만 이는 말만큼 쉬운 일이 아니다.

대부분의 전략은 직원들이 리더에게 그들의 의견을 전달하기 어려운 방식으로 이루어져 있다. 가령 크레이니엄의 전략이 "집에서 간단히 즐길 수 있는 보드게임의 일인자"가 되는 것이라 하자. 당신은 중국의 제조업자이며 새로운 게임 말의 디자인이 마음에 들지 않는다. 그렇다면 당신은 무엇에 근거하여 반대 의견을 주장할 것인가? 회사의 전략은 너무나도 고차원적이고 추상적이라 그것을 근거로 반대하면 자신이 꼭 바보처럼 느껴진다. 거기다 대고 도대체 뭐라고 하겠는가? "부품을 접착제로 붙인 게임 말은 보드게임의 일인자라는 포지션을 위협한다!" 글쎄올시다.

오스트레일리아 애들레이드에 기반을 두고 있는, 공격적인 성향의 저축대부 신용조합Savings & Loans Credit Union은 매우 평범하고 일반적인 전략언어를 개발했다. 조직 내부에서 그들은 자신들의 전략을 이렇게 묘사한다. "우리는 최초가 되고 싶지는 않지만, 그렇다고 세 번째가 되고 싶지도 않다." 해석하면? "우리는 발 빠른 추적자가 되고 싶다. 우리는 언제나 한 발짝 물러나 모험심 강한 다른 누군가가 모든 위험을 무릅쓰고 혁신의 영광을 차지하도록 내버려둔다. 그런 다음 재빨리 개척자의 뒤를 쫓아 그들을 모방하되 원래의 것보다 더욱 뛰어난 상품을 내놓는다." 예를 들어, 경쟁사 중 한 곳이 수수료 중 일부를 환경보호단체에 기부하는 신용카드 상품을 내놓았다고 하자, 이 카드는 형편없이 실패했다. 그동안 저축대부 신용조합은 지방 소아병원과 제휴하는 신용카드 상품을 만들어 엄청난 성공을 거둔다. 소아병원은 그 카드로 모금한 250만 달러로 응급실을 새로 개조할 수 있었다.

이들의 전략은 매우 뚜렷하다. 회사 전체가 이 전략에 따라 어떻게 행동할지 생각해보라. 마케터는 좋은 아이디어를 찾아 끊임없이 주변을 탐색할 것이다. 인사과는 창의적인 개척자가 아니라 실행 능력이 뛰어난 새로운 인재를 찾는다. 경영자는 새로운 것을 생각해내는 발명가가 아니라 이미 존재하는 것을 향상시키는 개선자들에게 인센티브로 보상할 것이다. 다양한 선택의 기로에서 망설이는 이들에게 명확한 기준을 제시할 수 있는 한 문장, 그것이 바로 전략 모토다.

나아가 그것은 일선 직원들이 관리자와 대화가 가능하게 만드는 통로를 제공한다. 이를테면 저축대부 신용조합의 사장이 모바일뱅킹의 새로운 시장을 찾고 있다고 하자. 그는 현재 시장이 나아가는 방향을 확신하고 있으며, 자사의 경쟁우위를 유지할 필요성이 있다고 굳게 믿고 있다. "하지만 잠깐만요!" 지점의 출납계원이 말한다. "우리는 최초가 되고 싶은 게 아니잖아요. 경쟁사들이 먼저 모바일뱅킹에 뛰어들 때까지 기다렸다가 그 과정과 결과를 조심스럽게 지켜보아야 하지 않을까요?"

모든 조직원들이 당신의 전략을 동일하게 이해하고 있다면 그들은 건설적인 반대 의견을 내놓을 수 있다. 가령 당신이 친구와 함께 다트 던지기 게임을 하고 있는데 친구가 항상 너무 높은 곳을 겨냥해 던진다면 당신은 그에게 유용한 충고를 할 수 있을 것이다. 그러나 당신이 그런 충고를 할 수 있는 것은 두 사람 다 과녁의 중심이 어디 있는지 알고 있기 때문이다. 만약 당신과 당신의 친구가 과녁의 중심이 어디인지 의견을 좁히지 못한다면 어떨까? 그런 경우 두 사람의 의사소통은 비생산적이 되고, 당신과 친구 모두 마음을 상하게 될 것이다. 그리고 당신이 다트 게임이 아니라 비즈니스를 하고 있다면 보다 큰 권력을 가진 사람이 토론에서 이길 확률이 크다. 공통의 전략언어는 모든 이들이 조직에 기여할 수 있도록 해준다.

착 달라붙는 스티커 전략 만들기

전략 소통을 가로막는 세 가지 장벽, 즉 '지식의 저주'와 의사결정 마비, 그리고 공통적인 전략언어의 부재는 각각 다른 원인에서 발생하지만 극복하는 방식은 서로 흡사하다.

크레이니엄의 CHIFF는 이 세 가지 장벽을 모두 극복해냈다. CHIFF는 '지식의 저주'를 타파하고 최고관리자들이 브랜드에 관해 가지고 있는 인식을 알려준다. 그것은 또한 막상막하로 보이는 것들 사이에서 어려운 선택을 할 수 있게 인도해줌으로써 의사결정 마비에서 벗어나게 해주며, 조직 내 모든 사람들이 소통할 수 있는 공용어를 확립해준다. 심지어 중국의 제조업자가 기업의 창립자에게 신뢰할 만한 의견을 개진하고 설득하지 않았는가.

조직 내에서 전략을 훌륭히 소통하는 비결은 바로 착 달라붙는 스티커 전략 아이디어를 만드는 것이다. 여기 사람들의 머릿속에 당신의 전략을 착 붙일 수 있는 몇 가지 방법을 소개한다.

1 구체적으로 이야기하라. 구체적인 언어, 즉 뚜렷하고 감각적인 언어의 미덕은 그로 인해 모두가 당신의 메시지를 유사한 방식으로 이해한다는 것이다. 트레이더 조의 '실직한 대학 교수'는 모든 직

원들에게 그들의 목표 고객이 '상류 계급에 속하되 경제 관념이
투철한 고객'이라는 이미지를 심어주었다.

2 뜻밖의 것들을 말하라. 평범한 전략이라면 그것을 소통하는 데
당신의 시간을 낭비하지 마라(뭐 하러 모두가 빤히 다 아는 상식을 이야
기한단 말인가?). 리더들이 전략에 상식이 아닌 뜻밖의 요소들을 포
함하는 것은 매우 중요하다. 그 전략의 참신한 부분은 무엇인가?
이 전략은 무엇이 다른가? 에디슨의 '머커스'는 비상식적인 개념
에 가까웠다. 새벽에서 황혼까지 모든 이들이 밭을 갈며 힘들게
일해야 했던 시대에 에디슨은 하릴없이 빈둥거리며 실수를 저지
르라고 말했던 것이다.

3 스토리를 말하라. 스토리는 추상적인 전략 선언보다 훨씬 낫다.
명심하라. 스토리에서 교훈을 이끌어낼 수는 있으나 교훈으로부
터 스토리를 구현할 수는 없다. 페덱스의 '보랏빛 약속' 상 스토리
나 코스트코의 '연어 스토리'에 내재된 힘을 떠올려보라. 만일 당
신 회사에 당신의 전략을 뚜렷이 전달할 만한 스토리가 없다면,
당신의 전략에는 붉은 경고등이 들어온 것이나 마찬가지다. 아마
도 당신의 전략은 사람들의 행동을 유발할 만큼 충분한 영향력을
끼치지 못하고 있을 것이다(그렇지 않다면 널리 퍼뜨릴 만한 스토리가
없을 리가 없다).

효과 없는 전략을 피하려면

일반적인 비즈니스 통념은 리더들이 전략을 제시하고 논의하는 데 많은 시간을 투자해야 한다고 믿는다. 전략 의사소통에서 가장 흔히 사용되는 후렴구는 반복 반복 또 반복이다. 전략이 조직 사이에 완전히 스며들 때까지 반복하고 반복하고 또다시 반복하라는 의미다. 이 부분이 바로 문제다. 반복으로는 지식의 저주를 타파하거나 양방향 커뮤니케이션을 촉진할 수 없다. 연어 스토리처럼 잘 달라붙는 전략은 반복할 필요가 없다. 많은 심리학 연구들은 구체적인 언어와 스토리 쪽이 훨씬 더 잘 기억에 남는다는 사실을 입증하고 있다.

좋은 전략의 구성 요소에 대해 우리는 리더들이 전략을 두 단계의 절차를 통해 다룰 것을 제안한다. 첫 번째는 올바른 전략을 결정하는 것이며, 두 번째 단계는 그것이 조직 내부의 언어가 되도록 서로 소통하는 것이다. 이 두 단계는 모두 필수다.

그러나 불행히도 수많은 조직들이 1단계에서 멈춰서는 경향이 있다. 또는 1단계를 마친 다음, 직원들이 기억하거나 실천할 수 없는 수백 번의 연설을 통해 비전을 제시한다. 실질적이고 효과적인 전략을 원한다면, 다시 말해 전략이 당신 직원들과 외부 파트너들의 행동 깊숙이 스며들길 원한다면, 그것은 반드시 일상적인 대화와 결정에 녹아들어 있어야 한다.

조직이 직원들에게 이야기할 수 있는 방식으로 구축된 전략은 결코 실패할 수 없다. 당신의 일선 직원들이 당신의 전략에 관해 자유롭게 말할 수 있다면, 스토리를 퍼뜨리고 상사들에게 의견을 개진하고 그렇게 함으로써 책임감을 느낀다면, 당신의 전략은 목표를 확실하게 달성한 셈이다. 행동을 이끌고 있는 것이다.

나쁜 소문은
어떻게 떼어낼 수 있을까?

이 책의 초판이 출간된 후 많은 사람들이 우리에게 이렇게 물어왔다. "스티커 아이디어를 떼어내려면 어떻게 해야 하죠?" 사람들은 자사에 관한 나쁜 소식이나 특정 상품에 관한 잘못된 인식을 떼어내고 싶어 했다. 정치가와 관련해 널리 퍼진 오해를 풀고 싶어 했다. 심지어 "어떻게 하면 패리스 힐튼을 떼어낼 수 있나요?"라는 질문을 들은 적도 있다.

이 마지막 질문에 대답을 하는 데는 조금 시간이 걸렸다. 마침내 우리는 인정할 수밖에 없었다. "그건 불가능합니다." 스티커 아이디어를 녹여 떼어낼 수 있는 용해제는 없다. 스티커 아이디어는 필연적으로 달라붙을 수밖에 없다. 그들이 원하건 원치 않건 간에, 우스꽝스러운 행적을 과시하는 백만장자 상속녀의 뒤에는 수백만 명이 찰싹 달라붙어 쫓아다닐 수밖에 없는 것이다.

우리의 관심을 대체 에너지 또는 더 심오하고 중요한 주제로 돌려놓을 수 있는 마법의 주문은 없다. 패리스 힐튼과 관련해 우리가 할 수 있는 최선의 충고는 그저 잠자코 기다리라는 것뿐이다. 시간이 지나면 모든 기억은 희미해지고, 그것을 기억하는 모든 뉴런들도 완전히 죽어 사라질 것이다. (운이 좋다면 우리 뇌의 '혼자서 옷 입기'를 관장하는 뉴런

이 죽어버리기 전에 그 기억이 사라질지도 모른다.)

그러나 "어떻게 스티커 아이디어를 떼어내지?"라는 마법의 질문은 우리를 여전히 괴롭혔고, 그래서 우리는 그와 관련된 학술 연구를 찾아보기 시작했다. 그것은 무척 지루하고도 실망스러운 과정이었다. 그 주제를 다룬 연구 자료가 별로 없었기 때문이다. 하지만 마침내 우리는 약 65년이나 된 믿음직한 단서를 찾아냈다.

제2차 세계대전이 발발하면서 사회학자들은 애국적인 차원에서 '루머 통제rumor control'에 관해 깊은 관심을 기울이게 되었다. 제2차 세계대전 동안에 횡횡한 소문들 가운데 약 3분의 2가 이른바 '이간질', 즉 다양한 사회집단들(흑인, 유대인, 영국인) 사이에 분노와 갈등을 일으키는 비난들이었다. 이런 악의적인 루머는 거짓에 근거하고 있었고, 사회를 통합하는 데에도 치명적이었기 때문에 정부는 적극적으로 그런 루머들과 전투를 벌이고자 했다.

그러한 이간질 루머를 방지하는 데 특히 뛰어난 효과를 보인 전술이 있다. 분노의 방향을 돌려 그 루머를 퍼뜨리거나 만들어낸 사람들에게 도리어 화를 내거나 비난의 화살을 돌리는 것이다. 일례로 루머 통제자들은 나치 스파이들이 귀가 가벼운 사람들에게 루머를 퍼뜨리고 있다는 내용의 포스터를 작성했고, 이런 선전은 사람들이 루머를 퍼뜨리는 사람들에게 거센 반응을 보이도록 만들었다. "너처럼 나치들의 거짓말을 여기저기 퍼뜨리고 다니는 인간들 때문에 미국이 전쟁을 치르기가 힘들어지는 거야!"

맥도날드의 지렁이버거 사건 '떼어내기'

처음에 이런 전시 선전은 비즈니스나 학교에서 스티커 아이디어를 구축하고자 하는 우리 리더들의 관심사와는 별 관련이 없는 듯 보였지만, 얼마 안 가 우리는 깨닫게 되었다. 이미 달라붙은 아이디어를 떼어내는 것은 그다지 좋은 전략이 아니다. 제2차 세계대전의 루머 통제자들은 아이디어를 떼어내려 하지 않았다. 그들은 아예 다른 영역으로 눈길을 돌려, 이미 존재하는 스티커 아이디어와 경쟁할 수 있는 아이디어를 홍보했다. 루머 자체가 거짓말이라고 비난하기보다 나치가 당신을 속이려 하고 있으니, 거기 속아넘어가지 말라고 주장했던 것이다!

이는 아이디어를 떼어내기 위해 안간힘을 써서는 안 된다는 사실을 암시한다. 우리는 스티커 아이디어에 대해 더욱 *끈끈한* 스티커 아이디어로 맞서야 한다. 상대방이 스카치테이프를 이용한다면 우리는 공업용 테이프로 대처해야 한다.

지난 수십 년 동안 맥도날드는 햄버거 고기에 지렁이를 사용한다는 끔찍한 소문을 없애기 위해 안간힘을 썼다. 처음에 그들은 그 아이디어를 떼어내려고 했다. 1978년 맥도날드의 대변인은 지렁이고기를 사용한다는 말은 "그야말로 어불성설이며 사실무근인 헛소문"이라고 비난했다(이 표현은 도시 전설이 허황된 거짓말임을 폭로하는 스노프스닷컴 Snopes.com을 거쳐 《뉴스위크Newsweek》가 인용한 말이다). 자. 어떤 아이디어가 더 잘 달라붙는가? "햄버거 패티에 지렁이 고기를 사용한다." 아니면 "어불성설이며 사실무근인 헛소문"인가?

1992년이 되자 맥도날드 역사상 가장 유명한 CEO인 레이 크록

이 그보다 더 나은 접근 방식을 내놓았다. 그는 이렇게 말했다. "우리는 햄버거 패티에 지렁이고기를 쓸 재정적 능력이 없습니다. 햄버거 고기는 1파운드에 1.5달러지만 지렁이는 파운드당 6달러나 한단 말입니다!" 근사한 한 방이었다. 크록은 스티커 아이디어에 대항해 스티커 아이디어를 내세운 것이다. 그의 스티커 아이디어에 포함된 신뢰성(파운드당 가격)과 의외성("우리는 지렁이고기를 쓸 만한 재정적 능력이 없습니다.") 요소를 보라. 심지어 그는 거기서 더 나아가 이런 농담을 하기도 했다. "만약에 누가 지렁이버거를 팔려고 한다면, 진짜 지렁이고기가 아니라 쇠고기를 썼을지도 모르니 잘 살펴보십쇼."

스티커 아이디어에 맞서 그보다 더욱 잘 달라붙는 스티커 아이디어로 대응한 또 다른 예를 보자. 1990년대 후반, 이메일을 통해 끊임없이 떠돌던 고약한 컴퓨터 바이러스에 관한 소문을 기억하는가? "잘못된 링크를 클릭하거나 바이러스가 첨부된 이메일을 열면 그 즉시 당신의 컴퓨터는 끝장이다." 어느 날, 한 젊은 시스템 관리자가 날마다 그의 이메일 편지함을 채우는 바이러스 경고 이메일에 지친 나머지 패러디 메일을 썼다.

경고 만일 여러분이 제목에 '좋은 시간'이라는 단어가 포함된 이메일을 받는다면 절대로, 절대로, 절대로 열지 마십시오! 좋은 시간은 당신의 하드드라이브를 완전히 삭제해버릴 것입니다. 또한 당신 컴퓨터 주변에 있는 모든 디스크의 데이터도 망가뜨릴 것입니다. 당신 냉장고의 온도조절 장치를 고장내 냉동실의 아이스크림을 몽땅 녹여버릴 것입니다. 그리고 당신 지갑 안에 들어 있는 신용카드의 자기선을 손상시키고 부분공간화성음을 발산해 음악 CD를 엉망으로 만들 것입니다. 당신의 새 휴대전화에 옛 휴대전화의 번호를 입력시키고, 어항에는 가루 음료수를 뿌릴 겁니다. 나아가 주차해놓은 자동차를 찾을 수 없도록 당신 자동차를 이상한 곳에 옮겨놓을 것입니다.

그의 패러디 이메일은 사람들 사이에서 엄청난 화젯거리가 되었고 바이러스 루머는 조롱거리가 되었다. 펜실베이니아주 헤이즐턴의 민속학자 빌 엘리스는 이 패러디 메일이 널리 퍼져나갈수록 바이러스 경고 이메일은 자취를 감췄다고 기록하고 있다. 젊은 시스템 관리자의 패러디 이메일은 지나친 경고의 모순성을 무척 영리한 방식으로 사람들에게 전달하고 있다. 만약 이후 당신이 이런 도식에 맞는 이메일을 받는다면 당신은 걱정을 하기보다 오히려 웃어넘기게 될 것이다. 이 젊은 시스템 관리자 역시 스티커 아이디어에 대해 더욱 잘 달라붙는 스티커 아이디어로 대항했다.

더 강력한 스티커 메시지로 싸워라

그러나 때로 스티커 아이디어와 싸우는 최선의 방법이 메시지가 아닐 경우도 있다. 아무리 잘 달라붙는 메시지라 할지라도 말이다. 그런 경우 당신에게 필요한 것은 스티커 행동일 것이다. 이동통신이 서서히 떠오르던 여명의 시대를 기억하는가? 스탠퍼드 경영대학원 교수 하야그리바 라오의 저서 『시장의 반역자들: 행동주의자들은 어떻게 급진적인 혁신을 일궈냈는가Market Rebels: How Activists Make or Break Radical

Innovation』에 묘사된 것처럼, 휘발유 자동차가 처음 등장했을 때 그것은 사람들의 회의와 노골적인 두려움에 부딪혔다. 사람들은 자동차를 '악마의 발명품'이라 불렀고, 이 새로운 발명품은 과격한 반대와 저항을 몰고왔다. 이를테면 농부들이 결성한 펜실베이니아의 반자동차 협회Anti-automobile Society of Pennsylvania는 밤중에 도로를 달리는 자동차에 대해 이렇게 말했다. 반드시 1마일(약 1.6킬로미터—옮긴이)마다 로켓을 발사하여 도로가 확실히 텅 빌 때까지 10분 동안 기다려야 한다. 운전자가 중간에 말떼를 만날 경우에는 도로 한쪽에 차를 세우고 담요나 주변과 비슷한 색깔의 천으로 기계를 가려두어야 한다"라고 주장했다. 당시의 한 공학자는 휘발유 엔진이 널리 보급될 것이라는 아이디어에 코웃음을 쳤다. "사람들이 엉덩이 밑에 폭탄을 깔고 앉을 리가 없다."

이것은 스티커 아이디어다. 간단하고 구체적이고 감성적이기까지 하니 말이다. 만일 당신이 자동차 제조업자라면 이 메시지와 어떻게 싸울 것인가? 글쎄. 어쨌든 가장 멍청한 것은 메시지를 통해 그것을 떼어내려고 하는 것이다. 자, 어디 한번 해봐라. 미래의 잠재 고객들에게 말해봐라. "걱정하지 마세요. 당신 엉덩이 아래 있는 이 폭탄은 아주 잘 제어되고 있거든요."

그래서 자동차 옹호자들은 행동을 선택했다. 그들은 '신뢰성 시합'을 개최했다. 자동차 발명가들이 한자리에 모여 서로가 만든 자동차의 내구성과 연비, 그리고 언덕을 오르는 능력을 경쟁한 것이다. 이런 신뢰성 콘테스트는 한편으로는 상품에 대한 실험이자 다른 한편으로는 축제와도 같았다. 신뢰성 시합은 1895년부터 1912년까지 지속되었는데, 그것이 중단된 이유는 그때쯤 되자 자동차가 현실로 받아들여겨졌기 때문이다. 자동차 제조업자들은 이 시합을 통해 수천 명의 사람들에게 자동차의 혜택을 직접 보고 체험할 수 있는 기회를 주었다. 아무것도 두려워하지 않아도 된다고 말해주었다. (실제로 헨리 포드가 이 시합에서 받은 박수갈채는 1903년에 그가 포드 자동차 회사를 세울 수 있도록 해주었다.)

자동차 옹호자들이 사람들의 두려움을 없애기 위해 말로 설득하려 하지 않았다는 사실에 주목하라. 그들은 과감히 행동으로 보여주었다. 그들은 예상하기 힘들고(난 방금까지도 자동차란 위험하고 믿을 수 없는 물건이라고 생각했어) 구체적이며(자동차가 저 언덕을 올라가는 거 봤어?) 감정적이고(저렇게 자유롭게 달릴 수 있다면 얼마나 좋을까!) 신뢰할 수 있는 (내 눈으로 직접 봤다니까!) 시범을 직접 보여주기로 선택했다.

자, 그렇다면 당신은 어떻게 잘못된 스티커 아이디어를 떼어낼 수 있을까? 무엇보다 먼저 현실적이어야 한다. 대중이 자동차를 신뢰하게 될 때까지 17년이라는 세월이 걸렸다. 맥도날드 햄버거에 지렁이 고기가 들어있다는 소문은 레이 크록의 뛰어난 전략에도 불구하고 아직도 몇몇 지역에서 떠돌아다니고 있다. 스티커 아이디어는 어떤 상황에서도 살아남는다. 그리고 이 책에서 이미 살펴보았듯이. 그것은 굉장한 일이 될 수도 있다. 만약 당신이 잘못된 스티커 아이디어에 맞서 싸워야 한다면 엄청난 골칫거리가 되겠지만.

우리의 충고는 단순하다. 스티커 아이디어에 대항해 싸울 때에는 스티커 아이디어를 사용하라. 그리고 혹시나 패리스 힐튼이라는 아이디어를 떼어내고 싶다면, 아마도 그녀의 자리를 대신할 만한 또다른 백만장자 상속녀를 찾아보는 게 나을 것이다.

학생들에게 착 달라붙는
스티커 교수법

교사인 당신은 스티커 아이디어의 최선봉에 서 있다. 당신은 아침 마다 침대에서 일어나 스티커 아이디어를 생각해내야 한다. 솔직히 말해 그건 결코 쉬운 일이 아니다. 맞춤법이나 다항식, 혹은 순례자에 관한 수업을 빨리 듣고 싶어 두 눈을 반짝이며 교실에 뛰어들어오는 학생이 대체 몇이나 있겠는가?

당신이 완수해야 할 그 임무와 사명의 어려움과 중요성을 생각해 보자. 신장 도둑 전설처럼은 바보 같은 아이디어들이 특별히 신경쓰 지 않아도 저절로 사람들의 머릿속에 착 달라붙는 걸 보면 기분이 상 할 정도다. 그보다 더 짜증나는 것은 도시 전설에는 아무런 출처도, 근 거도 없다는 것이다. 게다가 그것을 잘 달라붙게 만들기 위해 일부러 노력한 사람도 없다! 그 이야기들은 그 안에 내재된 특성들 때문에 저 절로 착 달라붙는 것이다. 그러므로 이러한 아이디어들이 저절로 달 라붙는 데에는 뭔가 이유가 있는 게 분명하다.

그러나 세상에는 이렇게 보잘것없는 선천성 아이디어들만 있는 것 은 아니다. 우리가 사는 세상은 수많은 스티커 아이디어들로 가득하 다. 속담(손 안에 든 새 한 마리가……) 우화(토끼와 거북이), 음모 이론(검은 헬리콥터), 종교적인 이야기들(선한 사마리아인), 다이어트(앳킨스 다이어 트)와 과학 이론(상대성 이론)에 이르기까지, 어떤 아이디어들은 매우 심 오하고 또 일부는 아주 우스꽝스럽지만 이들은 모두 우리의 머릿속에 착 달라붙는다. 그 이유가 뭘까? 이런 이야기들의 공통점은 무엇일까?

당신의 수업이 더욱더 잘 달라붙도록

여기 당신의 수업을 더욱 잘 달라붙게 할 수 있는 실용적인 방법들이 있다. 이 글은 아이디어 세계의 작용 방식에 대한 재미있는 잡담거리가 아니다. 그보다는 행동 전술을 알려주는 일종의 매뉴얼에 가깝다.

예를 들어, 학생들 지구과학 시간에 지구의 자기장에 관해 배우고 있다고 하자. 한 교사가 거기에 약간의 미스터리 요소를 집어넣기로 했다. 교사가 학생들에게 묻는다. "만일 여러분이 2만 5,000년 전에 나침반을 들고 그것이 가리키는 방향을 따라 '북쪽'으로 걷고 있었다면 결국에는 남극에 도착하게 되었을 거라는 걸 아나요?" 이것이 바로 '호기심의 공백'을 이용한 교수법이다. 이에 대해서는 의외성을 다루는 부분에서 좀 더 자세히 논하겠다.

우리는 당신이 착 달라붙는 스티커 수업들을 고안해낸 교사들의 이야기를 통해 영감을 얻길 바라며, 또한 이 글을 통해 그런 원칙들을 어떻게 수업에 적용할 수 있는지 보여줄 것이다. 우리는 당신이 '선천적으로 창의적'이든 아니든 아주 약간의 노력만으로도 거의 모든 지식을 스티커 아이디어로 바꿀 수 있음을 입증할 것이다. 명심하라. 스티커 아이디어는 변화를 야기한다.

단순성 수업의 핵심을 찾는 법

기자들은 기사를 쓸 때 '역피라미드 구조'를 활용한다. 역피라미드 구조는 가장 중요한 뉴스를 기사의 첫 단락에 제시하고, 뒤로 갈수록 중요도가 덜한 뉴스를 나열하는 것이다. 이런 구조를 사용하는 이유 중 하나는 지면이 부족할 때 기사를 편집하기가 용이하기 때문이다.

편집자는 그저 가장 덜 중요한 정보를 담고 있는 마지막 단락을 들어내기만 하면 된다.

역피라미드 구조로 글을 쓸 때 가장 어려운 부분은 강제로라도 정보의 우선순위를 결정해야 한다는 점이다. 기자인 당신은 자유롭게 배치할 수 있는 많은 정보를 가지고 있지만, 기사를 쓸 때에는 첫 번째 단락을 장식할 만한 가치가 있는 가장 중요한 정보를 먼저 간추려야 한다.

앤드루 칼 싱어는 일리노이 주립대학에서 디지털 신호 처리에 관해 강의한다. 디지털 신호 처리는 매우 복잡하고 어려운 과목으로, 대부분의 학생들은 자칫 골치 아픈 숫자들 사이에서 길을 잃고 헤매기 십상이다. 그래서 그는 언제나 수업의 핵심 내용을 찾아내려고 애쓴다. 그는 수업 전 스스로에게 이런 질문을 던지곤 했다.

"일리노이 대학의 졸업생이 입사 면접을 보러 가서 말한다. '저는 싱어 교수로부터 디지털 신호 처리에 관한 강의를 들었습니다.' 그 학생이 만장일치로 입사 면접에 합격하고, 또 일리노이 대학이 그 분야에서 일하는 졸업생들을 자랑스럽게 여길 수 있는 세 가지 요소는 무엇인가?"

이는 교사로서 져야 할 가장 크고 어려운 책임 중 하나다. 당신은 학생들이 평생 동안 기억할 수 있는 것보다도 훨씬 많은 사실과 정보들을 알고 있다. 그렇다면 그중에서 가장 중요한 것은 무엇일까? 그렇게 중요한 요점이 착 달라붙도록 가르치기 위해서는 수업 시간을 어떻게 활용해야 할까?

싱어 교수는 강의의 핵심 아이디어에 초점을 맞춰야 한다고 말한다. "나는 기본적으로 A^{+++} 학생과 A^{++} 학생을 구별하는 데 유용하지만 대부분의 학생들에게는 그리 중요하지 않은 학습 내용들을 걸러냈다." 그는 모든 학생들에게 가르치고 싶은 몇몇 핵심 개념들을 찾은다음, 그것들을 전달하기 위한 그림을 그렸다. 그 그림은 음악과 같은녹음 소리를 추출해 디지털 파일로 변환하는 과정을 묘사하고 있었다. 디지털 파일은 다시 조작과 변형을 거쳐 디지털/아날로그 변환기를 통해 재생된다. 그는 말했다.

"나는 이 그림을 학기 초에 미리 학생들에게 보여주고 강의 전반에 걸쳐 자주 언급함으로써 학생들에게 가르치고 싶었던 핵심 메시지를 잃지 않고 강의를 진행할 수 있었다. 또한 나는 강의 내용에 무엇을포함시키고 무엇을 생략할 것인가를 결정할 때에도 핵심 메시지를 활용했다."

일단 수업의 핵심 내용을 추려내고 나면 이를 될 수 있는 한 단순하게 설명할 필요가 있다. 설명을 최대한 단순하게 만들기 위해서는학생들이 이미 알고 있는 특정 개념에 단단히 묶어 고정할 필요가 있다. 이렇게 두 개념을 한데 묶음으로써 그들이 이미 알고 있는 지식을새로운 것을 습득하기 위한 일종의 플랫폼으로 활용하는 것이다.

19세기 후반에 자동차가 처음 발명되었을 때, 사람들은 그것을 '말없는 마차'라고 불렀다. 자동차 제작자들은 모든 사람이 이미 알고 있는 '마차'라는 개념을 자동차라는 새로운 개념에 묶어 고정시켰던 것이다. 또 다른 예를 들자면, 우리는 단순성을 다루는 장에서 보어의 원자론에 관해 말한 바 있다. "전자는 마치 태양계의 행성들이 태양 주위를 돌 듯 원자핵 주위를 돌고 있다." 교사들은 학생들이 이미 알고 있는 이론에 보어의 원자론을 묶어 설명한다.

비유는 새로운 개념을 묶어 연관짓는 매우 쉬운 방법이다. 남아프리카공화국의 고등학교 교사인 비요른 홀트는 자바Java 프로그램을 가르치면서 학생들에게 '변수'라는 개념을 이해시키기 위해 고투했다. 그는 비유법을 사용하기로 했다. "변수는 컵이랑 똑같은 거야. 정보를 담을 수 있는 컵이지." 학생들은 각각 서로 다른 종류의 컵을 받았다. 유리컵에는 오직 숫자만이 들어갈 수 있다. 맥주컵에는 문자만 담을 수 있으며, 커피컵은 '참'과 '거짓'만을 담을 수 있다. 그리고 그 내용물은 결코 섞일 수 없다. 말하자면 커피컵에는 숫자를 담을 수 없다. 홀트는 이런 비유법을 사용함으로써 학생들이 '변수'에 대한 개념을 훨씬 빨리 그리고 오랫동안 기억할 수 있었다고 말했다. 또 커피컵이나 유리컵 비유를 이용해 종종 잘못된 이해를 바로잡을 수도 있었다.

정리하자면, 아이디어를 단순하게 만들 때 가장 먼저 할 일은 수업의 핵심을 찾는 것이며, 그 다음은 학생들이 이미 알고 있는 지식을 거기 묶어 연관지어 설명하는 것이다.

의외성 동물원 먹이창고를 습격한 범인을 찾아라

아일랜드의 작가 윌리엄 B. 예이츠는 이렇게 말했다. "교육은 물통을 채우는 것이 아니라 불을 지피는 것이다." 아, 참으로 마음에 와 닿는 표현이다. 하지만 어떻게 학생들에게 예를 들어 포유생리학에 대해 배우고 싶어하도록 불을 지필 수 있을까? 어쩌면 우리가 얼마 전에 서점에서 발견한 책의 제목에서 힌트를 얻을 수 있을지도 모르겠다. '남자는 왜 젖꼭지가 있을까?' 10초 전에 우리는 당신이 포유생리학을 좋아하지 않을지도 모른다고 의심했다. 하지만 이 제목을 보자마자 당신은 그 답을 모른다는 사실을 깨닫고 궁금증이 일기 시작했을 것이다. 이 제목은 사람의 호기심을 자극한다. 그것이 바로 불을 지피는 첫 단계다.

'의외성'을 다룬 장에서 우리는 조지 로웬스타인의 '호기심의 공백'에 관해 살펴보았다. 그는 우리가 아는 것과 알고 싶은 것 사이의 불일치에서 호기심이 발생한다고 말한다. 교사들은 이 이론을 매우 유용하게 활용할 수 있다. 콜로라도의 한 과학 교사는 학생들에게 물었다. "혹시 겨울만 되면 자동차 타이어의 바람이 빠지는 것 같다고 생각한 사람 없나요? 타이어 안에 있던 공기는 어디 갔을까요?" 『괴짜 경제학』이라는 책은 이런 호기심의 공백을 아주 근사하게 활용한 바 있다. "마약 판매상은 왜 어머니와 사는 걸까?"

호기심은 연속된 수업에 연료를 공급한다. 샌디에이고 동물원은 중학생들에게 DNA 분석에 관해 가르치는 여름 프로그램을 운영하는데, 이 프로그램의 기획자 매기 레인볼드는 범죄 수사 프로그램 〈CSI〉가 무색할 정도로 흥미진진한 미스터리를 이용해 핵심 주제를 강조한다. 어떤 정체 모를 동물이 동물원에 있는 먹이창고에 몰래 숨어들어 먹이를 먹어치우고 있다. 먹이를 빼앗긴 염소들이 살이 빠지기 시작했다. 학생들은 도대체 어떤 동물이 먹이를 훔쳐먹고 있는지 범인을 찾아내야 한다.

이틀 전, 이 파렴치한 도둑이 먹이저장소에 몇 가닥의 검은 털을 떨어뜨리고 갔다. 불행히도 이는 범인의 윤곽을 아주 조금밖에 좁혀주지 못한다. 염소와 돼지, 양, 그리고 말이 모두 검은 털을 갖고 있기 때문이다. 오직 DNA 분석만이 먹이도둑을 밝혀낼 수 있는 희망이다.

레인볼드는 이 미스터리를 이용해 몇 주 동안 학생들에게 분자생물학 미니 풀코스를 가르쳤다. 먼저 학생들은 해부현미경을 이용해 DNA 분석에 필요한 세포를 추출했다. 그런 다음 몇 개의 DNA 인자를 수십억 개로 복사하는 중합효소연쇄반응-Polymerase Chain Reaction, PCR 과정을 배웠다(PCR을 발견한 과학자는 그 공로로 노벨상을 받았다). 그러고는 하얀 실험용 가운을 입고, 동물원의 연구진으로부터 동물원 설비로 PCR 분석을 하는 방법을 배웠다. 학생들은 젤 전기영동법을 사용해 돼지와 염소, 양, 그리고 말의 DNA 패턴과 도둑의 DNA 패턴을 비교했다. 충분한 연구 및 조사가 끝나면 그들은 이제 악당의 정체를 밝혀낼 수 있었다. 범인은 바로 조랑말 에드였다!

이것이 바로 호기심이 지닌 가치다. 호기심은 몇 주 동안이나 아이들의 관심과 흥미를 진지하고 어려운 과학 연구에 붙잡아둘 수 있다. 이를 당신의 수업에도 적용하고 싶다면 지식의 공백과 미스터리의 힘을 이용하라.

구체성 귀뚜라미로 함수를 가르치는 법

대부분의 학생들은 수학의 '함수'라는 개념을 이해하는 데 애를 먹는다. 함수란 정확하게 무엇이고, 처음 보는 저 이상하게 생긴 '$f(x)$' 기호는 도대체 무슨 뜻이지?

그것은 너무나도 추상적이고 이상하다. 도무지 이해할 수가 없다. 그래서 라우든 과학학교-Loudoun Academy of Science의 수학 교사 다이애나 버고는 함수를 실생활과 연계해 가르치기로 했다. 그녀는 수업 시간에 귀뚜라미 몇 마리를 가져온 다음 아이들에게 질문을 던졌다. 이 교실의 기온이 바뀌면 귀뚜라미의 울음소리는 어떻게 변할까? 기온이 올라간다면 귀뚜라미는 더 빠르게 울까, 아니면 더 느리게 울까? 귀뚜라미의 반응이 과학적으로 예측 가능하고, 실제로 귀뚜라미가 울어대는 속도를 예측하는 함수를 만들 수 있다면 어떨까? 우리가 만들 함수는 작은 기계장치와도 같다. 기온을 입력하면(가령 섭씨 30도) 곧장 귀뚜라미 울음소리의 빈도(예를 들면 1분당 60번)가 튀어나와야 한다.

학생들은 곧 실험에 돌입했다. 귀뚜라미가 운다. 학생들이 울음소리를 센다. 버고가 교실의 기온을 변화시킨다. 귀뚜라미들이 환경의 변화에 혼란을 느끼고 아까와는 다른 속도로 울기 시작한다. 학생들이 다시 1분당 귀뚜라미가 몇 번 우는지 센다. 이를 반복함으로써 학생들은 함수를 만들 수 있는 충분한 데이터를 모을 수 있었다.

분석 결과, 귀뚜라미는 기온이 올라갈수록 더욱 빠른 속도로 울었다! 게다가 얼마나 자주 우는지 예측할 수도 있었다!

갑자기 함수의 중요성이 느껴지기 시작했다. 함수는 일상생활에 충분히 적용될 수 있었다. 학생들은 개인적으로 함수의 개념이 어디에서 비롯되었고, 어떻게 구성되며, 또 어디에 활용할 수 있는지 함수의 전체 맥락을 체험한 것이다.

귀뚜라미 함수는 추상적 언어를 피하고 아이디어를 현실에 접목시켜 개념을 구체적으로 만든 하나의 예시다. 와인에 관해 읽는 것('대담하고 조화로운')과 직접 맛보는 것은 다르다. 구체성은 우리의 머릿속에 아이디어를 각인시킨다. 신용카드 번호보다 훨씬 더 많은 정보가 함축되어 있는 노래 가사를 기억하기가 더 쉬운 이유도 바로 이 때문이다.

신뢰성 학생들의 의심에 맞서 싸우는 방법

보스턴 브루클린 고등학교의 미국문학 교사 에이미 하이에트는 초절주의Transcendentalism에 관해 가르친다. 그녀는 학생들이 소로의 글을 읽고 그가 황무지에서 홀로 얼마나 많은 시간을 보냈는지 알게 되면 하나같이 똑같은 반응을 보인다고 한다. "음, 어떻게 그럴 수가 있죠?" 그래서 그녀는 소로의 심정을 이해할 수 있도록 학생들에게 특이한 숙제를 내준다. 대자연 속에 나가 30분 동안만 홀로 시간을 보낼 것. 휴대전화도 가져가지 말고, 반려동물도 데리고 갈 수 없으며, 게임기도 휴대 불가. 그저 나 자신과 위대한 자연 둘이서만 시간을 보내는 것이다.

하이에트는 말한다. "참으로 놀라운 일이었다. 거의 모든 학생들이 가슴 벅찬 감동과 새로운 깨달음을 얻었다고 말했다. 그들은 그런 경험이 너무나도 감동적이라는 데 스스로 깜짝 놀랐다. 심지어 가장 의심이 많고 회의적이었던 학생들도 초절론과 자연을 깊이 이해하게 되었다."

착 달라붙는 스티커 아이디어가 되기 위해서는 신뢰할 수 있어야 한다. 유튜브 시대의 학생들은 홀로 자연 속에서 시간을 보내는 것이 위대한 사고를 낳을 수 있다는 사실을 믿지 못했다. 그렇다면 어떻게 이런 학생들의 의심에 대항해 싸울 수 있을까? 학생들에게 직접 체험하게 하라. 아이디어를 시식하게 하는 것이다.

그것이 바로 '검증 가능한 신용'이다. 검증 가능한 신용의 가장 대표적인 예는 질문을 던지는 것이다. "과연 여러분은 4년 전보다 더 잘 살고 있습니까?" 1980년 미국 대통령 선거를 앞두고 지미 카터와 맞선 로널드 레이건은 이렇게 물었다. 인플레이션 증가율, 실업률, 끊임없이 상승하는 이자율 등 수많은 통계 수치를 들먹일 수도 있었건만, 레이건은 그렇게 하지 않고 청중들에게 그 대답을 맡겼다. 검증 가능한 신용은 아이디어의 신뢰성을 청중들에게 아웃소싱하는 것이다.

때로 우리는 무언가를 직접 보거나 경험한 뒤에야 그것을 믿을 수 있다. 이를테면 당신은 멘토스 캔디를 2리터짜리 탄산음료수 병에 집어넣으면 마치 화산이 폭발하듯 음료수가 거의 3미터 높이로 솟구쳐 오른다는 이야기를 믿지 않을지도 모른다. 하지만 그 광경을 직접 보게 된다면 믿을 수밖에 없을 것이다. 많은 과학 실험들이 이 '직접 보라'는 원칙에 근거를 두고 있다. (과학 실험은 그 외의 다른 이유로도 교육학적 측면에서 유익하다. 그것들은 대체로 예측하기가 무척 힘들다. "자자, 여길 보세요. 이 두 화학약품이 섞이면 짜잔. 밝은 청색이 되지요!" 그리고 언제나 구체적이다. 특정 현상에 대해 추상적으로 이야기하는 대신, 그 과정을 직접 보거나 두 손으로 직접 만들 수 있기 때문이다.)

아이디어에 신뢰성을 부여하는 또 다른 방법은 통계 수치를 이용하는 것이다. 하지만 그 방식은 당신이 예상하는 것과는 조금 다르다. 통계를 뇌리에 달라붙게 만들기는 어렵다. 숫자들은 한 귀로 들어와 한귀로 흘러나가기 십상이다. 반면 통계가 의미하는 관련성은 그 즉시 착 달라붙는 경향이 있다.

예를 들어, 여기 두 개의 통계 수치가 있다. 시중에서 파는 생수의 가격은 물 1온스당 약 8.4센트다. 한편 샌프란시스코의 수돗물은 1온스당 약 0.0022센트다. 이 숫자를 봤을 때 당신은 이렇게 생각할 것이다. "와우! 정말 가격 차이가 많이 나네. 생수가 수돗물보다 훨씬 비싸구나!"

하지만 우리의 두뇌가 직관적으로 깨달을 수 있는 것은 거기까지다. 가령 당신의 뇌는 6.8센트와 0.0877센트를 보고도 똑같은 생각을 할 것이다. '와우, 정말 가격 차이가 많이 나네!' 하지만 그게 바로 문제다. 왜냐하면 이 두 비교치 사이에는 자그마치 50배의 차이가 있기 때문이다!

작가 찰스 피시맨은 생수 산업에 관한 잡지 기사에서 이런 통계치에 놀랍도록 생생한 활기를 불어넣었다. 그가 쓴 글을 읽어보자. "샌프란시스코의 상수원은 요세미티 국립공원이다. 미국 환경보호국이 샌프란시스코 시 정부에게 상수원을 여과하라고 요구하지 않는 게 천만다행이다. 만일 당신이 에비앙 생수 한 병을 사서 마셨다고 치자. 수돗물로 그와 같은 가격인 1.35달러어치를 마시려면 그 병을 10년하고도 5개월, 그리고 21일 동안 하루 한 번 리필해 마셔야 한다." 자, 이제 당신의 두뇌도 이 숫자들의 차이를 제대로 이해할 수 있을 것이다. 이건 그냥 가격 차이가 많이 나는 것이 아니다. 입이 쫙 벌어질 만큼 어마어마한 차이다! 같은 양의 물을 10년하고도 약 반년 동안 마실 수 있는 만큼의 차이인 것이다.

통계를 효과적으로 사용하는 비결은 복잡한 숫자가 아니라 그 관계에 초점을 맞추는 것이다. 여기 뉴올리언스 리커버리 학교에서 초등학교 4학년생을 가르치는 토니 프랫의 솜씨를 한번 살펴보자. 그는 아이들에게 확률의 기본 개념을 설명하고 있었다. 복권을 예로 들며 학생들에게 복권에 당첨될 확률이 진짜로 정말로 참말로 작다고 말해주었다. 기껏해야 1백만 분의 1 정도? 하지만 당신도 알다시피 이런 숫자는 우리의 머리를 더 복잡하게 만들 뿐이다.

우리의 뇌는 1백만 분의 1과 1만 분의 1을 뚜렷하게 구분하지 못한다. 실제로는 엄청난 차이가 있는데도 말이다! 그래서 토니는 실생활과 밀접하게 연관된 다른 예를 들어 비교해주었다. 그는 이렇게 말했다. "여러분이 복권에 당첨될 확률은 지나가다 번개에 맞을 확률보다도 작답니다." 학생들은 깜짝 놀랐다. 이런 비교는 학생들에게 복권에 당첨될 확률이 얼마나 낮은지 직관적으로 느낄 수 있게 해주었다. 실제로 아이들은 집으로 달려가 엄마 아빠에게 이 사실을 자랑스럽게 늘어놓기까지 했다.

재러드라는 한 학생은 이런 이야기를 털어놓았다. "어젯밤에 우리 삼촌이 복권사는 걸 봤어요. 그래서 삼촌한테 복권에 당첨되기보다 번개에 맞을 확률이 더 높다고 말해주었죠. 복권에 당첨될 확률이 너무 낮으니까 복권을 사는 건 바보 같은 짓이라고요."

"삼촌이 뭐라고 그러시던?"

"저한테 꺼지라던데요."

음. 아무래도 인정해야 할 것 같다. 스티커 아이디어가 모든 사람에게 좋은 건 아닌가 보다 ······.

교사에게 씌워진 지식의 저주

잠깐만! 앞에서 우리는 스티커 아이디어의 원칙들을 활용하는 일은 매우 간단하다고 주장했다. 게다가 이 원칙들은 대부분 비교적 명백하고 상식적인 내용을 담고 있다. 그렇다면 어째서 우리는 탁월한 스티커 아이디어들을 손쉽게 만들어내지 못하는 것일까? 어째서 서른다섯 살인 사람들 중 대다수는 학창시절 문학 수업 혹은 화학 수업 때 배운 것들을 거의 기억하지 못하는 걸까?

그것은 불행히도, 우리의 스토리에 악역이 존재하기 때문이다. 그 악당의 이름은 바로 '지식의 저주'다. (우리는 이 책 전체에서 '지식의 저주'라는 말을 계속 언급했다. 이 악당은 그만한 대접을 받을 자격이 충분하니까.)

서문에서 소개한 '두드리는 사람'과 '듣는 사람'의 게임은 날마다 세계 곳곳에서 재연되고 있다. 그들은 회사의 CEO와 일선 직원들이고, 정치가와 유권자, 마케터와 고객, 작가와 독자, 그리고 마지막으로 교사와 학생들이다. 이들은 모두 의사소통에 깊이 기대고 있지만, 두드리는 사람과 듣는 사람처럼 엄청난 정보의 불균형에 시달린다. 수학 교사가 함수를 설명하고 영어 교사가 우아한 산문체에 대해 이야기할 때, 그들의 머릿속에는 학생들에게는 들리지 않는 멜로디가 연주되고 있는 것이다.

이는 그 누구도 피해갈 수 없는 난해한 문제다. 당신은 매년 지난 1년보다 더욱 다듬어지고 발전된 상태로 교실에 들어선다. 당신은 매년 학생들에게 똑같은 개념을 가르치고, 매년 더욱 날카롭고 숙성된 지식을 보유하게 된다. 만일 당신이 생물학 교사일 경우, 당신은 더이상 '유사분열'이라는 용어를 처음 들었을 때의 느낌을 기억할 수 없을 것이다. 또는 신체가 세포로 구성되어 있다는 사실을 모른다는 것을 이해할 수 없을 것이다. 이미 알고 있는 것을 배우지 않은 상태로 되돌리는 일은 불가능하다.

지식의 저주로부터 확실히 벗어나는 방법은 오직 두 가지뿐이다. 첫 번째는 아예 처음부터 아무것도 배우지 않는 것이고, 두 번째는 아이디어를 받아들여 변형하는 것이다.

스티커 아이디어는 제2의 언어다. 아무 생각도 하지 않아도 입을 연 순간 전문용어가 저절로 술술 흘러나온다면, 그것은 당신의 모국어인 셈이다. 학생들은 그런 전문가 언어를 알지 못한다. 하지만 그들은 스티커 아이디어 언어는 안다. 모든 사람들이 그 언어를 말할 줄 안다. 어떤 면에서 스티커 아이디어는 범세계적인 언어다. 스티커 아이디어의 문법, 즉 단순성과 스토리텔링, 상식을 통해 배우기는 서로가 주고받는 아이디어를 누구라도 이해할 수 있게 해준다.

감성 학생들이 느끼게 하라

오리건주 포틀랜드 링컨 고등학교의 미국사 교사 바트 밀러는 학생들에게 남북전쟁에 관해 가르치는 데 어려움을 겪고 있었다. "우리는 남북전쟁의 무기와 전술, 전략 등에 관해 이야기했다. 학생들은 귀 기울여 들었다. 하지만 그게 다였다."

그는 학생들의 이해를 향상시키기 위해 국립문서보관소 사이트를 방문해 당시의 군의관과 야전병원 사진들을 내려받았다. 그는 학생들에게 이 사진들을 보여주고 전장의 소리(쾅 하는 폭발소리, 군복자락이 스치며 사각거리는 소리, 가끔씩 엄습하는 등골 오싹한 정적 등)와 냄새(먼지, 화약, 피, 오물 등)를 상상해보라고 했다. 그리고 그는 학생들을 위해 깜짝 선물을 한 가지 더 준비해두고 있었다.

교실 한쪽에 타르를 칠한 방수천으로 가려놓은 탁자가 하나 놓여 있었다. 밀러는 빠른 동작으로 방수천을 휙 걷어냈다. 탁자 위에는 스톱워치 두 개와 두꺼운 뼈 두 개, 그리고 작은 톱 두 개가 놓여 있었다.

그 뼈는 소의 다리뼈로, 인간의 넓적다리뼈와 크기와 무게가 비슷한 것을 근처 정육점에 특별히 부탁해 가져온 것이었다. 두 명의 학생이 부상병의 목숨을 살리기 위해 그의 다리를 절단해야 하는 야전병원 군의관 역할을 자원해 맡았다. 그들의 임무는 최대한 빨리 톱으로 그 뼈를 자르는 것이었다. 어쨌든 당시에는 마취제가 없었으니 말이다.

밀러는 말했다. "그 수업은 다 해서 15분 정도밖에 걸리지 않았다. 그러나 10년 뒤에 나를 찾아온 학생들은 그때까지도 그 수업에 관해 이야기하곤 했다." 그 이유를 알기란 그리 어렵지 않다. 밀러는 학생들이 전쟁의 잔혹한 현실에 관심을 갖고 이해할 수 있도록 도와줄 매우 효과적인 방법을 발견해 사용했던 것이다.

그것이 바로 감성이 하는 일이다. 감성은 사람들에게 각별한 느낌을 준다. 무언가를 느끼게 해준다. 일부 과학과에서는 '실험실 안전'에 관한 수업 도중 강사가 매우 충격적인 시범을 보여주기도 한다. 학생들이 앞으로 실험 도중 다루게 될 염산에 소의 눈알을 집어넣어 녹는 것을 보여주는 것이다. 수많은 학생들이 그런 광경을 보며 몸서리친다. 무언가를 느끼기 때문이다. '해야 할 일과 하지 말아야 할' 실험실 안전수칙은 아무리 설명해도 대개 실감이 나지 않는다. 하지만 녹아내리는 눈알은 확실히 깊은 인상을 주기 마련이다. 아이디어를 착 달라붙게 만들어주는 것은 감성의 역할이다. 분석적이거나 추상적 또는 이론적이었던 아이디어를 직관적으로 받아들이게 해주고 가슴을 얻어맞은 것처럼 커다란 충격을 주기 때문이다.

스토리 아이들은 이야기에 끌린다

학생들을 가르칠 때 당신의 개인적인 이야기를 들려주면 단번에 아이들의 관심을 사로잡을 수 있다는 사실을 알고 있는가? 학생들은 마치 스토리를 포착하는 레이더라도 달고 다니는 것 같다. 하지만 사실 그 점에 있어서는 우리 모두 마찬가지다. 세상에서 가장 끈끈한 스티커 아이디어의 일부는 스토리다. 『이솝 우화』는 약 2,500년 동안이나 전해내려 왔고 앞으로도 2,500년 동안은 거뜬히 살아남을 것이다. 세계의 모든 종교는 강력한 스토리에 기반을 두고 있다. 우리의 문화는 우리가 주고받는 이야기들, 다시 말해 영화나 책 또는 언론에 의해 정의된다. 인간은 본능적으로 스토리를 사랑한다. 스토리는 우리의 생각을 전달하는 통화通貨다.

그리 놀라운 사실은 아닐 것이다. 교사들은 모두 스토리의 가치를 잘 알고 있을 테니까. 하지만 여기 당신에게도 신기하게 느껴질 놀라운 정보 두 가지를 소개한다. 어떤 종류의 스토리가 잘 먹히는가. 그리고 그것들은 어째서 그토록 효과가 좋은 것일까?

첫 번째 놀라움은 아이디어를 착 달라붙게 만드는 데에는 어떤 종류의 스토리가 효과적인가와 관련이 있다. 답이 뭐냐고? 실질적으로 거의 모든 스토리가 그렇다. 스토리는 굳이 극적일 필요도 없고, 사람들의 정신을 사로잡을 필요도 없으며, 재미있을 필요도 없다. 스토리의 형태 자체가 가장 어려운 일을 해주기 때문이다. 우디 앨런은 말했다. "삶의 90퍼센트는 그저 눈에 띄기만 해도 된다." 이는 스토리텔링에 있어서도 마찬가지다. 어떤 것의 가치의 90퍼센트는 시도에서 온다.

만일 스토리텔링에 어울리지 않는 주제가 있다면 그것은 '기술'일 것이다. 그러나 조지아 주립대학의 두 교수는 회계학 수업의 중심에 스토리를 놓기로 결정했다. 크리스와 샌디라는 두 명의 대학생(물론 가공의 학생들이지만)이 창설한 새로운 사업에 관한 이야기다.

크리스와 샌디는 운전을 할 수 있는 10대 자녀를 키우는 부모들을 겨냥한 '안전한 밤 외출'이라는 신상품에 관한 아이디어를 가지고 있다. 아이들의 자동차에 이 장치를 설치하면 차의 운행 코스와 속도 등의 정보가 기록된다. 드디어 아이들에게 맡긴 차가 안전하게 운행되고 있는지 정확하게 알 수 있는 길이 열린 것이다.

이제 여기서부터 회계학을 배우는 학생은 스토리의 일부가 된다. 당신은 크리스와 샌디의 친구이며, 두 사람은 당신이 회계학 수업을 듣고 있다는 사실을 알고 있다. 그들은 당신의 도움을 필요로 한다. 크리스와 샌디는 여러 가지 질문을 던진다. "우리 사업 구상이 현실성이 있을까?" "대학 학비를 대기 위해서는 이 제품을 몇 개나 팔아야 할까?" 당신에게는 관련 부품들(GPS 수신기, 데이터 저장기 등)과 파트너십(이베이에서 이 제품을 판매하려면 비용이 얼마나 들까)의 가격을 검토할 수 있는 자료가 주어진다.

이제 언제 수입을 인지하고 유동자산은 어떻게 계산할 것인가 등 어려운 회계학적 개념들이 스토리의 구조에 엮이기 시작한다. 마치 크리스마스트리에 장식품을 주렁주렁 달 듯이 말이다. 크리스마스트리 장식들은 각각 그것에 맞는 특별한 위치가 있다. 바로 이 가지, 이 빨간색 장식물 옆…… 이런 식으로 말이다. 그리고 개념들 역시 스토리의 구조 안에서 가장 기억하기 쉬운 '위치'를 자연스럽게 부여받게 된다. 이를테면 사업이 너무 빠른 속도로 성장하기 시작해 현금이 떨어졌을 때 이 스토리의 가지에 현금관리의 개념을 매달면 된다.

스토리에 기반을 둔 이 강의는 과연 효과를 발휘했을까? 약 2년 뒤에 실시된 다음 회계학 수업은 학생들이 이미 회계학의 기초 원리를 알고 있다는 가정하에서 기획되었는데, 지난 학기에 사례 연구를 경험한 학생들은 첫 번째 시험에서 눈에 띄게 높은 점수를 받았다. 사실을 말하자면, 학생들의 점수 차이는 놀랍도록 확연했다. 사례연구로 학습한 학생들이 평균 12점이나 높았던 것이다. 이 시험이 사례 연구 수업을 한 지 2년 뒤에 치러졌음을 기억하라. 심지어 이 스토리는 진짜 있었던 이야기도 아니다! 크리스마스트리 앞에서 크리스와 샌디의 사업에 관한 이야기를 해달라고 조르는 아이들은 없을 테니 말이다. 스토리의 형태와 구성이 어려운 것을 쉽게 만들어주었던 것이다.

스토리의 두 번째 놀라운 점은 어째서 스토리가, 심지어 정말로 진부한 스토리조차 사람의 머릿속에 잘 달라붙느냐는 것이다. 이 질문에 대한 대답은 '정신적 시뮬레이션'에 관한 몇몇 매혹적인 연구조사에서 시작된다.

뇌 스캔 사진은 사람들이 밝은 빛을 봤다고 상상할 때, 시각을 담당하는 뇌 영역에서 일련의 활동이 일어나고 있는 모습을 보여준다. 누군가가 피부를 만지는 상상을 하면 촉감을 관장하는 뇌 영역이 흥분된다. 정신적인 시뮬레이션은 우리의 머릿속에만 한정되는 게 아니다. B나 P로 시작되는 단어를 떠올리면 입술이 절로 움직이기 마련이고, 에펠탑의 모습을 상상하면 자신도 모르게 눈동자가 위쪽으로 움직인다. 정신적 시뮬레이션은 심지어 신체 반응까지 일으킨다. 레몬

주스를 마시는 상상을 하며 물을 들이켜면 평소보다 침이 더 많이 분비된다. 더욱 놀라운 사실은, 물을 마신다고 상상하며 레몬주스를 마시면 침의 분비량이 줄어든다는 점이다.

연상 시뮬레이션은 기술을 다지고 향상시킬 수도 있다. 3,214명 이상의 참가자들을 대상으로 실시한 35개의 연구 결과, 심리적 연습만으로도 업무 성과를 놀라운 수준까지 향상시킬 수 있음이 입증되었다. 이 같은 결과는 업무의 종류와 상관없이 동일했다. 정신적 시뮬레이션은 사람들이 용접 기술을 향상시키고 다트를 더 잘 던질 수 있게 해준다. 트롬본 주자들은 연주 솜씨가 나아지고, 치열한 경쟁 속에서 다투는 피겨스케이트 선수들도 기술이 향상된다.

어찌 보면 당연하겠지만, 이러한 정신적인 시뮬레이션은 육체적 활동(예: 균형 잡기)보다 정신적 활동(예 : 트롬본 연주)에 더욱 효과적이다. 그러나 이와는 상관없이 대체적으로 엄청난 이익을 안겨주는 것은 사실이다. 결론을 내리자면, 정신적인 연습만으로도 '육체적 연습을 통해 얻을 수 있는 혜택의 3분의 2'를 얻을 수 있다.

요지는 단순하다. 연상 시뮬레이션은 실제로 행동하는 것만큼의 효과를 거둘 수는 없지만, 그다음으로 훌륭한 방법이다.

다시 스티커 아이디어로 돌아와, 우리가 말하고자 하는 바는 간단하다. 적절한 스토리는 곧 시뮬레이션과 같은 효과를 낸다는 것이다. 스토리는 뇌를 위한 시뮬레이션이다. 스토리는 두뇌를 위한 비행 시뮬레이션과 같다.

당신이 이집트의 네페르티티 여왕에 관한 이야기를 할 때, 학생들은 비행 시뮬레이션을 거치고 있다. 그들은 자신들이 그녀가 된다면 어떤 기분일지, 그녀가 살았던 그 시대에 산다면 어떨지를 머릿속에서 상상한다. 이러한 예비 시뮬레이션은 아이디어를 착 달라붙게 만든다.

학생들의 뇌리에 착! 스티커 아이디어 만들기

스티커 아이디어를 만드는 일은 그리 어렵지 않다. 그저 약간의 시간과 집중력만 있으면 누구나 할 수 있는 일이다. 앞에서 말한 여섯 가지 기본 원칙을 체크리스트로 활용할 수 있다. 체크리스트를 포스트잇에 적어 수업 준비를 할 때 책상 옆에 붙여 두어라. "좋아, 내일 수업에는 퇴적암과 화성암을 비교해 가르쳐야겠어. 어떻게 하면 더욱 단순하게 만들 수 있을까? 새로운 개념에 묶을 수 있는, 학생들이 이미 알고 있는 지식이 있을까? 구체적으로 만들기 위해서는 어떻게 하면 좋을까? 암석 표본을 구해볼까, 아니면 사진을 보여줄까? 어떤 스토리를 지어낼까? 암석의 퇴적층을 이용해 수수께끼를 해결한 고고학자에 관한 이야기는 어떨까?"

라우든 과학학교에서 일하는 린다 굴든, 제니퍼 린, 댄 크로우는 해양학 수업에 이런 방식을 그대로 적용했다. 그들은 수업을 혁신하는데 엄청난 노력을 쏟아부었다. 지난 1년 동안 이 수업 내용에 불만이 많았기 때문이다. 여기, 그들이 새롭게 개선한 수업 계획을 소개한다.

우리는 첫 번째 수업을 수수께끼로 시작했다. 먼저 당신이 유리병 안에 편지를 넣은 다음, 해변으로 나가 병을 있는 힘껏 바다에 던진다고 하자. 그 병은 결국 어디에 닿게 될까? 우리는 학생들에게 그 답을 짐작해보라고 했다("파도 때문에 다시 해변으로 밀려올 거예요" "남극에요" "가라앉았을걸요"). 그러나 해답을 말해주지는 않았다(왜냐하면 정답이 없기 때문이다).

그런 다음 우리는 그 수수께끼를 보다 극적인 형태로 탐구하기 시작했다. 우리는 학생들에게 《하퍼Harper》에 실린 근사한 기사를 읽게 했다. 그 기사의 내용은 다음과 같았다.

'1992년 1월, 한 화물선이 태평양을 배회하다가 혹독한 폭풍우에 휘말려 싣고 있던 컨테이너를 잃어버렸다. 그 컨테이너에는 7,200개의 플라스틱 인형이 들어 있었으며, 그중에는 수천 개의 고무오리도 포함되어 있었다. 몇년 뒤 우리는 이 고무오리들 중 다수가 어디로 흘러갔는지 알게 되었다. 사실 그중 많은 수가 한 해변으로 흘러들어갔다. 우리는 오리 인형의 행적을 추적함으로써 해류의 움직임에 대해 많은 것을 배울 수 있었다.'

다음으로 우리는 학생들을 직접 실험에 참가시켰다. 우리는 물탱크에 온도와 염도가 다양한 물을 붓고, 이런 변수들이 물의 움직임에 어떤 영향을 미치는지를 지켜보았다. 간단히 말해 우리는 학생들이 직접 해류를 만들어보게 한 것이다.

마지막으로 우리는 대양이 지구 기후에 미치는 중대한 영향을 중심 주제로 잡았다. 우리는 학생들에게 이런 질문을 던진다. 가령, 뉴욕과 같은 도시의 기후를 결정하는 요소는 무엇일까? 학생들은 대개 위도라고 대답할 것이다. 도시가 적도에 가까울수록 기후는 따뜻해지고, 극지에 가까울수록 추워진다. 사실이긴 하지만 여기에는 커다란 변수가 있다. 가령, 뉴욕시와 마드리드는 같은 위도

상에 있지만 뉴욕에는 눈이 매우 많이 오는 반면 마드리드에는 눈
이 내리지 않는다. 두 도시의 차이점은 뭘까? 이 질문은 우리가 해
류가 기후에 미치는 영향에 관해 논의할 길을 닦아주었다.

우리는 교사들에게 경의를 표하는 바다. 우리가 앞에서 언급한다
른 교사들의 교육 방식에서 깊은 감명을 받았길 바란다. 우리가 당신
에게 무언가 새로운 것을 시도하도록 고무시켰길 바란다. 그리고 만
일 그랬다면 우리는 당신의 이야기도 듣고 싶다. 부디 당신에게 스티
커 아이디어가 함께하길!

에필로그

훌륭한 메시지는
천재가 만드는 것이 아니다

다들 짐작하겠지만, 스탠퍼드 학생들은 모두 총명하다.
그러나 발표 능력과 메시지를 잘 달라붙게 만드는
능력 사이에는 아무런 관계가 없었다.
어째서 이렇게 총명하고 재능 있는 학생들이
그들의 메시지를 스티커처럼 착 붙이지 못했을까?

답은 청중에게 있다

때로는 아무리 막으려고 해도 사람들에게 찰싹 달라붙는 스티커 메시지도 있다. 1946년 레오 듀로셔Leo Durocher가 다저스를 지휘하고 있을 때의 일이다. 당시 다저스는 내셔널리그에서 승승장구하고 있었고, 다저스의 최고 라이벌인 뉴욕 자이언츠는 바닥을 기고 있었다.

　다저스와 자이언츠의 경기 도중, 듀로셔는 스포츠 기자들 앞에서 자이언츠를 실컷 조롱했다. 기자 중 한 사람이 듀로셔를 놀리듯 말했다. "한 번만이라도 좋은 사람처럼 굴면 안 됩니까?" 그러자 듀로셔가 자이언츠 팀의 더그아웃을 가리키며 말했다. "좋은 사람이라고? 저길 좀 보쇼. 당신, 멜 오트(당시 자이언츠 감독)보다 더 좋은 사람 본 적 있소? 아니면, 다른 자이언츠 선수들보다 더 착한 사람은? 저 작자들이야말로 세상에서 제일 마음씨가 좋은 인간들이라고! 그런데 지금 성적이 어떻지? 7위야, 7위!"

　랠프 키스가 잘못된 인용문에 관한 저서에서 설명했듯, 1년 뒤 '마음씨 좋은 이들은 7위'라는 약간 변형된 표현이 사람들 사이에 퍼져나가기 시작했다.[1] 이후 《베이스볼 다이제스트Baseball Digest》는 듀로셔의 말을 인용하면서 "마음씨 좋은 사람들은 하위 디비전에서도 꼴찌를 한다"고 적었다. 얼마 지나지 않아 이 말은 입에서 입을 타고 전해졌고, 더욱 단순하고 보편화되는 과정을 거쳐 마침내 인생에 대한 냉소적인 격언으로 변화했다. "사람이 좋으면 꼴찌." 자이언츠에 관한 말도, 7등에 관한 언급도 사라지고 없다. 아니, 아예 야구의 흔적도 남지 않았다. 그저 사람이 좋으면 꼴찌를 한다는 것뿐이다.

메시지 시장을 거치고 거쳐 갈고 닦인 이 격언을 본 듀로셔는 진저리를 쳤다. 그는 오랫동안 자신이 이런 말을 했다는 사실을 부인했지만(물론 그의 주장이 옳다), 결국 포기할 수밖에 없었다. 후에 '사람이 좋으면 꼴찌'는 그의 자서전 제목이 되었다.

역사상 가장 유명한 '잘못된 인용문'의 영광(?)은 아마 소설 속 인물인 셜록 홈스에게 돌아가야 할 것이다. 홈스는 단 한 번도 "아주 간단하다네, 친애하는 왓슨Elementary, my dear Watson"이라는 말을 한 적이 없다. 도무지 믿기지 않는 일이다. 이 대사는 홈스에 대한 우리의 도식에 그야말로 완벽하게 들어맞기 때문이다. 만약 누군가에게 셜록 홈스의 가장 유명한 말을 하나 대보라고 한다면 아마 열에 열 명은 모두 이 말을 꼽을 것이다. 셜록 홈스의 가장 유명한 말은 사실 그가 단 한 번도 입 밖에 낸 적이 없는 대사인 것이다.

이렇게 실상은 존재하지도 않는 대사가 그토록 사람들의 머릿속에 찰싹 달라붙은 까닭은 무엇일까? 사정이 어떻게 된 건지 짐작하기란 그다지 어렵지 않다. 홈스는 자주 "친애하는 왓슨"이라고 말한다. 또 "아주 간단하다네"라는 말도 자주 한다. 즉 셜록 홈스가 등장하는 추리소설에서 인용문을 찾는 사람이라면 자연스레 이 두 대사를 결합시키는 실수를 저지르게 되는 것이다. 그리고 이 새로 만들어진 인용문은 마치 돌연변이처럼 순식간에 세상 너머로 퍼져나간다. 이 짧은 문구가 셜록 홈스의 성격을 정확하게 드러내고 있기 때문이다. 어쨌든 그는 친애하는 벗에게 쉴 새 없이 자신의 능력을 뽐내지 않았던가.

우리는 '단순성'을 다룬 장에서 1992년 클린턴의 선거 캠페인과 카빌의 유명한 말에 대해 언급한 바 있다. "경제라니까, 이 멍청아!"는 카빌이 화이트보드에 갈겨 쓴 세 개의 문장 중 하나였다. 여기서 질문 하나. 나머지 두 문장은 무엇이었을까?

하나는 '변화 대 변화 없음'이었고, 다른 하나는 '의료보험을 잊지 말 것'이었다. 이 두 개의 문장은 전혀 달라붙지 않았다. 그렇다면 카빌은 '경제라니까, 이 멍청아!'의 성공에 기뻐했을까? 그가 고안해낸 이 문구는 사람들에게 깊은 감명을 주어 선거 운동의 틀을 짜는 강력한 도구가 되었지만, 다른 한편으로 그는 원래 말하고자 했던 메시지의 겨우 3분의 1만 전달하는 데 성공한 셈이다!

우리가 이 같은 이야기를 하는 이유는 간단하다. 스티커 메시지를 창조하는 데 있어 주도권을 쥔 것은 바로 청중이다. 듀로셔의 일화에서 보았듯, 청중은 당신 메시지의 의미를 완전히 바꾸어버릴 수 있다. 그들은 셜록 홈스의 경우처럼 당신의 메시지를 더욱 발전시킬 수도 있고, 혹은 카빌의 경우처럼 원래의 메시지를 고스란히 받아들이는 대신 나머지 메시지를 잊어버리거나 무시할 수도 있다.

우리에게는 모두 '메시지 자존심'이 있다. 우리는 우리의 메시지가 처음 모습 그대로 유지되길 바란다. 사람들이 듀로셔의 메시지를 변형시켰을 때, 그는 거부하고, 거부하고, 또 거부하다가…… 마침내 체념하고 받아들였다.

어떤 상황에 처하든, 우리는 스스로 이런 질문을 던져야 한다. 청중들이 다듬은 메시지에 내가 전하고자 했던 핵심이 들어 있는가? 단순성 장에서, 핵심 메시지, 즉 우리가 진정 소통하고 싶어 하는 가장 중요한 진실에 초점을 맞추는 것이 얼마나 중요한지 이야기했다. 만일 세상이 우리의 메시지를 선택하되 그것을 변형한다면 또는 그중 일부만을 받아들이고 다른 일부를 과감히 내버린다면, 우리가 해야 할 일은 이 새로운 버전의 메시지가 여전히 핵심에 해당하는지 결정하는 것이다. 변형된 메시지가 "경제라니까, 이 멍청아!"처럼 메시지의 핵심을 꿰뚫고 있다면 겸손하게 청중의 판단을 받아들여야 한다. 궁극적으로 메시지 창조자로서 우리의 성공을 가늠하는 기준은, 사람들이 우리의 말을 정확하게 되풀이하는 것이 아니라 우리의 목적을 달성하는 것이기 때문이다.

메시지 감각을
뼛속 깊이 유지하라

카빌, 듀로셔 그리고 아서 코난 도일은 모두 메시지의 창시자다. 그들은 아무것도 없는 무無에서 메시지를 창조해냈다. 하지만 스티커 메시지를 창조하는 것보다 더 쉽고 효율적인 길은 발견하고 포착하는 것임을 잊지 말자.

노드스트롬 백화점을 생각해보라. 아무것도 없는 백지 상태에서 직원들이 다른 백화점에서 산 물건을 포장해준다는 스토리를 만들어 내려면 웬만한 솜씨 가지고는 불가능하다. 하지만 만약 어디선가 그런 이야기를 듣는다면? 그 메시지에 담긴 잠재성을 감지해야 한다. 하지만 사실 그것은 생각만큼 쉽지 않은 일이다.

메시지를 발견하는 데 있어 가장 큰 장벽은 우리가 일화를 추상적인 서술과 다른 방식으로 처리하는 경향이 있다는 것이다. '이번 4분기에는 고객 만족도를 10퍼센트 상승시켜야 한다'와 같은 추상적 개념을 떠올린 노드스트롬 관리자는 이제 '그럼 어떻게 해야 할까?'와 같은 사고를 자극한다.

하지만 메리 스미스라는 판매직원이 고객을 위해 펑크 난 타이어를 고쳐준다는 스토리는 그의 사고를 다른 방식으로 자극한다. 이것은 누군가의 일상적인 이야기다. 흥미롭긴 하지만 존 로빈슨이 머리를 빡빡 밀었다라든가, 제임스 슐레터가 일주일 내내 지각을 했다는 등의 아주 사소한 잡담거리에 불과한 것이다. 우리의 마음속 어딘가에는 작은 그림을 큰 그림과 분리하는 벽이 세워져 있다. 따라서 스티커 메시지를 발견하려면 이런 벽을 허물어야 한다.

그렇다면 어떻게 해야 그 벽을 허물 수 있을까? 간단한 비유법으로 설명하자면 이렇다. 사랑하는 사람을 위해 선물을 고른다고 상상해보라. 크리스마스 시즌이나 생일이 다가오고 있을 때, 마음을 열고 '아버지는 기계류를 좋아하시니 뭔가 멋진 제품이 없는지 상점에 들러 살펴봐야겠어'라는 생각을 하기까지는 약간의 사고 과정이 필요하다. 그러다 12월 8일에 우연히 '최신 로토 레이저 상점'에 들르게 되면 당신은 이 상점이 아버지를 위한 장소임을 금세 깨닫는다.

　메시지 세계도 마찬가지다. 우리는 소통하고자 하는 핵심 메시지에 대한 감각을 뼛속까지 깊이 유지하고 있어야 한다. '아버지께 드릴 선물 찾기' 안경을 쓰고 그 관점에서 가게를 뒤지며 물건을 찾듯이, 우리는 '핵심 메시지 안경'을 쓰고 그것을 통해 메시지를 살펴보아야 한다. 그런 안경을 쓰고 고객서비스를 향상하는 데 혈안이 되어 있는 노드스트롬의 매니저라면, 메리 스미스가 고객의 타이어를 고쳐준 이야기를 단순히 재미있는 일화가 아니라 고객서비스의 완벽한 상징으로 인식할 것이다.

　앞에서 우리는 '훌륭한 메시지를 창출하고 싶다면 천재적인 창의성을 지녀야 한다'는 기존의 고정관념을 깨뜨렸다. 그렇다. 당신은 굳이 창의성 천재가 될 필요는 없다. 그러나 진정 중요한 것은 거기서 한 발짝 더 나아가 창의성 자체가 필요 없다는 사실을 깨닫는 일이다.

　이 책에 제시된 수많은 스티커 메시지들을 생각해보라. 노드스트롬 백화점의 노디들, 재러드 스토리, 토성의 고리에 얽힌 미스터리, 반흡연 운동의 권위자 팸 라핀, 심전도 모니터를 무시하고 청진기를 사용해 어린아이의 생명을 구한 간호사 등. 그 이야기들은 모두 누군가에 의해 창조된 것이 아니라 발견되었을 뿐이다. 위대한 발견자는 언제나 위대한 창조자가 될 수 있다. 어떻게 그럴 수가 있느냐고? 왜냐하면 우리가 사는 이 세상은 그 누구보다도, 심지어 세상에서 가장 창의적인 사람보다도 훨씬 크고 위대한 메시지를 창조하고 있기 때문이다.

스탠퍼드 학생들의
스티커 메시지 만드는 능력

스탠퍼드 대학에서 칩의 '스티커 메시지 만들기' 강의를 듣는 학생들은 매년 2학기에 달라붙는 메시지와 그렇지 않은 메시지를 시험 및 평가하는 연습활동에 참여한다. 모든 학생들에게는 미국에서 발생하는 범죄 유형에 관한 정부 출처 자료가 주어지는데, 학생 중 절반은 폭력적이지 않은 지능범죄가 심각한 사회문제로 대두되고 있다는 주장으로, 그리고 나머지 절반은 지능범죄가 그다지 심각하지 않다는 반론을 중심으로 각각 1분짜리 발표를 준비한다.

다들 짐작하겠지만, 스탠퍼드 학생들은 모두 총명하다. 그들은 신속하게 사고하고 의사소통을 하는 데 능하다. 형편없는 발표를 하는 학생은 아무도 없다.

학생들은 작은 집단으로 나뉘어 다른 학생들의 발표를 청취했다. 각각의 발표자가 발표를 끝낼 때마다, 청중들은 '얼마나 인상적으로 이야기를 전달했는가?' '얼마나 설득력이 있었는가?' 등을 기준으로 점수를 매겼다. 항상 그렇듯, 세련된 발표자들이 높은 점수를 받았다. 최고 점수를 받은 학생들은 자신감이 넘치고, 언변에 능하며, 카리스마가 있었다. 당연한 결과였다. 웅변대회에서도 웅변을 잘하는 사람들이 우승하는 게 정상이니까.

그러나 아직 깜짝 놀랄 만한 일이 남아 있었다. 학생들은 연습활동이 끝났다고 생각했다. 하지만 필자인 칩은 학생들의 주의를 분산시키기 위해 몇 분 동안 '몬티 파이톤Monty Python(유명한 코미디 프로그램—옮긴이)' 영상을 틀어주고는 갑자기 학생들에게 종이를 꺼내 방금 들은 발표 내용을 기억나는 대로 적으라고 말했다.

학생들은 당황했다. 발표를 들은 지 겨우 채 10분도 지나지 않았는데 기억나는 것이 거의 없었다. 게다가 1분짜리 발표를 자그마치 여덟 개나 들었으니 엄청난 정보가 머릿속에 들어 있어야 하건만, 기껏해야 하나의 발표에서 한두 개의 메시지밖에 건져내지 못했다. 많은 학생들이 어떤 발표에 대해서는 단 하나의 개념도 기억하지 못한 채 텅 빈 백지를 제출했다. 학생들은 보통 1분간 평균 2.5개의 통계를 이용했다. 스토리를 이용한 학생은 열 명 중 한 명에 불과했다. 이것은 발표 내용에 관한 통계다. 한편 '기억'에 관한 통계는 발표 내용 통계의 반사 이미지에 가깝다. 발표 내용을 기억해내라는 지시를 받았을 때, 63퍼센트의 학생들이 스토리를 기억했다. 독립된 통계를 기억하는 학생은 5퍼센트에 불과했다.

나아가 발표 능력과 메시지를 잘 달라붙게 만드는 능력 사이에는 아무런 상관관계도 없었다! 아무리 주목을 끄는 발표자라도 사람들에게 메시지를 붙이는 능력은 특별히 뛰어나지 않았다. 한편 영어 능력이 부족하여 발표 기술에서 항상 하위를 기록하던 외국인 학생들의 경우에는 단번에 영어를 모국어로 사용하는 발표자들과 동등한 수준으로 상승했다. 스티커 메시지계의 스타는 스토리를 활용하거나 감정을 두드린 학생들 또는 열 개의 요점을 늘어놓기보다 하나의 핵심에 초점을 맞춘 이들이었다. 만약 미리 이 책을 읽었더라면 다른 학생들의 코를 간단히 납작하게 만들 수 있었을 텐데……. 모국어가 영어가 아닌 학생들마저 재치가 부족한 스탠퍼드 대학원생들을 손쉽게 이길 수 있었다.

어째서 이렇게 총명하고 재능 있는 학생들이 자신들의 메시지를 스티커처럼 찰싹 붙이지 못했을까? 제일 먼저 떠오르는 범인은 앞서 등장한 몇몇 악당들이다. 첫 번째 악당은 리드를 숨기려는 경향이다. 리드가 실종되면, 우리는 정보의 바다 속에서 길을 잃는다. 무언가를 많이 안다는 것 또는 풍부한 정보에 접근이 가능하다는 데 수반되는 단점은 그 모든 정보를 다른 이들과 함께 나누고 싶다는 유혹에 절로 빠진다는 것이다. 고등학교 교사들에게 물어보라. 대부분의 학생들은 본능적으로, 연구보고서를 쓸 때 보고서의 목적이나 정확성이 아니라 수집한 데이터의 분량이 가장 중요하다는 듯 모든 자료와 정보를 나열하려 든다. 정보를 벗겨내고 핵심에 집중하는 것은 인간의 본능이 아니다.

두 번째 악당은 메시지보다 프레젠테이션 그 자체에 집중하고자 하는 경향이다. 발표자나 웅변가들은 침착하고 카리스마 넘치며 동기 부여적으로 보이고 싶어 한다. 그리고 물론 카리스마는 제대로 만들어진 메시지를 더욱 효과적으로 달라붙게 하는 데 보탬이 된다. 그렇지만 이 세상 모든 카리스마를 다 합쳐도 장황하고 초점이 흐린 발표를 구원하지는 못한다. 스탠퍼드 학생들이 어렵게 터득한 것처럼 말이다.

다른 악당들

스탠퍼드 학생들이 만나지 못한 다른 악당들이 둘 더 있다. 첫 번째는 지나치게 많은 선택권과 모호한 상황에서 비롯된 불안감으로 인한 의사결정 마비다. 듣고 싶었던 강의와 근사한 영화 중 어떤 것이 나을지 전전긍긍하다가 두 가지를 모두 놓쳐버린 학생들을 생각해보라. 또 몇 안 되는 핵심 주제에만 집중하도록 팀을 이끈 팜파일럿 개발팀장 제프 호킨스도 있다.

의사결정 마비 현상을 예방하려면 핵심을 찾는 데 초점을 맞춰야 한다. 최종 변론을 하는 변호사는 열 가지가 아니라 한두 가지의 요점만을 강조해야 한다. 학습 계획안에는 50개의 학습 개념이 채워져 있을지 몰라도, 학생들을 효과적으로 가르치고 싶은 교사는 가장 중요한 두세 개의 개념에 초점을 맞추고 이를 달라붙게 만드는 데 주력해야 한다. 관리자들은 '이름, 이름 그리고 또 이름'이라든가 '가장 저렴한 항공사'처럼 확실치 않은 상황에서도 직원들이 그에 근거해 결단을 내릴 수 있는 '속담'을 퍼뜨려야 한다.

스티커 메시지계의 악당 중에서도 최고의 보스는 당신도 이미 짐작했다시피, 바로 '지식의 저주'다. 스탠퍼드 학생들은 '지식의 저주'와 맞서 싸울 필요가 없었다. 범죄에 관한 데이터는 그들에게 완전히 새로운 정보였기 때문이다. 그들은 무언가를 모른다는 느낌을 잊어버린 전문가보다는 리드가 실종되지 않도록 애쓰는 기자들에 더 가깝다.

'지식의 저주'는 훌륭한 적수다. 어떤 면에서 필연적으로 만나게 되어 있는 상대이기 때문이다. 우리는 메시지를 받아들일 때 두 단계를 거친다. 첫 번째는 '답변 단계'이고 두 번째는 다른 이들에게 전달하는 '전달 단계'이다. 답변 단계에서 당신은 다른 이들과 나누고자 하는 메시지에 도달하기 위해 전문지식을 활용할 것이다. 의사들은 해답을 얻기 위해 몇십 년 동안 노력을 쏟아붓고 비즈니스 관리자들은 해답에 도달하기 위해 몇 달 동안 안간힘을 쓴다.

그러나 여기에는 문제가 있다. 답변 단계에서 장점으로 작용했던 바로 그 요소들이, 전달 단계에서는 오히려 불리하게 작용하는 것이다. 해답을 얻기 위해서는 전문지식이 필요하다. 그러나 당신은 그 지식을 '지식의 저주'와 분리할 수 없다. 당신은 다른 사람들이 모르는 것을 알고 있으며, 다시는 그것을 몰랐던 시절로 되돌아갈 수 없다. 그리하여 다른 이들과 해답을 공유할 시점에 이르면 청중들이 자기와 똑같이 알고 있다고 여기며 소통하려 든다.

당신은 답변을 얻는 데 중심축이 될 엄청난 양의 통계를 강조하고 또 강조한다. 그렇지만 스탠퍼드 대학생들이 그랬듯이, 아무도 그 수치를 기억하지 못한다는 사실을 깨닫고 좌절할 것이다. 아무리 당신이 수개월간의 분석과 연구를 통해 내린 결론을 다른 이들과 공유하려고 해도, 일선 직원들에게 "주주가치를 최대화하자"고 주장하는 CEO처럼, 당신의 주장과 실질적인 업무가 무슨 관계인지 이해하는 사람은 아무도 없을 것이다.

우리가 해답에 도달하는 과정을 훈련하는 데 투자하는 시간과 다른 이들에게 전달하는 방법을 훈련하는 데 투자하는 시간의 차이는 크다. 커뮤니케이션 수업을 듣지 않아도 의대를 졸업하거나 MBA 과정을 수료할 수는 있다. 교수들은 자신의 전공 분야에 관해서는 수십 개의 강좌에 참석하면서도 정작 교수법에는 관심이 없다. 많은 기술자들에게 의사소통 훈련 프로그램을 들으라고 제안하면 대부분이 당신을 비웃을 것이다.

비즈니스 관리자들은 파워포인트 프레젠테이션으로 결론을 보여주기만 하면 자신의 메시지를 성공적으로 '소통'한 것이라고 믿는 듯하다. 하지만 사실은 정보를 전달했을 뿐이다. 그가 진정 훌륭한 화자라면 동료나 직원들에게 자신이 '결단력 있고' '관리 능력이 뛰어나거나' 또는 '고무적이라는' 인상을 심어줄 수도 있다. 그러나 스탠퍼드 대학생들처럼, 실제로 자신이 아무런 영향도 미치지 못했다는 사실을 알면 그들은 깜짝 놀랄 것이다. 그들은 단지 데이터를 공유했을 뿐, 오랫동안 기억 속에 남아 유용하게 회자될 메시지를 창출해내지는 못했다. 아무것도 붙이지 못한 것이다.

스티커 메시지 만들기
: 의사소통의 구조

유용하고 오래 남는 스티커 메시지를 만들고 싶다면 청중들을 다음과 같이 만들어라.

1 관심을 끈다.
2 메시지를 이해하고 기억하게 한다.
3 동의하고 신뢰하도록 부추긴다.
4 각별히 여기도록 자극한다.
5 행동을 유발한다.

사실 이 책은 위의 다섯 단계를 중심으로 구성되어 있다. 단지 마지막 순간에야 이렇게 정리하는 이유는 '지식의 저주'가 이런 기본 구조를 쓸모없게 만들어버릴 수 있기 때문이다. '사람들이 내 메시지를 이해할까?'라고 자문하는 전문가는 언제나 '그렇다'라는 결론을 내린다. 왜냐하면 그 자신이 이해하고 있기 때문이다('당연하지. 우리 직원들은 주주가치의 극대화가 무슨 뜻인지 다들 이해할 거야!'). '사람들이 내 메시지를 각별히 여길까?'라는 자문에도 그는 스스로 '그렇다'고 대답할 것이다. 왜냐하면 그 자신이 각별히 여기고 있기 때문이다. 머레이 드라노프 듀오 피아노 재단 사람들을 떠올려보라. "우리 조직은 이중주를 위한 피아노곡을 보호하고 보존하고 장려하기 위해 존재합니다." 그들은 다른 사람들이 피아노 이중주곡에 대해 자신들과 같은 열정을 지니고 있지 않다는 사실을 알고는 엄청난 충격을 받았다.

　SUCCESs 체크리스트는 위에 제시된 의사소통의 기본 틀을 대체하는 도구로 보다 실용적이고 '지식의 저주'의 영향을 덜 받는다는 장점이 있다. 이제까지 당신이 접한 내용들을 상기한다면, 이 두 구조가 완벽하게 일치한다는 사실을 깨달으리라.

1　관심을 끈다: 의외성

2　메시지를 이해하고 기억하게 한다: 구체성

3　동의하고 신뢰하도록 부추긴다: 신뢰성

4　각별히 여기도록 자극한다: 감성

5　행동을 야기한다: 스토리

그러므로 '사람들이 자신의 메시지를 이해할까?'라고 묻기 전에 먼저 스스로에게 "구체적인가?"라는 질문을 던져라. '사람들이 각별히 여길까?'를 생각하기 전에 먼저 "그것은 감성적인가? 사람들의 분석 모자를 벗기거나 혹은 연민을 느끼게 하는가?"라고 자문해야 한다. (그건 그렇고, 위의 목록에 '단순성'이 포함되지 않은 이유는, 그것이 메시지의 핵심을 다듬고 가능한 한 단순하게 압축하는 답변 단계에 해당하기 때문이다. 그러나 '간단한' 메시지는 의사소통 과정 전반에 도움을 주며, 특히 청중이 메시지를 이해하고 행동에 옮기는 데 커다란 도움이 된다.)

SUCCESs 체크리스트는 의사소통 문제를 해결하는 데 있어 이상적인 도구다. 그렇다면 의사소통 문제에서 흔히 찾아볼 수 있는 증상을 살펴보고 적절한 대응책을 알아보자.

증상과 치료법

| 사람들의 관심을 끌 때 |

증상 '아무도 내 말을 듣지 않아.' '지루해하는 것 같아. 하긴 항상 듣는 이야기일 테니까.'

해결책 사람들의 추측 기제를 깨뜨림으로써 놀라게 만들어라. 비상식적인 이야기를 들려줘라(기사의 리드는 '다음 주 목요일 휴교'다! 노디들은 메이시스 백화점에서 산 상품도 아무 말 없이 포장해준다!).

증상 '청중이 절반이나 나가버렸어.' '사람들은 프레젠테이션이 언제 끝나는지에만 관심이 있을 뿐이야.'

해결책 호기심의 공백을 만들어라. 그들의 지식에 구멍이 뚫려있음을 알려주어라(루니 알리지는 대학 미식축구 경기를 중계하기 전 각 학교들의 라이벌 등 배경 지식을 알려줌으로써 맥락을 설정했다). 아니면 미스터리나 수수께끼를 제시하여 궁금증을 자극한 다음 의사소통 과정을 따라 천천히 풀어나간다(수업 첫머리에 미스터리를 제시하는 교수와 토성의 고리에 관한 과학책처럼).

| 사람들이 이해하고 기억하도록 만들 때 |

증상 '설명할 때는 고개를 끄덕이지만 막상 행동에 옮기지는 않아.'

해결책 메시지를 더욱 단순하게 쳐내고 구체적인 언어를 사용하

라. 사람들이 이미 알고 있는 것을 이용하여 당신의 의도를 더 명료하게 만들고, 디즈니의 '배우'와 같은 비유법을 활용하라. 더욱 구체적이고 현실적인 예시를 들어준다. '정보 경영'이라고 이야기하지 말고, 인터넷에서 말라리아에 관한 정보를 얻기 위해 고군분투한 잠비아의 의료보조원에 관한 스토리를 들려주어라.

증상　'회의를 할 때마다 서로 하는 말이 다른 것 같아.' '사람들의 지식 수준이 다들 제각각이라 가르치기가 힘들어.'
해결책　사람들이 기존의 지식을 응용할 수 있는 구체적인 공통의 장場을 구축하라(벤처 캐피털리스트 앞에서 프레젠테이션을 하다가 서류첩을 책상 위에 던지며 이것이 바로 미래의 휴대용 컴퓨터라고 외친 사례를 상기하라). 개념이 아니라 특정한 사례나 예를 제시하라.

| 내 의견을 신뢰하거나 동의하도록 만들고 싶을 때 |
증상　'내 말을 받아들이지 않아.'
해결책　구체적인 세부 사항을 들어 메시지를 전달하라. 환경 보호를 중요하게 여기는 섬유 회사가 하수보다 더 깨끗한 공장 폐수를 방출한다는 등 세부적인 묘사를 곁들여라. 권위를 줄이고 반권위를 이용하라.

증상　'내 말에 사사건건 시비를 걸어.' '그 점에 대해 논의하느라 하루 종일 걸렸어.'
해결책　스프링보드 스토리를 이용해 회의주의에 빠진 청중들을 창의성 모드로 변신시켜라. 통계와 사실 나열을 피하고 의미심장한 예시들을 들려준다. 시나트라 테스트에 통과한 일화들을 이용하라.

| 사람들이 각별히 생각하도록 만들고 싶을 때 |

증상 '사람들이 너무나 냉담해.' '다들 여기에 마음이 없나 봐.'

해결책 마더 테레사 효과를 상기하라. 사람들은 추상적인 대중보다 특정한 개개인을 더 중요하게 생각한다. 고무적인 도전 플롯이나 창의성 플롯이 담긴 스토리를 들려주어라. 그들의 정체성을 건드리는 이야기를 들려주어라. '텍사스를 더럽히지 마시오' 캠페인은 진정한 텍사스인이라면 쓰레기를 아무데나 버리지 않는다고 암시함으로써 성공을 거두었다.

증상 '옛날에는 사람들이 열광했던 것이 이젠 더 이상 먹히지 않아.'

해결책 보다 심오하고 높은 수준의 욕구를 자극하라.

| 사람들이 행동에 옮기도록 자극하고 싶을 때 |

증상 '다들 고개는 끄덕이면서 아무 일도 안 해.'

해결책 도전 플롯 스토리(재러드, 다윗과 골리앗 이야기 등)를 들려주거나 스프링보드 스토리를 이용해(세계은행 스토리 등) 사람들을 끌어들인다. 단순하지만 구체적이고 유용한 메시지를 창조하라. 그리고 '이름, 이름 그리고 또 이름'과 같은 '속담'으로 변환시킨다.

당신은
존 F. 케네디가 아니다

1961년 5월 존 F. 케네디가 말했다. "미국은 앞으로 10년 안에 인간을 달에 착륙시키고 지구로 무사히 귀환시키는 하나의 목표에 전념해야 합니다." 고무적인 사명을 위한 고무적인 메시지가 아닐 수 없다. 이 메시지는 미국 전체가 10년 동안 단 하나의 사명에 몰두하게 만들었고, 결과적으로 역사에 길이 남을 대 성공을 거두었다. 하지만 문제가 있다. 당신은 존 F. 케네디가 아니다.

우리 모두도 마찬가지다. 우리에게는 케네디와 같은 카리스마나 권력이 없다. 우리는 달나라 여행보다 아침에 출근할 때 뒷주머니에 지갑이 제대로 들어 있는지 확인하는 게 더 중요한 사람들이다. 따라서 스티커 메시지를 만들기 위해 존 F. 케네디가 되어야 한다면, 이 책은 정말이지 절망적인 내용이라고 할 수 있다.

존 F. 케네디는 기준이 아니다. 사실 그는 기준에서 한참 벗어나 있다. 우리가 처음 '인간의 달 착륙' 연설을 언급했던 장에는 켄터키 프라이드 생쥐 이야기도 들어 있었다. 우리가 머나먼 우주에만 관심이 있다고 생각하면 곤란하다.

모든 스티커 메시지는 공통점을 지닌다. 그리고 이 책에서, 우리는 그러한 특성을 반대로 분석했다. 우리는 터무니없는 메시지들을 연구했다. 신장 도둑과 얼음이 가득 찬 욕조를 보라. 우리는 또 기가 막힌 메시지들도 살펴보았다. 박테리아가 위궤양을 일으킨다는 메시지는 어떤가? 비행기 안전수칙처럼 지겨운 메시지를 흥미롭게 바꾸는 비법을 살펴보았고 신문과 회계, 핵전쟁, 신앙 전도, 안전띠, 먼지, 춤, 쓰레기, 미식축구, 배송업 그리고 햄버거에 관한 여러 가지 메시지들을 살펴보았다.

그리고 이 모든 메시지들, 심오하고 평범하며 심각하고 우스꽝스러운 이 모든 메시지들 속에서 우리는 공통점을 발견했다. 이제 우리의 희망은 이 특성들을 이해하고 자신의 메시지에 응용하는 것이다. 당신이 통계 대신 스토리를 내밀었을 때, 사람들은 당신을 비웃었다. 하지만 그 메시지가 스티커처럼 착 달라붙자…….

SUCCESs 체크리스트는 매우 실용적인 도구일 뿐, 복잡한 공식이 아니다. 그것은 어렵지 않다. 로켓 과학이 아니다. 그러나 자연적으로 발생하거나 직관적으로 느낄 수 있는 것도 아니다. SUCCESs 법칙을 성공적으로 이행하려면 노력과 실천력이 필요하다.

이 책은 이러한 원칙을 응용함으로써 평범한 문제로부터 놀라운 결과를 일구어낸(심지어 자신이 무슨 일을 하고 있는지도 모르는 채) 평범한 사람들로 가득하다. 우리 옆을 스쳐지나가는 평범한 사람들, 이름을 들어도 알아보지 못할 그런 평범한 사람들이다. 그들의 이름은 달라붙지 않는다. 하지만 그들의 스토리는 다르다.

아트 실버맨을 생각해보라. 그는 영화관에서 판매하는 몸에 해로운 팝콘을 먹지 않도록 전체 미국 국민을 설득한 사람이다. 그는 팝콘 한 봉지와 콜레스테롤이 듬뿍 든 세 끼니를 보여주고는 "보라. 팝콘에는 이보다 더 많은 포화지방이 함유되어 있다"고 말했다. 평범한 직업을 가진 평범한 사람이 놀라운 변화를 일군 것이다.

노라 에프론의 언론학 교사도 있다. 불쌍한 사람, 우리는 그의 이름조차 알지 못한다. 그는 학생들에게 이렇게 말했다. "이 이야기의 리드는 '다음 주 목요일은 휴교'란다." 그는 단 하나의 문장으로 언론학에 대한 학생들의 이미지를 통째로 무너뜨렸다. 그는 에프론에게 영감을 심어주었고 그녀가 언론인이 되는 데 지대한 영향을 미쳤다. 평범한 직업을 가진 평범한 사람이 변화를 일군 것이다.

밥 옥위에자는 또 어떤가? 당신이 이 사람의 이름을 기억하고 있다면 내 손에 장을 지지겠다. 한 서브웨이 지점의 주인이었던 그는, 한 뚱뚱한 학생이 날마다 서브웨이 샌드위치를 먹고 100킬로그램 가까이 감량했다는 잡지 기사를 읽었다. 그리고 그는 이것이 놀라운 스토리라는 사실을 발견했다. 전국에 광풍을 일으킨 서브웨이의 재러드 캠페인은 옥위에자가 없었더라면 빛을 보지도 못했을 것이다. 평범한 직업을 가진 평범한 사람이 다시 한번 변화를 일군 것이다.

그리고 이라크 페가서스 군사식당을 운영하는 플로이드 리도 있다. 그는 자신의 역할이 단순히 음식을 서비스하는 것이 아니라 사기를 진작시키는 것이라고 믿었다. 플로이드는 다른 모든 군사식당과 똑같은 재료로 똑같은 음식을 만들었지만 군인들은 너나 할 것 없이 그의 텐트 아래 몰려들었고, 디저트 전문 요리사들은 자신의 케이크를 '감각적'이라고 불렀다. 평범한 직업을 가진 평범한 사람이 변화를 일군 것이다.

제인 엘리엇을 잊지 말자. 그녀에게서 인종차별에 관해 배운 학생들은 20년 후까지도 그때의 기억을 가슴속 깊이 간직하고 있다. 그녀가 백신처럼 편견에 대해 '예방주사'를 놓았다고 말해도 과언이 아니리라. 평범한 직업을 가진 평범한 사람이 변화를 일군 것이다.

이들은 모두 변화를 불러일으키는 메시지들을 만들고 다듬음으로써 특별한 존재가 되었다. 그들은 유명인사도 아니고, 광고 회사를 소유한 것도 아니며, 광고를 만들 돈도 없었다. 그들이 가진 것은 오직 메시지뿐이었다. 그리고 바로 이 점이야말로 메시지 세계의 탁월함이다. 명심하라, 올바른 통찰력과 진실한 메시지만 있다면 누구든 스티커 메시지를 창조할 수 있다.

주

프롤로그

1 Tony Procio, "In Other Words: A Plea for Plain Speaking in Foundations", *Edna McConnel Clark Foundation*, 2000.

2 팝콘 스토리의 전말은 Howard Kurtz, "The Great Exploding Popcorn Expose", *Washington Post*, May 12, 1994, Cl.

3 독이 든 핼러윈 과자 전설에 관한 스토리는 Joel Best, Gerald T. Horiuchi, "The Razor Blade and the Apple: The Social Construction of Urban Legends", *Social Force* 32 (1985): 488-99에서 볼 수 있다. 조엘 베스트는 사회문제의 '구성'에 관해 연구하는 사회학자 중 한 사람이다. 음주운전, 약물남용 또는 독이 든 핼러윈 과자와 같은 문제에 관한 사회적 관심은 사회문제 그 자체와 늘 일치하는 것은 아니며, 사회학자들은 이러한 사회적 문제가 어떻게 '문제로 정의되는지 이해하고자 노력해왔다. 이 주제에 관한 다른 흥미로운 자료를 원한다면 Joel Best, *Random Violence: How We Talk about New Crimes and New Victims* (Berkeley, University of California Press, 1999)를 추천한다.

4 '지식의 저주' 개념은 C. F. Camerer, G Loewenstein, and M. Weber, "The Curse of Knowledge in Economic Settings: An Experimental Analysis", *Journal of Political Economy* 97 (1989): 1232-54에서 얻었다. '지식의 저주'는 전문 지식이 증가할수록 강화된다. 파멜라 힌즈가 전문가들(휴대전화 회사의 판매 사원들에게 초보 사용자들이 전화기의 다양한 기능(예: 음성사서함의 인사말 녹음하기, 메시지 저장 및 삭제 등)을 익히는 데 어느 정도의 시간이 걸릴 것으로

예측하느냐고 물었을 때, 전문가들은 초보자들이 그런 일을 수행하는 데 걸리는 시간을 엄청나게 과소평가 했을 뿐만 아니라(평균 30분이 소요되는 활동을 13분으로 추정), 특별히 자신들이 처음 그러한 기능을 배울 때 겪은 어려움을 고려하라는 언질을 받았을 때에도 태도는 개선되지 않았다. Pamela J. Hinds, "The Curse of Expertise: The Effects of Expertise and Debiasing Methods on Predicting Novice Performance". *Journal of Experi-mental Psychology: Applied* 5 (1999): 205-21 또한 심리학계의 뛰어난 업적인 Boas Keysar, Linda E. Ginzel, and Max H. Bazerman, "States of Affairs and States of Mind: The Effect of Knowledge on Beliefs", *Organizational Behavior and Human Decision Processes* 64 (1995): 283-93을 참조하라. 아이러니하게도 '지식의 저주'를 극복하고자 하는 욕구가 가장 강한 경제와 마케팅 분야에서 특히 자세히 정리되어 있다. '지식의 저주'가 당신의 돈을 잡아먹고 있을 때 이를 극복하지 못한다면, 매일 매일 발생하는 일상적인 상황 속에서 '지식의 저주'를 감지하고 이를 이겨내는 일은 더욱 힘들고 어려워질 것이다.

5 L. Newton, "Overconfidence in the Communication of Internet: Heard and Unheard Melodies", Ph.D. diss., Stanford University, 1990.

6 Jacob Goldenberg, David Mazursky and Sorin Solomon, "The Fundamental Templates of Quality Ads", *Marketing Science* 18 (1999): 333-51를 보면 그림 유추 원형은 극단적인 시각적 비유를 이용한다. 그중 한 예로 높은 건물 꼭대기에서 뛰어내리는 사람의 시야를 보여주는 나이키 운동화 광고를 들 수 있다. 방금 막 건물에서 뛰어내린 주인공의 발에는 거대한 나이키 운동화가 신겨 있고, 저 아래로는 도로 바닥에 매트리스를 깔고 있는 소방관들이 조그맣게 보인다. 광고 문구는 이렇다. "도로와 당신 사이에 존재하는 부드러운 그 무엇." 가장 잘 만들어졌다고 꼽히는 광고들의 대부분은 이런 그림 유추나 극단적인 결과를 이용하고 있다. 그 외 사용되는 원형으로는 극단적인 상황(상품을 흔치 않은 상황에서 이용하기. 또는 상품의 특성을 극단적인 수준으로 강조), 경쟁(해당 상품이 다른 경쟁 상품과 비교하여 우월하다는 것을 보여줌. 대개 흔치 않은 상황을 설정), 쌍방향 실험('신뢰성' 장의 '검증 가능한 신용' 참조). 그리고 차원 변화(선택으로

인한 장기적인 결과를 보여주는 시간 이동) 등이 있다.

원칙 1 단순성 Simplicity

1 James Carville and Paul Begala, *Buck up, Suck Up, and Come Back When You Foul Up* (New York: Simon&Schulster, 2002), 88. 이 책은 우리가 아는 한 정치 캠페인의 역학에 관한 가장 흥미로운 서적이다. 또한 정치 캠페인의 의사소통을 다루는 장에서는 우리가 이 책에서 논의한 몇몇 원칙을 제시하고 있다. "스토리를 이야기하라("사실은 전달하지만 스토리는 팔린다")"와 "감정적으로 접근하라. 그리고 독특해져라("예상을 깨뜨려라"의 변형 버전이다)".

2 Jonathan Bor, "It Fluttered and Became Bruce Murray's Heart", *Syracuse Post-Standard*, May 12, 1984.

3 Barton Gellman, "Israeli Prime Minister Yitzhak Rabin Is Killed", *Washington Post*, November 5, 1995. 칩 스캔론은 이 두 기사를 비롯해 언론학에 관한 지식을 기술하는 방대한 양의 온라인 칼럼을 모아두고 있다. http://www.poynter.org/column

4 Rich Cameron, "Understanding the Lead and the Inverted Pyramid Structure Are Staples of Journalism 101 Classes", *The Inverted Pyramid*, 2003. www. cerritosjournalism.com의 "101-news writing" 섹션을 참고하라.

5 Mary Matalin and James Carville, *All's Fair: Love, War and Running for President* (New York: Random House, 1994), 244.

6 하와이에서의 크리스마스 휴가에 관한 연구는 Amos Tversky and Eldar Shafir, "The Disjunction Effect in Choice Under Uncertainty", *Psychological Science* 3 (1992): 305-9. 강의·영화·도서관 선택에 관한 연구는 Donald A. Redelmeier and Eldar Shafirm, "Medical Decision Making in Situations That Offer Multiple Alternatives", *Journal of the American Medical Association* 273 (1995): 302-6. 의사결정 마비 현상은 심지어 전문가들에게서도 명백하게 나타난다. 리델마이어와 샤피르는 의사들도 다수의 훌륭한 치료법 중에서 하나를 선택해야 하는 상황에 닥치면 처방전 쓰기를 망설인다는 것을 밝혀냈다.

7 http://ohionline.osu.edu/hygfact/5000/5550.html에서 발췌한 것이다.

8 속담에 관한 논의는 Paul Hemandi and Francis Steen, "The Tropical Landscapes of Proverbial: A Crossdisciplinary Travelogue", *Style* 33 (1999): 1-20을 참조했다.

9 Tom Kelley, *The Art of Innovation: Lessons in Creativity from IDEO, America's Leading Design Firm* (New York: Doubleday Currency, 2001).

10 이 알파벳/두문자 실험은 인지심리학에서 흔히 사용하는 '의미덩이chunking' 원리를 보여준다. 인간의 작업 기억은 일곱 개의 독립적인 정보 각을 다루는 데 가장 적합하다. George Miller, "The Magical Number Seven, Plus or Minus Two", *Psychological Review* 63, 1956, 81-97. 첫번째 연습활동의 의미덩이들은 단순한 알파벳에 불과하며, 대부분의 사람들은 약 일곱 개의 글자를 기억하는 데 그친다. 반면 두 번째 활동의 의미덩이는 이미 우리가 알고 있는 두문자어로, 대개의 사람들은 비록 여러 개의 글자로 이루어져 있을망정 약 일곱 개의 두문자를 기억할 수 있다. 이미 존재하는 기존의 의미덩이를 이용하면 한정된 기억 공간 안에 더욱 많은 정보를 쑤셔넣을 수 있는 것이다.

11 도식schema은 인지심리학과 사회심리학에서 이용되는 표준 도구다. 사회심리학적 관점에서 도식에 대한 보다 흥미로운 논의를 접하고 싶다면, Susan T. Fiske and Shelley E. Taylor, *Social Cognition*, 2nd ed. (New York: McGraw-Hill, 1991)의 4장 5장을 추천한다. 인지심리학적 관점에서 보는 도식에 관한 흥미로운 연구 요약을 접하고 싶다면, David C. Rubin, *Memory In Oral Traditions: The Cognitive Psychology of Epic, Ballads, and Counting-out Rhymes* (Oxford: Oxford University Press, 1995)를 참고하라. 비유법은 도식과 연관된 지식에 접근하는 훌륭한 수단이다. 수많은 교육심리학자들이 새로운 지식을 학습하는 데 있어 비유법의 유용성에 관해 논문을 발표한 바 있는데, 특히 리처드 메이어Richard Mayer의 업적이 두드러진다. 1980년에 발표한 한 논문에서, 그는 학생들에게 데이터베이스 언어 프로그램을 가르쳤다. 학생들 가운데 한 집단은 컴퓨터의 구조에 관해 비유법을 이용한 설명을 들었다. "컴퓨터의 장기 저장 기능은 파일 캐비닛에 비유되었다. 분류 기능은 파일을 바구니에 담고, 그것

을 보관하고, 책상 위에 바구니를 비우는 과정으로 비유되었다." 학생들이 간단한 문제에 직면했을 때, 이런 비유법은 그리 도움이 되지 않았다. 그러나 문제가 다소 복잡해지면 비유법을 통해 학습한 학생들이 다른 방법을 학습한 이들보다 두 배 이상 훌륭한 성과를 보였다. R. Mayer, "Elaborate Techniques That Increase the Meaningfulness of Technical Text: An Experimental Test of the Learning Strategy Hypothesis", *Journal of Educational Psychology* 72 (1980): 770-84를 보라. 은유는 도식 안에 담긴 지식에 접근하는 또 다른 수단이다. 조지 라코프George Lakoff는 일련의 저서를 통해 우리가 세상에 대해 이해하고 말하는 방식이 실은 수많은 은유로 구성되어 있음을 보여주었다. George Lakoff and Mark Johnson, *Metaphors We Live By* (Chicago: University of Chicagopress, 1980). 이를테면, 우리는 사랑을 여정이라고 생각하고 그런 식으로 이야기한다("우리가 어디까지 왔나 봐", "우린 지금 갈림길에 서 있어", "우린 길을 잃었어"). 라코프는 이러한 은유가 우리의 의사소통 깊이 얼마나 스며들어 있는지 누구보다도 잘 알고 있었지만, 사실 은유는 메시지를 전달하기 위해 심오해지거나 사회 깊숙이 스며들 필요는 없다. 그저 할리우드의 '하이 콘셉트'처럼 관계있는 청중들 사이에 공유되기만 하면 된다.

12 D. A. Schon, "Generative Metaphor: A Perspective on Problem-Solving in Social Policy", *Metaphor and Thought*, 2nd ed., edited by A. Ortony (Cambridge: Cambridge University Press. 1993).

13 디즈니사의 예는 Disney Institute, *Be Our Guest: Perfecting the Art of Customer Service* (New York: Disney Editions, 2001)을 참조했다.

원칙 2 의외성 Unexpectedness

1 캐런 우드가 사우스웨스트 항공사의 비행 승무원이라는 사실은 전혀 우연이 아니다. Kevin Freiberg and Jackie Freiberg, *Nuts! Southwest Airlines Crazy Recipe for Business and Personal Success* (Austin: Bard Press, 1996), 209-10.

2 Paul Ekman and William V. Friesen, *Unmasking the Face: A Guide to Recognizing Emotions from Facial Clues* (Englewood Cliffs, N.J.: Frentice-

Hall. 1975). 놀라움이라는 감정은 아직 연구가 미흡한 분야인데, 어떤 심리학 영역에 속하는지 확실치 않아 지금까지도 의견이 분분하기 때문이다. 주의와 학습을 연구하는 인지심리학자들은 놀라움이 너무 감정적이라고 생각하며, 분노와 두려움, 혐오감을 연구하는 사회심리학자들은 놀라움이 지나치게 인지적이라고 생각한다. 한편 주의와 학습을 통제하는 그 중요한 역할 덕분에 놀라움이 인간의 가장 중요한 감정이라고 인식하는 사례도 가능하다.

3 관심 끌기와 관심 유지는 어린 학생들의 시선을 교과서에 묶어두길 원하는 교육 심리학자들의 끝없는 논의거리다. 교육심리학자들의 발견은 상당 부분 우리가 이 책에서 다룬 주제와 동일하다. 아이들은 교재 내용이 활동을 자극하고 이미지를 보여줄 때(구체성), 또는 감정이나 무언가 새로운 것(의외성. 비록 의외성에 대한 우리의 관점은 관심을 유지하기보다는 관심을 자극하는 데 초점을 맞추고 있지만)을 불러일으킬 때 더욱 관심을 보인다. 그러나 대부분의 교육심리학 연구는 한 섹션이나 챕터 한 권의 책처럼 광범위한 것보다 단어나 단락 단위의 텍스트에 초점을 맞춘다. 미스터리에 관한 치알디니의 관찰력이나 로웬스타인의 호기심 공백 이론은 이런 연구 영역에 지대한 도움을 줄 수 있다. 교육심리학 분야에 관심이 있다면 Suzanne Hidi, "Interest and Its Contribution as a Mental Resource for Learning", *Review of Educational Research* 60 (1990): 549-71을 읽어보라.

4 Jim Collins and Jerry Porras, *Built to Last: Successful Habits of Visionary Companies* (New york: HarperBusiness, 1994), 118.

5 Lorraine Glennon and Mary Mohler, *Those Can Teach! Celebrating Teachers Make a Difference* (Berkeley: Wildcat Canyon Press, 1999): 95-6을 참조했다.

6 메릴랜드 대학의 국제정책 성향 프로그램Program for International Policy Attitudes. PIPA 설문조사 결과.

7 http://www.ipjc.org/journal/

8 치알디니의 글은 심리학 교수법에 관한 것이지만, 실상 모든 교사들에게 훌륭한 지침이 될 수 있다. Robert B. Cialdini, "What's the Best Secret Device for Engaging Sudent Interest? The Answer Is in the Title", *Journal of Social*

and Clinical Psychology 24 (2005), 22-9.

9 Robert McKee, *Story: Substance, Structure, Style and the Principles of Screenwriting* (New york: ReganBooks, 1997). 매키는 영화의 결말을 이끄는 놀라움과 가짜 놀라움의 차이점에 대해 훌륭한 통찰력을 보여주었다. "우리는 사람들이 기대하지 못했거나 또는 기대했던 것과 정반대되는 것을 보여줌으로써 관객들을 놀래킬 수 있다." 그러나 그는 '진정한 놀라움'이란 우리가 기대했던 것과 실제로 일어나는 일 사이에 그럴듯한 공백이 갑작스레 드러날 때에만 발생한다고 말한다. 한편 '그럴듯한 타당성'은 통찰력에서 비롯되며 그때까지 숨겨져 있던 진실이 드러나게 된다.

10 Georgy Lowenstein, "The Psychology of Curiosity: A review and Reinterpre-tation", *Psychological Bulletin* 116 (1994), 75-98. 이 글은 지난 몇 십 년간의 심리학 연구를 되돌아보는 훌륭한 논문이다.

11 루니 알리지의 자서전 *Roone: A memoir* (New York: HaperCollins, 2003).

12 소니의 역사는 John Nathan, *Sony: The Private Life* (Boston: Houghton Mifflin, 1999)를 참고했다.

13 Lowenstein, "Psychology of Curiosity", 86.

원칙 3 구체성 Concreteness

1 전문용어 생성기는 사우스캐롤라이나 에이킨 대학의 W. 데이비스 폴섬W. Davis Folsom이 발명한 것이다. http://highered.mcgraw-hill.com/sites/0072537892/student_view/business_jargon_exercise.html

2 구체적인 메시지의 이점은 심리학 분야에서 두드러지게 나타난다. 구체적인 메시지는 기억하기가 훨씬 용이하다. 이에 대한 가장 흥미로운 증거는 듀크 대학의 인지심리학자이며 서사무용담, 민요, 동요와 같은 구전문화를 연구하는 데이비드 루빈의 저서에서 찾아볼 수 있을 것이다. 루빈의 저서 『구전 전통의 기억 Memory in Oral Traditions』는 인문학과 심리학의 경계를 넘나드는 역작이다. 이야기가 한 사람의 입에서 다른 사람의 입으로 전달될 때 가장 살아남기 쉬운 부분은 구체적인 요소인데, 그것은 구체적인 요소가 이해하고 기억하기 쉽기 때문이다.

David C. Rubin, *Memory in Oral Traditions: The Cognitive Psychology of Epic, Ballads, and Counting Out Rhymes* (Oxford: Oxford University Press, 1995). 또한 구체적인 메시지는 이해하기가 쉽다. 교육학 분야에서도 마크 사도스키, 어니스트 괴츠와 몇몇 동료들이 구체적인 메시지는 다른 메시지에 비해 이해하고 기억하기 쉬우며, 더불어 훨씬 흥미롭다는 사실을 설명하는 논문들을 발표한 바 있다. Mark Sadoski, Ermest Goetz, and Maximo Rodriguez, "Engaging Texts: Effects of Concreteness on Comprehensibility, Interest, and Recall in Four Text Types", *Journal of Educational Psychology* 92 (2002), 85-95.

3 E. A. Havelock, *Preface to Plato* (Cambridge: Harvard University Press, 1963).

4 Carol W. Springer and Faye Borthick, "Business Simulation to Stage Critical Thinking in Introductory Accounting: Rationale, Design, and Implementation", *Issues in Accounting Education* 19 (2004), 277-303.

5 제인 엘리엇의 반편견 시뮬레이션은 PBS 프런트라인 다큐멘터리 〈분열된 학급 A Class Divided 〉을 참고했다. 〈분열된 학급〉은 PBS 방송사상 가장 자주 재방송 요청을 받는 프로그램으로, 1985년 '정보, 문화, 역사적으로 가장 뛰어난 프로그램' 부문에서 에미상을 수상했다. 프로그램 시청을 원하는 이들은 http://www.pbs.org/wgbh/pages/frontline/shows/divided/etc/view.html을 방문하라.

6 Phil Zimbardo, *Psychology and life*, 12th ed. (Glenview, III: Scott, Foresman, 1985), 634.

7 B. A. Bechky, "Crossing Occupational Boundaries: Communication and Learning on a Production Floor", Ph.D. diss., Stanford University, 1999.

8 Collins and Porras, *Built to Last: Successful Habits of Visionary Companies* (New York: HarperBusiness, 1994), 93.

9 스톤 야마시타와 HP의 협력관계는 Victoria Chang and Chip Heath, "Stone Yamashita and PBS: A Case at the Graduate School of Business", Stanford University Graduate School of Business case study SM119(2004)에서 인용했다.

10 Jerry Kaplan, *Start-Up: A Silicon Valley Adventure* (Boston: Houghton Mifflin, 1995). 이 사례는 우리가 일상적인 불확실성과 회사 창립 시 부딪히는 고난에 관해 읽은 것 중 최고에 속한다. 게다가 재미있다는 점도 빠뜨릴 수 없다.

11 위의 책, 25-26.

12 후에 '고 컴퓨터Go Computer'라는 이름을 붙인 캐플런의 회사는 궁극적으로 실패하고 말았다. 당시의 기술로는 필기체를 인식하는 컴퓨터를 개발할 수 없었기 때문이다. 그러나 인간의 필기를 인식하는 컴퓨터라는 메시지는 놀랍도록 끈끈하게 달라붙었고 (그 시대의 '휴대용 라디오'라 부를 수 있을 만큼 곧 캐플런의 뒤를 이어 몇몇 회사들이 이 기술을 개발할 목적으로 벤처 캐피털로부터 자본과 기술자를 지원받았다.

13 2001년의 경우, 사하라 이남의 모든 아프리카 국가들과 모든 아시아 대륙의 국가들에게 주어진 원조금은 1년에 10억 달러가 약간 넘는 금액이었다. 2억 8,000만에 달하는 미국 인구를 고려할 때, 세일 가격 33센트짜리 탄산음료수 12병이면 도합 11억 달러다. 1년에 8달러짜리 영화 한 편을 안 본다면 22억 달러를 모을 수 있다.

14 워싱턴 D.C.에 기반을 두고 지구촌 저소득층의 복지를 위해 위생보건 분야에서 혁신적인 활동을 벌이고 있는 비영리집단 PSI의 설명이다. http://www.psi.org

15 유니세프 재직 시절 놀라운 변화를 일궈 결과적으로 2,500만 명 이상의 어린 아이들을 구한 제임스 그랜트의 일화다. 일례로 이전까지 20퍼센트에 불과하던 예방접종률이 그 시기에 80퍼센트로 상승했다. 이 대단한 이야기는 David Bornstein, *How to Change the World: Social Entrepreneurs and the Power of New Ideas* (Oxford: Oxford University Press, 2004)를 참고했다.

16 Rick Warren, *The Purpose-Driven Church* (Grand Rapids: Zondervan, 1995): 169는 미국에서 가장 크고 가장 빠른 속도로 성장 중인 교회 가운데 하나인 새들백 교회의 조직 원리에 대해 설명하고 있다.

원칙 4 신뢰성 Credibility

1 Daniel Q. Haney, "News That Ulcers Are Caused by Bacteria Travels Slowly

to MDS", *Buffalo News,* Febuary 11, 1996.

2 Manveet Kaur, "Doctor Who Discovered Ulcer Bugs", *New Straits Times*, August 13, 2002.

3 Laura Beil, "A New Look at Old Ills: Research Finds Some Chronic Diseases May be Infectious", *The Record* (Northem New Jersey), March 24, 1997.

4 선천성 스티커 메시지는 설득 과정에 대해 훌륭한 통찰력을 제공하며, 심리학적인 측면에서 설득을 연구하는 학자들은 이러한 메시지들을 연구함으로써 많은 도움을 얻을 수 있다. 심리학 분야에서 설득에 관한 전통적인 연구 방식은 먼저 논의를 유발하고, 그 논의의 신뢰성에 대해 평가를 내리고, 그다음 신뢰도가 높거나 낮게 평가된 논의들을 이용함으로써 신뢰성의 문제를 회피해왔다. 권위의 영향력에 관한 몇몇 연구들을 제외하면 무엇이 메시지에 신뢰성을 더해주는지를 알아내기 위한 연구는 이루어지지 않았던 것이다. 그러나 루머와 도시 전설은 괴상한 주장에 신뢰성을 실어주는 특성들을 지속적으로 발전시켜왔다. 예를 들어, 우리가 이 장에서 논의한 '검증 가능한 신용' 메시지는 수많은 도시 전설이 공통적으로 지니고 있는 특성이나 설득에 대한 연구논문에서는 논의되지 않았다.

5 팸 라핀에 관한 스토리는 Bella English, "Sharing a Life Gone Up in Smoke", *Boston Globe*, September 20, 1998에 실려 있다.

6 미국 질병통제 예방센터 CDCP, http://www.cdc.gov/tobacco/

7 사례를 제보해준 스펜서 로버트슨Spencer Robertson에게 감사한다.

8 Jan Harold Brunvand, *The Vanishing Hitchhiker: American Urban Legends and Their Meanings* (New York: W.W. Norton & Company, 1981), 7. 이 책은 미국 전역에 몰아친 도시 전설 광풍에 대해 책임이 크다. 그때까지 민속학자들은 오랫동안 현대인의 민간전승에 관한 글을 써왔는데, 갑자기 이 브룬반드의 저서가 모든 사람들이 도시 전설을 읽고 들을 수 있는 거대한 통로를 열어주었다. 그들은 자신이 사는 지역의 이야기들이 약간의 모습만 바꾼 채 전국 곳곳에 널리 퍼져 있다는 사실을 알자 커다란 충격을 받았다.

9 생생하고 사실적인 세부 사항이 기억과 신뢰성에 미치는 영향에 대해서는 심

리학계에서 아직도 열띤 토론이 진행 중이다. 한편 우리가 볼 때 그러한 증거들은 상당히 혼란스러운데, 이는 연구자들이 '핵심' 메시지를 뒷받침하거나 방해하는 세부 사항을 구분하지 않고 뭉뚱그려 설명하기 때문이다. 사람들은 필연적으로 생생한 세부 사항에 집중하고 쉽게 기억한다. 그러한 세부 사항이 핵심 메시지를 뒷받침한다면, 메시지는 기억이 더욱 용이하고 설득력 역시 강화된다. 그러나 핵심 메시지와 동떨어진 세부 사항은 사람들의 관심을 핵심으로부터 분산시키고 메시지의 신빙성을 떨어뜨릴 수 있다(교육심리학에서는 이를 '유혹적 세부 사항seductivedetails'이라 부른다). 이 주제에 관해서는 Ernest T. Goetz and Mark Sadoski, "Commentary: The Perils of Seduction: Destracting Details or Incomprehensible Abstractions?", *Reading Research Quaterly* 30 (1995): 500-11을 참고하기 바란다.

10 Jonathan Shedler and Melvin Manis, "Can the Availability Heuristic Explain Vividness Effects?", *Journal of Personality and Social Psychology*, 51 (1986), 26-36.

11 코비의 이 예는 Fortune, November 29 (2004): 162에서 발췌한 것이다.

12 상어와 사슴의 비교 메시지에 대해, 팀 오하라Tim O'Hara에게 감사한다.

13 다양한 사망원인에 관한 통계 자료는 2001년 미국 통계 요약Statistical Abstract of the United States을 참고했다.

14 윌리엄 맥도너William McDonough, 2003년 환경을 주제로 한 콘라딘 폰 구겔베르크 기념강의, 스탠퍼드 대학, 2월 11일, 2003년. http://www.gsb.stanford.edu/news/headlines/2003_vongugelberg.shtml. Andrew Curry, "Green Machine", *U.S. News& World Report*, August 5, 2002, 36.

15 감정 탱크는 Jim Tompson, *The Double-Goal Coach Positive Coaching Tools for Honoring the Game and Developing Winners in Sports and Life* (New York: Harper-Collins, 2003)에서 가져온 것이다. 연습활동은 63페이지에 설명되어 있다. 이 책은 청소년들에게 스포츠를 교육하는 사람이라면 반드시 읽어야 할 필독서다.

16 NBA의 신입선수 오리엔테이션에 관한 스토리는 Michelle Kaufman, "Making

a Play for Players", *Miami Herald*, October 5, 2003.

17 Grant Wahl and L. Jon Wertheim, "Paternity Word", *Sports Illustrated*, May 4, 1998, 62.

원칙 5 감성 Emotion

1 Debora A. Small, Georgy Loewenstein, and Paul Slovic, "Can Insight Breed Callousness? The Impact of Learning about the Identifiable Victim Effect on Sympathy", working paper, University of Pennsylvania, 2005.

2 이 장은 사람들이 무언가를 각별하게 여기게 하는 감정의 힘에 초점을 맞추고 있으나, 연구에 의하면 감정적인 메시지는 또한 기억하기도 쉽다. 감성은 사건의 중심이나 골자에 대한 기억력을 강화한다. 기억 연구가들은 무기 효과weapon focus에 대해 말한다. 무기 효과란 강도를 당한 사람들이 강도가 든 총이나 칼은 정확하게 기억하는 반면 그 외의 것들에 대해서는 거의 기억하지 못하는 현상이다. 사람들은 사건의 중심 감정과 인과구조나 공간적 구조와 밀접하게 결합된 다른 것들을 기억하는 경향이 있다. 따라서 메시지의 감정적 요소를 강조하면 사람들이 핵심 메시지에 집중하도록 만들 수 있다. Daniel Reisberg amd Friderike Heuer, "Memory for Emotional Events", *Memory and Emotion*, ed. Daniel Reisberg and Paulra Hertel (Oxford: Oxford University Press, 2004).

마크 사도스키와 그의 동료들은 글의 감정적 측면이 훨씬 중요하게 평가되며 (Sadoski, Goetz, and Kangiser, 1988) 또한 훨씬 쉽게 기억된다는 사실을 밝혀냈다(Sadoski and Quest, 1990). 흥미롭게도 후자의 논문은 시각화하기 쉬운 것은 더욱 감정적인 영향을 준다는 점을 밝혀낸 몇몇 연구조사 중 하나다. 무언가를 구체적으로 만들면 기억하기 쉬울 뿐만 아니라 사람들의 감정을 자극해 각별히 여기도록 할 수 있다. Mark Sadoski and Z. Quest, "Reader Recall and Long-Term Recall for Journalistic Text: The Roles ofImagery, Affect, and Importance", *Reading Research Quaterly* 25 (1990), 256-72. Mark Sadoski, Earnest T. Goetz, and Suzanne Kangiser, "Imagination in Story Response: Relationships between Imagery. Affect, and Structural Importance, *Reading*

Research Quaterly 23 (1988), 320-36.

3 "Smoke Signals", *LA Weekly*, Novenber 24-30, 2000(http://www.laweekly.com/ink/01/01/offbeat.php).

4 '진실'과 '생각해보세요' 두 캠페인의 비교는 Matthew C. Farrelly, Cheryl G. Healton, Kevin C. Davis, Peter Messeri, James C.Hersey, and M. Lyndon Haviland, "Getting to the Truth: Evaluating National Tobacco Countermarketing Campaigns", American Journal of Public Heath 92 (2002), 901-7.

5 이 같은 원리는 이반 파블로프가 종소리가 울리면 개가 침을 흘리도록 훈련시켜 노벨상을 탄 이후에 잘 알려졌다. 연합의 위력에 관한 흥미로운 논의는 로버트 치알디니, 『설득의 심리학Influence: The Psychology of Persuasion』 (New York, Quill, 1993)의 '호감의 법칙' 장에서 찾아볼 수 있다. 치알디니는 비가 많이 오는 도시에서 일기예보를 맡고 있는 아나운서의 딜레마로 이 장을 시작한다. 일기예보 통보관은 정기적으로 분노에 찬 편지를 받는데, 그것은 시청자들이 비가 온다는 일기예보와 그 뉴스를 전달하는 통보관을 연관시키기 때문이다. 또한 치알디니는 사람들이 점심식사 도중 처음 들은 정치적 발언을 지지하는 경향이 있다는 '만찬 기법'에 대해서도 말한다. 치알디니의 『설득의 심리학』은 영향력에 관한 고전이며, 사회과학 분야에서도 최고로 꼽히는 서적 중 하나다.

6 C. Vognar, "Japanese FilmLegend Kurosawa Dies at 88", *Dallas Morning New,* September 7, 1998, 1A.

7 '상대성'의 오용에 대한 아인슈타인의 발언은 David Bodanis, *E-mc* (New York: Walker&Company, 2000).

8 Chip Heath and Roger Gould, "Semantic Stretch in the Marketplace of Ideas", working paper, Stanford University, 2005. 이 페이퍼에서 칩과 로저는 '좋다'의 극단적인 유의어(예: 끝내준다. 엄청나다) 등이 그보다 덜 극단적인 단어들(괜찮다. 왜 좋다)보다 훨씬 빠른 속도로 전파되며, '나쁘다' 역시 그와 비슷한 패턴으로 변화하고 있음을 보여준다. 의미 확장이 일어나고 있는 것이든 아니면 세상이 보다 자극적이 되어가고 있는 것이든, 이 세상은 개선되는 동시에 악

화되고 있나 보다.

9 Jim Thomson, *The Double Goal Coach: Positive Coaching Tools for Honoring the Game and Developing Winners in Sports and Life* (New York, HarperCollins, 2003). 4장에서 현대 스포츠 정신의 문제점과 John Caples, *Tested Advertising Methods*, 5th ed., revised by Fred E. Hahn (Paramus: Prentice Hall, 1997). 우편주문 광고는 자주 싸구려로 치부되는데, 본문에서도 말했듯 이는 광고주가 가장 즉각적인 피드백을 받을 수 있는 몇 안 되는 방법 중 하나다. 그것은 곧 왜 이 광고들이 그 같은 형식을 유지하는지 이해할 수 있는 지혜를 던져준다. 이미 누군가가 모든 속성을 시험해봤기 때문이다.

10 Jerry Weissman, *Presenting to Win: The Art of Telling Your Story* (New York: Financial Times Prentica Hall, 2003).

11 W. Larry Gregory, Robert B. Cialdini, and Kathleen M. Carpenter, "Self-Relevant Scenarios as Mediators of Likelihood Estimates and Compliance: Does Imagination Make It So?", *Journal of Personality and Social Psychology* 43 (1982), 89-99.

12 어떤 심리학 전공 기초 교재든 한번 들춰보라. 모두 마찬가지일 것이다. 저자들은 한 명도 빠짐없이 매슬로의 피라미드 그림을 싣고(대단히 시각적이기 때문에), 그런 다음 그의 위계 이론이 실질적으로는 실용적이지 못했음을 설명한다.

13 보너스와 새로운 직업에 관한 연구는 Chip Heath, "On the Social Psychology of Agency Relationships: Lay Theories of Motivation Overemphasize Extrinsic Rewards", *Organizational Behavior and Human Decision Processes* 78 (1999): 25-62.

14 플로이드 리 스토리는 Julian E. Bames, "A Culinary Oasis", *U.S. News & World Report*, December 6 (2004): 28에서 참조했다.

15 Caples / Hahn, *Tested Advertising*, 71.

16 Donald Kinder, "Opinion and Action Ain the Realm of Politics", *Handbook of Social Psychology*, ed. Daniel T. Gilbert, Susan T. Fiske, and Gardner Lindzey, 4th ed. (London: OxfordUniversity Press, 1988), 778-867. 긴 인용

문의 출처는 801쪽.

17 제임스 마치는, James G. March, *Primer on Decision Making* (New York: Free Press.1994)의 1장 및 2장에서 결정에 영향을 주는 두 가지 패턴, 즉 결과와 정체성에 대해 설명하고 있다. 특히 경제 분석 분야에서는 모든 결정이 결과를 기반으로 한다고 가정하는데, 따라서 정체성이 중요한 역할을 하는 몇몇 영역에서 잘못된 추론이 발생하게 된다. 예를 들어 대부분의 경제학자들은 "텍사스를 더럽히지 마세요" 캠페인이 쓰레기 불법 투기 벌금에 대해 한 마디도 언급하지 않고도 훌륭한 성과를 일구었다는 이야기를 들으면 깜짝 놀랄 것이다.

18 메시지의 출처는 Joseph G. Rosenstein, Janet H. Caldwell, and Warren G. Crown, *New Jersey Mathematics Curriculum Framework* (New Jersey: New Jersey Department of Education, 1996). 딘 셔먼의 반응과 대수 교사들 사이에 벌어진 더 깊은 논의가 궁금하다면 http://mathforum, org/t2t를 방문하기 바란다.

19 Seth Kantor, "Don't Mess With Texas Campaign Scores Direct Hit with Ruffian Litterers", *Austin American Statesman*, August 4, 1989, A1.

20 Allyn Stone, "The Anti-Litter Campaign in Texas Worked Just Fine", *San Fransisco Chronicle*, November 28, 1988, A4.

21 댈러스 카우보이가 등장하는 광고는 Robert Reinhold, "Texas Is Taking a Swat at Litter Bugs", *New York Times*, December 14 (1986)을 참조했다.

22 Mark Charlier, "Like Mush in Life, Roadside Refuse Is Seasonally Adjusted", *The Wall Street Journal*, August 3, 1989.

원칙 6 스토리 Story

1 피부색이 창백해진 아기에 관한 스토리는 Gary Klein, *Sources of Power: How People ake Decisions* (Cambridge: MIT Press, 1998): 178-9에 등장한다.

2 앞서 살펴본 장들과 마찬가지로 이 장 역시 스토리가 지닌 한 가지 효능에 초점을 맞추고 있다. 바로 행동을 촉진한다는 것이다. 그러나 스토리는 수없이 많은 장점을 지니고 있다. 스토리는 사람들이 메시지를 이해하고 기억할 수 있도록 돕

는다. '추상적인 스토리'는 없다. 따라서 스토리는 본질적으로 구체성의 모든 미덕을 갖추고 있으며, 또한 다양한 정보를 통합하는 '단순성(핵심과 압축)'을 제공한다. 배심원들에 관한 연구는 배심원이 판결을 내릴 때 스토리에 깊이 의존한다는 사실을 보여준다. 법정에서 그들은 증인의 개인적인 편견을 거쳐 제시된 기록의 공백이 심하고 뒤죽박죽으로 뒤섞인 다량의 사실들을 마주한다. 그렇다면 그들은 어떻게 그런 복잡한 정보를 처리하는 것일까? 해결책은 스토리다. 그들은 이러한 정보더미에 대한 반응으로 즉석에서 스토리를 구성하고, 자신이 만든 스토리를 원고와 피고가 말하는 스토리에 대입하여 어느 쪽이 자신의 것과 일치하는지 비교한다. 이 같은 현상을 연구한 낸시 페닝턴과 레이드 헤이스티는 비록 동일한 정보가 주어진다 하더라도 스토리를 얼마나 손쉽게 재구성할 수 있느냐에 따라 배심원의 판결이 결정된다는 사실을 발견했다. 피고 측이 순차적인 스토리의 형식으로 정보를 제공하는 한편 원고가 비스토리적인 방식으로 정보를 제공할 때에는 오직 31퍼센트의 배심원이 피고에게 유죄를 선고했다. 그와 대조적으로 완전히 똑같은 정보를 피고는 무작위적 형태로, 원고는 스토리에 맞춰 제시할 경우에는 78퍼센트의 배심원이 유죄 판결을 내렸다. 한편 양쪽이 모두 스토리의 흐름대로 증거를 제시할 때, 배심원들은 자신의 선택에 대해 가장 자신감을 느꼈다. 사람들은 두 이야기를 모두 이해하고, 증거와 상황을 마음속으로 그려보고, 그런 다음 결정을 내리길 원한다. Nancy Pennington and Reid Hastie, "Explanation-Based Decision Making: Effects of Memory Structure on Judgement", *Journal of Experimental Psychology: Learning , Memory & Cognition 14* (1988), 521-33. 스토리는 또한 신뢰성을 증가시킨다. 멜라니 그린과 티모시 브록은 비록 직접적인 경험을 통해 형성된 태도가 더욱 강력하긴 하지만 스토리 또한 그런 실제 경험이 주는 느낌을 줄 수 있다고 지적한다. 스토리는 사람들이 스토리에 의해 '이동'되어 정신적인 시뮬레이션 내부에 있다고 느낄 때 더욱 큰 설득력을 발휘한다. Melanie C. Green and Timothy C. Brock, "The Role of Transportation in the Persuasiveness of Public Narratives", *Journal of Personality and Social Psychology* 79 (2000), 701-21.

3 Julian E. Orr, *Talking about Machines: An Ethnography of a Modern Job*

(Ithaca: Comell University Press, 1996). 디코르토론 스토리의 출처는 137쪽.

4 이것은 정신적 시뮬레이션의 중대함을 뒷받침하는 수십 개의 연구 중 하나다. 리뷰를 원한다면 Rolf A. Zwaan and Gabriel A. Randvansky, "Situation Models in Language Comprehension and Memory", *Psychological Bulletin* 12 (1998): 162-85를 참조하라. 누군가 영화관에 들어가는 스토리를 읽은 사람들은 비록 두 문장의 간격이 몇 문장에 불과할지라도 시간적 배경이 여섯 시간이나 경과되었을 때보다 10분밖에 지나지 않았을 때 '영사 기사'라는 단어를 더욱 잘 인식하는 경향이 있다.

5 '적극적인 독자' 연구에 관한 개요를 알고 싶다면 이 분야의 연구가 리처드 게리그를 추천한다. Richard Gerrig, *Experiencing Narrative Worlds: On the Psychological Activiest of Reading* (New Haven: Yale University Press, 1988). 게리그는 사람들이 스토리를 인식하는 능력을 '불신의 유보suspension of disbelief'라고 묘사한 새뮤얼 콜리지가 틀렸다고 주장한다. 왜냐하면 그러한 표현은 인간의 기본 심리상태가 회의적 불신임을 시사하기 때문이다. 그러나 실상 인간은 그 반대의 태도를 지닌다. 스토리에 몰입하기란 쉽다. 반면 어떠한 주장을 회의적으로 평가하고 그것이 증명될 때까지 신뢰를 보류하는 것은 어려운 일이다. 시뮬레이션의 위력에 대한 실험 가운데 우리가 특히 좋아하는 것은 잘 알려진 결말을 지닌 스토리에 관한 게리그의 연구다. 이야기를 듣는 사람들은 그 순간 자신이 행하고 있는 시뮬레이션에 너무나도 몰두한 나머지 누가 보더라도 명백한 결말을 예측하지 못하고 깜박 잊어버리고 만다. 저기 저 빙산 조심하라고, "타이타닉!"

6 두드리기, 에펠탑, 레몬주스 그리고 다른 예들은 Mark R. Dadds, Dana H. Bovbejerg, William H. Redd, and Tim R. H. Cutmore, "Imagery in Human Classical Conditioning", *Psychological Bulletin* 122 (1997): 89-103를 참고했다.

7 James E. Driskell, Carolyn Copper, and Aidan Moran, "Does Mental Practice Enhance Performance?", *Journal of Applied Psychology* 79 (1994), 481-92.

8 인디애나 대학-퍼듀 대학 인디애나폴리스 캠퍼스 직무능력개발부의 "학생들의

468 스틱!

문제 행동 대처법"이라는 공문에서 발췌한 것이다. http://www.opd.iupui.edu/
uploads/library/IDD/ IDD6355.doc 참조. 앨리슨 버크먼의 두 번째 메시지의
원 출처는 http://research.umbc.edu/~korenman/html이다.

9 Ryan Coleman, "Indiana U. Senior Gains New Perspective on Life", *Indiana Daily Student*, May 29, 1999.

10 서브웨이와 슐라츠키, 퀴즈노스의 통계 출처는 Bob Sperber, "In Search of Fresh Ideas", *Brandweek*, October 15, 2001, M54.

11 로즈 블럼킨 스토리는 1983년 워런 버핏이 주주들에게 보낸 편지에 실려 있다. http://berkshirehathaway.com/letters/1983.html 참조.

12 이는 칩이 스탠퍼드에서 행한 연구 결과를 참고한 것이다. 주로 공포와 분노, 혐오감과 같은 부정적 감정을 발산하는 스토리인 도시전설에 관해 연구하던 칩은 긍정적인 감정을 야기하기 때문에 사람들 사이에 회자되는 스토리가 있는지 궁금했다. 『영혼을 위한 닭고기 수프』는 조사의 첫걸음으로 안성맞춤이었다. 세 가지 플롯이 나타나는 빈도수에 관한 조사는 분류 시스템을 인식하고 있되 그 외의 가설에 대해서는 지식이 전무한 채 점자들에 의해 진행되었다. 채점자들은 각각 독립적으로 일했으나, 그럼에도 불구하고 스토리의 분류에 있어 매우 강한 일치성을 보였다. 스탠퍼드 대학의 다른 연구는 이 세 가지 플롯이 스토리를 보다 고무적으로 만드는 데 훌륭한 위력을 발휘한다는 점을 보여준다. 이 실험에서 학생들은 동급생을 고취시킬 수 있는 자신의 경험담이나 또는 다른 이들의 실화 스토리를 찾아오라는 과제를 부여받았다. 이야기를 듣고 난 학생들은 그 스토리가 자부심을 심어주는지, 열정을 주는지 혹은 결심을 다져주는지 등 자신을 고무시킨 정도에 따라 점수를 매겼다. 그 결과 세 플롯 중 하나에 속하는 스토리들이 상위 50퍼센트를 차지했다. 특히 상위 1퍼센트에 속하는 스토리는 세 가지 플롯 가운데 한 개 이상의 플롯을 지니고 있었다. 또 다른 연구는 각각의 플롯이 특정한 형태의 행위를 자극한다는 사실을 밝혀냈다. 피실험자들은 하루에 하나씩 선택된 스토리를 읽고 느낌을 기록했다. 분석에 따르면 도전 플롯은 사람들이 보다 높은 목표를 선택하고 새로운 도전에 달려들어 더욱 열심히 그리고 더욱 오랫동안 일하고 싶도록 만든다. 연결 플롯은 다른 이들과 협력하고 남

에게 도움을 주고 보다 관대하고 참을성을 기르게 한다. 한편 창의성 플롯은 뭔가 색다르고 창의적이며, 새로운 접근법을 경험해보고 싶도록 부추기는 효과가 있다. 그러므로 적절한 스토리는 우리에게 어떻게 행동해야 할지 알려줄 뿐 아니라, 일종의 심리적 건전지로 작용함으로써 행동을 취할 수 있는 에너지를 공급해주는 것이다. 이중에서 단순히 '기분 좋은 행위를 부추기는 스토리는 없었다. 사람들은 음악을 듣는다가 텔레비전을 시청한다든가 맛있는 음식을 먹는 등 스스로 즐기고자 하는 욕구를 느끼지 않았다. 그들은 세상 밖으로 나가 무언가를 성취하길 원했다. 따라서 이러한 스토리는 수동적인 자기몰입이 아니라 생산적인 활동을 부추긴다.

13 선한 사마리아인 스토리는 「누가복음」, 『신 국제판 성경』, 10:25-37에서 가져온 것이다.

14 이 부분은 스티븐 데닝의 탁월한 두 저서에 기반을 두고 있다. 첫 번째 책은 조직 내 스토리텔링의 역할에 대한 『기업 혁신을 위한 설득의 방법, 스토리텔링 The Springboard: How Storytelling Ignites Action in Knowledge-Era Organizations』(Boston: Butterworth-Heinemann, 2001)이다. 조직과 조직 문화에 있어서 스토리텔링의 역할에 대해 이야기하는 책은 수없이 많지만 '기업 혁신을 위한 설득의 방법'은 이 분야에서뿐 아니라 비즈니스분야에서 최고로 꼽힐 만하다. 스프링보드 스토링 외의 스토리 플롯에 대해 설명하는 후속작은 『스토리텔링으로 승부하라 The Leader's Guide to Storytelling: Mastering the Art of Business Narrative』(San Francisco: JoseyBass, 2005)이다. 시베리아에 관한 인용구의 출처는 IDEO의 스티븐 데닝과의 대화, 6월 9일(2005)이다.

15 Denning, *The Leader's Guide*, 63.

16 Denning, *The Springboard*, 80.

17 Denning, *The Leader's Guide*, 62.

18 컨퍼런스 요약문의 실패한 프로젝트 스토리는 Klein, *Sources of Power*, 195-96.

에필로그

1 Ralph Keys, *Nice Guys Finish Seventh: False Phrases, Spurious Sayings and Familiar Misquotations* (New York: HarperCollins, 1992)는 하나의 격언이 발생하여 진화하고 또 사회 전체로 퍼져 나가며 변화하는 모습을 보여주는 흥미로운 예시로 가득 차 있다.

이 책을 추천해주신 분들

마케팅, 광고의 영역을 넘어 모두가 자기 채널의 크리에이티브 디렉터가 되는 시대, 세상에 넘쳐나는 무수한 메시지들 가운데 사라지지 않고 살아남은 메시지는 무엇이 다를까? 이 책은 수세기 동안 사람들의 마음을 움직이고 행동을 이끈 불멸의 메시지들 가운데 여섯 가지의 법칙을 벼려내어 우리에게 선사한다. 타인을 설득하고 마음을 얻어야 하는 이 시대의 모든 비즈니스맨들에게 이 책은 중요한 이정표가 되어줄 것이다.

홍성태 | 한양대학교 경영학과 명예교수, 『배민다움』 저자

바라는 바를 얻기 위해선 우리는 반드시 누군가를 설득해야 한다. 그것이 고객을 대상으로 한 브랜딩이나 마케팅, 혹은 투자자나 주주 등을 대상으로 한 피칭이건 간에 말이다. 그렇다면 그들의 기억에 오래 남고 행동을 유발하며 또 확산될 수 있는 강력한 메시지는 어떤 조건을 갖춰야 할까? 이 책에서는 사람의 마음속에 착 달라붙는 메시지의 여섯 가지 원칙에 대해 설명하고 있다. 마케터, 서비스 기획자, 경영자 뿐 아니라 누군가에게 강력한 설득이 필요한 모든 이에게 이 책을 추천한다.

전우성 | 라운즈 브랜딩 총괄 이사, 『그래서 브랜딩이 필요합니다』 저자

3,000개! 하루 한 사람에게 직간접적으로 노출되는 광고의 숫자다. TV와 SNS, 그리고 각종 브랜드들까지 주위를 돌아보면 나의 메시지를 봐달라고, 기억해달라고 외치는 것들이 너무 많다. 그중 어떤 메시지는 사람들의 머릿속에 각인되고, 어떤 메시지는 자리 잡지 못할까?

히스 형제가 15년 전에 쓴 『스틱!』에 답이 있다. 이 책은 나를 포함한 전 세계 수많은 이들이 효과를 톡톡히 체험한 커뮤니케이션의 바이블이다. 사람들의 머릿속에 착 달라붙는 메시지를 만들고 싶은가? 메시지를 전할 좋은 기회를 흘려보내고 싶지 않은가? 나는 단호하게 이렇게 말할 것이다. "『스틱!』을 읽어보지 그래!"

안성은 | 브랜드보이 대표, 『믹스MIX』 저자

『스틱!』은 나의 인생 책 중 하나이다. 나의 사고회로 딱 두 가지를 바꾸는 데 결정적인 역할을 했다.

첫째, 수백 수천 년을 이어져오는 문장에는 공통의 원리가 있다는 것. 마음에 착 달라붙어 살아남은 문장들을 공식화 한다면 누군가를 설득하거나, 연애를 잘하거나, 사업을 이끌어가는 데 매우 용이할 것이다. 나는 이 원리를 이용하여 책을 베스트셀러에 올릴 수 있었고, 마케팅회사도 성공시켰으며, 유튜브도 손쉽게 성공시킬 수 있었다.

두 번째, 나는 '스틱!'되는 문장들에 대한 소문을 믿지 않게 되었다. 때로 스티커 메시지에는 합리적이지 않거나 잘못된 정보인 경우가 많으니 너무 쉽게 '스틱!'되는 문장은 의심해봐야 한다. 이런 생각만으로 우리의 의사결정력이 크게 향상된다. 그러니 『스틱!』이라는 책은 인생에서 단 한 번은 읽어봐야 한다고 생각한다. 적어도 1장까지라도 읽어보았으면 한다.

라이프해커 자청 | 이상한마케팅 대표, 『역행자』 저자

마케팅 원리 중 수세기를 거치며 검증된 불멸의 원리만을 담은 걸작. 비즈니스 필독서로 강력 추천한다.

가이 가와사키 | 전 애플 에반젤리스트, 『시장을 지배하는 마케팅』 저자

인간 심리와 시장 심리를 간파하여 메시지를 성공시키는 마스터키를 제시하는 획기적인 책. 《워싱턴포스트》

좋은 아이디어로 청중을 사로잡고 싶다면, 이 책을 읽어라. 《타임》

삶과 비즈니스를 변화시키는 마법 같은 순간들을 더 많이 만드는 방법. 《포브스》

메시지를 기억에 각인시키도록 단순성을 유지해야 한다고 말한다. 《가디언》

웅진지식하우스에서 펴낸 히스 형제의 경제경영서

넘버스 스틱!

1초 만에 착 달라붙는 숫자 스토리텔링의 기술

칩 히스·칼라 스타 지음 | 박슬라 옮김 | 264쪽

스위치

손쉽게 극적인 변화를 이끌어내는
행동설계의 힘

칩 히스·댄 히스 지음 | 안진환 옮김 | 392쪽

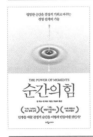

순간의 힘

평범한 순간을 결정적 기회로 바꾸는
경험 설계의 기술

칩 히스·댄 히스 지음 | 박슬라 옮김 | 336쪽

업스트림

반복되는 문제의 핵심을 꿰뚫는 힘

댄 히스 지음 | 박선령 옮김 | 364쪽

옮긴이 ────────────────────────────────────

안진환

경제경영 분야에서 활발하게 활동하고 있는 전문 번역가. 1963년 서울에서 태어나 연세대학교를 졸업했다. 저서로 『영어 실무 번역』, 『Cool 영작문』 등이 있으며, 옮긴 책으로 『부자 아빠 가난한 아빠』, 『디즈니만이 하는 것』, 『스티브 잡스』, 『포지셔닝』, 『괴짜 경제학』이, 함께 옮긴 책으로 『전쟁의 기술』, 『인간 생존의 법칙』 등이 있다.

박슬라

연세대학교에서 영문학과 심리학을 전공했으며, 현재 전문 번역가로 활동하고 있다. 옮긴 책으로 『순간의 힘』, 『부자 아빠의 투자 가이드』, 『페이크』, 『리치 우먼』, 『돈의 법칙』, 『숫자는 거짓말을 한다』, 『내러티브 경제학』, 『넘버스 스틱』 등이 있다.

스틱!

초판 1쇄 발행 2007년 6월 20일
초판 14쇄 발행 2009년 7월 15일
개정증보판 1쇄 발행 2009년 8월 3일
개정증보판 47쇄 발행 2022년 8월 25일
개정증보 2판 1쇄 발행 2022년 10월 21일
개정증보 2판 11쇄 발행 2024년 2월 19일

지은이 칩 히스, 댄 히스 **옮긴이** 안진환, 박슬라

발행인 이봉주 **단행본사업본부장** 신동해
편집장 김예원 **책임편집** 정다이
표지 디자인 오필민 **본문 디자인** 데시그 신정난 **교정** 정일웅
마케팅 최혜진 백미숙 **홍보** 정지연 **제작** 정석훈 **국제업무** 김은정

브랜드 웅진지식하우스
주소 경기도 파주시 회동길 20 **문의전화** 031-956-7362(편집) 031-956-7129(마케팅)
홈페이지 www.wjbooks.co.kr **인스타그램** www.instagram.com/woongjin_readers
페이스북 https://www.facebook.com/woongjinreaders **블로그** blog.naver.com/wj_booking
발행처 ㈜웅진씽크빅 **출판신고** 1980년 3월 29일 제406-2007-000046호

한국어판 출판권 © ㈜웅진씽크빅, 2007, 2022
ISBN 978-89-01-26609-1 03320